职业技能等级水平评价培训教材
港口行业职业技能培训教材

港口内燃装卸机械修理工 中级

GANGKOU
NEIRAN ZHUANGXIEJIXIE XIULIGONG
ZHONGJI

人力资源和社会保障部教材办公室
中国交通教育研究会港口教育分会
组织编写

中国劳动社会保障出版社

图书在版编目（CIP）数据

港口内燃装卸机械修理工：中级 / 徐芳盛，张健主编．-- 北京：中国劳动社会保障出版社，2018

职业技能等级水平评价培训教材　港口行业职业技能培训教材

ISBN 978-7-5167-3464-3

Ⅰ．①港…　Ⅱ．①徐…　②张…　Ⅲ．①港口装卸设备 - 内燃机 - 机械维修 - 技术培训 - 教材　Ⅳ．① U653.92

中国版本图书馆 CIP 数据核字（2018）第 120251 号

中国劳动社会保障出版社出版发行

（北京市惠新东街 1 号　邮政编码：100029）

*

三河市华骏印务包装有限公司印刷装订　新华书店经销

787 毫米 ×1092 毫米　16 开本　20.75 印张　433 千字

2018 年 6 月第 1 版　2018 年 6 月第 1 次印刷

定价：52.00 元

读者服务部电话：（010）64929211/84209101/64921644

营销中心电话：（010）64962347

出版社网址：http：//www.class.com.cn

港口行业职业技能培训教材编审指导委员会

主　任：杨秀微　广州港集团有限公司党委副书记

副主任（按单位拼音首字母排序）：

袁　毅　大连港集团有限公司工会主席
朱朝阳　河北港口集团有限公司副总经理
葛洪军　南京港（集团）有限公司副总经理
叶志航　浙江海港投资运营集团（宁波舟山港集团）党委委员兼组织部长（人力资源部部长）
李雄伟　湛江港（集团）股份有限公司常务副总裁

委　员（按单位拼音首字母排序）：

徐芳盛　大连港集团有限公司人事组织部部长
李绍波　大连港教育培训中心主任
温东伟　广州港集团有限公司组织人事部部长
段华丽　广州港集团有限公司教育培训中心主任
李永来　河北港口集团有限公司人力资源部部长
陈立志　河北港口集团有限公司教育培训中心主任
朱栋良　南京港（集团）有限公司人力资源部部长
刘明璋　宁波舟山港集团教育培训中心主任
徐振和　日照港集团有限公司人力资源部部长
刘长青　日照港集团有限公司党校党委书记
张　峰　日照港集团有限公司员工保障中心主任
金志伟　上海国际港务（集团）股份有限公司人力资源部总经理
胡戌壮　上海港教育培训中心主任
陈　钢　天津港职工培训中心主任
秦　昕　天津港职工培训中心副主任
张　健　烟台港集团有限公司人力资源部部长
邹嘉勇　烟台港职工培训中心主任
任　强　湛江港（集团）股份有限公司人力资源部部长

港口内燃装卸机械修理工技能培训教材编审委员会

主　任：袁　毅　朱晓冬

副主任：徐芳盛　张　健　潘红玫　张凤强　吴　蔚

委　员：张　建　孔昇立　周茂林　石成民　王铁夫　赵雪松

港口内燃装卸机械修理工（中级）教材编审组

主　编：徐芳盛　张　健

副主编：张凤强　吴　蔚　石成民

参　编：燕百成　张　建　郑巧珍　于景刚　王　鑫　胡媛媛

赵　谦　苗玉冬　姜忠奎　刘著贤　孙同峰　乔宏琦

谢茂龙　修　梅　宿　韬　王依娜

主　审：赵雪松

参　审：陶凯石　钟成国　刘庆东　柳敏学

前言

技术工人是推动经济社会发展的重要力量。习近平总书记在党的十九大报告中提出“建设知识型、技能型、创新型劳动者大军，弘扬劳模精神和工匠精神”，指明了技术工人队伍建设的方向和要求。建设高素质的技术工人队伍已成为实现中国制造向中国创造转变、实现产业结构转型升级的技能人才保障和重要支撑。随着“一带一路”建设推进，港口行业迎来了新的历史发展机遇，我国港口将从传统的货运业向现代航运服务业延伸，呈现由装卸业向上下游的延伸，打造现代港口服务产业链，这些都离不开高素质的港口专业人才。为此，人力资源和社会保障部教材办公室会同中国交通教育研究会港口教育分会组织港口行业相关专家，首先针对港口电动装卸机械司机等 5 个港口主体工种编写了港口行业职业技能培训教材。

该套教材具有以下主要特点：

在编写原则上，突出以职业能力为核心。教材编写贯穿“以职业标准为依据，以岗位需求为导向，以职业能力为核心”的理念，依据国家职业标准和行业标准，结合企业实际，反映岗位需求，既兼顾技术的普遍性和通用性，又突出新设备、新技术、新工艺、新方法，注重职业能力培养。同时，有效融入与岗位有关专业理论基础知识，为技术工人职业能力发展打下理论基础。

在教材体系上，采用分技能等级模块化编写。不同于港口传统培训学科化的培训教材模式，该套教材按照职业技能等级分级别编写，打破知识的学科分割，面向职业技能等级的不同梯度要求整合为基础知识模块、专业知识与技能模块，形成初中高 3 个技能等级教材合理衔接、步步提升，为技能人才培养搭建科学的阶梯型培训架构。

在使用功能上，注重服务于培训和技能等级水平评价。该套教材讲练结合，每个岗位等级均配套编写了 4 套、共 800 道试题的理论知识考试模拟试卷，供培训后练习和测试使用。随着我国人才评价机制的不断完善，我们还将配套开发相应岗位各等级试题库系统，以满足各部门、行业和企业开展职业技能等级水平评价的需要。

教材编写是一项艰苦的工作。本套教材历时2年多终于完成，编审专家反复修改、反复校核，付出了极大的心血。在此我们向所有参加教材编审的单位和专家，以及对教材编写工作给予大力支持的单位和专家致以最诚挚的谢意。同时也希望大家在教材使用过程中将使用意见和建议及时反馈给我们，帮助教材修订，使其日臻完善。

人力资源和社会保障部教材办公室

中国交通教育研究会港口教育分会

目　录

第1部分　基础知识

第一章　机械加工及常用机加工方法

第二章　机械制图

第2部分 专业知识与技能

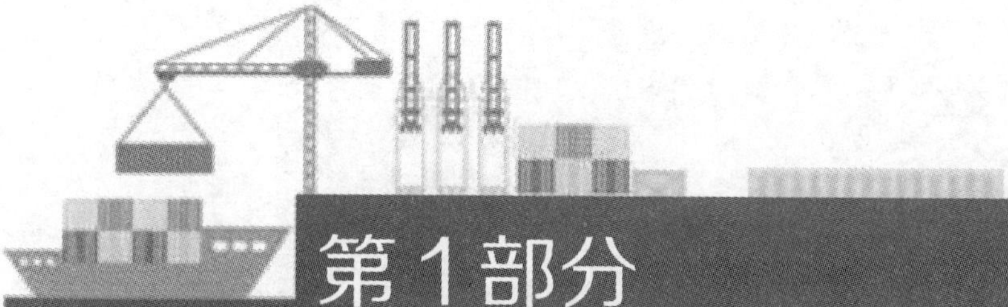

第1部分

基础知识

第一章　机械加工及常用机加工方法

第一节　机械加工概念

机械加工是指通过一种机械设备对工件的外形尺寸或性能进行改变的过程。机械加工按加工方式可分为切削加工和压力加工，按被加工工件所处的温度状态可分为冷加工和热加工。

一、切削加工

金属切削加工是利用刀具切去工件毛坯上的加工余量，获得一定的尺寸、几何精度和表面质量的机械加工方法。

1．切削运动

切削运动就是刀具与工件之间的相对运动，即表面成形运动，可分为主运动和进给运动。

（1）主运动。主运动是使工件与刀具产生相对运动以进行切削的基本运动。主运动速度最高，消耗功率最大，且只有一个，用 v_c 表示，如车削时工件的旋转运动、铣削时铣刀的旋转运动、刨削时刨刀的往复直线运动等。

（2）进给运动。进给运动是不断把被切削层材料投入到切削过程中，以便形成全部已加工表面的运动。进给运动一般速度较低，消耗功率较小，可以由一个或多个运动组成，可以是连续的，也可以是间歇的，用 v_f 表示，如车削时车刀的纵向或横向运动，磨削时工件的旋转和工作台带动工件的移动等。

在切削过程中，既有主运动又有进给运动，二者的合成运动称为合成切削运动 v_e。如图 1—1 所示为外圆车削时速度的合成关系，可用下式确定：

$$v_e=v_c+v_f$$

2．加工表面

切削加工过程中，在工件上通常会有三种变化着的加工表面，如图 1—1 所示。

（1）待加工表面。工件上即将被切除的表面。

（2）已加工表面。切除材料后形成的新的工件表面。

（3）过渡表面。正在被刀具主切削刃切削的表面，处于已加工表面和待加工表面之间。

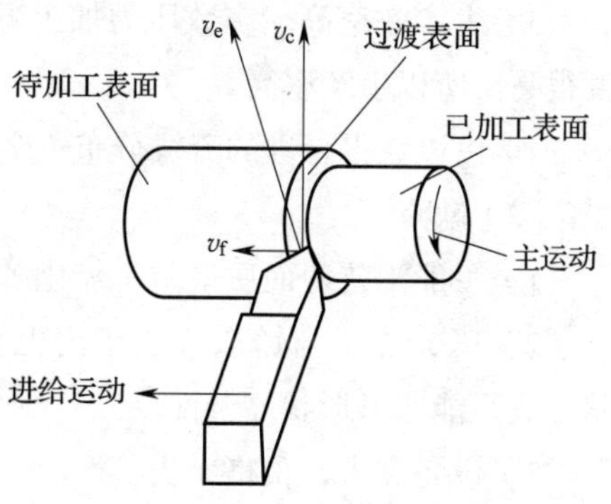

图 1—1　外圆切削的切削运动与加工表面

3．切削用量

切削用量是切削时各种参数的总称，包括切削速度、进给量和背吃刀量（切削深度），又称切削三要素。其中，切削速度是单位时间内工件和刀具沿主运动方向的相对位移，单位是 m/s；进给量是工件或刀具转动一周（或每往复一次）两者沿进给运动方向上的相对位移量；背吃刀量是刀具切削刃与工件的接触长度在同时垂直于主运动和进给运动的方向上的投影值。切削用量是机床调整的依据，对加工质量和效率有重要影响。

二、压力加工

利用金属在外力作用下所产生的塑性变形，来获得具有一定形状、尺寸和力学性能的原材料、毛坯或零件的生产方法，称为金属压力加工，又称金属塑性加工。

1．压力加工分类

（1）轧制。金属坯料在两个回转轧辊的缝隙中受压变形以获得各种产品的加工方法。这种加工方法是依靠摩擦力，使坯料连续通过轧辊间隙而受压变形，主要产品有型材、圆钢、方钢、角钢、铁轨等。

（2）锻造。在锻压设备及工（模）具的作用下，使坯料或铸锭产生塑性变形，以获得一定几何尺寸、形状和质量的锻件的加工方法。

（3）挤压。金属坯料在挤压模内受压被挤出模孔而变形的加工方法。

（4）拉拔。金属坯料被拉过拉拔模的模孔而变形的加工方法。

（5）冲压。金属板料在冲模之间受压产生分离或成形的加工方法。

（6）旋压。在坯料随模具旋转或旋压工具绕坯料旋转中，旋压工具与坯料相对进给，从而使坯料受压并产生连续、逐点变形的加工方法。

2．压力加工的特点

（1）优点

1）力学性能高。结构致密，组织改善，性能提高，强度、硬度、韧度都高。

2）节省金属。少或无切削加工，材料利用率高。由于提高了金属的力学性能，在同样受力和工作条件下，可以缩小零件的截面尺寸，减轻质量，延长使用寿命。

3）生产效率高。多数压力加工方法，特别是轧制、挤压，金属连续变形，且变形速度很高，所以生产率高。

4）可以获得合理的流线分布（金属塑变是固体体积转移过程）。

（2）缺点

1）一般工艺表面质量差（氧化）。

2）压力加工与铸造方法相比也有不足之处，由于在固态下成形，无法获得截面形状，故不能成形形状复杂件。

3）设备庞大，价格昂贵。

4）劳动条件差（强度大、噪声大）。

三、冷加工

冷加工是指金属在低于再结晶温度时进行塑性变形的加工工艺，如冷轧、冷拔、冷锻、冲压、冷挤压等。冷加工变形抗力大，在使金属成形的同时，可以利用加工硬化提高工件的硬度和强度。

1. 冷加工的特点

（1）在强化金属的同时可以获得所需的形状。

（2）可以获得很好的尺寸公差和表面粗糙度。

（3）有些金属只能进行有限程度的冷加工，因为它们在室温下表现为脆性。

（4）冷加工削弱了延展性、导电性和耐腐蚀性，但因冷加工而导致的导电性减小的程度小于其他强化加工的影响，所以冷加工也被用来强化导电材料，如铜丝。

（5）如果各向异性的特性和残余应力控制得当，它们也会带来好处。如果控制不当，就会大大削弱材料性能。

（6）冷加工的效果会在高温下降低甚至消失，所以对于那些工作在高温环境下的部件来说，不适用冷加工强化。

2. 冷加工的限制及解决方法

冷加工会导致一些不需要的效果，比如延展性的降低以及残余应力的增加。由于冷加工或加工硬化的机制是增加位错密度，因此任何可以重新排列或消除位错的处理方法都可以消除冷加工的效果。加工退火是一种热处理方法，用来消除部分或全部冷加工效果。加工退火分为三个阶段：恢复、再结晶和晶粒长大。恢复发生在较低温度，它可以消除残余应力而不改变位错密度。再结晶发生在中等温度，加热超过一定温度后，含有非常低的位错密度的新晶粒会在晶界上生成。由于位错数量大幅减少，因此再结晶的金属的强度会降低，延展性升高。加热温度继续升高，就到了晶粒长大阶段，在这个阶段中，所有冷加工的效果都被消除，所以这个阶段是不希望达到的。

四、热加工

热加工是在高于再结晶温度的条件下，使金属材料同时产生塑性变形和再结晶的加工方法。热加工通常包括铸造、锻造、焊接、热处理等工艺。热加工能使金属零件在成形的同时改变它的组织或者使已成形的零件改变既定状态以改善零件的力学性能。

1. 铸造

熔炼金属、制造铸型并将熔融金属浇入铸型，凝固后获得一定形状和性能铸件的成形方法，称为铸造。铸造是一门应用科学，广泛用于生产机器零件或毛坯，其实质是液态金属逐步冷却凝固而成形，具有以下优点：

（1）可以生产出形状复杂，特别是具有复杂内腔的零件毛坯，如各种箱体、床身、机架等。

（2）铸造生产的适应性广，工艺灵活性大。工业上常用的金属材料均可用来进行铸造，铸件的质量可由几克到几百吨，壁厚可由 0.5 mm 到 1 m。

（3）铸造用的原材料大都来源广泛，价格低廉，并可直接利用废机件，故铸件成本较低。

但是，液态成形也给铸件带来某些缺点，如铸造组织疏松、晶粒粗大，内部易产生缩孔、缩松、气孔等缺陷。因此，铸件的力学性能（特别是冲击韧度）低于同种材料的锻件。加之铸造工序多，且难于精确控制，使得铸件质量不够稳定，同时铸造的劳动条件差。

2. 焊接

焊接是现代制造技术中重要的金属连接技术，其本质在于利用加热或者同时加热加压的方法，使分离的金属零件形成原子间的结合，从而形成新的金属结构。

焊接的优点：接头的力学性能与使用性能良好；与铆接相比，采用焊接工艺制造的金属结构质量轻，节约原材料，制造周期短，成本低。

焊接存在的问题：焊接接头的组织和性能与母材相比会发生变化；容易产生焊接裂纹等缺陷；焊接后会产生残余应力与变形。这些都会影响焊接结构的质量。

3. 锻造

在冲击力或静压力的作用下，使热锭或热坯产生局部或全部的塑性变形，获得所需形状、尺寸和性能的锻件的加工方法称为锻造。

锻造一般是将轧制圆钢、方钢（中、小锻件）或钢锭（大锻件）加热到高温状态后进行加工。锻造能够改善铸态组织、铸造缺陷（缩孔、气孔等），使锻件组织紧密、晶粒细化、成分均匀，从而显著提高金属的力学性能。因此，锻造主要用于承受重载、冲击载荷、交变载荷的重要机械零件或毛坯，如各种机床的主轴和齿轮，汽车发动机的曲轴和连杆，起重机吊钩及各种刀具、模具等。

第二节　电气焊基本知识

一、金属焊接与热切割的基本知识

1. 焊接原理、分类和焊接方法的选择

（1）焊接原理。在金属结构及其他机械产品的制造中，需将两个或两个以上零件连接在一起，使用的方法有螺栓连接、铆钉连接和焊接（见图 1—2）。前两种连接都是机械连接，是可拆卸的，而焊接则利用两个物体原子间产生的结合作用来实现连接的，连接后不能再拆卸，成为永久性连接。

焊接就是通过加热或加压，或两者并用，并且用或不用填充材料，使工件达到结合的一种方法。为了获得牢固接头，在焊接过程中必须使被焊工件中的原子彼此接近到原子间的引力能够相互作用的程度。因此，对需要结合的地方通过加热使之熔化，或者通过加压（或者先加热到塑性状态后再加压），使原子或分子间达到结合与扩散，形成牢固的焊接接头。

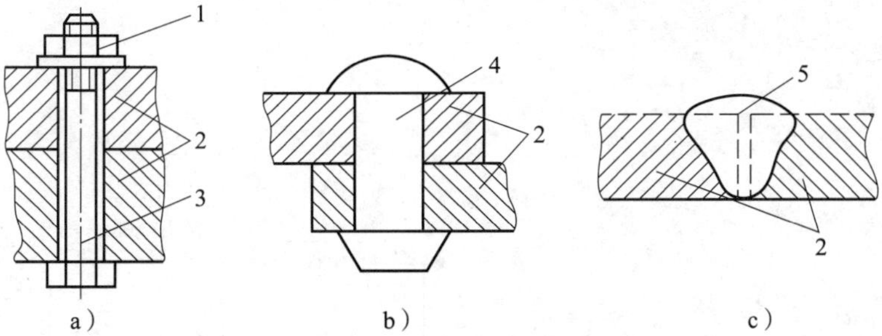

图 1—2　零件的连接方式

a）螺栓连接　b）铆钉连接　c）焊接

1—螺母　2—零件　3—螺栓　4—铆钉　5—焊缝

焊接不仅可以使金属材料永久地连接起来，而且可以使某些非金属材料达到永久连接的目的，如塑料焊接等，但生产中焊接主要用于金属。

随着社会生产和科学技术的发展，焊接已成为机械制造工业部门和修理行业中重要的加工工艺，也是现代工业生产中不可缺少的加工方法，如石油的勘探、钻采、输送，石油、化纤工业中的金属容器、塔、杆构件，造船、锅炉、汽车、飞机、矿山机械、冶金、电子、原子能及宇航等工业部门都广泛采用焊接工艺。

（2）焊接方法的分类。按照焊接过程中金属所处的状态不同，可以把焊接方法分为熔焊（熔化焊）、压焊和钎焊三种类型。

1）熔焊。熔焊是将待焊处的母材金属熔化以形成焊缝的焊接方法。当被焊金属加热至熔化状态形成液态熔池时，原子间可以充分扩散和紧密接触，因此冷却凝固后，即可形成牢固的焊接接头。

2）压焊。压焊是在焊接过程中，对焊件施加压力（加热或不加热）以完成焊接的方法。这类焊接有两种形式：一种是将被焊金属接触部分加热至塑性状态或局部熔化状态，然后施加一定的压力，以使金属原子间相互结合形成牢固的焊接接头；另一种是不进行加热，仅在被焊金属的接触面上施加足够大的压力，借助于压力所引起的塑性变形，使原子间相互接近而获得牢固的挤压接头。

3）钎焊。钎焊是硬钎焊和软钎焊的总称。钎焊是采用比母材熔点低的金属材料作钎料，将焊件和钎料加热到高于钎料的熔点但低于母材熔化温度，利用液态钎料润湿母材，填充接头间隙并与母材相互扩散实现连接焊件的方法。

焊接方法的简单分类如图 1—3 所示。

为了适应工业生产和新兴技术中新材料、新产品的焊接需要，专业人员不断研究出新的焊接方法。

（3）焊接方法的选择。选择焊接方法首先应能满足技术要求及质量要求，在此前提下，尽可能地选择经济效益好、劳动强度低的焊接方法。表 1—1 给出了不同金属材料所适用的焊接方法，不同焊接方法所适用材料的厚度不同。

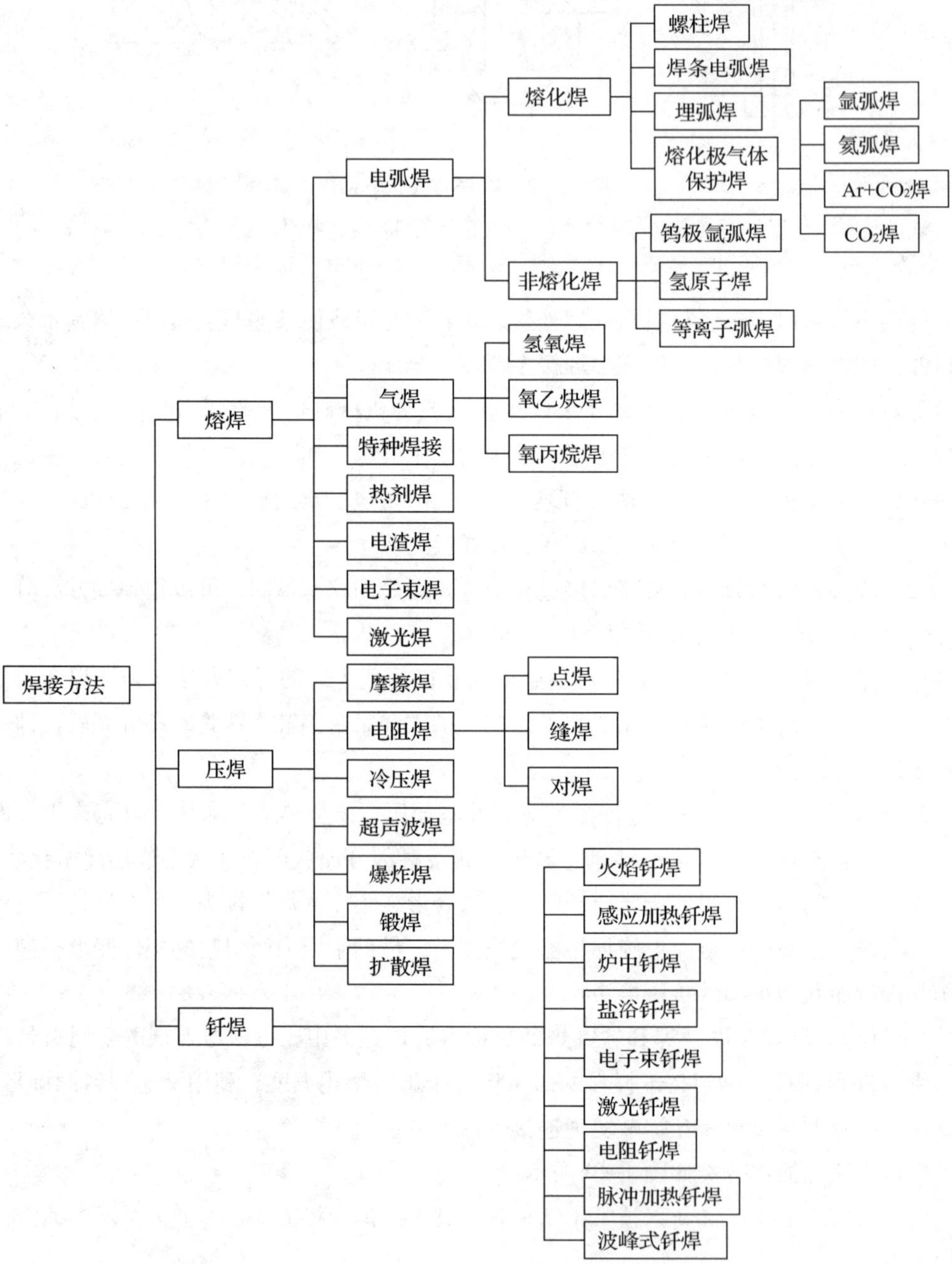

图 1—3　焊接方法的简单分类

表 1—1　　不同金属材料所适用的焊接方法

材料	厚度 /mm	焊条电弧焊	埋弧焊	熔化极气体保护焊				管状焊丝气体保护焊	钨极气体保护焊	等离子弧焊	电渣焊	气电立焊	电阻焊	闪光焊	气焊	扩散焊	摩擦焊	电子束焊	激光焊	硬钎焊							软钎焊
				喷射过渡	潜弧	脉冲喷射	短路过渡													火焰钎焊	炉中钎焊	感应加热钎焊	电阻钎焊	浸渍钎焊	红外线钎焊	扩散钎焊	
碳钢	≤3	△	△			△	△		△				△	△	△			△	△	△	△	△	△	△	△	△	△
	3 ~ 6	△	△	△	△	△	△	△	△				△	△	△		△	△	△	△	△	△	△	△	△	△	△
	6 ~ 19	△	△	△	△	△		△					△	△	△		△	△	△	△	△	△					△
	≥19	△	△	△	△	△		△			△	△		△	△		△	△			△					△	
低合金钢	≤3	△	△			△	△		△				△	△	△	△		△	△	△	△	△	△	△	△	△	△
	3 ~ 6	△	△	△		△	△	△	△				△	△		△	△	△	△	△	△	△				△	△
	6 ~ 19	△	△	△		△								△		△	△	△	△	△	△	△				△	
	≥19	△	△	△		△					△					△	△	△			△					△	
不锈钢	≤3	△	△			△	△		△	△					△	△		△	△	△	△	△	△	△	△	△	△
	3 ~ 6	△	△	△		△	△		△	△						△	△	△	△	△	△	△				△	△
	6 ~ 19	△	△	△		△				△						△	△	△	△	△	△	△				△	△
	≥19	△	△	△		△					△					△	△	△			△					△	

注：△表示适用该种焊接方法。

2. 热切割的原理、分类

热切割是利用热能将材料分离的方法。热切割方法的分类如图 1—4 所示。按照加热能源的不同，热切割大致可分为气体火焰热切割、气体放电热切割和高能束流热切割三种。

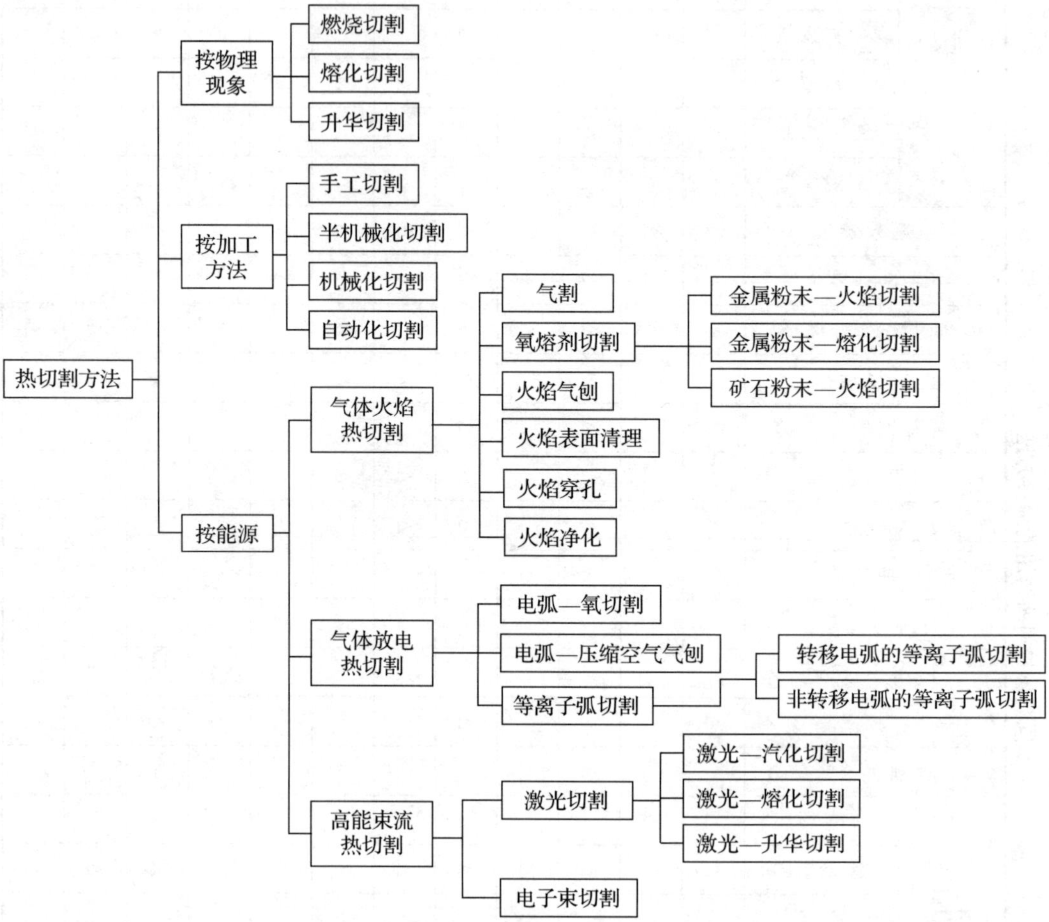

图 1—4　热切割方法的分类

（1）气体火焰热切割。气体火焰热切割是由金属氧化燃烧产生切割所需热量，氧化物或熔融物被切割氧流驱出的热切割方法。

1）气割。气割是采用气体火焰的热能将工件切口处预热到燃烧温度后，喷出高速切割氧流，使其燃烧并放出热量实施切割的方法。

气体火焰有氧—乙炔焰、氧—丙烷焰、氧—液化石油气焰等。

2）氧熔剂切割。氧熔剂切割是在切割氧流中加入纯铁粉或其他熔剂，利用它们的燃烧和造渣作用实现切割的方法。

氧熔剂切割有金属粉末—火焰切割、金属粉末—熔化切割、矿石粉末—火焰切割等。

采用气体火焰热切割的方法还有火焰气刨、火焰表面清理、火焰穿孔、火焰净化等。

（2）气体放电热切割

1）电弧—氧切割。电弧—氧切割是利用电弧加切割氧进行切割的热切割方法。电弧在空心电极与工件之间燃烧，电弧和材料燃烧时产生的热量使材料能通过切割氧进行连续燃烧，熔融物被切割氧流排出，反应过程沿移动方向进行而形成切口。

2）电弧—压缩空气气刨。电弧—压缩空气气刨是利用电弧及压缩空气在表面进行切割的热切割方法。

3）等离子弧切割。等离子弧切割是采用等离子弧的热能实现切割的方法。

①转移电弧的等离子弧切割。转移电弧进行等离子弧切割时，工件处于切割电流回路内，故被切割的材料必须是导电的。

②非转移电弧的等离子弧切割。非转移电弧进行等离子弧切割时，工件不需处于切割电流回路内，故可以切割导电及不导电的材料。

（3）高能束流热切割。高能束流热切割主要包括激光切割和电子束切割两种。激光切割是利用经聚焦的高功率密度激光束照射工件，使被照射的材料迅速熔化、汽化、烧蚀或达到燃点，同时借助与光束同轴的高速气流吹除熔融物质，从而实现将工件割开。激光切割可分为激光—汽化切割、激光—熔化切割、激光—升华切割。激光切割与其他热切割方法相比，特点是切割速度快、质量高。电子束切割是利用电子束的热效应对材料进行表面热处理、焊接、刻蚀、钻孔、熔炼，或直接使材料升华。作为加热工具，电子束的特点是功率高和功率密度大，能在瞬间把能量传给工件，电子束的参数和位置可以精确和迅速地调节，能用计算机控制并在无污染的真空中进行加工。根据电子束功率密度和电子束与材料作用时间的不同，可以完成各种不同的加工。

二、焊接接头和坡口及焊缝符号

1. 焊接接头

（1）焊接接头的特点及作用。熔焊时，不仅焊缝在焊接电弧作用下发生熔化到固态相变等一系列的变化，而且焊缝两侧相邻的母材，即熔合区和热影响区，也要发生一定的金相组织和力学性能的变化。所以，焊接接头是由焊缝、熔合区和热影响区三部分组成的，焊接接头示意图如图 1—5 所示。

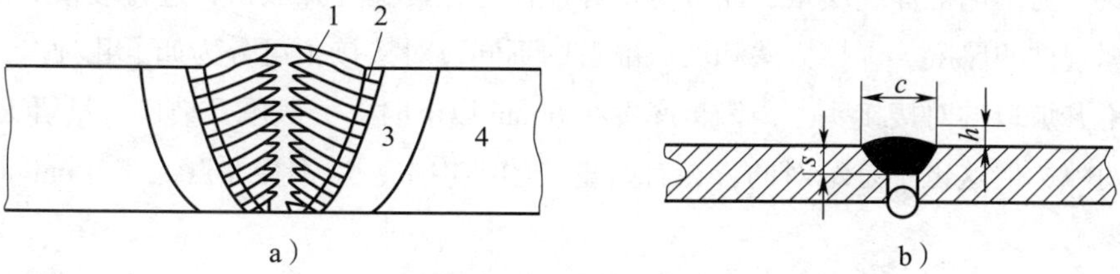

图 1—5　焊接接头示意图

a）焊接接头的组成部分　b）焊接接头尺寸

1—焊缝　2—熔合区　3—热影响区　4—母材

c—焊缝宽度　h—焊缝高度（余高）　s—焊缝熔深

焊接接头在焊接结构中的作用主要有以下三点。

1）工作接头。该类接头主要进行工作力的传递，必须进行强度计算，以确保焊接结构的安全可靠。

2）联系接头。该类接头虽然也参与力的传递，但主要作用是用焊接的方法使更多的焊件连接成一个整体，主要起连接作用，通常不作强度计算。

3）密封接头。保证焊接结构的密封性、防止泄漏是该类接头的主要作用，可以同时是工作接头或是联系接头。

（2）焊接接头的分类及选择。焊接接头是由两个或两个以上零件用焊接方法连接的，一个焊接结构通常由若干个焊接接头组成。焊接接头按接头的结构形式可分为五大类，即对接接头、T形接头、搭接接头、角接接头和端接接头，有时焊接结构中还有其他类型的接头形式，如十字接头、斜对接接头、锁底对接接头等。焊接接头基本类型如图1—6所示。

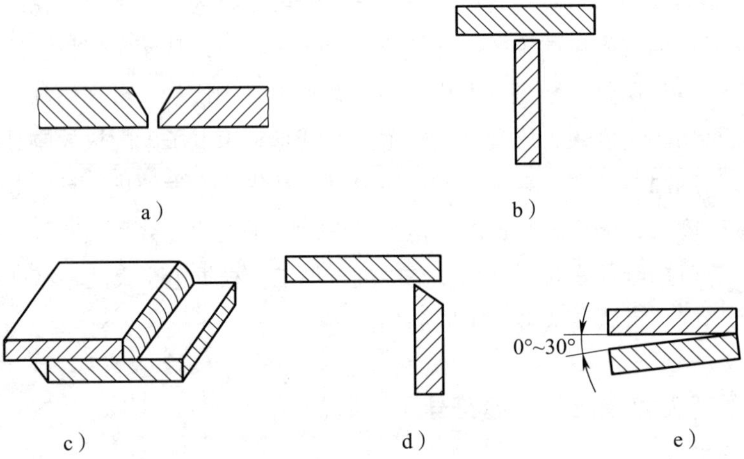

图1—6　焊接接头基本类型

a）对接接头　b）T形接头　c）搭接接头　d）角接接头　e）端接接头

1）对接接头。这种接头从受力的角度看，受力状况好，应力集中程度小，焊接材料消耗较少，焊接变形也较小，是比较理想的接头形式。在所有的焊接接头中，对接接头应用最广泛。为了保证焊缝质量，厚板对接焊往往是在接头处开坡口，进行坡口对接焊。

根据焊件的厚度、焊接方法和坡口准备的不同，对接接头可分为如下几种。

①不开坡口的对接接头。当钢板厚度在6 mm以下时，一般不开坡口，只留1 ~ 2 mm的接缝间隙，但这也不是绝对的，在有些重要的结构中，当钢板厚度大于3 mm时，就要求开坡口。

②开坡口的对接接头。开坡口就是用机械、火焰或电弧等方法加工坡口的过程。将接头开成一定角度称作坡口角度，其目的是保证电弧能深入接头根部，使接头根部焊透，以及便于清除熔渣而获得较好的焊缝成形，而且坡口能起到调节焊缝金属中母材和填充金属比例的作用。

2）T 形接头。一焊件的端面与另一焊件表面构成直角或近似直角的接头，称为 T 形接头。T 形接头在焊接结构中被广泛采用，特别是在造船厂的船体结构中约 70% 的焊缝是这种接头形式。按照焊件厚度和坡口准备的不同，T 形接头可分为不开坡口、单边 V 形坡口、K 形坡口以及双 U 形坡口四种形式，T 形接头形式如图 1—7 所示。

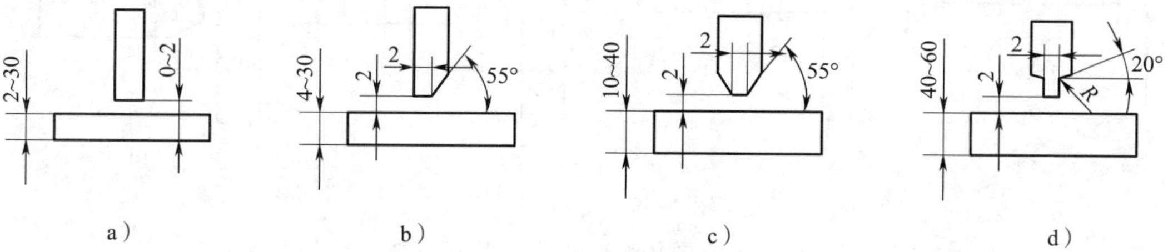

图 1—7　T 形接头形式

a）不开坡口　b）单边 V 形坡口　c）K 形坡口　d）双 U 形坡口

T 形接头作为一般联系焊缝，当钢板厚度在 2 ～ 30 mm 时，可采用不开坡口形式，它不需要较精确的坡口准备。

焊透和不焊透的接头形式如图 1—8 所示。开坡口的 T 形接头是否能焊透，要根据坡口的形状和尺寸而定。若 T 形接头的焊缝要求承受载荷，则应按照钢板厚度和对结构强度的要求，其强度可按对接接头计算，可分别选用单边 V 形、K 形或双 U 形等坡口形式，使接头能焊透，保证接头强度。不焊透的 T 形接头承受力和力矩的能力有限，所以只能应用在不重要的焊接结构中。

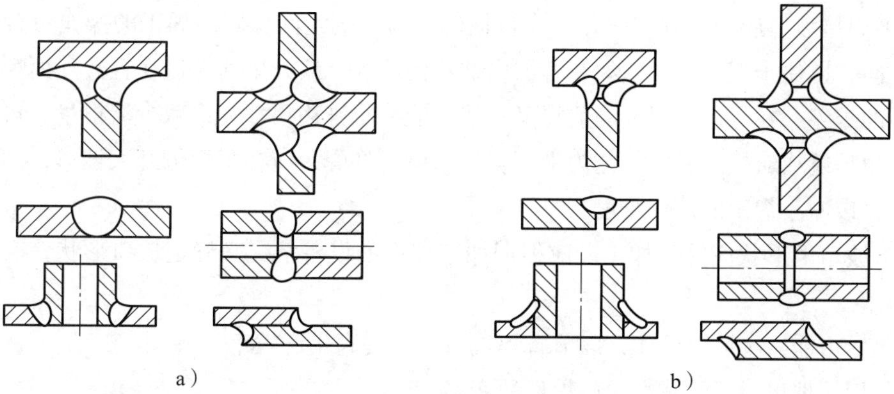

图 1—8　焊透和不焊透的接头形式

a）焊透的接头形式　b）不焊透的接头形式

3）搭接接头。这种接头是指将两个焊件部分重叠在一起，加上专门的搭接件，用角焊缝、塞焊缝、槽焊缝或压焊缝连接起来的接头。搭接接头应力分布不均匀、疲劳强度较低，不是理想的接头形式，但是，由于搭接接头焊前准备及装配工作较简单，所以在焊接结构中应用广泛。对于承受动载荷的焊接接头不宜采用搭接。

4）角接接头。两焊件端面间构成大于 30°、小于 135° 的夹角，用焊接方法连接起来的接头称为角接接头。根据焊件厚度和坡口准备的不同，角接接头可分为不开坡口、单边

V 形坡口、V 形坡口及 K 形坡口四种形式，如图 1—9 所示。角接接头多用于箱形构件上，这种接头的承载能力较差，多用于不重要的结构中。

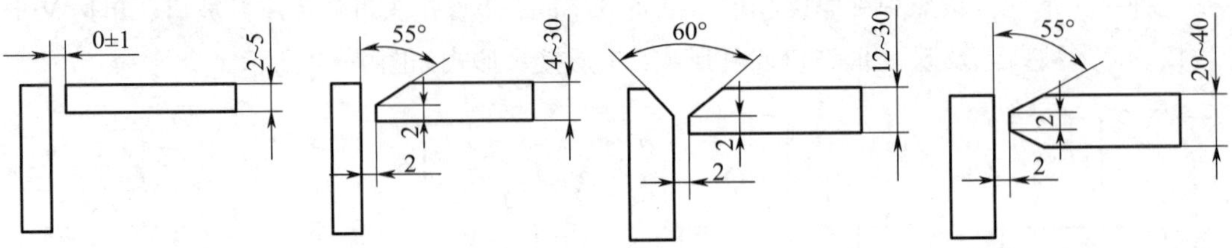

图 1—9　角接接头形式

a）不开坡口　b）单边 V 形坡口　c）V 形坡口　d）K 形坡口

5）端接接头。这种接头是指将两焊件重叠放置或两焊件表面之间的夹角不大于 30°，用焊接连接起来的接头。端接接头多用于密封构件上，承载能力较差，不是理想的接头形式。

2．焊接坡口

（1）坡口的定义和作用。坡口就是根据设计和工艺的需要，将焊件的待焊接区域加工并装配成一定几何形状的沟槽，从而保证焊缝厚度满足技术要求。焊缝开坡口的作用有：保证焊缝熔透；保证焊缝厚度满足设计要求；减小焊缝金属的填充量；调整焊缝金属的熔合比。

（2）确定焊接坡口应遵循的原则

1）焊接坡口应便于焊接操作。应根据焊缝所处的空间位置、焊工的操作位置来确定坡口方向，以便于焊工施焊。如在容器内部不便施焊，应开单面坡口在容器外面焊接。要求熔透的焊缝，在保证不焊漏的前提下，尽可能减小钝边尺寸，以减少清根量。再如，一条熔透角焊缝或对接焊缝，一侧为平焊，另一侧为仰焊，应在平焊侧开大坡口，仰焊侧开小坡口，以减小焊工的操作难度。

2）坡口的形状应易于加工。应根据加工坡口的设备情况来确定坡口形状，其形状应易于加工。

3）尽可能减小坡口尺寸，以节省焊接材料，提高生产效率。

4）焊接坡口尽可能减小焊后焊件的变形。

（3）坡口形状选择。根据焊缝坡口的几何形状不同，焊缝的坡口形式有 I 形、V 形、双 Y 形、U 形、J 形。根据加工面和加工边（带钝边）的不同，又有双边 V 形（即 X 形）、带钝边单边 V 形、带钝边双边 U 形、带钝边单边 J 形等。表 1—2 为常用焊缝坡口的基本形状。

3．焊缝符号及其标注方法

在图样上标注焊接方法、焊缝形式和焊缝尺寸的符号称为焊缝符号。

表 1—2 常用焊缝坡口的基本形状

坡口名称	对接接头	T 形接头	角接接头
I 形	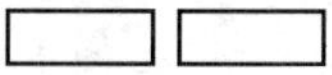	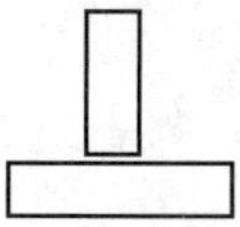	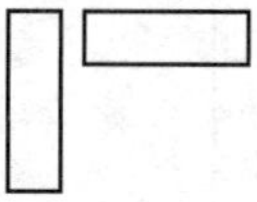
带钝边单边 V 形	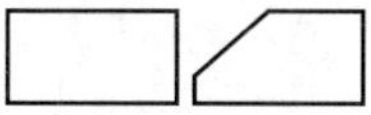	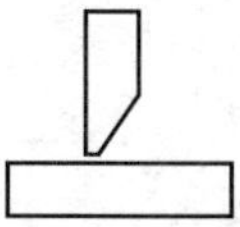	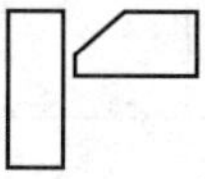
V 形		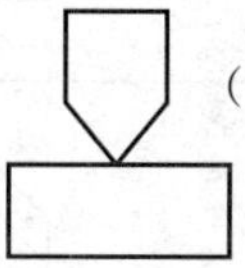（K形）	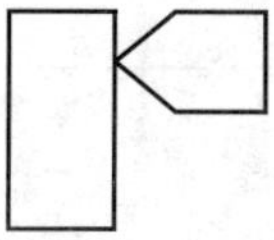（K形）
双边 V 形（X 形）	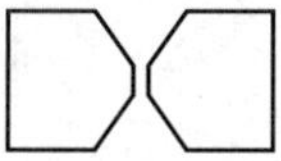	—	—
带钝边单边 J 形		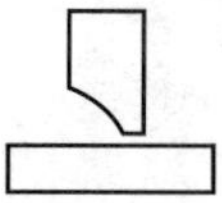	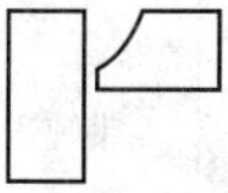
带钝边双边 J 形（双面 J 形）	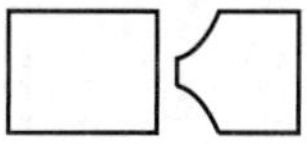	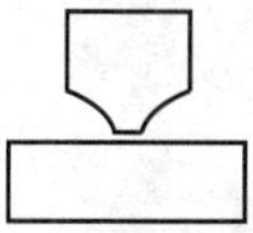	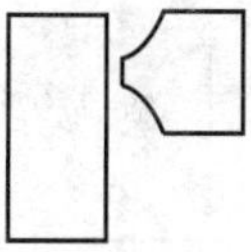
带钝边单边 U 形	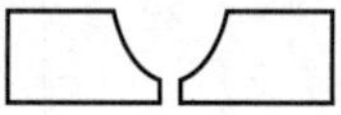	—	—
带钝边双边 U 形（双面 U 形）	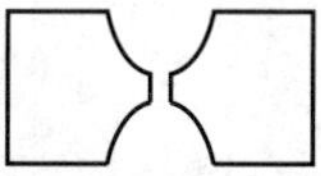	—	—

焊缝符号的国家标准为 GB/T 324—2008《焊缝符号表示法》。

焊缝符号主要由基本符号、辅助符号、补充符号、引出线、焊缝尺寸符号及数据等组成。基本符号和补充符号在图样上用粗实线绘制，引出线用细实线绘制。适用范围也扩大至钎焊接头。

（1）基本符号。基本符号是表示焊缝横剖面形状的符号，它采用近似于焊缝横剖面形状的符号来表示，见表 1—3。

表 1—3　　　　　　　　　焊 缝 符 号

序号	名称	示意图	符号
1	卷边焊缝（卷边完全熔化）		
2	I 形焊缝		
3	V 形焊缝	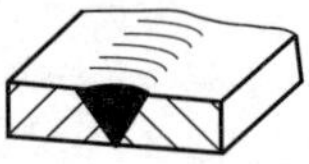	
4	单边 V 形焊缝		
5	带钝边 V 形焊缝	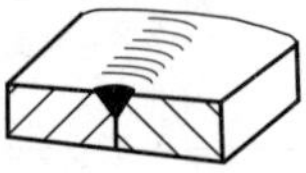	
6	带钝边单边 V 形焊缝	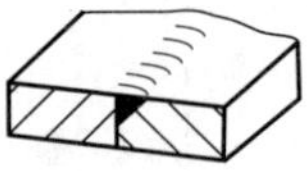	
7	带钝边 U 形焊缝	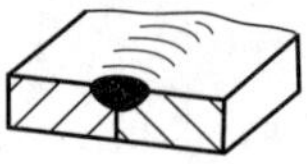	
8	带钝边 J 形焊缝		
9	封底焊缝		
10	角焊缝	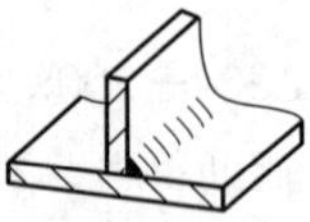	
11	塞焊缝或槽焊缝	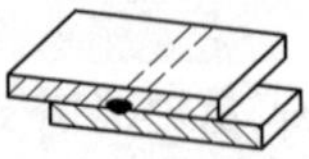	

续表

序号	名称	示意图	符号
12	点焊缝	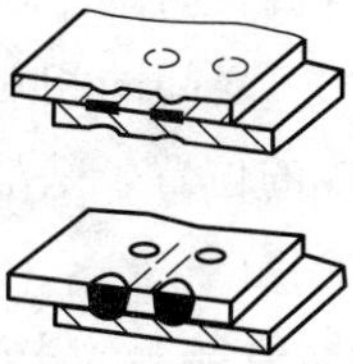	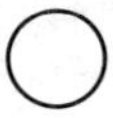
13	缝焊缝	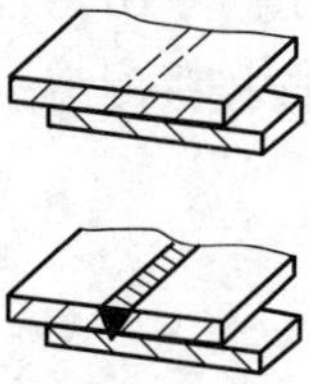	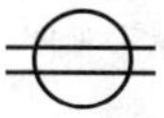
14	陡边V形焊缝		
15	陡边单V形焊缝		
16	端焊缝		
17	堆焊缝	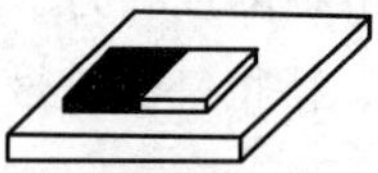	
18	平面连接（钎焊）	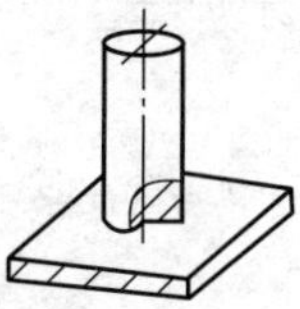 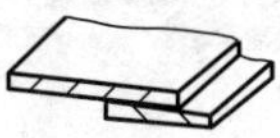	
19	斜面连接（钎焊）	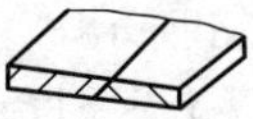	
20	折叠连接（钎焊）		

（2）基本符号和指引线的位置规定

1）基本要求。在焊缝符号中，基本符号和指引线为基本要素。焊缝的准确位置通常由基本符号和指引线（见图 1—10）之间的相对位置决定，基本位置包括箭头线的位置、基准线的位置和基本符号的位置。

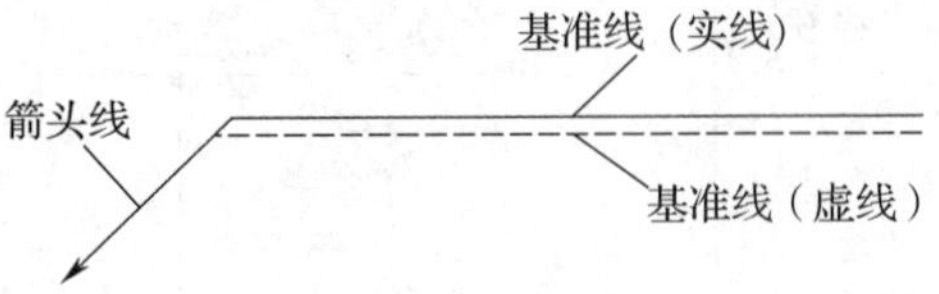

图 1—10　指引线

2）指引线。指引线一般由带有箭头的指引线（简称箭头线）和两条基准线（一条为实线，另一条为虚线）组成，如图 1—10 所示。

3）箭头线。箭头线直接指向接头侧为“接头的箭头侧”，与之相对的一侧为“接头的非箭头侧”，如图 1—11 所示。

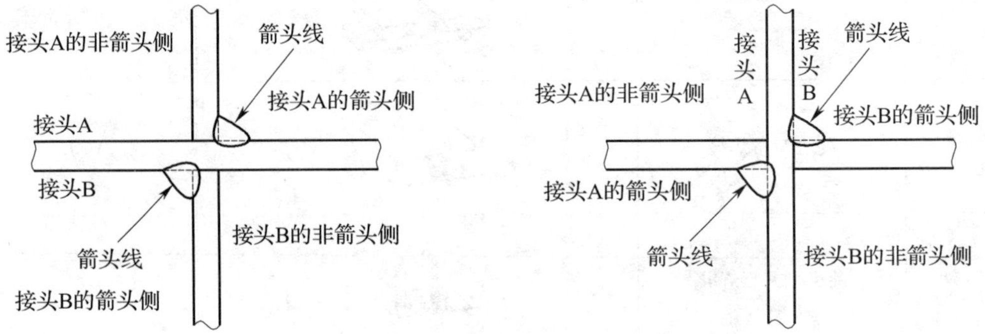

图 1—11　接头的“箭头侧”及“非箭头侧”示例

4）基准线。基准线一般应与图样的底边平行，必要时亦可与底边垂直。

实线和虚线的位置可根据需要互换。

5）基本符号与基准线的相对位置。为了能在图样上确切地表示焊缝的位置，特将基本符号相对基准线的位置作如下规定：

①基本符号在实线侧时，表示焊缝在接头的箭头侧，如图 1—12a 所示。

②基本符号在虚线侧时，表示焊缝在接头的非箭头侧，如图 1—12b 所示。

③对称焊缝允许省略虚线，如图 1—12c 所示。

④在明确焊缝分布位置的情况下，有一些双面焊缝也可以省略虚线，如图 1—12d 所示。

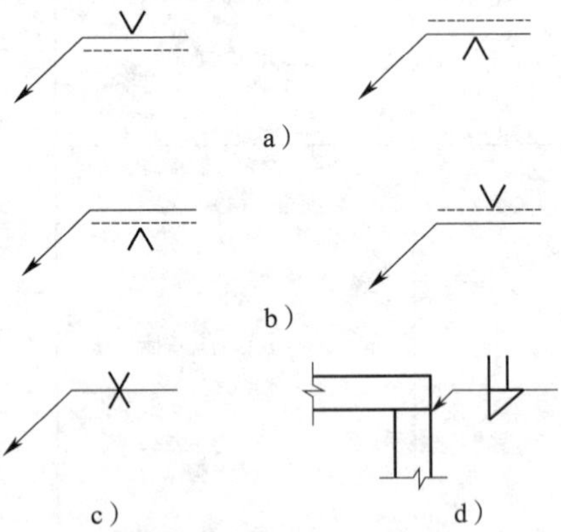

图 1—12　基本符号相对基准线的位置
a）焊缝在接头的箭头侧
b）焊缝在接头的非箭头侧
c）对称焊缝　d）双面焊缝

（3）焊缝尺寸符号及其标注。必要时，可在焊缝符号中标注尺寸。焊缝尺寸符号见表 1—4。

表 1—4　　　　　　　　　　　　　　焊缝尺寸符号

符号	名称	示意图	符号	名称	示意图
δ	工件厚度	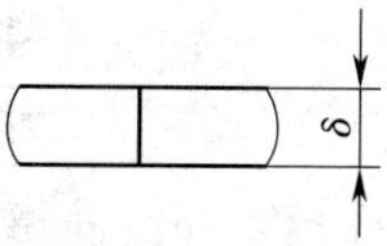	c	焊缝宽度	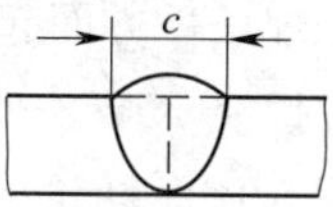
α	坡口角度	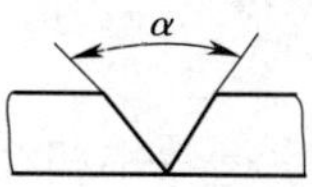	K	焊脚尺寸	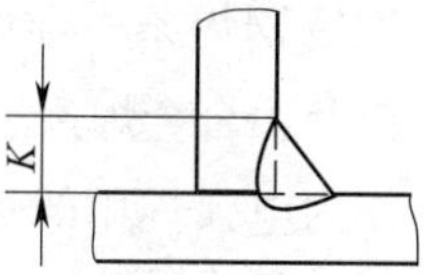
β	坡口面角度	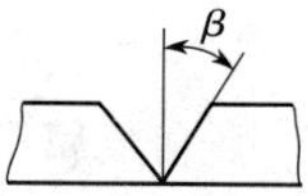	d	点焊： 熔核直径 塞焊：孔径	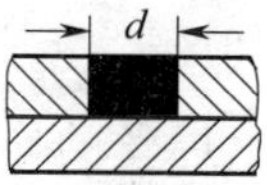
b	根部间隙	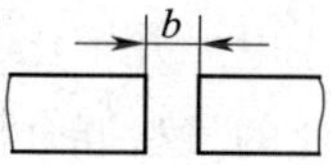	n	焊缝段数	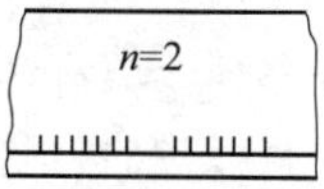
p	钝边	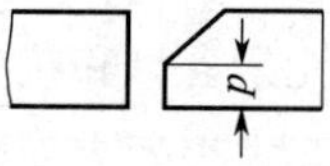	l	焊缝长度	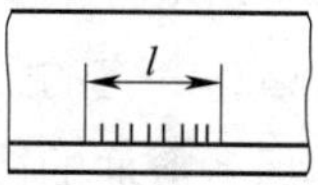
R	根部半径	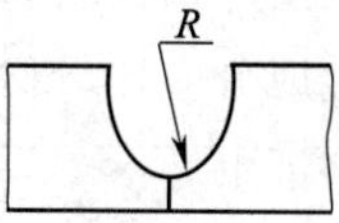	e	焊缝间距	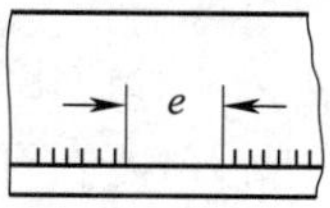
H	坡口深度	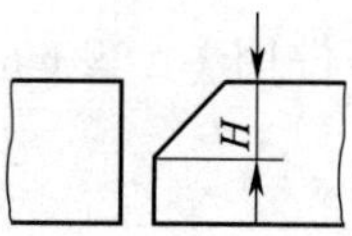	N	相同焊缝 数量	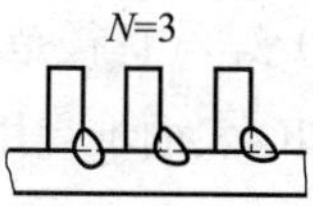
S	焊缝有效 厚度	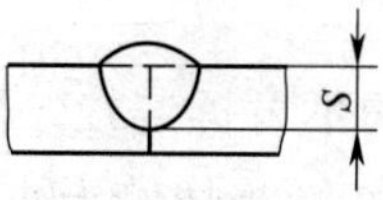	h	余高	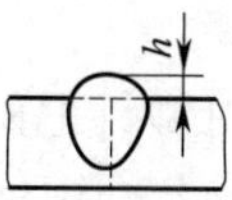

三、常用焊接材料及其选择

1. 焊条

焊条是由焊芯（金属芯）和药皮（涂层）组成的焊接用的熔化电极。在焊条电弧焊过程中，焊条一方面起传导电流和引燃电弧的作用，另一方面又作为填充金属，与熔化的母材形成焊缝。

焊条按照药皮熔化后的熔渣性质，可分为酸性焊条和碱性焊条。一般金属材料的焊接主要选用酸性焊条。焊条按用途可以分为碳钢焊条、低合金钢焊条、钼和铬钼耐热钢焊条、不锈钢焊条、堆焊焊条、低温钢焊条、铸铁焊条、镍及镍合金焊条、铜及铜合金焊条、铝及铝合金焊条、特殊用途焊条等。

作为电弧焊用的焊接材料，焊条对焊接质量、生产效率和经济效益有着重要的作用。焊条的应用广泛，消耗量大，因此必须熟练掌握焊条的组成、作用、分类和性能，了解焊条对焊接质量的影响以及焊条质量的检验、储存保管、选用等知识。

2. 焊丝

（1）焊丝的作用。焊丝的作用在于传导电流、填充金属、过渡合金，自保护药芯焊丝在焊接过程中还起保护或脱氧和去氮等作用。焊丝是埋弧焊工艺方法的主要焊接材料。

焊丝在一般焊接过程中的作用是与焊件之间产生电弧并熔化，用以补充焊缝金属。手工钨极氩弧焊时，焊丝是主要的填充金属，并与熔化的母材混合形成焊缝。熔化极氩弧焊时，焊丝除上述作用外，还起传导电流、引弧和维持电弧燃烧的作用。

（2）对焊丝的要求。为保证焊缝质量，对焊丝的要求很高，需对焊丝金属中各合金元素的含量作一定的限制，如降低含碳量，增加合金元素含量和减少硫、磷等有害杂质，以保证焊后各方面的性能不低于母材金属。使用时，要求焊丝表面清洁，不应有氧化皮、铁锈及油污等。具体要求如下：

1）焊丝的化学成分应与母材的性能匹配，而且要严格控制其化学成分、纯度和质量。

2）为了补偿化学成分的损失，焊丝的主要合金成分应比母材稍高。

3）焊丝应符合国家标准并有制造厂的质量合格证书。

4）手工钨极氩弧焊用焊丝，一般为每根长 500 ~ 1 000 mm 的直丝，自动（机械化）焊接采用轴绕式或盘绕式的成盘焊丝。

5）焊丝直径范围从 0.4 mm（细小而精密的焊件用）至 9 mm（大电流手工 TIG 焊或手工 TIG 表面堆焊用）。

第三节　铆接基础知识

利用铆钉把两个以上的被铆件连接在一起的不可拆连接，称为铆钉连接，简称铆接。铆接是利用轴向力，将零件铆钉孔内钉杆镦粗并形成钉头，使多个零件相连接的方法。

一、铆接加工的分类

1. 强固铆接

强固铆接应用于结构需要有足够强度，承受强大作用力的地方，如桥梁、车辆、起重机等。

2. 紧密铆接

紧密铆接应用于低压容器装置。这种铆接只能承受很小的均匀压力，但对接缝处的密封性要求比较高，以防止渗漏，如气包、水箱、油罐等。

3. 强密铆接

强密铆接即使在很大压力下，液体或气体也不会渗漏。这种铆接一般应用于蒸汽锅炉、压缩空气罐及其他高压容器。

二、铆接加工的原理

铆接是通过铆头与工件的挤压产生所需的变形，其挤压过程与普通的冲压、滚压过程有较大区别。普通方法为强力瞬间变形，这就要求设备的吨位要大，铆件结构要进行改进以提高抗不良变形的能力。而铆接变形的基本原理在于，铆头轴线与铆钉轴线成 3° 夹角（见图 1—13），铆头铆接时，铆头与铆钉的接触是一个点，在压力作用下接触点开始变形，然后通过铆头的摆碾运动使运动轨迹上的每一点逐点变形，从而将变形扩展到整个铆钉端面（见图 1—14，摆碾式轨迹）。

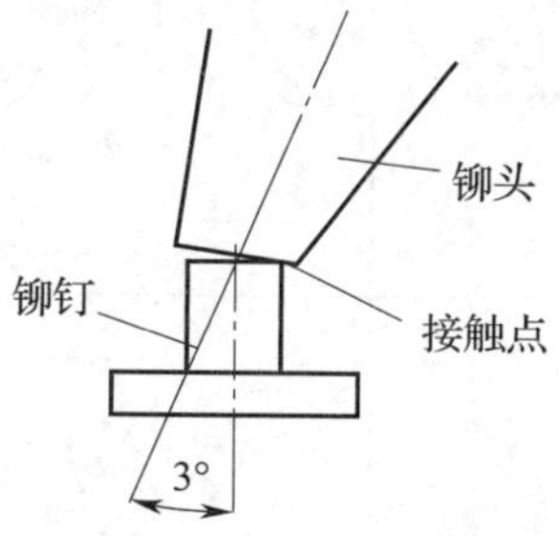

图 1—13　铆接加工原理图

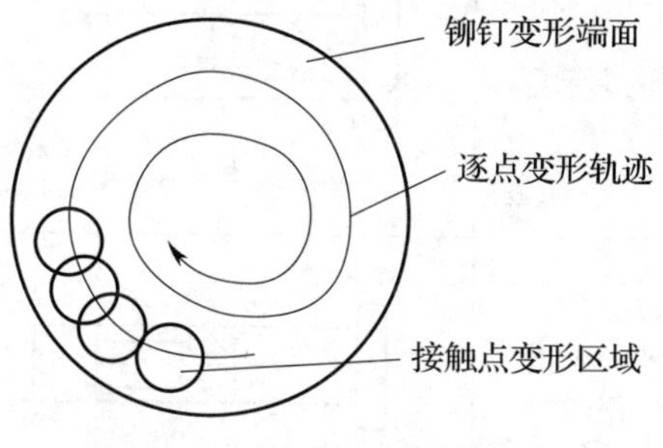

图 1—14　摆碾机的铆接轨迹图

三、铆钉及常用铆接设备

1. 铆钉的品种、选择及用途

常用铆钉的形式见表 1—5。

半圆头铆钉主要用于横向载荷较大的铆接场合，应用最广。

平锥头铆钉由于钉头肥大，能耐腐蚀，常用于船壳、锅炉水箱等腐蚀强烈的铆接场合。

沉头铆钉主要用于表面须平滑、载荷不大的铆接场合。

半沉头铆钉主要用于表面须平滑、载荷不大的铆接场合。

平头铆钉用于一般载荷的铆接场合。

扁平头、扁圆头铆钉主要用于金属薄板或皮革、帆布、木料等非金属材料的铆接场合。

表 1—5　　常用铆钉的形式

名称	形状	标准	规格范围	
			d	l
半圆头铆钉	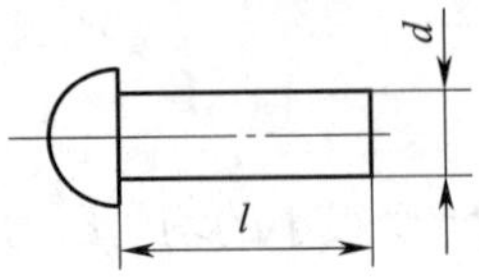	GB 863.1—1986（粗制） GB 867—1986（粗制）	12 ~ 36	20 ~ 200
小半圆头铆钉		GB/T 863.2—1986（粗制）	0.6 ~ 16	1 ~ 110
平锥头铆钉	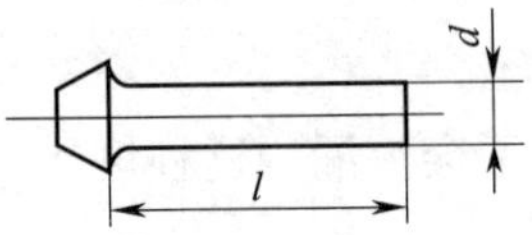	GB/T 864—1986（粗制）	12 ~ 36	20 ~ 200
		GB/T 868—1986（粗制）	2 ~ 10	3 ~ 110
沉头铆钉	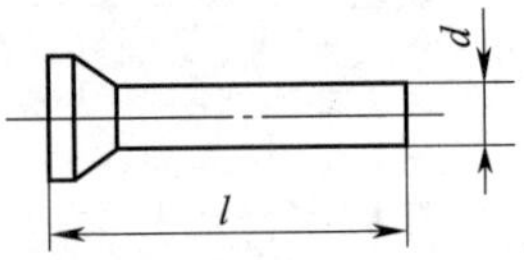	GB 865—1986（粗制）	12 ~ 36	20 ~ 200
		GB 869—1986（粗制）	1 ~ 16	2 ~ 100
半沉头铆钉	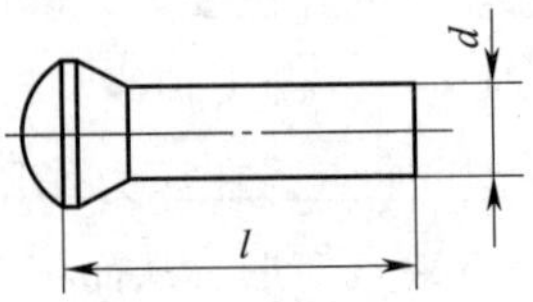	GB 866—1986（粗制）	12 ~ 36	20 ~ 200
		GB 870—1986	1 ~ 16	2 ~ 100
扁平头铆钉	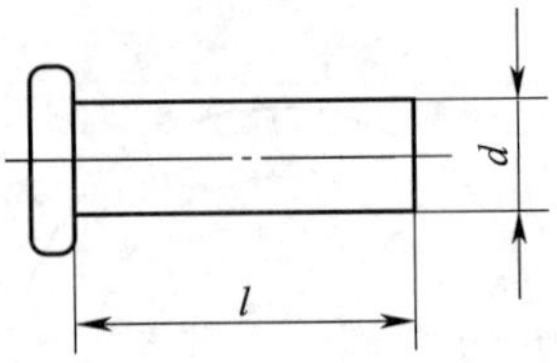	GB/T 872—1986	1.2 ~ 10	1.5 ~ 50
扁平头半空心铆钉	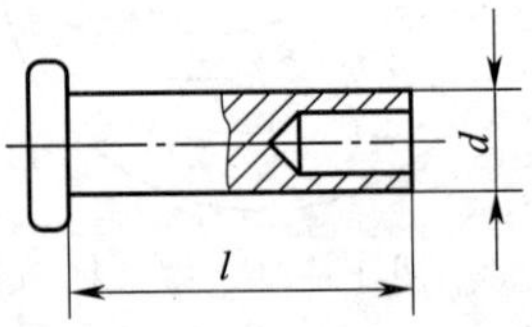	GB/T 875—1986	1.2 ~ 10	1.5 ~ 50
空心铆钉	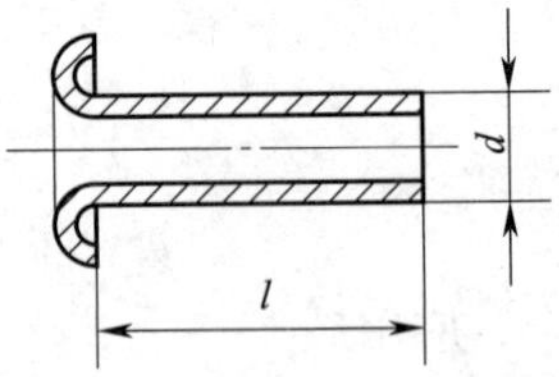	GB/T 876—1986	1.4 ~ 6	1.5 ~ 15

大扁平头铆钉主要用于非金属材料的铆接场合。

半空心铆钉主要用于载荷不大的铆接场合。

无头铆钉主要用于非金属材料的铆接场合。

空心铆钉质量轻，钉头弱，用于载荷不大的非金属材料的铆接场合。

2. 铆接机的特点及用途

铆接机（也称为铆钉机、旋铆机、铆合机、碾铆机等）是依据冷碾原理研制而成的一种新型铆接设备。该设备结构紧凑、性能稳定、操作方便安全。与传统铆接工艺相比，铆接机具有以下明显的优点：铆钉成形力小，仅为冲铆的1/10，铆后工件无不良变形；铆接表面光洁美观；无振动、低噪声、低能耗，操作方便安全；效率高，成本低；易于实现自动化。

铆接机广泛应用于汽车制造、纺织器材、电器开关、五金工具、仪器仪表、钢制家具、日用器械等各种需铆接的工艺场合。目前已有摆碾（BM）、径向（JM）两大系列，立式、台式、卧式三种形式十几种规格的系列产品。只要制作合适的铆头，即可铆接如图1—15所示的各种形状。

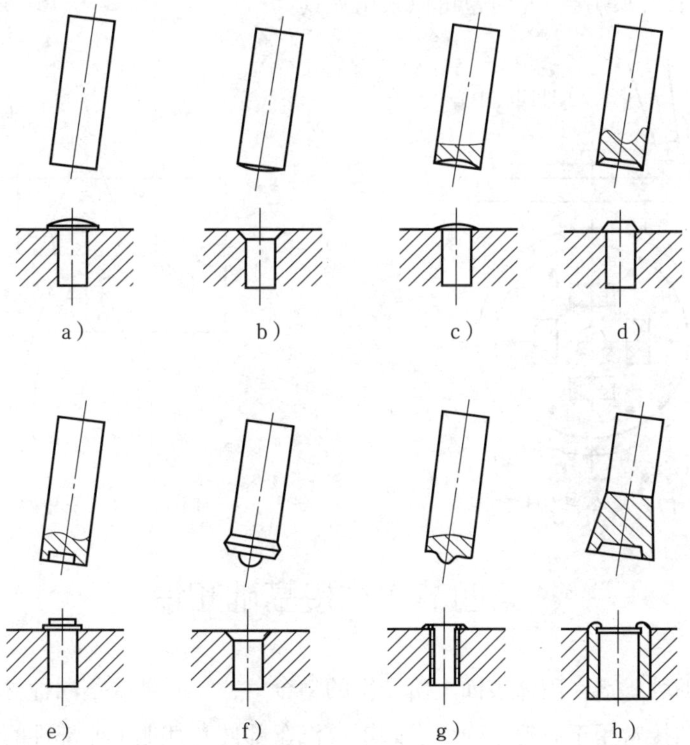

图1—15　铆接接头的形状

a）扁平型　b）沉头型　c）圆弦型　d）碗型　e）圆柱型

f）扩口型　g）外翻边型　h）内翻边型

3. 简单铆接夹具的设计

在实际生产中，简单适当的夹具往往能减少辅助时间，提高生产效率，保证铆接质量，下面介绍几种常用的简单夹具，可以结合零件特点，设计方便适用的铆接夹具。

在铆接如图1—16所示的零件时，一般采用简易铆座即可。其中几个关键尺寸按图选取，其余尺寸自定。这类夹具简单可靠，成本低廉，应用广泛。

铆接长铆钉时，由于装卸不方便，一般采用开合式夹具。这类夹具可以手动、液动或气动。液动时动力可以直接来源于机床液压系统，并可实现与设备的同步夹紧。

对于如图 1—17 所示的在同一圆周上进行多个铆点铆接的零件，可设计回转型夹具逐点铆接，具体做法为工件围绕着中心匀速转动，底模固定在工作台中心定位孔内即可。回转动力可以是手动、液动或气动。

对于某些形状不太规则，但具有定位面的零件，可以设计靠模（见图 1—18）辅助校正铆钉中心与铆头旋转中心同心即可实现铆接，有时也可以采用夹具。

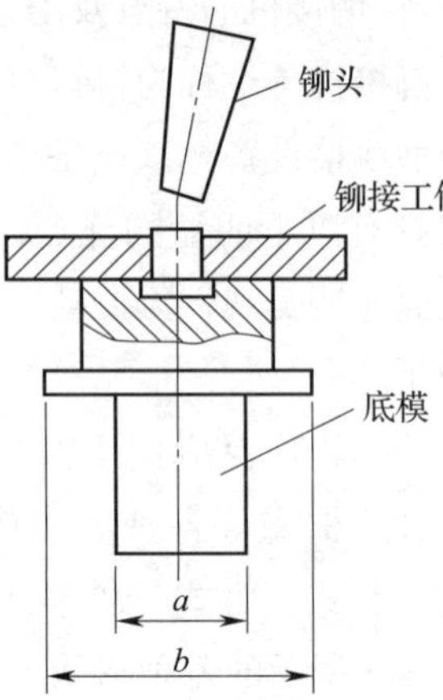

图 1—16　销轴铆接夹具

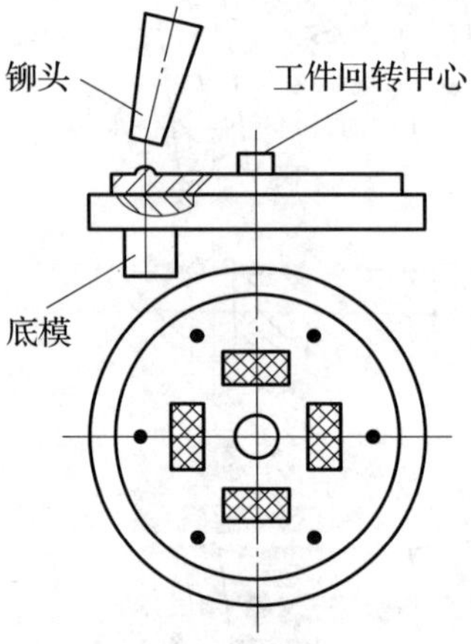

图 1—17　离合器铆接夹具

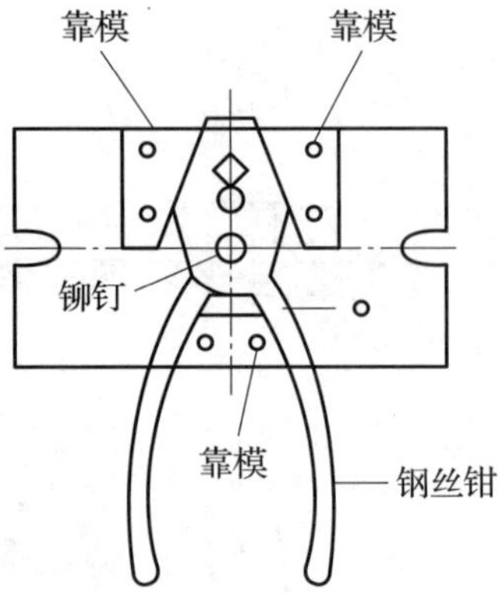

图 1—18　手钳铆接夹具

第四节　粘接基础知识

粘接是借助胶黏剂在固体表面上所产生的粘合力，将同种或不同种材料牢固地连接在一起的方法。粘接常用于齿轮箱壳体、阀罩、汽车部件和其他工业部件的密封，由于胶黏剂多以液体状态使用，也可作灌封胶，如线路板、电动机、电气和电子组件常用密封灌封胶。制品和零部件产生断裂或裂纹是常见现象，常规的修复方法是采用焊接，然而焊接往往会使被修复物品产生热变形，尤其是薄壁件不宜采用焊接法，如果是难以焊接的材料或在易发生爆炸的场合，只能采用安全可靠的胶黏剂粘接法。

一、粘接流程

一般是先对被粘物表面进行修配，使之配合良好，再根据材质及强度要求对被粘表面进行不同的表面处理（有机溶剂清洗、机械处理、化学处理或电化学处理等），然后涂布胶粘剂，将被粘表面合拢装配，最后根据所用胶黏剂的要求完成固化步骤（室温固化或加热固化），就实现了胶接连接。

1. 粘接准备

先准备好粘接时所必需的工具及做好劳动保护。具体物品可根据不同的胶黏剂进行选择，包括一次性塑料手套、口鼻罩、刮板、调胶桶（勺、板）、取胶勺（板）、丙酮（酒精）、干净抹布、铲刀、砂布、抛光打磨机、塑料布、电子秤、胶枪。

2. 表面处理

表面处理一般有阳极氧化、机械打磨表面、底涂处理三种情况，确保被粘接表面洁净，无灰尘、无油污等。后两种可以同时使用。

（1）阳极氧化。涂胶前，一般用酒精擦拭被粘接表面，可增加粘接强度。

（2）机械打磨表面。用抛光机或砂纸将被粘接面打毛，去除粘接面表层污物及氧化物等，确保粘接效果。

（3）底涂。在机械打磨表面后，用丙酮（或酒精）擦拭干净，及时涂上专用涂剂，为后续涂胶做好准备。一般在有特殊要求的情况下才使用。

3. 胶黏剂使用要素

（1）时间。一般分为操作时间、初步固化时间、完全固化时间和有效时间。

1）操作时间。胶黏剂从按规定配比进行混合搅拌之时开始计时，至胶黏剂涂布到粘接面完成的规定最长时间。

2）初步固化时间（夹具时间）。胶黏剂涂布在粘接面后，初步固化，达到一定粘接力，可以搬动所需要的时间。以试样为例，24℃条件下，粘接两块基材，宽 1 in（25. 4 mm），自粘接开始计算，粘接重叠面积为 0.5 in（L）×1 in（W），在静态下整体能悬挂 1 kg 砝码不滑动所消耗的时间。

3）完全固化时间。初步固化后，达到最佳粘接强度所需要的时间。

4）有效时间。即胶黏剂有效保质期。

（2）温度。一般分为施工环境温度和胶黏剂固化温度。

1）施工环境温度。胶黏剂实际使用的施工现场的环境温度。

2）胶黏剂固化温度。胶黏剂固化温度不是一个固定的值，而是一个区间曲线。一般情况下，在一定温度范围内，胶黏剂混合后即开始固化，不同的温度下固化速度不同，通常随着温度的升高，固化速度会加快，固化时间缩短。

（3）压力。为确保粘接面完全贴合，涂胶后在粘接面上应施加一定的压力。

（4）粘接表面状态。即被粘接面的状态，一般要求粘接表面无灰尘、油污等，无表面氧化层，表面采用打磨等方法即可去除表面氧化层，同时进行了粗糙化处理。

二、各种常用胶黏剂的使用方法

1. 3M 7240 环氧封边胶

3M 7240 环氧封边胶是双组分胶黏剂，A 组分由环氧树脂、增韧剂与填料组成，外观呈白色黏稠触变液体，B 组分为改性胺类固化剂，由促进剂、偶联剂、填料等组成，为灰黑色黏稠触变液体。该胶主要用于蜂窝板、瓦楞板制品等的周边粗糙面的涂装密封，也可用于各类金属结构件缝隙等的嵌填密封、抹平等。该胶使用时适合于各方向刮涂，便于操作，固化完全后粘接强度高、胶块抗压性能好、固化不收缩、耐腐蚀、耐老化。具体使用方法如下：

（1）在粘接时，使用丙酮或酒精或汽油等清洗剂将被粘接面擦拭干净，去除表面灰尘、油污等，若能将粘接表面采用打磨等方法粗糙化处理，粘接强度更佳。

（2）按照质量比 A∶B=2∶1 各取适量胶液搅拌混合均匀（以 A、B 两种胶液颜色混合均匀为判断依据），然后将搅拌均匀的胶体用刮刀在需封边的板材上按图样要求涂覆、刮平、抹平。

（3）在室温下，混合均匀胶液的可操作时间为 30 ~ 40 min，初步固化的时间为 60 ~ 90 min。如果温度较低，则固化时间需加长。

（4）也可采用加温快速固化，一般在 60℃条件下，1 h 后即可基本固化。

（5）储存条件：密封储存于避光干燥处，保质期为一年。

2．LORD 406（洛德）胶黏剂

LORD 406 胶黏剂适用于铝板与铝板或铝板与铝嵌件粘接强度要求高或异形面的粘接，具有优良的抗冲击和抗剥离性能，可替代焊接、铆接和其他机械连接方法。具体使用方法如下：

（1）打磨表面，使用丙酮或酒精擦拭干净。

（2）手工混合，按 LORD 406∶固化剂 17=10∶1 或者 LORD 406∶固化剂 19=10∶3 比例混合，涂布于粘接面并装配好零件。混合后胶黏剂即开始迅速固化。

（3）施工时间为 6 ~ 10 min；可搬动时间为 12 ~ 17 min。

（4）保质期为 6 个月。

3．MA830 胶黏剂

具体使用方法如下：

（1）打磨表面，使用丙酮或酒精擦拭干净。

（2）手工混合，按 10∶1 比例混合，涂布于粘接面并装配好零件。常温下，15 ~ 18 min 就能达到 75% 的最终强度。

（3）施工时间为 4 ~ 6 min；可搬动时间（夹具时间）为 15 ~ 18 min。

（4）该胶黏剂在 18 ~ 27℃下施工能达到最理想的固化效果，低于 18℃固化减慢，超过 27℃固化加快。

（5）储存条件：12 ~ 24℃下，保质期为 9 个月。

三、胶黏剂的使用注意事项

1．各种胶黏剂使用前都需做好劳动保护，戴好口鼻罩、手套等。

2．一定要做好粘接前的表面处理工作。

3．胶黏剂配比正确，混合均匀，否则直接影响粘接力和固化时间。

4. 胶黏剂一次配制用量适当。因部分胶黏剂固化速度极快，一次配制过多，还未使用已经固化，容易造成浪费。

5. 主剂和固化剂必须分别用不同工具取用，防止交叉污染，影响胶黏剂质量。

6. 做好后处理工作。比如：胶黏剂在使用过程中滴落在产品光洁的表面，应及时擦拭干净；封边胶固化后，周边表面不平整，应该及时用锉刀或砂布修平，并检查封边是否完全，对封边不完全的地方进行 2 次补涂。

7. 值得注意的是，同一种名称的胶黏剂，有不同的延伸品种，注意每次使用时，如果发现不同，操作方法存在差异。比如：LORD 406 胶黏剂，分为固化剂 17 和固化剂 19 等品种，主剂与固化剂 17 的调配比例为 10∶1，主剂与固化剂 19 的调配比例为 10∶3，手动调制的时候一定要注意。

8. 调配胶黏剂时注意季节变化对胶黏剂固化速度的影响。

第二章 机械制图

第一节 零件图

零件是组成机器或部件的最基本的单元。制造机器或部件时，需要将组成机器的各零件加工制造出来，再按一定的要求将零件装配起来。零件图是表示零件结构、大小及技术要求的图样，它是加工制造零件的依据。

一、零件图的内容

提供零件成品生产的全部技术资料的图形即零件图，零件图包含零件的结构形状、尺寸大小、质量、材料、应达到的技术要求等内容。如图 2—1 所示为阀盖的零件图。

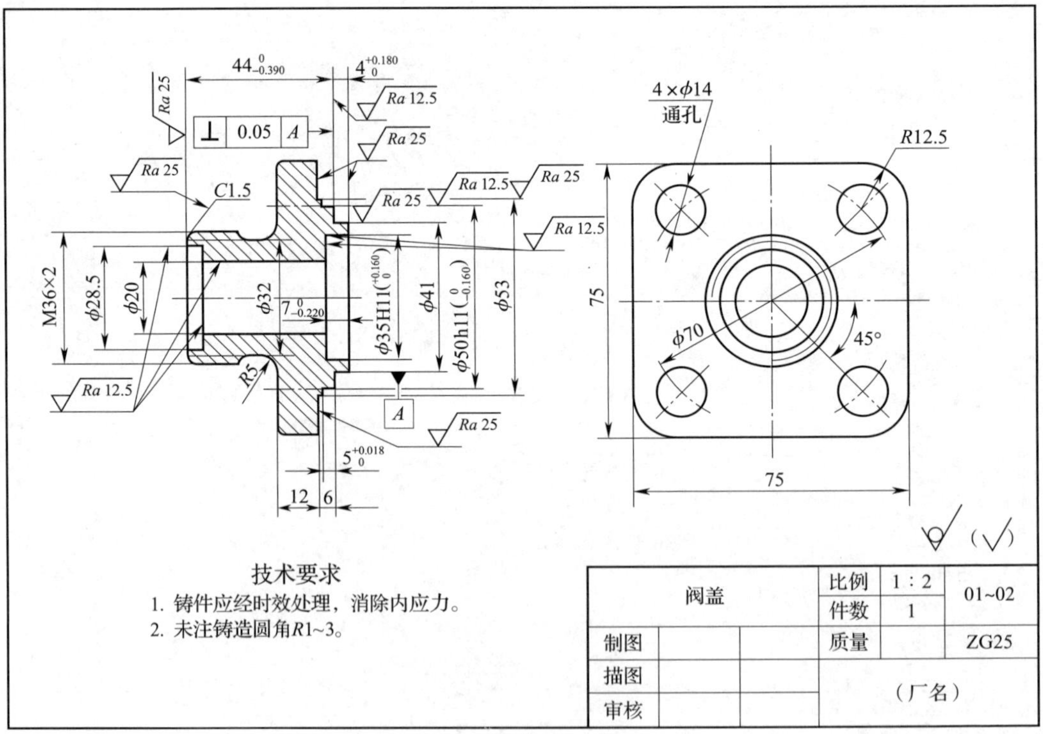

图 2—1 阀盖零件图

一张完整的零件图一般包括以下内容：

1．一组表达零件的图形

一张完整的零件图一般会利用视图、剖视图、断面图等表达方法，对零件各部分的结构形状进行完整、清晰的表达。

2．一组尺寸

正确、完整、清晰、合理地标注零件制造、检验时所需要的全部尺寸。

3．技术要求

使用规定的符号、数字标注或文字说明，表明零件在加工、检验过程中应达到的技术指标，如极限与偏差、几何公差、表面粗糙度等。

4．标题栏

标注零件的名称、数量、比例、材料、图号，以及绘图者、审校者、日期等内容的表格。

二、零件的工艺结构及其尺寸标注方法

设计零件结构形状的过程中，零件的结构形状主要是根据它的功能而定。除功能因素外，还要考虑到其加工制造过程中的工艺要求。因此，绘制零件图时，应使零件的结构既能满足使用要求，又便于加工制造。下面介绍零件的常见工艺结构。

1．铸件结构

用木材或其他容易加工成形的材料，按零件的实际结构形状和尺寸制成模型，并将模型放于填有型砂的砂箱中，如图 2—2a 所示，将型砂压紧后，从砂箱中取出模型，用熔化的铁水（或钢水）浇铸在原模型占据的型腔中，铁水冷却后，即可得到铸件的毛坯，如图 2—2b 所示，称为铸造过程。

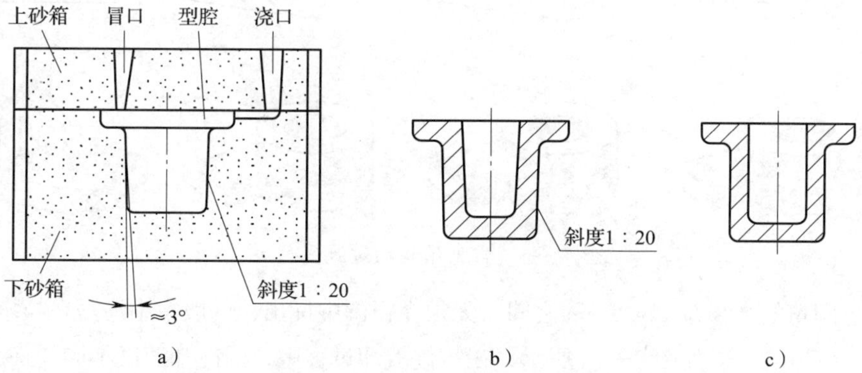

图 2—2　铸造零件

因铸造工艺的要求，铸件结构应考虑下列问题：

（1）拔模斜度。如图 2—2b 所示，在造型设计过程中，为了便于将模型从砂型中取出，在模型上沿出模方向一般会制作出约 3°（1∶20）的拔模斜度。但在绘制零件图时，拔模斜度一般不画出，如图 2—2c 所示，必要时，可在技术要求中进行说明。

（2）铸造圆角。铸造过程中进行型腔浇注时，为防止转角处的型砂脱落以及铸件冷却时转角处因应力集中而产生裂纹，铸造零件的转角处一般需做成圆角。如图 2—3 所示，在绘制零件图时，图样中也需画出铸造圆角。

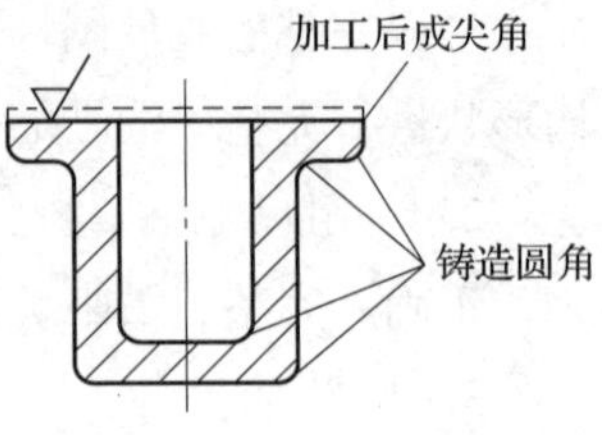

图 2—3　铸造圆角

带有铸造圆角的零件表面交线（相贯线和截交线）不明显，这种不明显的交线称过渡线。如图 2—4 所示，过渡线用细实线绘制。绘制过渡线时，按没有圆角的理论交线确定相贯线或截交线的起止位置，交线两端不与零件轮廓线接触。常见结构的过渡线画法如图 2—5 所示。

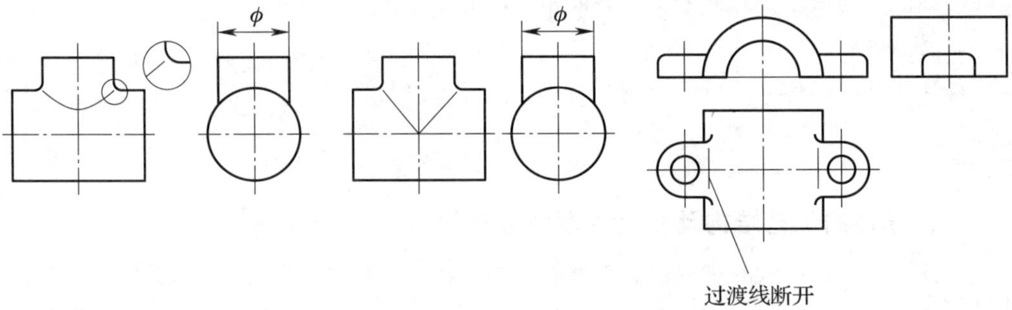

图 2—4　过渡线的绘制方法

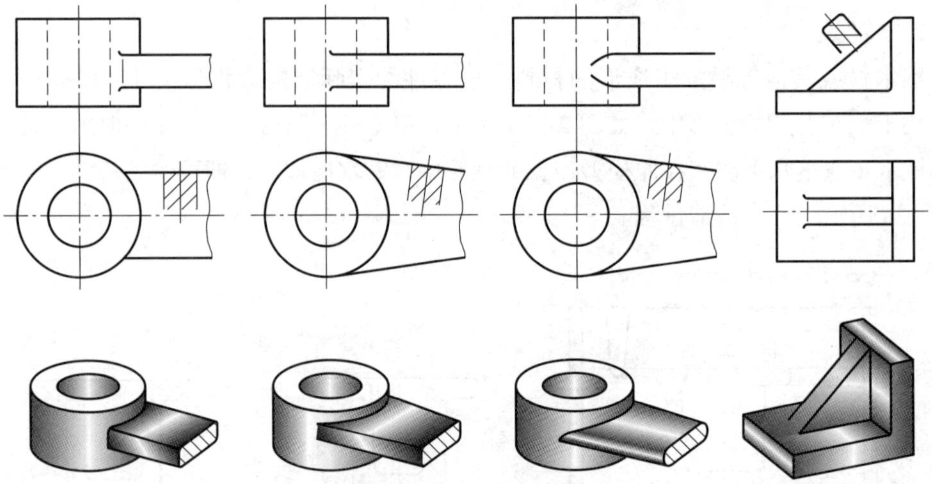
图 2—5　常见结构的过渡线画法

铸造圆角的半径在 2 ~ 5 mm 之间，无须在视图中标出，一般集中注写在技术要求中。

（3）壁厚均匀。如图 2—6a 所示，在铸件冷却过程中，因冷却速度不同往往会造成壁厚较厚位置处形成缩孔。因此，在设计铸件时，应尽量使零件壁厚均匀分布，如图 2—6b 所示。如壁厚不均匀，应尽量使其均匀地变化。

2．机械加工常见工艺结构

零件的加工面是指零件中需要使用机床和刀具切削加工的表面，即用去除工件表面材料的方法获得表面。受加工工艺的限制，加工表面有如下要求：

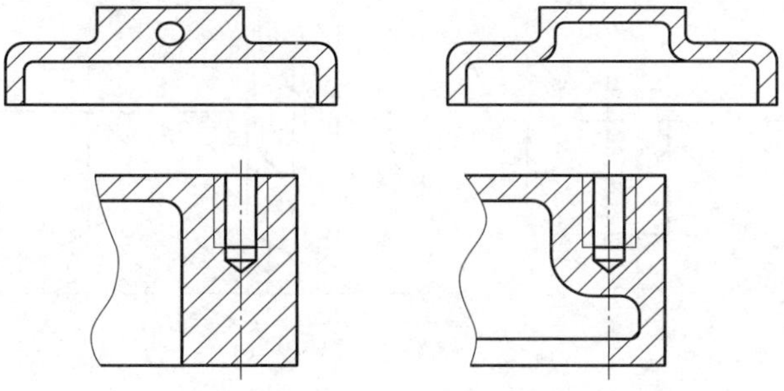

a）　　　　b）

图 2—6　铸件壁厚图

a）缩孔　b）设计厚度图

（1）退刀槽与砂轮越程槽。螺纹加工过程中，为保证螺纹末端完整及便于退出刀具，常在待加工面的端部预先加工退刀槽。在进行退刀槽尺寸标注时，需将槽宽标注出，以便选择刀具。退刀槽的具体结构及其尺寸标注方法如图 2—7a 所示。对制作过程中使用砂轮磨削加工的表面，常在被加工面的轴肩处加工出砂轮越程槽，以保证被磨削表面加工完整。常用局部放大图来表示砂轮越程槽的结构，如图 2—7b 所示。

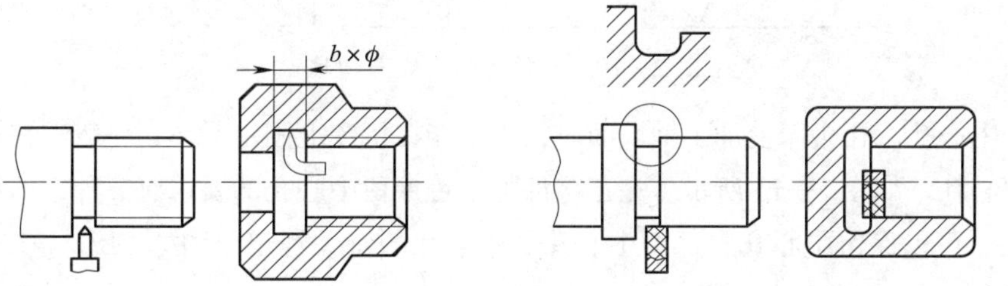

a）　　　　b）

图 2—7　退刀槽与砂轮越程槽

a）退刀槽　b）砂轮越程槽

（2）倒圆与倒角。如图 2—8a 所示，为了避免轴肩处因应力集中而断裂，可在零件的轴肩处加工成倒圆。如图 2—8b、c、d 所示，也可在零件孔口和轴端处加工出倒角，便于装配操作。

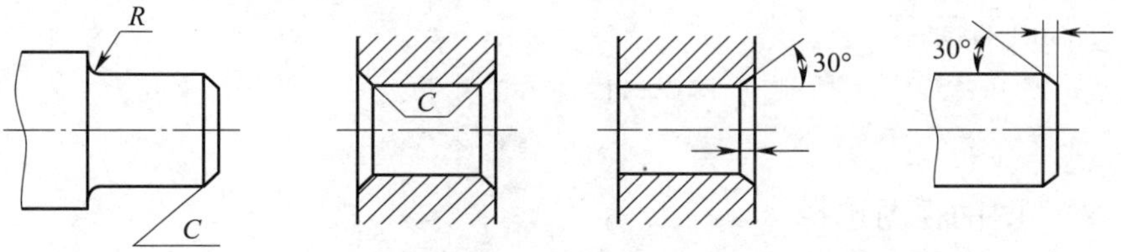

a）　b）　c）　d）

图 2—8　倒圆与倒角

（3）钻孔结构。制作钻孔的钻头顶部有 118° 的锥角，所以加工盲孔时，如图 2—9a 所示，需在孔的末端近似画出 120° 的锥角。如图 2—9b 所示，绘制阶梯孔的过渡处时，也应画出 120° 的锥面。

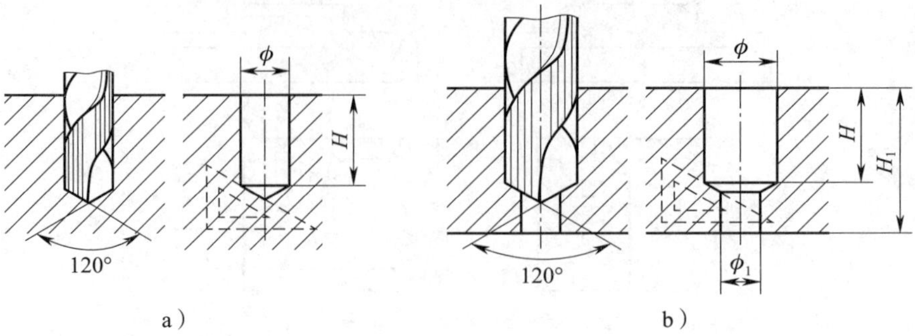

图 2—9　钻孔结构

（4）凸台与凹坑。在装配体中，为减少零件上接触面的加工面积，如图 2—10 所示，常将接触面处设计成凹坑或凸台结构。

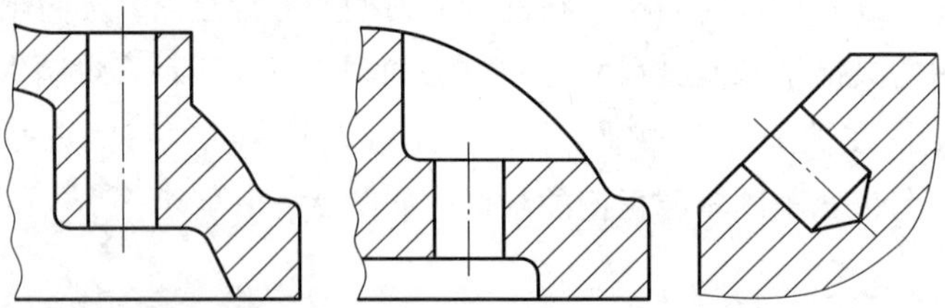

图 2—10　零件上的凸台与凹坑

（5）中心孔。在机床上加工轴表面时，为了能在机床上固定毛坯，一般需在轴端预先加工出中心孔，如图 2—11 所示。完工零件上是否保留中心孔的要求有三种，即不允许保留中心孔、可以保留中心孔、保留中心孔。中心孔的有关规定由国标 GB/T 4459.5—1999《机械制图　中心孔表示法》给出。

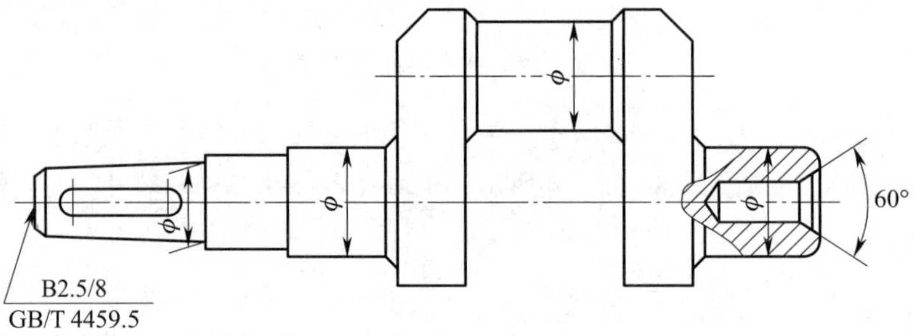

图 2—11　中心孔结构

三、零件图的视图选择

1. 概述

国家标准中规定了视图、剖视等表示方法，采用一组图形对零件结构进行清晰、完整的表达，是制图的目的。在选择图形的过程中，基本视图是重要的视图。基本投影面规定为正六面体的六个面，如图 2—12 所示，即主视图、俯视图、左视图、右视图、仰视图及后视图。

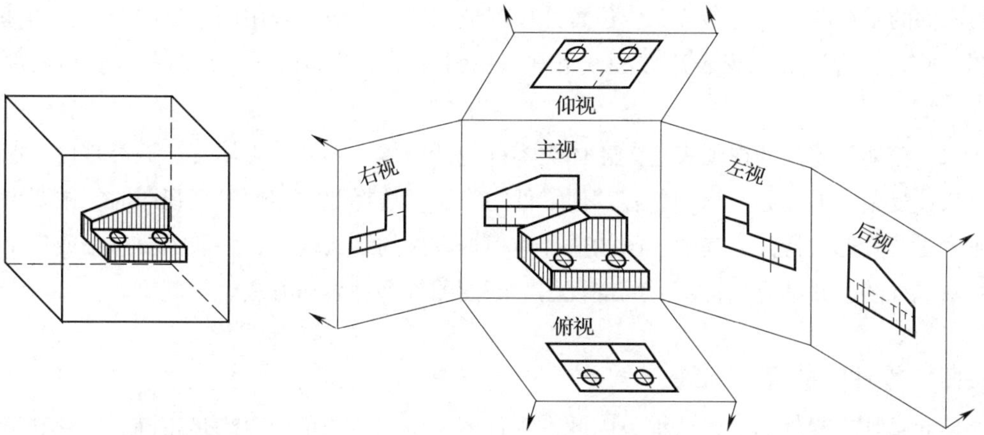

图 2—12　六个基本投影面的展开图

2．视图选择的基本步骤

（1）了解零件的使用功能和要求、加工方法、安装位置等。该部分内容可以从零件的有关技术资料中获取。

（2）对零件进行形体结构分析，选择主视图的投射方向。在选择主视图投射方向时，一般考虑以下问题：加工工序较单一的零件，按主要加工工序放置零件；在部件中有着重要表示位置的零件，按工作位置摆放；工作位置不固定且加工工序复杂的零件，可按读图的习惯放置。在此基础上，分析零件各方向的轮廓特点，选择合适的方向作为主视图方向。

（3）确定表达方案。选择好主视图后，可以利用斜视图、局部视图、剖视图、断面图等视图对零件结构进行充分表达。选择相应视图时，不仅要考虑零件各部分结构形状及其相对位置表达，还要突出视图表达的重点内容，在避免重复表达的基础上，兼顾尺寸标注的需要，将零件内部及外部结构完整、清晰地表达出来。

3．常见结构的视图表达

根据零件结构形状的不同，工程上习惯将其分为轴、套类，轮、盘类，叉、杆类及箱体类四大类。

（1）轴、套类零件的视图表达。轴、套类零件主要包括轴、轴套、衬套等，该类零件一般由若干段不等径的同轴回转体构成。一般在该零件上有键槽、退刀槽及销孔等结构。为了便于读图，该类零件一般按轴线水平放置。通常采用局部剖视图、局部放大图、断面图等方法表达零件上的孔、槽等结构。

（2）轮、盘类零件的视图表达。轮、盘类零件主要包括端盖、齿轮、带轮等。该类零件一般由回转体构成，呈盘状结构，且沿圆周均匀分布各种肋、槽、孔等结构。为了便于读图，该类零件一般按轴线水平放置，将非圆视图的剖视图作为主视图，并使用左视图表达零件的外形和槽、孔等结构的分布。

（3）叉、杆类零件的视图表达。叉、杆类零件包括托架、连杆、拨叉等。该类零件一般结构较复杂，常带有倾斜或弯曲状结构，且加工位置多变，工作位置亦不固定。选择此类零件的主视图时，需参考工作位置并按习惯放置，一般需采用两个或两个以上的基本视图，并选择合适的剖视表达方法，也常采用斜视图、局部视图、断面图等表达局部结构。

（4）箱体类零件的视图表达。箱体类零件包括箱体、阀体、壳体等。该类零件一般结构形状较复杂。因其起支承和包容其他零件的作用，选择此类零件的主视图时，主要考虑工作位置及其形状特征。其他视图的选择应根据零件的结构选取，一般需要三个或三个以上的基本视图，并结合剖视图、局部视图、断面图等多种表达方法。

四、零件图的尺寸标注

尺寸是加工零件的主要依据。因此，零件图上所标注的尺寸除满足正确、完整和清晰的要求外，还需满足合理性要求，即标注的尺寸既能满足设计要求，又便于加工和检验时测量。

1. 尺寸基准

尺寸基准是加工和测量零件时确定位置的依据。在标注零件尺寸的过程中，一般在长、宽、高三个方向分别确定一个主要尺寸基准，并从尺寸基准出发，确定零件中各结构的相对位置尺寸。一般选择点（圆心），直线（对称中心线、回转体的轴线），平面（对称面、安装基面、装配结合面）作为尺寸基准。如图 2—13 所示的泵盖零件图中，长、宽、高三个方向的尺寸基准分别为装配结合面即右端面、零件前后方向的对称面和主动轴孔即下边 ϕ13H8 的轴线。

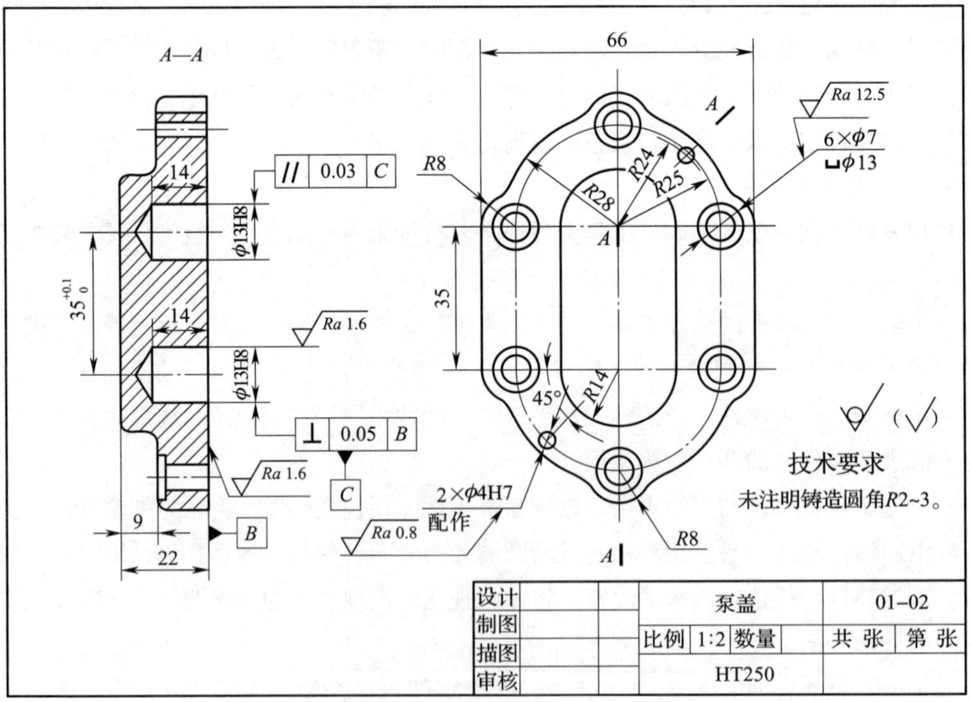

图 2—13　泵盖零件图

2．标注尺寸的基本要点

（1）满足设计要求。对影响产品性能、精度等的重要尺寸要从基准直接注出，如配合尺寸、装配过程中确定位置的尺寸、和相邻零件之间有联系的尺寸等。如图 2—13 所示的泵盖主视图中标注的 ϕ13H8 为配合尺寸，$35^{+0.1}_{0}$为装配时确定位置的尺寸。

（2）满足加工工序的要求。标注的尺寸要符合加工工序的需要。如图 2—14 所示的轴是在车床上加工，其加工顺序如图 2—14b、c、d 所示，按图 2—14a 标注零件长度方向的尺寸，符合加工顺序的需求。

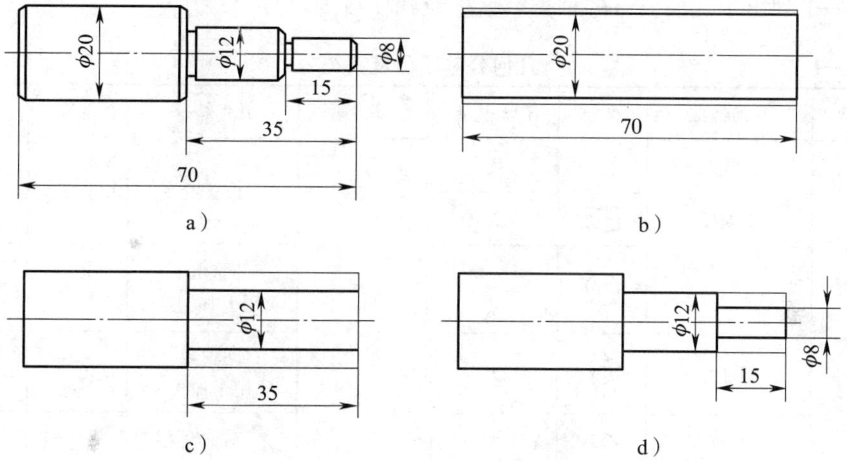

图 2—14　尺寸标注符合加工顺序

（3）标注的尺寸要便于读图。对于同一加工工序所需尺寸，尽量集中标注，以便于加工时测量。同一方向的尺寸要排列整齐。

3．标注尺寸的步骤

（1）分析了解零件的形状结构、工作位置、功能以及各部分的加工要求。

（2）确定零件各方向的尺寸基准。

（3）先标注重要尺寸，再按加工顺序标注出其他的定形、定位和总体尺寸。

（4）检查、调整尺寸标注的个数、位置等，使标注的尺寸具有完整性和合理性。

五、零件图的技术要求

零件图中需要给出的技术要求包括表面粗糙度、尺寸公差、几何公差、材料热处理要求等。绘制零件图时，一般对有规定标记的技术要求，需用规定的代号直接标注在视图中；对于没有规定标记的技术要求，需以简明的文字说明标注在标题栏的上方或左侧。

1．表面粗糙度

加工零件时，因机床振动、零件表面的塑性变形等多种因素，零件的加工表面不可能绝对光滑平整，如图 2—15 所示，零件表面上由较小间距和峰谷组成的微

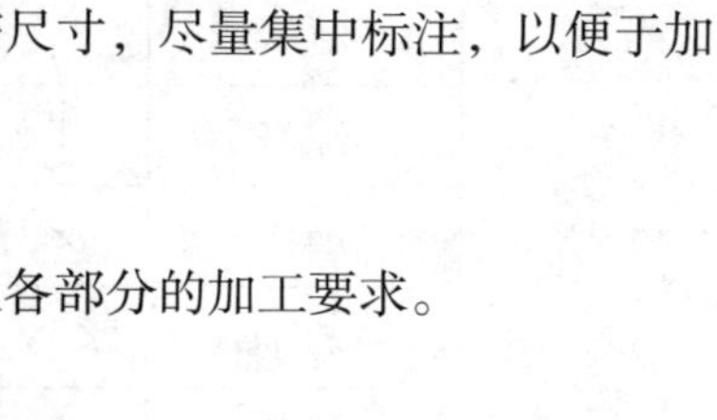

图 2—15　表面粗糙度

观几何形状特征称为表面粗糙度。表面粗糙度是评定零件表面质量的一项重要指标，是影响零件寿命以及零件间的配合的重要因素。评定零件表面粗糙度的指标有轮廓算术平均偏差 *Ra* 和轮廓最大高度 *Rz*。

2．几何公差

几何误差，是指零件表面的实际形状和实际位置与零件理想形状和理想位置的误差。零件经加工后，不仅尺寸有误差，同时也会产生几何形状和各结构之间相对位置的误差。为了保证零件精度要求，有时要限定零件的几何公差。国家标准规定用代号标注几何公差，表 2—1 列出了几何公差的种类、名称及各项目的符号。

表 2—1　　　　几何公差项目及其符号

公差类型	几何特征	符号	有无基准	公差类型	几何特征	符号	有无基准
形状公差	直线度	—	无	位置公差	位置度	⌖	有或无
	平面度	▱	无				
	圆度	○	无		同心度（用于中心度）	◎	有
	圆柱度	⌭	无		同轴度（用于轴线）	◎	有
	线轮廓度	⌒	无		对称度	⌯	有
	面轮廓度	⌓	无		线轮廓度	⌒	有
方向公差	平行度	//	有		面轮廓度	⌓	有
	垂直度	⊥	有	跳动公差	圆跳动	↗	有
	倾斜度	∠	有				
	线轮廓度	⌒	有		全跳动	⌰	有
	面轮廓度	⌓	有				

六、识读零件图

在加工零件和进行技术交流等实践中，需要识读零件图，通过图样想象出零件的结构、形状大小，了解各项技术指标等。下面介绍识读零件图的基本方法及步骤。

1．识读零件图的方法和步骤

（1）总体了解。识读零件图前，需首先观察零件图的标题栏，从中了解零件的名称、绘图比例、材料等，初步分析出零件的基本特点等内容。

（2）着重分析视图。对零件有一个整体了解后，通过分析图中各视图所表达的内容，找出各部分的对应关系，想象出零件各部分的结构和形状。

（3）分析尺寸和技术要求。确定零件各个方向的尺寸基准、定形尺寸、定位尺寸和总体尺寸等，了解加工表面的精度要求和零件的其他技术要求。

2．识读零件图举例

下面通过识读如图 2—16 所示的泵体零件图，掌握识读零件图的方法和步骤。

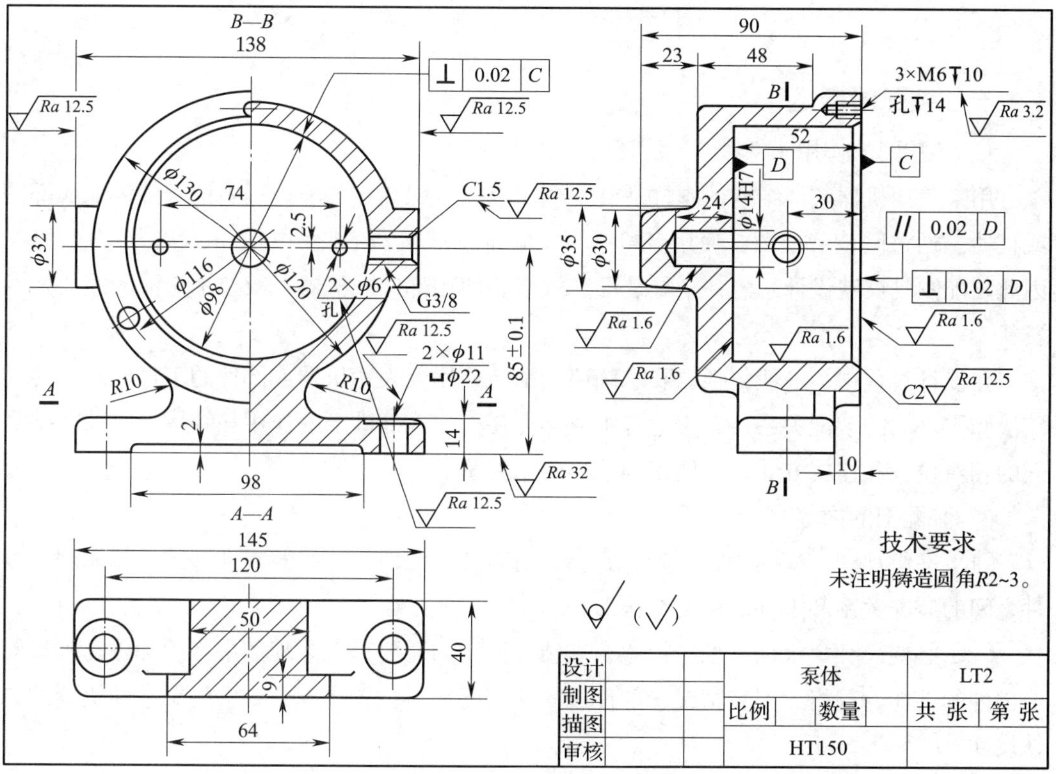

图 2—16　泵体零件图

（1）总体了解。从标题栏中可以知道，该零件的名称为泵体，使用的材料为灰铸铁。

（2）着重分析视图。零件图采用了主视图、俯视图及左视图三个基本视图。主视图采取了半剖视，表达了零件外形结构和三个螺纹孔的分布位置，与此同时还表达了底板上沉孔和右侧凸台上螺纹孔的结构形状，同时，还表达了两个 ϕ6 mm 孔的位置。俯视图采取了全剖视图，表达了底板与主体连接部分的断面形状，同时表达了底板的形状和其上两沉孔的位置。左视图采用了局部剖，表达出零件的外形结构，并表达出 M6 螺纹孔的深度、内腔与 ϕ14H7 孔的深度和相通关系。从分析结果可以看出零件是由壳体、底板、连接板等结构组成的。

壳体为圆柱形，前面有一个均布三个螺孔的凸缘，左右各有圆形凸台，凸台上有螺纹孔与内腔相通，后部有一圆形凸台，凸台里边有一带锥角的盲孔，内腔后壁上有两个小通孔。底板为带圆角的长方形板，其上有两个 ϕ11 mm 的沉孔，底部中间有凹槽，底面为安装基面。壳体与底板由断面为丁字形的柱体连接。

（3）分析尺寸，了解技术要求。零件中长、宽、高三个方向的主要尺寸基准分别是左右对称面、前端面和 ϕ14H7 孔的轴线。各主要尺寸都是从基准直接注出的。图中还注出了各配合尺寸的公差带和各表面粗糙度要求，以及几何公差等。

第二节　装　配　图

一、装配图概述

1．装配图的作用

用来表达机器整体结构的图样即装配图。根据装配图在装配过程中把零件装配成部件或机器。通过阅读装配图，使用者可基本了解部件或机器的使用方法、性能及工作原理。因此装配图是反映设计思想，指导装配、维修和使用部件或机器，及技术交流的重要技术资料。

在设计过程中，一般先根据要求画出装配图，用以表达机器或部件的工作原理、传动路线和零件间的装配关系，并表达各组成零件在机器或部件上的作用和结构，以及零件之间的相对位置和连接方式，以便正确地绘制零件图。

2．装配图的内容

（1）一组视图。视图用来正确、完整、清晰和简便地表达机器或部件的工作原理、零件之间的装配关系和零件的主要结构形状。

（2）必要尺寸。根据装配、检验、安装、使用的需要，在装配图中必须标注反映机器或部件的性能、规格、安装情况、部件或零件间的相对位置、配合要求的尺寸和机器的总体尺寸。

（3）技术要求。用符号标注出机器或部件的质量、装配、检验、维修和使用等方面的要求，或用文字书写在图形下方。

（4）标题栏、零件序号和明细栏。根据生产组织和管理工作的需要，按一定的格式，将零部件逐一进行序号编注，并填写明细栏和标题栏。

二、装配图的表达方法

在表达内容上，装配图和零件图有相同之处，即都要对零部件的内外结构进行充分的表达，但在重点表达的部分又有所区别。零件图表达的重点是零件的内部及外部形状，而装配图表达的重点是零件与零件间的结构关系。虽然重点表达的部分有所区别，但零件图中使用的各种表达方法，在装配图上同样适用。另外，装配图还有一些特殊的表达方法。

1．装配图的规定画法

装配图需要同时表达多个部件或机器的整体结构，通过装配图把零件间的连接方式、相对位置、装配关系及工作原理等完整地表达出来。

（1）两相邻零件的接触面和配合面，只画一条线。

（2）相邻零件的基本尺寸不相同时，即使间隙很小，也必须画出两条线。

（3）相邻金属零件的剖面线的倾斜方向应相反，或者方向一致，间隔不等。在各视图上，同一零件的剖面线倾斜方向和间隔应保持一致。

（4）对于螺纹紧固件及实心的球、钩子、键、销、轴、手柄、连杆等零件，当剖切平面通过其对称平面或轴线时，零件均按不剖绘制。如需特别表明这些零件中的某些构造，如凹槽、键槽、销孔等，则可用局部剖视表示。

2．沿结合面剖切和拆卸画法

在装配图的某个视图上，为了使部件的某些部分表达得更清楚，可沿某些零件的结合面进行剖切或假想将某些零件拆卸后绘制，需要说明时可加注（拆去 XX 等）。如图 2—17 所示滑动轴承装配图，俯视图上右半部分就是沿轴承盖和轴承座结合面剖切的，即相当于拆去轴承盖、上轴衬等零件后画出。结合面上不画剖面符号，被剖切到的螺栓则必须画出剖面线。

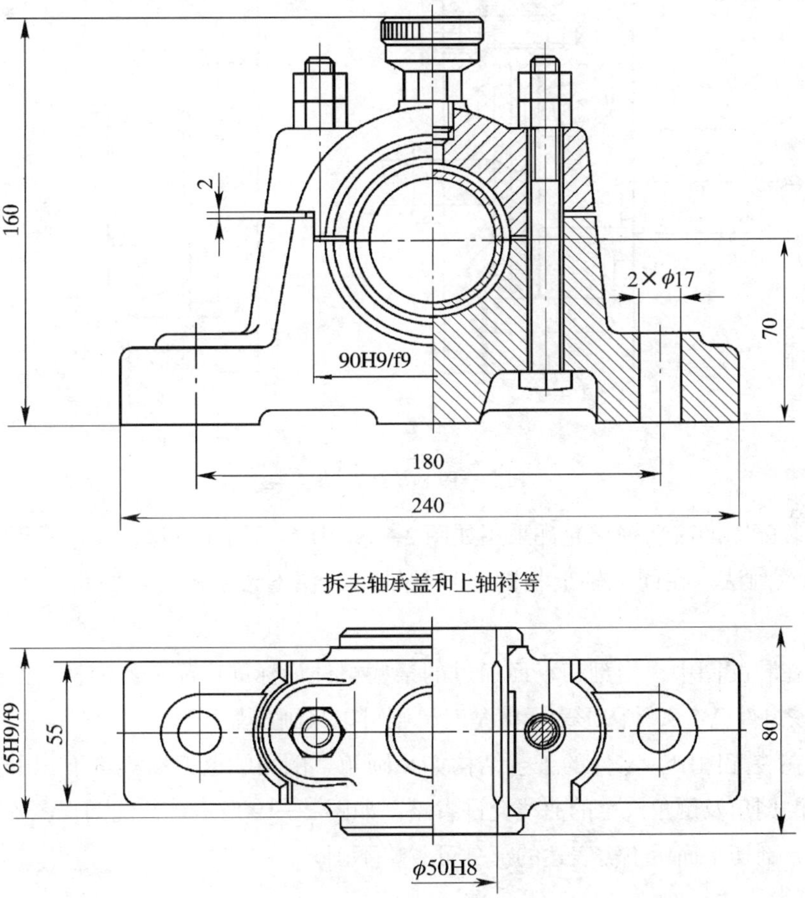

图 2—17　滑动轴承装配图

3．简化画法

（1）对于装配图中若干相同的零件组，如轴承座、螺栓连接等，可仅详细地画出一组或几组，其余只需表示出装配位置，如图 2—18、图 2—19 所示。

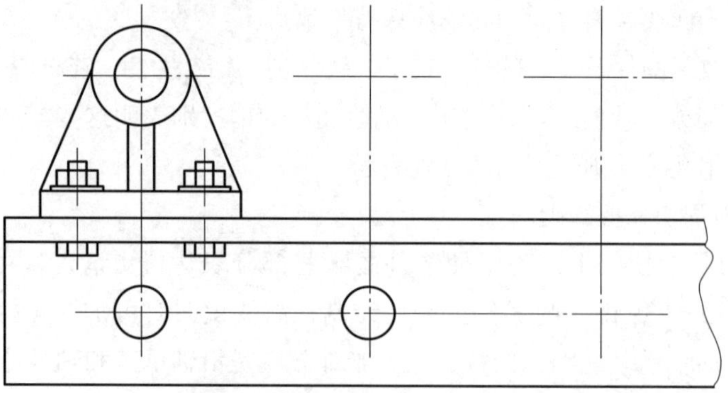

图 2—18　简化画法（一）

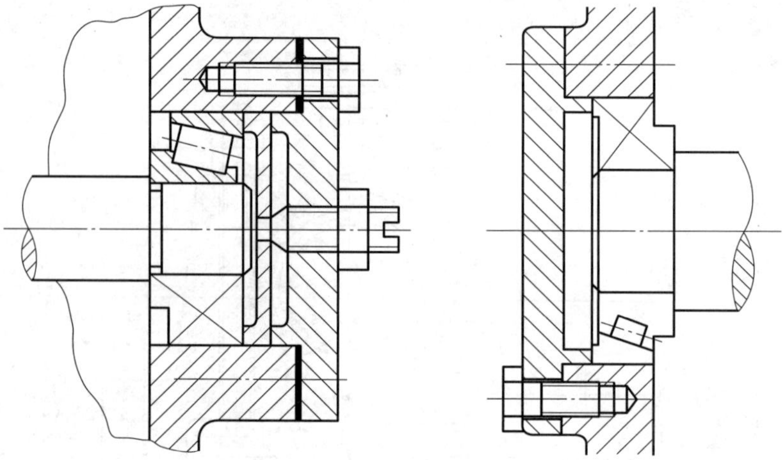

a）　　b）

图 2—19　简化画法（二）

（2）装配图的滚动轴承允许采用如图 2—19a 所示的简化画法，亦可采用如图 2—19b 所示的示意画法。在同一轴上相同型号的轴承，在不致引起误解时可只完整地画出一个。

（3）在装配图中，当剖切平面通过的某些组件为标准产品（如油杯、油标、管接头等），或该组件已有其他图形表示清楚时，则可以只画出其外形。

（4）在装配图中，零件的工艺结构如小圆角、倒角、退刀槽等可不画出，如螺栓头部、螺母的倒角及倒角产生的曲线允许省略，如图 2—19 所示。装配剖视图中，当不致引起误解时，剖切平面后不需表达的部分可省略不画。

4．夸大画法

在装配图中，如绘制直径或厚度小于 2 mm 的孔或薄片以及较小的斜度和锥度时，允许该部分不按比例而适当夸大画出。

5．假想画法

（1）装配图中，当需要表示某些零件的运动范围和极限位置时，可用细双点画线画出该运动零件在极限位置的外形图。

（2）装配图中，当需要表达本部件与相邻部件的装配关系时，可用细双点画线画出相邻部分的轮廓线。

6. 展开画法

为了表示传动机构的传动路线和零件间的装配关系，可假想按传动顺序沿轴线剖切，然后依次展开，使剖切平面摊平且与选定的投影面平行后再画出其剖视图，这种画法称为展开画法。在展开图上要注明 *A—A* 展开。

三、装配图的视图选择

画装配图时，首先要对所画的装配体（机器或部件）进行详细的分析和考虑，根据它的工作原理及零件间的装配连接关系，运用前面学过的各种表达方法，选择一组视图，把它的工作原理、装配连接关系和主要零件的结构形状都表达清楚。

1. 主视图的选择

装配图的主视图应清楚地反映出机器或部件的主要装配关系。一般情况下，其主要装配关系均表现为一条主要装配干线。因此，选择主视图的原则是：

（1）清楚地表达主要装配关系或主要装配干线。

（2）尽量符合机器或部件的工作位置。

2. 其他视图的确定

想把所有的装配关系和结构表示出来，仅仅一个主视图还不够，还需要选择其他适当的视图及表达方法。所选择的每一个视图或每种表达方法都应有明确的目的，要使整个表达方案简练、清晰、正确。

四、装配图的尺寸标注

依据装配图的作用，装配图中只需标注出下面五类必要尺寸。

1. 性能尺寸

性能尺寸是表示机器或部件的性能和规格的尺寸，也是设计机器和选用机器的依据。

2. 装配尺寸

（1）配合尺寸。配合尺寸是表示两个零件之间配合性质的尺寸，是由基本尺寸和孔与轴的公差带代号所组成的，是画零件图时确定零件尺寸偏差的依据。

（2）相对位置尺寸。相对位置尺寸是表示装配机器和画零件图时，需要保证的零件间相对位置的尺寸，是装配、调整机器所需要的尺寸。

3. 外形尺寸

外形尺寸是表示机器或部件外形轮廓的尺寸，即总长、总宽、总高。当机器或部件包装、运输，以及厂房设计和安装机器时都需要考虑外形尺寸。

4. 安装尺寸

机器或部件安装在地基上或与其他机器或部件相连接时所需要的尺寸就是安装尺寸。

5. 其他重要尺寸

其他重要尺寸是在设计中经过计算确定或选定的尺寸，但又未包括在上述四种尺寸之中。这类尺寸在装配、检验和画零件图时都很重要。

五、装配图中零件的序号和明细栏

为了便于看图、装配和图样管理，以及做好生产准备工作，必须对装配体中每一种不同的零件或组件进行编号，这种编号即为零件序号。同时还要编制相应的零件明细栏，明细栏可以直接写在装配图标题栏上方，也可以另行编制零部件明细栏和标准件明细栏。

1. 零件序号

（1）零件序号的编写方法。目前通用的序号编写方法有两种：

1）将装配图上所有标准件的标记注写在图中，而将非标准件按顺序进行编写序号。

2）将装配图上所有零件包括标准件在内，按顺序统一编写序号，这是目前比较常用的方法。

（2）标注零件序号的规定。装配图中相同的各组成部分（零件或组件）应只编排一个序号。

装配图中零部件序号的标注方法有两种：

1）在指引线的水平线（细实线）上或圆（细实线）内注写序号，序号字高比该装配图中所注尺寸数字高度大一号或两号，如图 2—20a 所示。

2）在指引线附近注写序号，序号字高比该装配图中所注尺寸数字高度大两号，如图 2—20b 所示。

注意在同一装配图中编写序号的形式应一致。

指引线应自所指部分的可见轮廓内引出，并在末端画一圆点，对很薄的零件或涂黑的剖面内不便画圆点时，可在指引线的末端画出箭头，并指向该部分的轮廓，如图 2—21 所示。

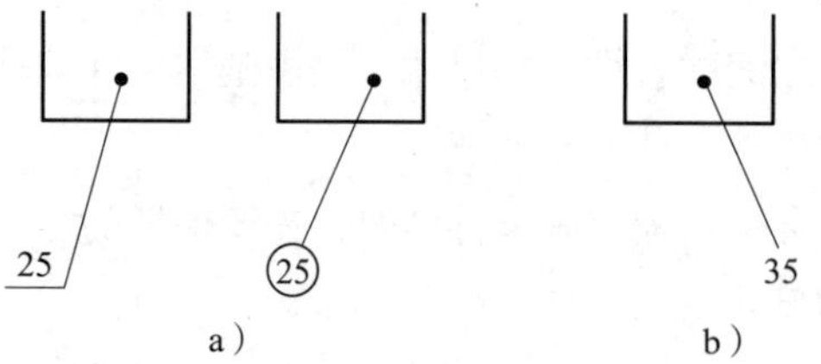

图 2—20　标注序号的方法

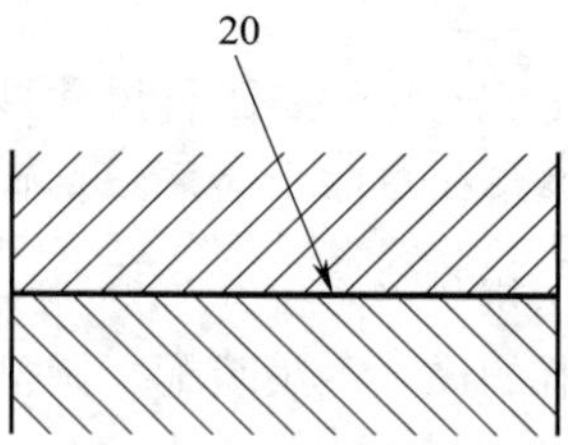

图 2—21　序号指引线末端画箭头

2. 零件明细栏

国家标准对零件明细栏进行了相关规定：

（1）明细栏应排放在标题栏上方，并与标题栏相连。当地方不够时，可将明细栏的一部分移动到标题栏左边。

（2）明细栏中的零件序号应自下而上顺次填写，这是因为当有漏编零件或需增加零件时，便于向上添加。

（3）标准件应填写规定标记，某些零件的重要参数，如齿轮的模数，弹簧的节距、有效圈数等，均应填写在零件明细栏内。

第三章　电气基础知识

内燃叉车的电源系统由发电机、蓄电池、调节器和工作情况指示装置构成。各部件相互协调，共同工作。发电机作为叉车正常工作时的主要电源，向除起动机以外的用电装置供电，并向蓄电池充电。蓄电池作为叉车的第二电源，主要向起动机供电，并在发电机不发电或供电不足时，作为辅助供电电源。发电机的输出电压受调节器的调整，从而保持供电电压恒定。工作情况指示装置用于指示电源系统的工作情况，如发电机是否正常发电，蓄电池是处于充电状态还是放电状态，调节器的工作电压是否正常等。

第一节　发　电　机

车用发电机有直流和交流之分，目前国产汽车和内燃叉车全部采用交流发电机。由于交流发电机上的整流装置是用硅整流二极管制成的，因此交流发电机又称为硅整流发电机。

一、交流发电机的基础知识

1. 交流发电机的功用

交流发电机由发动机驱动，其功用是发动机正常工作时向用电设备供电，并向蓄电池充电。

2. 交流发电机的类型与特点

按照交流发电机的结构不同可分为普通式（JF×××）、整体式（JFZ×××）、无刷式（JFW×××）和带泵式（JFB×××）等类型。

按整流器结构不同可分为六管、八管、九管、十一管交流发电机。

按磁场绕组搭铁形式不同可分为内搭铁型、外搭铁型交流发电机。

整体式发电机将调节器与发电机制成一体，简化了发电机与调节器之间的连线，提高了电源系统的工作可靠性，减少了电气系统故障的发生。无刷式发电机取消了发电机工作时的薄弱环节（电刷、滑环结构），提高了发电机工作的可靠性。带泵式发电机是在普通发电机的基础上，增设了一个由发电机轴驱动的真空泵，用于驱动装有柴油发动机作动力的叉车或车辆上的真空助力装置。

3. 交流发电机的表示方法

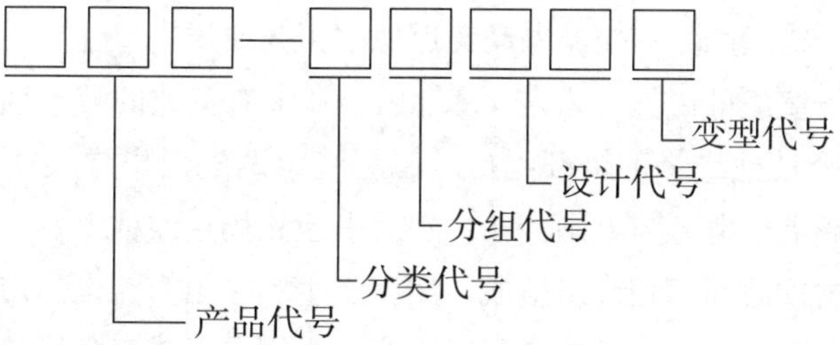

产品代号：JF、JFZ、JFW、JFB。

分类代号：表示发电机的电压等级，1 表示 12 V 电气系统用，2 表示 24 V 电气系统用。

分组代号：表示发电机的输出电流或输出功率。按功率等级分：1 表示 180 W 以下；2 表示 180 ~ 250 W；3 表示 250 ~ 350 W；5 表示 350 ~ 500 W；7 表示 500 ~ 750 W；8 表示 750 ~ 1 000 W；9 表示 1 000 W 以上。

设计代号：按产品设计先后顺序，由 1 ~ 2 位数字组成。

变型代号：用字母表示，不能用 I 和 O 两个字母。

例如：485、490、495 型叉车发动机装用的 JF151A 型交流发电机，表示：交流发电机，12 V 电气系统用，电动机功率为 500 W，第一种设计型号，第一次改型。

二、交流发电机的构造

交流发电机由转子、定子、整流器和前端盖、后端盖及传动散热装置等组成，如图 3—1 所示。

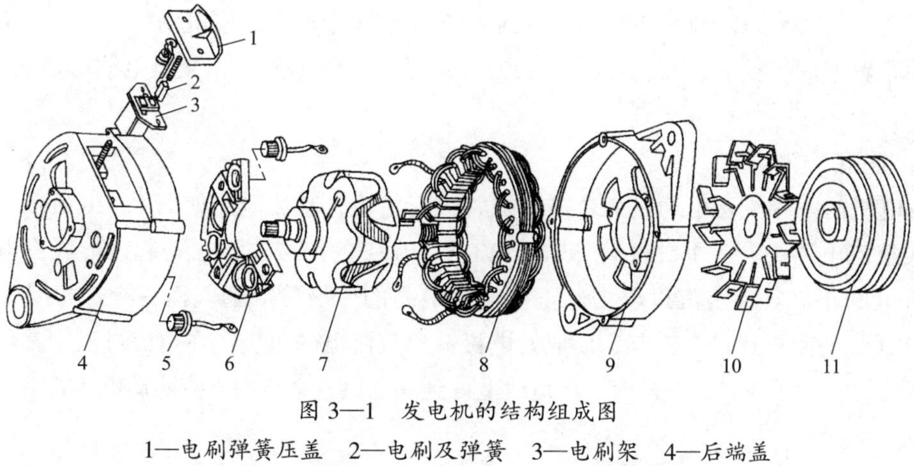

图 3—1　发电机的结构组成图

1—电刷弹簧压盖　2—电刷及弹簧　3—电刷架　4—后端盖

5—整流二极管　6—元件板　7—转子　8—定子

9—前端盖　10—风扇　11—传动带轮

（1）转子。它由两个相互交错的爪极组成六对磁极，两个爪极中间放磁场绕组。它是用来建立磁场的，转子的磁极单个形状像鸟嘴，称“鸟嘴形磁极”或称爪极。磁极做成鸟嘴形，可以保证定子绕组产生的交流电动势近似于正弦曲线。

爪极和套有磁场绕组的磁扼（铁芯），都压装在滚有花纹的转子轴上，转子一端压装有滑环。滑环由两个彼此绝缘的铜环组成。磁场绕组两端引出导线，通过爪极的出线孔后，再焊到两个滑环上，滑环与电刷接触，然后引至磁场接线柱上。

（2）定子。它由铁芯和三相绕组组成，用于产生和输出交流电。定子铁芯由带槽的硅钢片叠成，固定在两端盖之间，槽内置有三相绕组，用星形或三角形接法连接在一起，端头 A、B、C 分别与散热板和端盖上的二极管相连。

（3）整流器。它是一个由六只硅二极管组成的三相桥式整流电路。定子绕组中的三相交流电是经整流器整流后转变成直流电的。

（4）前、后端盖。它们都由非导磁性材料铝合金铸造而成，可减少漏磁并具有轻便、散热性能良好等优点。在后端盖上装有电刷架，两个电刷装在电刷架的孔内，借弹簧弹力与滑环保持接触。端盖还用于发电机在发动机上的安装固定和传动带张紧力的调整。

（5）传动散热装置。发电机的后端盖上有进风口，前端盖有出风口。当传动带轮由发动机曲轴驱动时，发电机转子轴上的风扇旋转，使空气流经发电机内部进行冷却。

三、交流发电机的工作原理

1．发电原理

交流发电机是利用位于交变磁场中的线圈产生感应电动势这一电磁现象制成的。如图 3—2a 所示是内燃叉车用三相交流发电机的工作原理示意图。当转子绕组有电流通过时，形成 N、S 极，转子旋转时，交变磁场使定子绕组中产生感应电动势，因三相定子绕组对称布置于同一铁芯，其相位差为 120°，于是得到对称的三相交流电波形如图 3—2c 所示。

2．整流原理

发电机的三相交流电通过六个硅二极管进行整流，整流电路如图 3—2b 所示。在三相桥式整流电路中，三个二极管（VD_1、VD_3、VD_5）的阴极连接在一起，形成发电机输出直流电的正极。在整流过程中，正极电位最高的二极管导通。而三个二极管（VD_2、VD_4、VD_6）的阳极连接在一起，形成发电机输出直流电的负极。在整流过程中，负极电位最低的二极管导通。经过整流，在负载上得到一个比较平稳的直流脉动电压，其波形如图 3—2d 所示。

3．磁场绕组电流电路

交流发电机在转速较低、发电机电压低于蓄电池电压时，由蓄电池通过点火开关供给磁场绕组电流，进行他励增强磁场，使发电机电压很快上升。当发电机转速升高，电压高于蓄电池电压时，发电机由他励变为自励。

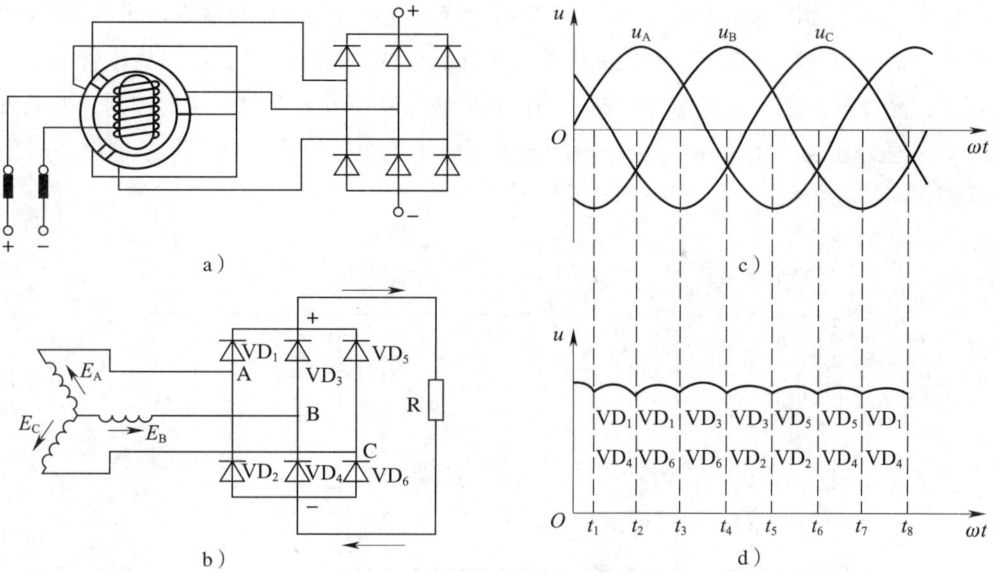

图 3—2　发电机的整流电路和原理

a）工作原理示意图　b）整流电路

c）交流电波形　d）直流电波形

第二节　交流发电机调节器

一、交流发电机调节器基本知识

1．功用

调节器的功用是通过调节发电机的励磁电流，保持发电机输出电压恒定。

2．分类

（1）按照结构分为电磁振动式（触点式）和电子式（无触点式）两大类。电磁振动式又分为单级式（一对触点）和双级式（两对触点）。电子式分为分立元件式和集成电路式。

（2）按照安装方式分为外装式和内装式。内装式调节器装在发电机的内部，其发电机称为整体式发电机。

3．表示方法

电磁振动式调节器用 FT× × × 表示，电子式调节器用 JFT× × × 表示。依据专业标准，第一位数字表示调节器的电压等级。

二、电子式调节器

触点式调节器由于工作中产生触点火花，会引起对无线电设备的干扰，且需要维护，逐渐被电子式调节器所取代。

1. 电子式调节器的基本电路

电子式调节器的基本电路如图 3—3 所示。它通过开关晶体管控制发电机的励磁电流，保持发电机输出电压的稳定。开关晶体管的工作状态受到稳压管的控制，稳压管击穿导通时，开关晶体管关断，磁场电流切断。稳压管的工作状态受发电机电压的控制，发电机电压升高，经分压器（R_1 和 R_2）分压后加到稳压管上的电压升高，达到其击穿电压时稳压管导通。

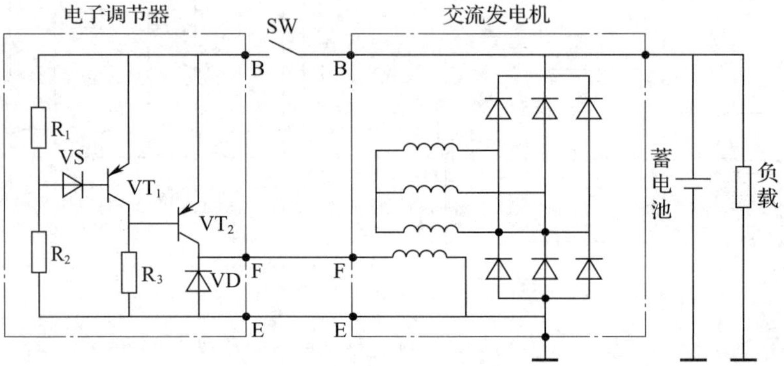

a）

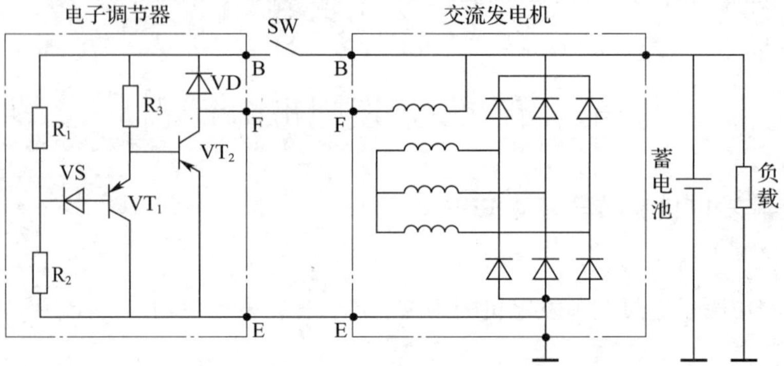

b）

图 3—3　电子式调节器的基本电路

a）配用内搭铁的发电机　b）配用外搭铁的发电机

2. 配用电子式调节器的发电机工作过程

配用电子式调节器的发电机工作过程如图 3—3 所示。接通点火开关，当发电机电压低于蓄电池电动势时，由蓄电池向发电机磁场绕组供电，发电机电压迅速建立并随转速的升高而升高。当发电机电压高于蓄电池电动势时，发电机便向用电设备供电和对蓄电池充电，同时将发电机的输出电压加到调节器分压电阻（R_1 和 R_2）上，随着发电机电压升高，经分压器（R_1 和 R_2）分压后加到稳压管上的电压升高，当达到其击穿电压时稳压管 VS 导通，使得晶体管 VT_1 导通，进一步使开关晶体管 VT_2 截止，切断发电机的励磁电流。发电机磁场电路断路后，输出电压下降，经分压器（R_1 和 R_2）分压后加到稳压管上的电压下降，当低于其击穿电压时稳压管 VS 截止，使晶体管 VT_1 截止，开关晶体管 VT_2 重新导通，接通了发电机的励磁电路，发电机的电压再次上升，而后重复上述过程。这样，通过开关晶体管 VT_2 的导通与截止，控制发电机的励磁电流大小，使发电机输出电压稳定在设定的范围内。发电机输出电压值，即调节器的工作电压的高低，取决于分压电阻（R_1 和 R_2）的比值和稳压管的击穿电压。

第三节　常用机种电气线路

一、FD 新系列叉车电气线路

叉车的电气元件用不同颜色的电线连接，见表 3—1。电线之间通过插接件（2 类）连接或用螺纹与接线柱紧固，见表 3—2。线束、发动机线束如图 3—4 所示。线束、互顶架如图 3—5 所示。线束、T/M 控制器如图 3—6 所示。

表 3—1　　颜色符号和示例

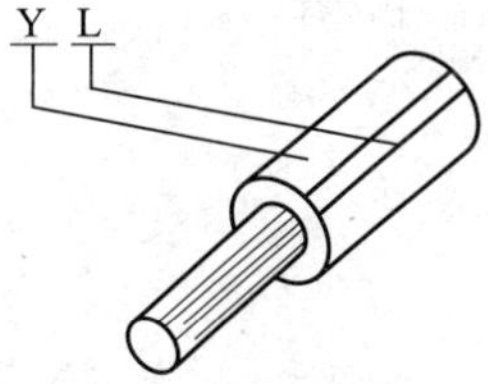

例：黄色线蓝色标志

B	黑色	R	红色
G	绿色	W	白色
L	蓝色	Y	黄色
O	橙色	Lg	浅绿色
P	粉红色	Sb	浅蓝色

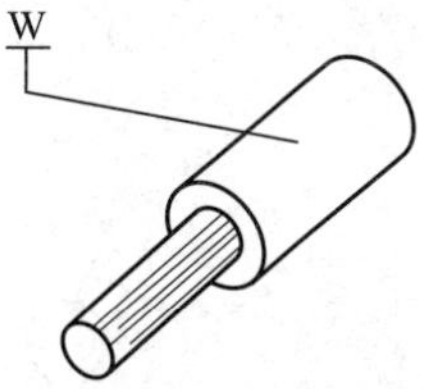

例：白色线无标志

表 3—2　　插接件记号

类别		插入侧	插座侧	备注
插接类	护套	W YL	YL W	用字母表示颜色
	插头	RW	RW	
螺纹紧固类		YD		

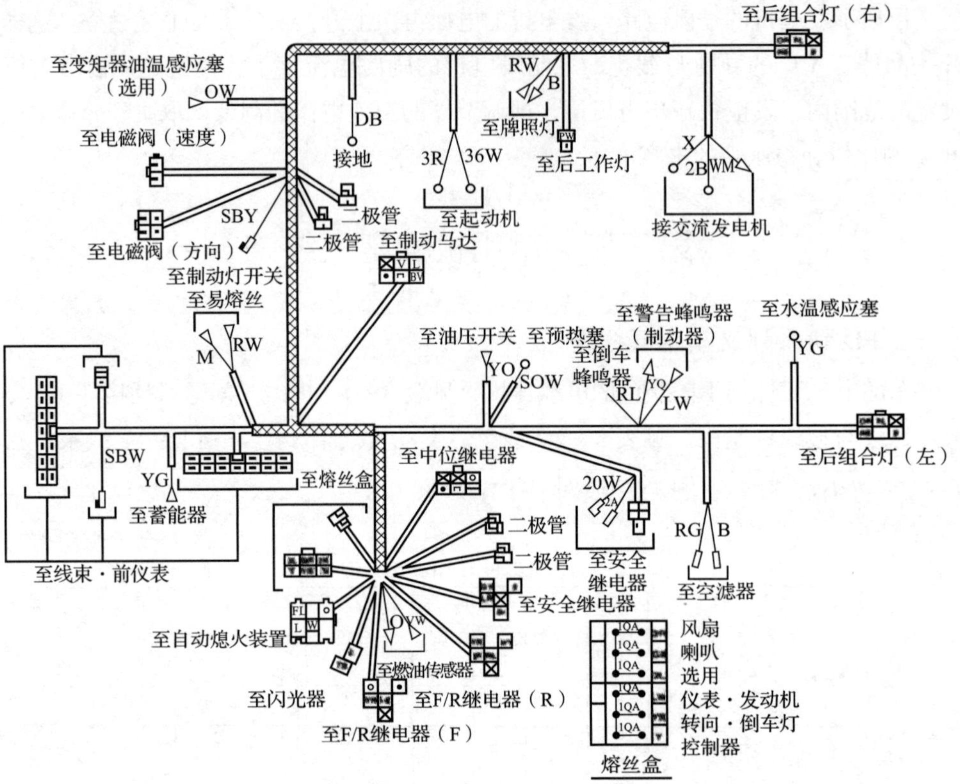

图 3—4　线束、发动机线束

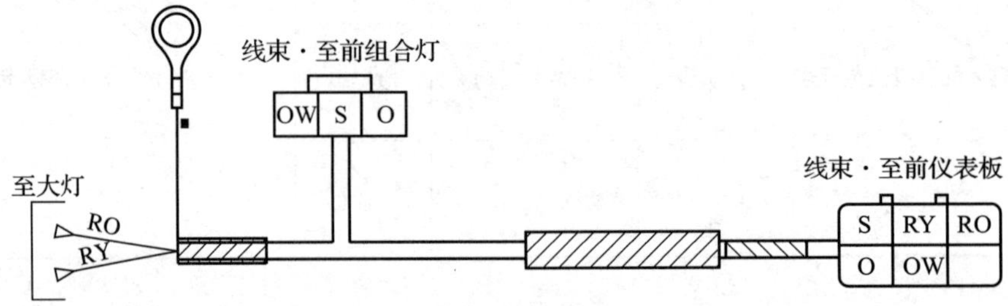

图 3—5　线束、互顶架

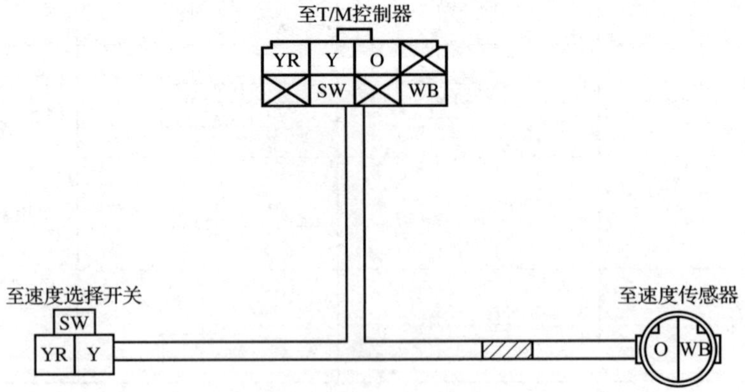

图 3—6　线束、T/M 控制器

二、966D 轮式装载机电气线路

1. 仪表板

仪表板如图 3—7 所示。

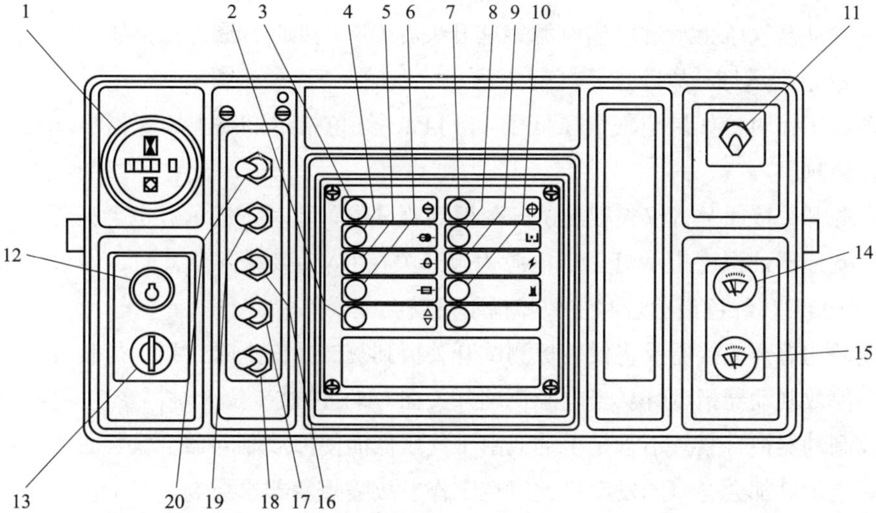

图 3—7　仪表板

1—工时累计表　2—液压油温度指示灯　3—冷却剂温度指示灯
4—制动器油压指示灯　5—机油压力指示灯　6—制动器气压指示灯
7—变速器油温度指示灯　8—停放制动器指示灯　9—交流发电机指示灯
10—燃油油位指示灯　11—仪表板测试开关　12—启动辅助器开关
13—断—通—启动开关　14—前挡风玻璃冲洗器和雨刷开关
15—后挡风玻璃冲洗器和雨刷开关　16—行驶灯开关
17—泛光灯开关　18—辅助泛光灯开关
19、20—辅助开关（备用）

（1）工时累计表。工时累计表由启动保护和工时累计表继电器启动，只在发动机工作时运转。当交流发电机向继电器提供 12 V 电压时，它便通电。这时，继电器即为工时累计表接电，使工时累计表启动。

（2）液压油温度指示灯。当电源钥匙开关在 ON（接通）位置时，如果液压油温度高于 102℃，红色指示灯就会亮，主故障指示灯也会亮。

（3）冷却剂温度指示灯。当电源钥匙开关在 ON（接通）位置时，如果发动机冷却剂温度高于 107℃，红色指示灯就会亮，主故障指示灯也会亮。

（4）制动器油压指示灯。当电源钥匙开关在 ON（接通）位置时，如果制动踏板的行程太远，说明制动器油压下降，红色指示灯就会亮。

如果发动机仍进行工作，主故障指示灯也会亮，故障报警器会响。

将电源钥匙开关接通及将仪表板测试开关扳到测试位置上时，指示灯也会亮。

（5）机油压力指示灯。当电源钥匙开关在 ON（接通）位置时，如果机油压力低于 62 kPa，红色指示灯就会亮。

发动机工作时，如果机油压力降低到 62 kPa 以下，红色指示灯就会亮，主故障指示灯会亮，故障报警器也会响。

将电源开关接通及将仪表板测试开关扳到测试位置上时，指示灯也会亮。

（6）制动器气压指示灯。当电源钥匙开关在 ON（接通）位置时，如果空气压力低于 448 kPa，红色指示灯和故障指示灯就会亮。

发动机工作时，如果空气气压低于 448 kPa，红色指示灯和主故障指示灯会亮，故障报警器也会响。

将电源开关接通及将仪表板测试开关扳到测试位置上时，指示灯也会亮。

（7）变速器油温度指示灯。当电源钥匙开关在 ON（接通）位置时，如果变速器油的温度高于 135℃，红色指示灯和主故障指示灯就会亮。

将电源钥匙开关接通及将仪表板测试开关扳到测试位置上时，指示灯就会亮。

（8）停放制动器指示灯。当电源钥匙开关在 ON（接通）位置时，变速器在空挡位置，以及停放制动器被合紧（不管是手动或由于气压低而使停放制动器合紧）时，红色指示灯和主故障指示灯都会亮。如发动机此时在工作，故障报警器也会响。

在电源钥匙开关接通以及仪表板测试开关扳到测试位置上时，指示灯就会亮。

（9）交流发电机指示灯。当电源钥匙开关在 ON（接通）位置时，如果燃油的油位降到油箱容量的 10%（只能工作 1 h）时，红色指示灯就会亮。

当电源钥匙开关在 ON（接通）位置以及仪表板测试开关在测试位置上时，指示灯也会亮。

（10）燃油油位指示灯。当电源钥匙开关在 ON（接通）位置以及将仪表板测试开关扳到测试位置上时，指示灯会亮。

（11）仪表板测试开关。当电源钥匙开关在 ON（接通）位置及将仪表板测试开关扳到测试位置上时，仪表板上的全部测试灯都会亮起来。这时，故障指示灯也会亮，而如果发动机在工作，故障报警器也会响。

（12）启动辅助器开关。如果电源钥匙开关在 ON（接通）位置上，当按动开关时，启动辅助器的线圈就会起作用。

注：电路上也有一个温度开关，因此当发动机的温度高于 38℃时，乙醚（启动辅助液）就不能注入到发动机内。

（13）断—通—启动开关。当此开关在 ON（接通）位置上时，电源继电器立即启动，就会将电力输送到机器上的各电路。当此开关被转到 START（启动）位置上时，起动机马达即启动。当此开关被转到 OFF（断开）位置上时，机器上全部电路断电。

（14）前挡风玻璃冲洗器和雨刷开关。按顺时针方向将开关转动一或两个“咔嗒”声，就能分别控制这个双速雨刷的两个速度。当将开关朝着仪表板推入时，就可启动前挡风玻璃冲洗器的泵。

（15）后挡风玻璃冲洗器和雨刷开关（附加装置）。此开关控制作为附加装置的后挡风玻璃冲洗器和雨刷。按顺时针方向将开关转动一或两个“咔嗒”声，就能控制这个双速雨刷的两个速度。当将开关朝着仪表板推入时，即可启动后挡风玻璃冲洗器的泵。

（16）行驶灯开关。这是个三位开关，即具有一个断开位置（左）和两个接通位置。当将电源钥匙开关扳到中间位置时，仪表板上的灯及尾灯就会亮，而且也为后泛光灯开关提供电压。当将行驶灯开关扳到右侧位置时，仪表板上的灯、前泛光灯和尾灯就会亮，并仍然为后泛光灯开关提供电压。

（17）泛光灯开关。这是个 ON-OFF（通 - 断）开关。当电源钥匙开关转到接通位置，以及将行驶灯开关扳到中间或右侧位置上时，即可用它控制后泛光灯。

（18）辅助泛光灯开关（附加装置）。这是个 ON-OFF（通 - 断）开关。当将电源钥匙开关转到接通位置时，即可用它控制翻车保护结构或驾驶室上作为附加装置的泛光灯。

（19）辅助开关（备用）。此开关是备用件，可供旋转标灯或其他附加装置使用。

（20）辅助开关（备用）。此开关也是备用件，可供其他附加装置使用。

2．继电器配电板

继电器配电板如图 3—8 所示。

（1）电源继电器（7N5933）。当用电源钥匙开关接通时，电源继电器即将电流输送到机器的大部分电路内。

（2）启动继电器（9F3099）。当将电源钥匙开关转到 START（启动）位置时，启动继电器通电启动，将电流输送到启动器电磁线圈上，使启动器马达启动。

（3）二极管组件 B。此组件内二极管的用途是只让电流单向流动。

（4）发动机停闭继电器（3T689）。令此继电器启动的电流来自电源钥匙开关。当继电器启动后，燃油切断电磁线圈即通电，使发动机停闭。

（5）启动保护和工时累计表继电器（9G1928）。令此继电器启动的电流来自交流发电机。继电器启动后，即转移被输送到启动器的电流，使发动机停止启动，并将电流输送到工时累计表。

（6）8 A 断路器（R8920）。此断路器使电流流到转向信号灯与闪光灯（附加装置）。

（7）30 A 断路器（H6565）。此断路器使电流流到调压器电路和空气调节器内（附加装置），并能对它们进行保护。

（8）3 A 断路器（N1621）。此断路器使电流流到发动机的停闭继电器和燃油切断电磁线圈内，并能对它们进行保护。

（9）60 A 断路器（2V2380）。来自电源继电器的电流通过 60 A 断路器流到熔丝和其他大部分电路上。

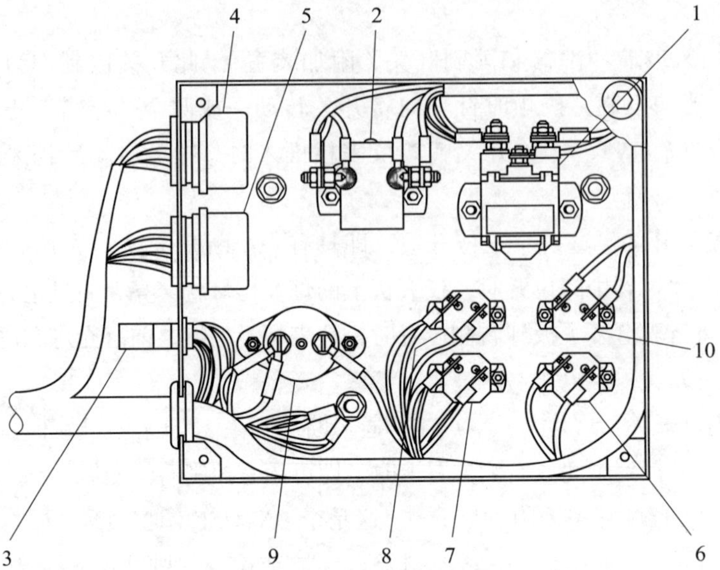

图 3—8 继电器配电板

1—电源继电器 2—启动继电器 3—二极管组件 B
4—发动机停闭继电器 5—启动保护和工时累计表继电器
6、10—8 A 断路器 7—30 A 断路器
8—3 A 断路器 9—60 A 断路器

（10）8 A 断路器（3R8920）。此断路器是供保护电源钥匙开关用的，它也能使电流流到发动机停闭继电器的 3 A 断路器上。

3．方块图

966D 的电气系统方块图（见图 3—9），显示电气系统各个不同部分的电流流程，但图上却不显示出所有零件、电线和接头。

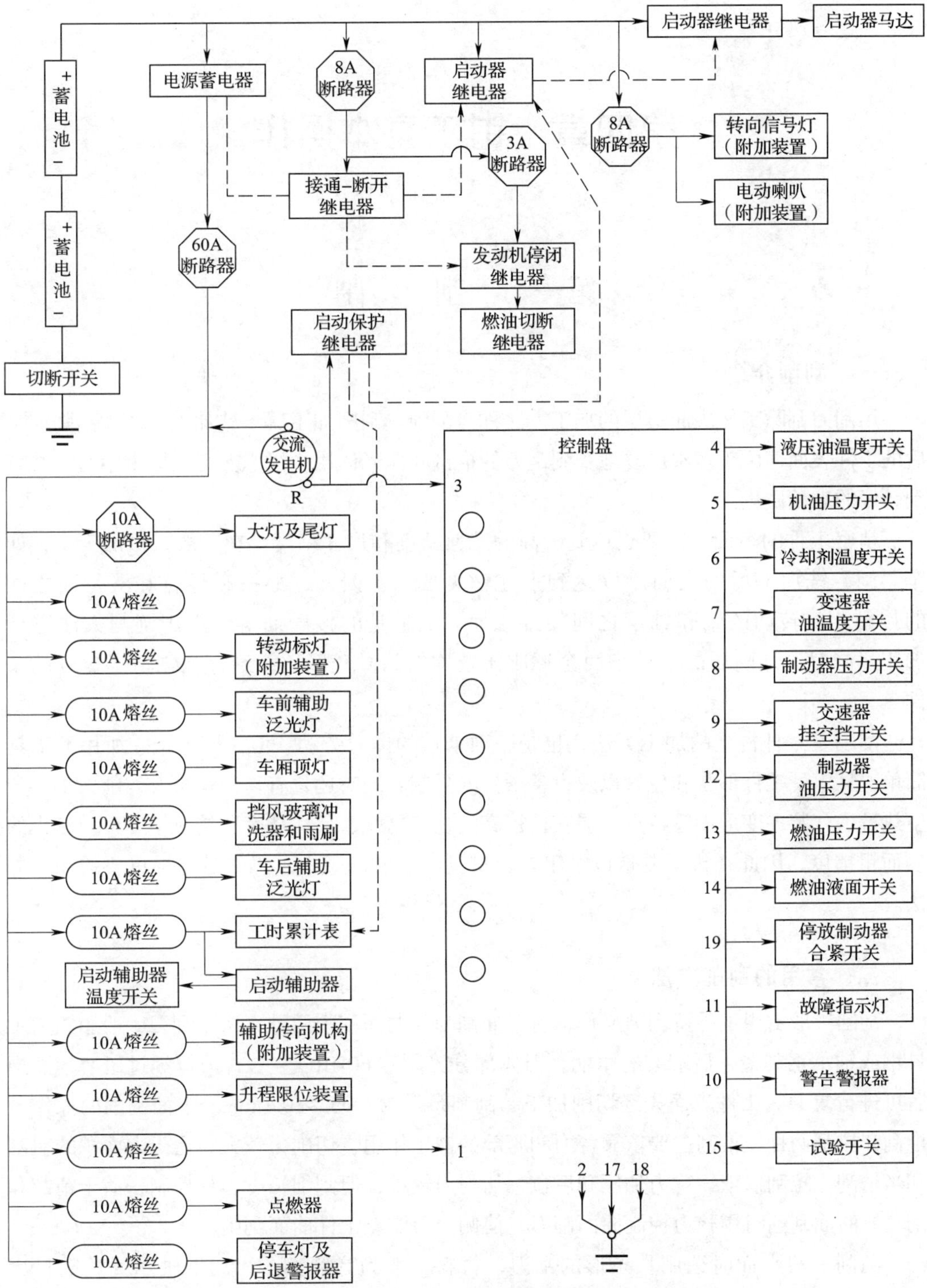

图 3—9　966D 的电气系统方块图

第四章　钳工基本操作

第一节　刮　　削

一、刮削介绍

用刮刀刮除工作表面薄层的加工方法称为刮削。刮削加工属于精加工，通过刮削加工后的工件表面，由于多次反复地受到刮刀的推挤和压光作用，组织变得比原来紧密，并得到较好的表面质量。

精密工件的表面，常要求达到较高的几何精度和尺寸精度。在一般机械加工中，如车、刨、铣加工后的表面难以达到上述精度要求。因此，如机床导轨和滑行面之间的接触面、转动的轴和轴承之间的接触面、工量具的接触面等，常用刮削方法进行加工。同时，刮削后的工件表面会形成比较均匀的微浅凹坑，给存油创造了良好的条件。

刮削是一种古老的加工方法，也是一项繁重的体力劳动。但是，由于它所用的工具简单，且不受工件形状和位置以及设备条件的限制，同时还具有切削量小、切削力小、产生热量少、装夹变形小等特点，能获得很高的几何精度、尺寸精度、接触精度以及较小的表面粗糙度，因此在机械制造以及工具、量具制造或修理中，仍然是一种重要的加工方法。

二、常用的刮削方法

刮削一般由钳工手持刮刀操作，有平面刮削和曲面刮削两种方法。刮刀一般用碳素工具钢或轴承钢制造，后端装有木柄，刀体部分淬硬到60HRC左右，刃口经过研磨，磨损后可进行复磨。工件表面先经切削加工，刮削余量为0.05 ~ 0.4 mm。平面刮削的操作分推刮和拉刮两种。推刮主要依靠臂力和胯部的推压作用，切削力较大，适于大面积的粗刮和半精刮。拉刮仅依靠臂力加压和后拉，切削力较小，但刮削长度容易控制，适于精刮和刮花。曲面刮削时用腕力控制曲面刮刀，使侧刀刃顺着工件曲面刮削。

刮削一般平面时选用长条形的刮刀，材料一般为弹簧钢（用废旧轴承回炉锻打也可），可直接把刀头热处理后用于精刮，也可焊上合金刀片用于粗刮。刮削回转面时一般用三角刮刀，材料一般为高碳钢。如刮削车床的主轴铜套，用行灯照明，用肘部的力量刮削，用红丹粉显点。这项工作任何机械也代替不了。刮削的同时要分时段测量几何公差，同时注意研点要求，将要接近公差标准时注意提高刮研点数。达到精度要求的同时，点数也要达到检验要求才算成功刮削。

三、刮削要求

刮削表面的质量通常用 25 mm × 25 mm 面积内均布的显示点数来衡量。一般连接面要求有 5 ~ 8 点；一般导轨面要求有 8 ~ 16 点；平板、平尺等检具的表面和滑动配合的精密导轨面要求有 16 ~ 25 点；某些高精度测量工具的表面要求有 25 ~ 30 点。在刮削后的外露表面上，有时再刮一层整齐的鱼鳞状花纹或斜花纹以改善外观。在精刨、精铣或磨削后的精密滑动面上刮一层月牙花纹或链状花纹，可改善工作时的润滑条件，形成微观油槽，提高耐磨性。

四、刮削注意事项

每次刮削前，为了辨明工件误差的位置和程度，需要在精密的平板、平尺、专用检具或与工件相配的偶件表面涂一层很薄的显示剂（也可涂在工件上），然后与工件合在一起对研（来回摩擦）。对研后，工件表面的某些凸点便会清晰地显示出来，这个过程称为显点。常用的显示剂是红丹油（氧化铁或氧化铅加机械油调制）或蓝油（普鲁士蓝与蓖麻油或机械油调制）。显点后将显示出的凸起部分刮去。经过反复地显点和刮削，可使工件表面的显示点数逐步增多并均匀分布，这表示表面的形状误差在逐步减小。因此，刮削通常也称刮研。

五、刮削常用工具

1. 校准工具

校准工具是用来研磨接触点和检验刮削面精确性的工具，也称研具。常用的有以下几种：

（1）标准平板。它用来检查较宽的平面。

（2）检验平尺。它用来检验狭长的平面。桥形平尺，用来检验机床导轨面的直线度误差；工形平尺，有单面和双面两种。

（3）角度平尺。它用来检验两个刮削面成角度的组合平面，如燕尾导轨面，其形状有 55°、60° 等。

2. 刮刀

刮刀是刮削工作中的主要工具，要求刀头部分具有足够的强度，刃口必须锋利。

根据不同的刮削表面，刮刀可分为平面刮刀和曲面刮刀两大类。

（1）平面刮刀。平面刮刀主要用来刮削平面，如平板、平面导轨、工作台等，也可用来刮削外曲面。按所刮表面精度要求不同，可分为粗刮刀、细刮刀和精刮刀三种。

（2）曲面刮刀。曲面刮刀主要用来刮削内曲面，如滑动轴承内孔等。曲面刮刀有多种形状，如三角刮刀、蛇头刮刀等。

第二节　研　　磨

一、研磨要求

手工研磨平行平面时，应掌握磨料、磨粉的选择，研磨剂的配制以及研磨平板、量具、工具的正确使用和研磨操作技能。研磨工件如图 4—1 所示，工件经过精磨后留研磨余量 0.024 mm，表面粗糙度 $Ra \leqslant 0.8$ μm。

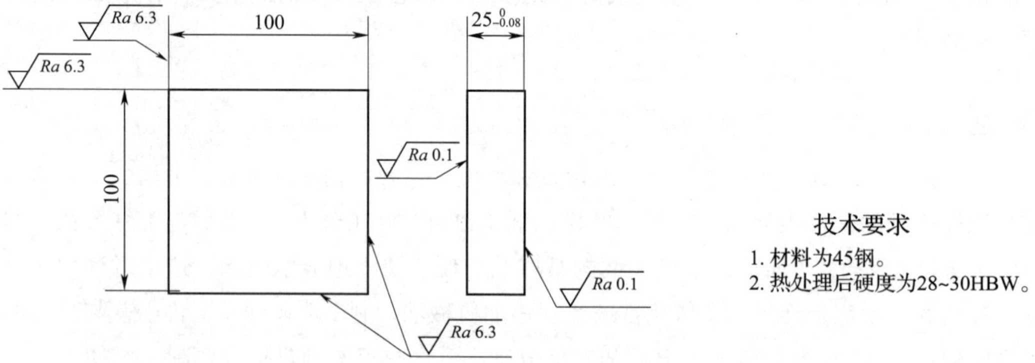

图 4—1　研磨工件

二、准备工作

1．研磨剂的配制

从图样上可以看出，研磨后要求表面粗糙度 $Ra \leqslant 0.1$ μm，而精磨后的表面粗糙度 $Ra \leqslant 0.8$ μm。为了使研磨后表面粗糙度 $Ra \leqslant 0.1$ μm，只需经过粗、精研磨即可。

（1）粗加工研磨剂的成分。白刚玉（WA）W14 16 g；硬脂酸 8 g；蜂蜡 1 g；油酸 15 g；航空汽油 80 g；煤油 80 g。

（2）精加工研磨剂的成分。白刚玉（WA）W17（或 W5）16 g；蜂蜡 1 g；硬脂酸 8 g；航空汽油 80 g。

2．研磨平板

粗加工用有槽平板；精加工用光滑平板。

3．工、量具

准备工具、量块、百分表、刀口形直尺、千分尺。

三、研磨平面的一般过程

研磨平面采用湿研，又称涂敷研磨。过程如下：

1．用煤油或汽油把研磨平板清洗干净。

2．将选配好的研磨剂均匀地涂在研磨平板上。

3．对需要研磨的表面去毛刺并清洗干净，贴合在研磨平板上。沿平板的全部表面以“8”字形、螺旋形或直线往复进行研磨，并不断改变工件的运动方向。

4．研磨好一个平面以后，用同样的方法研磨另一个平面。此时，应注意两平面的平面度和平行度均在尺寸公差内。在控制两平面的平行度时，应采用高低结合法（指高处多加压力）研磨。

四、研磨注意事项

控制研磨压力和研磨速度，粗研时压力可大些，控制在 10 ~ 20 N/cm^2，研磨速度为 40 ~ 60 次 /min；精研时压力小一些，控制在 1 ~ 5 N/cm^2，研磨速度控制在 20 ~ 40 次 /min。

五、检查质量

1．使用刀口形直尺，采用透光法检查平面的平面度。

2．用百分表检查两平面的平行度，检查时把工件置于检验平台上，在全部受检范围内进行检查。用千分尺检查尺寸。最后报检。

第三节 镗　孔

镗孔是加工中心的主要加工内容之一，是对锻孔、铸孔或钻孔的进一步加工，镗孔可扩大孔径，精确地保证孔系的尺寸精度和几何精度，减小表面粗糙度，还可以较好地纠正原来孔轴线的偏斜。镗孔可以分为粗镗、半精镗和精镗。精镗孔的尺寸精度可达 IT8 ~ IT7，表面粗糙度 Ra 值可达 1.6 ~ 0.8 μm。通过镗削加工的圆柱孔，大多数是机器零件中的主要配合孔或支承孔，所以有较高的尺寸精度要求。一般配合孔的尺寸精度要求控制在 IT8 ~ IT7，机床主轴箱体孔的尺寸精度为 IT6，精度要求较低的孔一般控制在 IT11。对于精度要求较高的支架类、套类零件的孔以及箱体类零件的重要孔，其几何精度应控制在孔径公差的 1/3 ~ 1/2。镗孔的孔距间误差一般控制在 ±0.025 ~ 0.06 mm，两孔轴线平行度误差控制在 0.03 ~ 0.10 mm。

一、镗孔加工方法

孔的镗削加工往往要经过粗镗、半精镗、精镗工序。粗镗、半精镗、精镗工序的选择，取决于所镗孔的精度要求、工件的材质、工件的具体结构等因素。

1．粗镗

粗镗是圆柱孔镗削加工的重要工艺过程，它主要是对工件的毛坯孔（铸、锻孔）或对钻、扩后的孔进行预加工，为下一步半精镗、精镗加工达到要求奠定基础，并能及时发现毛坯的缺陷（裂纹、夹砂、砂眼等）。

粗镗后一般留单边 2 ~ 3 mm 作为半精镗和精镗的余量。对于精密的箱体类工件，一般粗镗后还应安排回火或时效处理，以消除粗镗时所产生的内应力，最后再进行精镗。

由于在粗镗中采用较大的切削用量，因此在粗镗中产生的切削力大、切削温度高，刀具磨损严重。为了保证粗镗的生产率及一定的镗削精度，要求粗镗刀应有足够的强度，能承受较大的切削力，并有良好的抗冲击性能。粗镗要求镗刀有合适的几何角度，以减小切削力，并有利于镗刀的散热。

2．半精镗

半精镗是精镗的预备工序，主要是解决粗镗时残留下来的余量不均匀部分。对精度要求高的孔，半精镗一般分两次进行：第一次主要是去掉粗镗时留下的余量不均匀的部分；第二次是镗削余下的余量，以提高孔的尺寸精度、形状精度及减小表面粗糙度。半精镗后一般留精镗余量为 0.3 ~ 0.4 mm（单边）。对精度要求不高的孔，粗镗后可直接进行精镗，不必设半精镗工序。

3．精镗

精镗是在粗镗和半精镗的基础上，用较高的切削速度、较小的进给量，切去粗镗或半精镗留下的较少余量，准确地达到图样规定的内孔表面要求。通常精镗背吃刀量大于 0.01 mm，进给量大于等于 0.05 mm/r。

二、镗刀及使用注意事项

1．镗刀

镗刀是镗削刀具的一种，一般是圆柄的，也有较大工件使用方刀杆，最常用的场合就是内孔加工、扩孔、仿形等。它有一个或两个切削部分，专门用于对已有的孔进行粗加工、半精加工或精加工。镗刀可在镗床、车床或铣床上使用，如图 4—2 所示。

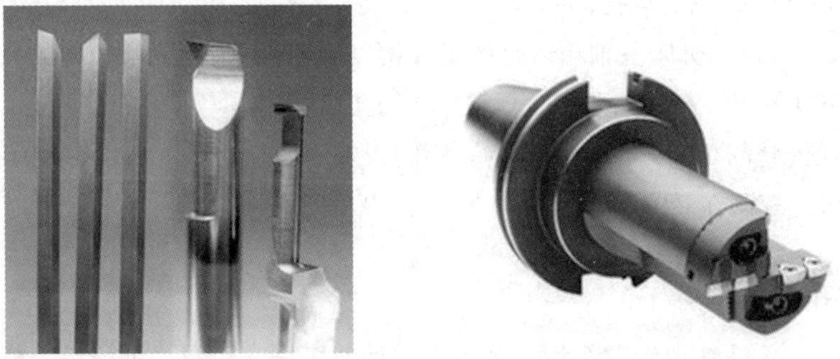

图 4—2　镗刀

因装夹方式的不同，柄部有方柄、莫氏锥柄和 7∶24 锥柄等多种形式。双刃镗刀有两个分布在中心两侧同时切削的刀齿，由于切削时产生的径向力互相平衡，可加大切削用量，生产效率高。双刃镗刀按刀片在镗杆上浮动与否分为浮动镗刀和定装镗刀。浮动镗刀适用于孔的精加工。它实际上相当于铰刀，能镗削出尺寸精度高和表面光洁的孔，但不能修正孔的直线性偏差。为了提高重磨次数，浮动镗刀常制成可调结构。

为了适应各种孔径和孔深的需要并减少镗刀的品种规格，人们将镗杆和刀头设计成系列化的基本件——模块。使用时可根据工件的要求选用适当的模块，拼合成各种镗刀，从而简化了刀具的设计和制造。

2．镗刀的使用注意事项

刀具安装时，要特别注意清洁。镗孔刀具无论是粗加工还是精加工，在安装和装配的各个环节，都必须注意清洁度。刀柄与机床的装配，刀片的更换等，都要先擦拭干净，然后再安装或装配，切不可马虎。

刀具进行预调时，其尺寸精度、完好状态必须符合要求。预调的尺寸必须精确，要调在公差的中下限，并考虑温度的因素而进行修正、补偿。刀具预调可在专用预调仪、机上对刀器或其他量仪上进行。

刀具安装后进行动态跳动检查。动态跳动检查是一个综合指标，它反映机床主轴精度、刀具精度以及刀具与机床的连接精度。这个精度如果超过被加工孔要求的精度的 1/2 或 2/3 就不能进行加工，需找出原因并消除后才能进行，否则加工出来的孔就不能符合要求。

应通过统计或检测的方法，确定刀具各部分的寿命，以保证加工精度的可靠性。对于单刃镗刀来讲，这个要求可低一些，但对多刃镗刀来讲，这一点特别重要。

第五章　液压基本知识

第一节　液压传动的系统组成与工作原理

液压传动是港口机械设备中广泛采用的一种传动方式。它以液体作为工作介质，通过动力元件液压泵将机械能转换为液体的压力能，然后通过管道、控制元件把有压液体输往执行元件，将液体的压力能又转换为机械能，以驱动负载实现直线或回转运动，完成动力传递。

一、液压传动系统组成

液压传动系统主要由以下四部分组成：

1．能源装置

能源装置是把机械能转换成油液液压能的装置。最常见的形式就是液压泵，它给液压系统提供压力油。

2．执行装置

执行装置是把油液的液压能转换成机械能的装置。它可以是做直线运动的液压缸，也可以是做回转运动的液压马达。

3．控制调节装置

控制调节装置是对系统中油液压力、流量或流动方向进行控制或调节的装置，如溢流阀、节流阀、换向阀等，这些元件的不同组合形成了不同功能的液压系统。

4．辅助装置

上述三部分以外的其他装置是辅助装置，如油箱、滤油器、油管等。它们对保证系统正常工作也有重要作用。

液压系统就是按机械的作业要求，用油管将上述各液压元件合理地组合在一起，形成一个整体，使之完成一定的工作循环。

二、液压系统图和图形符号

液压传动系统的各个元件按一定的要求通过油管连接起来，形成一个液压系统。能反映液压系统的组成、工作原理和液压元件工作情况的图称为液压系统工作原理图，简称为液压系统图。

液压系统图有两种表示方法：一种是以各液压元件的结构来表示，如图 5—1 所示；另一种是用标准的液压元件的职能符号来表示，如图 5—2 所示。用前一种方式表示的液压系统图比较直观，元件的结构、控制和执行元件的动作原理容易理解，便于初学者学习用，但是其图形复杂，在绘制过程中效率低。用标准液压元件的职能符号组成的液压系统原理图能使整个液压传动系统原理图的绘制简便，在各种资料、教材中都采用后一种绘图方法。这些符号表示了液压元件的职能和连接的通路，但并不表示元件本身的具体结构、性能参数、尺寸及元件在设备中的具体安装位置。

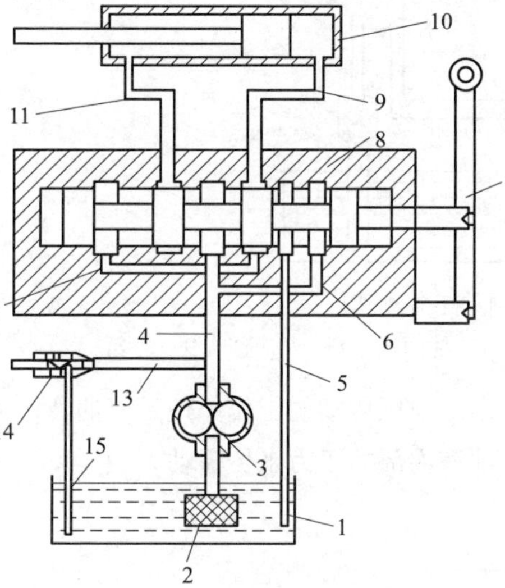

图 5—1　用液压元件结构表示的液压系统简图

1—油箱　2—过滤器　3—液压泵

4、9、11、13—压力油管　5、15—回油管

6、12—换向阀内部油路　7—操作手柄

8—换向阀　10—液压缸　14—安全阀

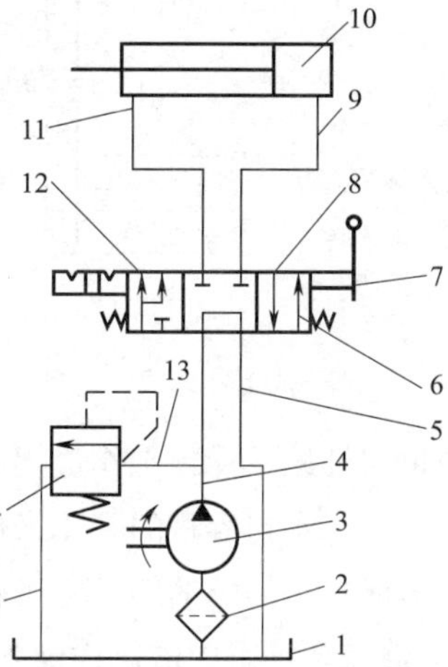

图 5—2　用标准液压元件的职能符号表示的液压系统简图

1—油箱　2—过滤器　3—液压泵

4、9、11、13—压力油管　5、15—回油管

6、12—换向阀内部油路　7—操作手柄

8—换向阀　10—液压缸　14—安全阀

三、液压传动的工作原理

液压传动的基本原理可以用油压千斤顶的工作过程来说明。如图 5—3 所示是油压千斤顶的工作原理图。油压千斤顶的小油缸 3、大油缸 6、油箱 9，以及它们之间的连接通道构成一个密封的容器，里面充满液压油。在放油阀 8 关闭的情况下，提起杠杆时，小油缸内的活塞 2 上移，其密封容积增大，形成部分真空，于是油箱里的液压油在大气压的作用下经过吸油管由单向阀 4 进入小油缸（即吸油）；压下杠杆，活塞 2 下移，使小油缸的密封容积减小，油液压力升高，单向阀 4 自动关闭，压力油通过单向阀 5 流入大油缸 6 内（即输油），推动大活塞 7 将重物顶起。再次提起杠杆时，大油缸内的压力油想要倒流入小油缸，但此时单向阀 5 自动关闭，使油液不能倒流，保证重物不致自动落下。这样，当杠杆被反复提起和压下时，小油缸不断交替进行吸油和输油过程，压力油不断进入大油缸

将重物逐渐顶起，从而达到起重的目的。将放油阀 8 打开，在重物的重力作用下，大油缸的油液排回油箱。

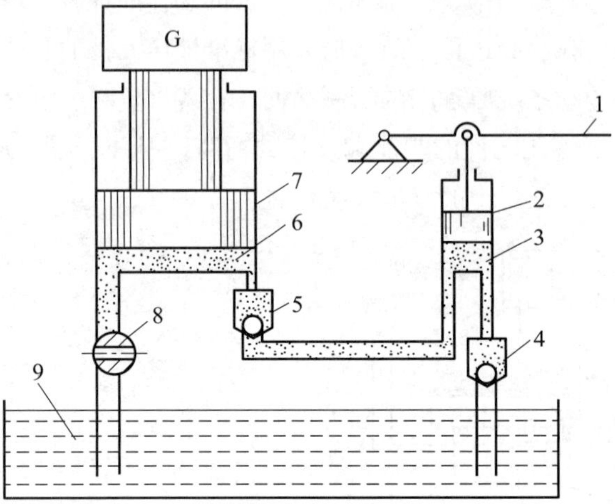

图 5—3　油压千斤顶的工作原理

1—杠杆　2、7—活塞　3、6—油缸　4、5—单向阀　8—放油阀　9—油箱

通过对油压千斤顶工作过程的分析，可以看出，液压传动的工作原理是以油液作为工作介质，依靠密封容积的变化来传递运动，依靠油液内部的压力来传递动力。

从上面这个简单的例子中可以看到；

1. 液压传动是以液体作为工作介质来传递动力的。

2. 液压传动用液体的压力能来传递动力，它与利用液体动能的液力传动是不相同的。

3. 液压传动中的工作介质是在受控制、受调节的状态下进行工作的，因此液压传动和液压控制常常难以截然分开。

下面再以如图 5—4 所示的推土机的液压系统结构图为例，进一步说明液压传动的工作原理及液压系统的组成。

推土机的液压系统通常由液压泵 1、液压缸 2、换向阀 3、安全阀 4、油箱 5 及滤油器 6 组成。发动机带动液压泵从油箱中吸油，以较高的油压将这些油输出。压力油进入液压缸，使液压缸的活塞杆伸缩，从而带动铲刀升降。换向阀有 P、A、B 和 T 4 个油口，分别与液压泵、液压缸上下腔及油箱相通。换向阀的阀杆有 4 个操纵位置，分别对应于铲刀的 4 种工作状态：阀杆处于位置Ⅰ时，在换向阀内部 P 口与 T 口通，A、B 口被封闭，此时，从液压泵来的油从 P 口进入，经 T 口回油箱，液压缸活塞杆保持在一定位置，铲刀高度不变，这是换向阀的中立位置；阀杆在位置Ⅱ时，换向阀内部 P 与 B 通，A 与 T 通，液压泵来的油经换向阀进入液压缸下腔，活塞杆缩回，铲刀提升，液压缸上腔的油经换向阀的 A 和 T 口回油箱；阀杆在位置Ⅲ时，液压泵来的油经换向阀进入液压缸上腔，使铲刀下降；阀杆在位置Ⅳ时，换向阀内部 4 个口全通，铲刀呈浮动状态。

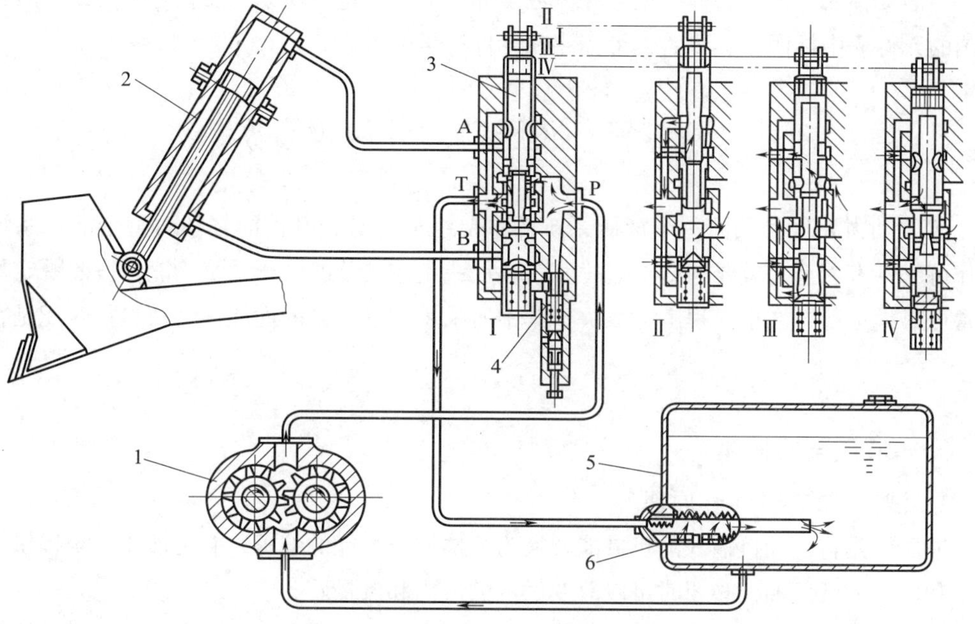

图 5—4　推土机液压系统结构图

1—液压泵　2—液压缸　3—换向阀　4—安全阀　5—油箱　6—滤油器

在阀杆处于位置Ⅱ或Ⅲ时，如果液压缸的活塞杆伸缩到极限位置，液压泵来的油无处可去，其压力便急剧上升，当系统油压升高到一定值时，安全阀 4 开启，液压泵来的油通过安全阀 4 流回油箱，油压便不会继续上升，从而保证液压泵及油管等元件的安全。

如上所述，液压系统由许多元件组成，如果用各元件的结构图来表达整个液压系统，则绘制起来非常复杂，而且往往难于将其原理表达清楚，因而实践中常以各种符号表示元件的职能，并将各元件的符号用通路连接起来组成液压系统图，以表示液压传动及控制系统的原理。如图 5—5 所示就是液压系统原理图。

液压系统原理图中的图形符号脱离了元件的具体结构，只表示元件的职能、连接系统的通路和整个系统的工作原理，不表示元件的具体结构和参数，也不表示系统管路的具体位置及元件的安装位置。

系统图中的元件符号均以静止位置或零位置表示，在系统图 5—5 中与整个油路连接的只以其零位置（即未扳动阀杆时）表示。图 5—5 中的安全阀 4 有时开，有时关，在系统图中则以其静止位置（阀不受油压作用时）表示。只有为了说明系统的工作原理确实需要画出元件在其他工作位置时，才不按上述规定画，但此时需作说明。

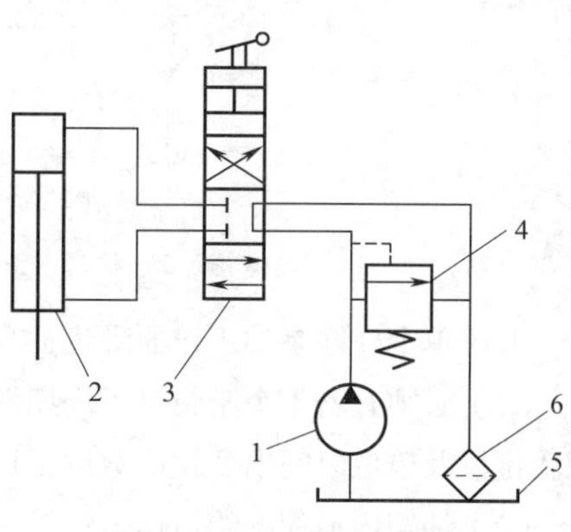

图 5—5　液压系统原理图

1—液压泵　2—液压缸　3—换向阀

4—安全阀　5—油箱　6—滤油器

当需要标明元件的名称、型号和参数（如压力、流量、功率、管径等）时，一般在系统图的元件表中标明，必要时也可标注在元件符号的旁边。

第二节 液压动力元件（泵）

液压动力元件是任何一个液压系统的重要组成部分，其性能好坏对整个液压系统的工作可靠性有着至关重要的影响。一个新设计或正在安装的液压系统，能否按照既定要求正常可靠地运行，在很大程度上取决于其中所采用的液压泵的性能优劣及参数匹配是否合理。

一、液压泵的概述

1. 液压泵的基本工作原理

液压泵是将发动机输入的机械能转换为液体的压力能的装置，它为液压系统提供足够流量和压力的液压油，必要时可以改变供油的流向和流量。

液压传动系统中使用的液压泵都是容积式泵，是靠密封容积的变化来实现吸油和压油的，其工作原理如图 5—6 所示。当偏心轮 1 由原动机带动旋转时，柱塞 2 做往复运动。柱塞右移时，弹簧 3 使之从密封工作腔 4 中推出，密封容积逐渐增大，形成局部真空，油箱中的油液在大气压力作用下，通过单向阀 5 进入工作腔 4，这是吸油过程。当柱塞左移被偏心轮压入工作腔时，密封容积逐渐减小，使腔内油液打开单向阀 6 进入系统，这是压油过程。偏心轮不断旋转，泵就不断地吸油和压油。

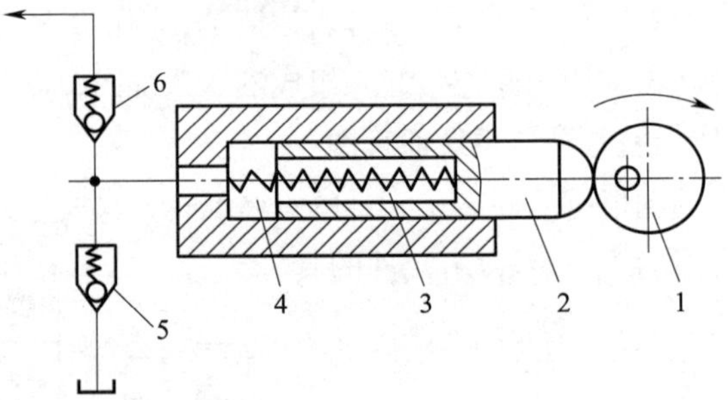

图 5—6 容积式泵的工作原理

1—偏心轮 2—柱塞 3—弹簧 4—密封工作腔 5、6—单向阀

上述单个柱塞泵的工作原理也适合各种容积式液压泵，其构成条件是：

（1）必须有若干个密封且可周期性变化的空间。液压泵的理论输出流量与此空间的容积变化量及单位时间内变化次数成正比，且和其他因素无关。

（2）油箱内液体的绝对压力恒等于或大于大气压力。为了能正确吸油，油箱必须与大气相通或采用充气油箱。

（3）必须有合适的配流装置。目的是将吸油腔和压油腔隔开，保证液压泵有规律地连续吸油、排油。液压泵结构原理不同，其配流装置也不同。

2．液压泵正常工作的三个必备条件

（1）必须具有一个由运动件和非运动件所构成的密闭容积。

（2）密闭容积的大小随运动件的运动做周期性的变化。容积由小变大吸油，由大变小压油。

（3）密闭容积增大到极限时，先要与吸油腔隔开，然后才转为排油；密闭容积减小到极限时，先要与排油腔隔开，然后才转为吸油。单柱塞泵是通过两个单向阀来实现这一要求的。

3．液压泵的分类

（1）按流量分：定量泵和变量泵。

（2）按压力分：低压 0 ~ 0.25 MPa，中压 0.25 ~ 8 MPa，中高压 8 ~ 16 MPa，高压 16 ~ 32 MPa，超高压 32 MPa 以上。

（3）按主要运动部件结构分：齿轮泵、叶片泵、柱塞泵。

二、齿轮泵的工作原理及结构特点

齿轮泵是利用齿轮啮合原理工作的，根据啮合形式不同分为外啮合齿轮泵和内啮合齿轮泵。外啮合齿轮泵应用最广。齿轮泵是在现代液压技术中产量和使用量最大的泵类元件，被广泛应用在各种液压机械上。齿轮泵的主要特点见表 5—1。

表 5—1　　齿轮泵的主要特点

优点	在泵中结构最简单
	自吸能力好
	对油液污染不敏感，工作可靠
	制造容易，体积小，价格便宜
主要缺点	不能变量
	不能承受径向液压力，不易平衡
	容积效率低
一般齿轮泵的工作压力为 2.5 ~ 17.5 MPa，流量脉动大，多用于精度要求不高的传动系统	

1．外啮合齿轮泵

（1）外啮合齿轮泵的结构及工作原理。CB–B 齿轮泵结构如图 5—7 所示。它主要是由壳体、一对外啮合齿轮、两个端盖等主要零件组成的。

当齿轮的主动齿轮由电动机带动不断旋转时，轮内逐渐脱开，密封工作腔的容积逐渐增大，形成部分真空，因此，油箱中的油液在大气压作用下，经吸油管进入吸油腔，将齿间槽充满，并随着齿轮旋转，把油液带到左侧压油腔中。因轮齿逐渐进入啮合，密封工作腔容积不断减小，齿间槽中的油液被挤出，通过泵的出口输出。外啮合齿轮泵的工作原理如图 5—8 所示。

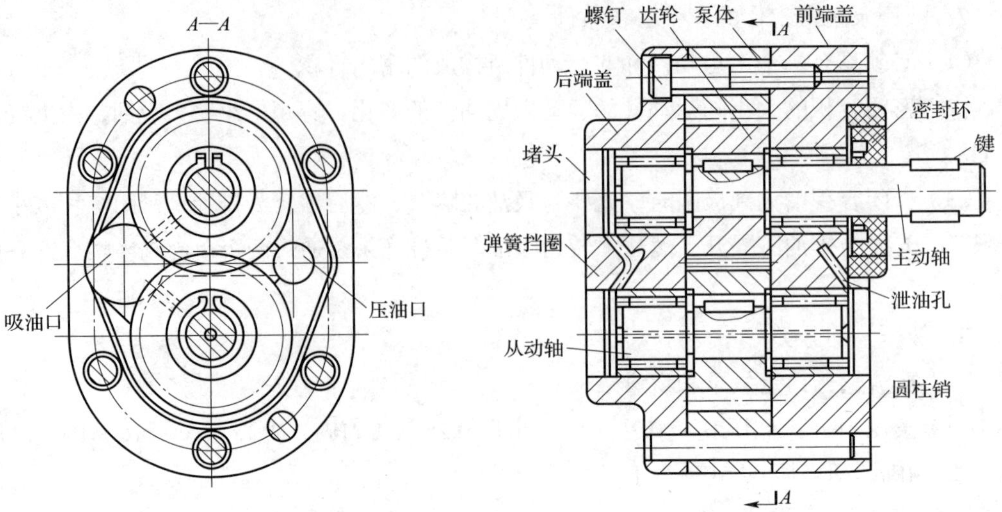

图 5—7　CB-B 齿轮泵结构

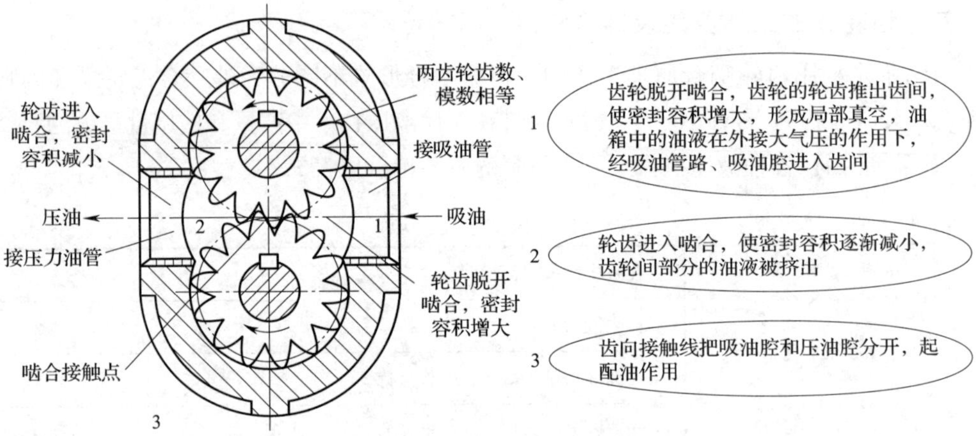

图 5—8　外啮合齿轮泵工作原理

（2）外啮合齿轮泵的特点。外啮合齿轮泵的结构特点及补偿措施见表 5—2。

表 5—2　　**外啮合齿轮泵的结构特点及补偿措施**

结构特点	补偿措施
齿轮泵存在端面泄漏、径向泄漏和轮齿啮合处泄漏，端面泄漏占 80% ~ 85%	端面间隙补偿采用静压平衡措施 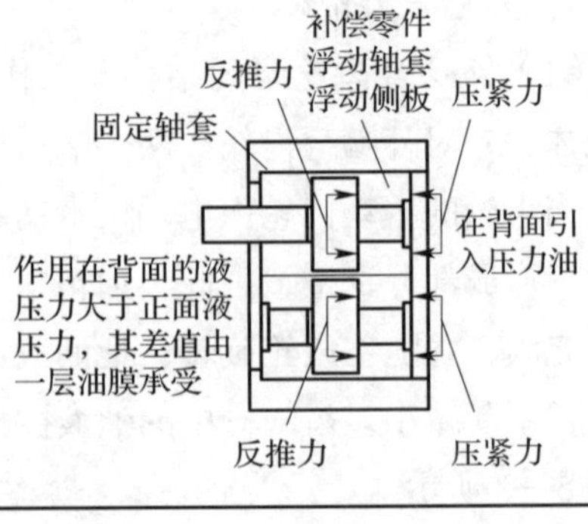

续表

<table>
<tr><th>结构特点</th><th>补偿措施</th></tr>
<tr><td>液压径向力不平衡

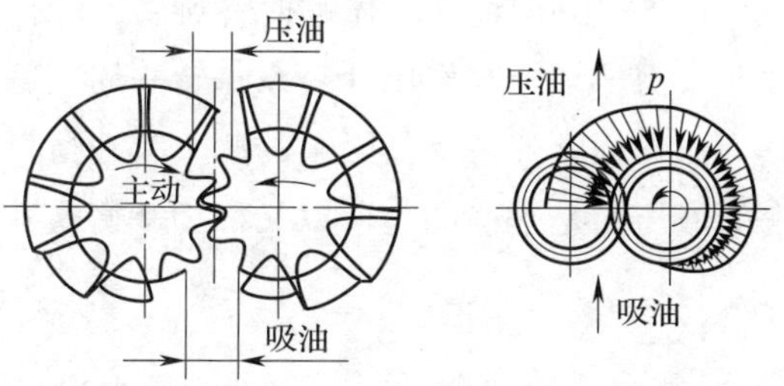

困油现象产生的原因，齿轮重叠系数 ε>1，在两对轮齿同时啮合时，它们之间将形成一个与吸、压油腔均不相通的闭死容积，此闭死容积随齿轮转动其大小发生变化，先由大变小，后由小变大

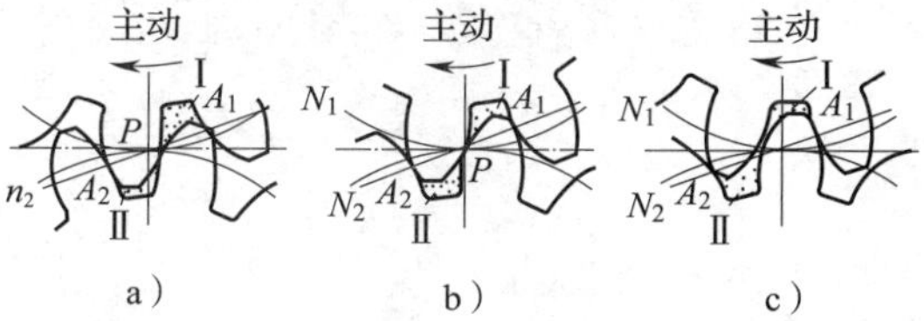
</td><td>平衡措施：通过在盖板上开设平衡槽，使它们分别与低、高压腔相通，产生液压径向力平衡的作用

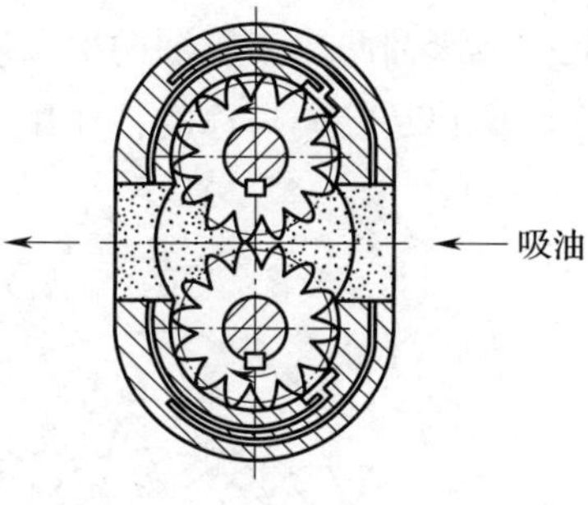

卸荷措施：在前后盖板或浮动轴套上开卸荷槽

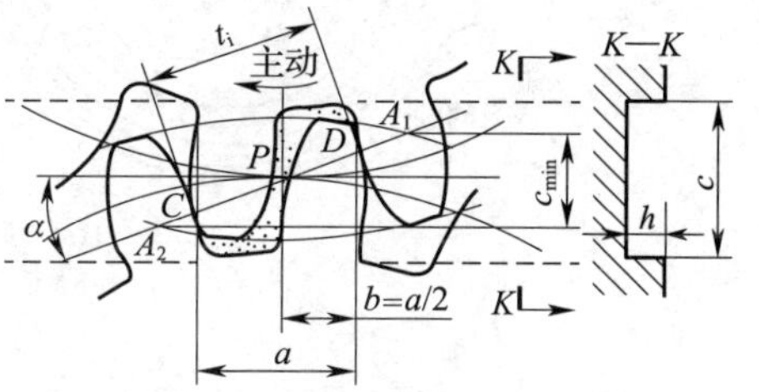
</td></tr>
</table>

2．内啮合齿轮泵

（1）内啮合齿轮泵结构及工作原理。内啮合齿轮泵有渐开线齿轮泵及摆线齿轮泵（又名转子泵）两种。

如图 5—9 所示，一对相互啮合的小齿轮和内齿轮与侧板所围成的密闭容积被齿啮合线分隔成两部分。当传动轴带动小齿轮旋转时，轮齿脱开啮合的一侧密闭容积增大，为吸油腔；轮齿进入啮合的一侧密闭容积减小，为压油腔。

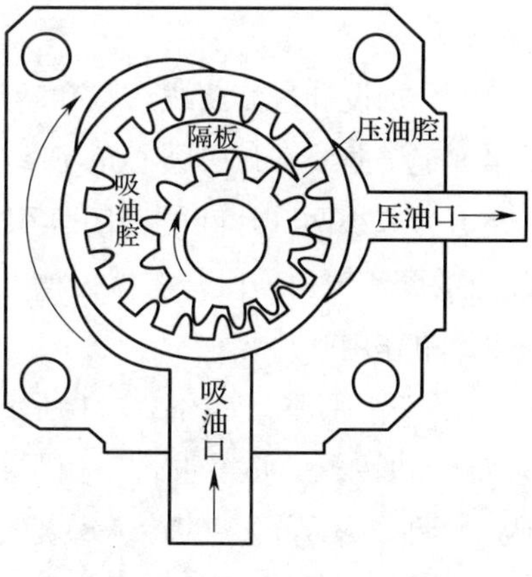

图 5—9　内啮合齿轮泵工作原理

（2）内啮合齿轮泵的特点。内啮合齿轮泵与外啮合齿轮泵相比，无困油现象，流量脉动小，噪声低，采取间隙补偿措施后，泵的额定压力可达 30 MPa，工作效率高。

三、叶片泵的工作原理及结构特点

叶片泵是一种常见的液压泵，可以分为单作用叶片泵和双作用叶片泵两种。前者为变量泵，后者为定量泵。

1．双作用叶片泵

（1）工作原理。双作用叶片泵的工作原理如图 5—10 所示，由定子、转子、叶片、配流盘和泵体组成。转子与定子同心安装，定子的内曲线由两段长半径圆弧、两段短半径圆弧及四段过渡曲线组成，共有八段曲线。图 5—10 中，转子做顺时针旋转，叶片在离心力作用下，径向伸出，其顶部在定子内曲线上滑动。双作用叶片泵每转一周，每个工作腔完成吸油两次和压油两次，所以称其为双作用叶片泵。又因泵的两个吸油窗口与两个压油窗口是径向对称的，作用于转子上的液压力是平衡的，所以又称为平衡式叶片泵。

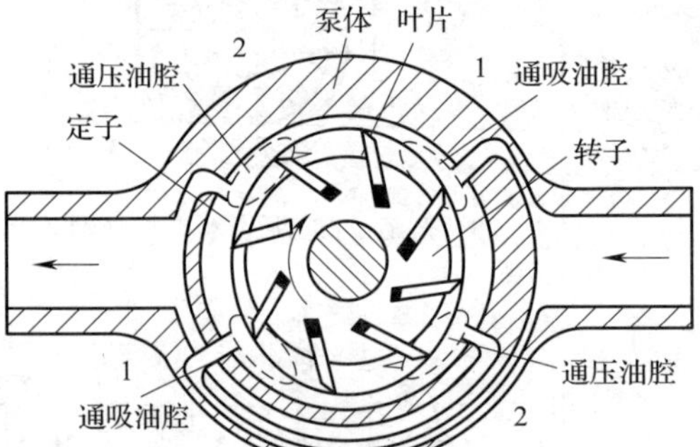

图 5—10　双作用叶片泵的工作原理

（2）结构特点

1）配流盘的两个吸油窗口和两个压油窗口对称布置，因此作用在转子和定子上的液压径向力平衡，轴承承受的径向力小，寿命长。

2）为保证叶片自由滑动且始终紧贴定子内表面，采用叶片槽根部全部通压力油腔的办法。

3）合理设计过渡曲线形状和叶片数（$Z \geqslant 8$）可使理论流量均匀、噪声低。

4）定子曲线圆弧段圆心角 $\beta \geqslant$ 配流窗口的间距角 $\gamma \geqslant$ 叶片夹角 α（$=2\pi/Z$）。

5）为减小两叶片间的密闭容积在吸压油腔转换时因压力突变而引起的压力冲击，在配流盘的配流窗口前段开有减振槽。

2．单作用叶片泵

（1）工作原理。如图 5—11 所示为单作用叶片泵的工作原理。定子的内表面是圆柱形孔。定子和转子中心不重合，相距一偏心距 e。在吸油腔和压油腔之间，有一段封油区，把吸、压油腔隔开。泵的转子每旋转一周，叶片在槽中往复滑动一次，密封工作腔容积增大和缩小各一次，完成一次吸油和压油，故称单作用泵。

（2）结构特点

1）可以通过改变定子的偏心距 e 来调节泵的排量和流量。

2）叶片槽根部分别通油，叶片厚度对排量无影响。

3）叶片矢径是转角的函数，瞬时理论流量是脉动的。叶片数取为奇数，可减小流量的脉动。

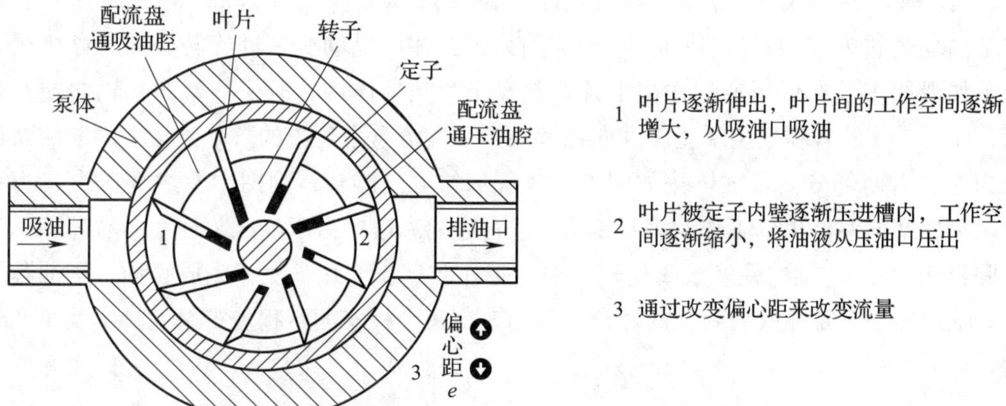

图 5—11　单作用叶片泵的工作原理

四、柱塞泵的工作原理及结构特点

柱塞泵是依靠柱塞在缸体内做往复运动使泵内密封工作腔容积发生变化而实现吸油和压油的。柱塞泵一般分为轴向柱塞泵和径向柱塞泵。

1. 轴向柱塞泵

（1）轴向柱塞泵的结构。轴向柱塞泵可分为斜盘式和斜轴式两种。如图 5—12 所示是一种国产的斜盘式轴向柱塞泵的结构。该泵是由主体部分（图中左半部）和变量部分（图中右半部）组成的。在主体部分中，传动轴通过花键轴带动缸体旋转，使均匀分布在缸体上的柱塞绕传动轴的轴线旋转，由于每个柱塞的头部通过滑履结构与斜盘连接，因此可以任意转动而不脱离斜盘。随着缸体的旋转，柱塞在轴向做往复运动，使密封工作腔的容积发生周期性的变化，通过配流盘完成吸油和压油工作。在变量机构中，由斜盘的角度来决定泵的排量。而泵的角度是通过液压力和弹簧的作用，使调节柱塞往复运动来调整的。可见这种泵的变量调节机构是自动的。

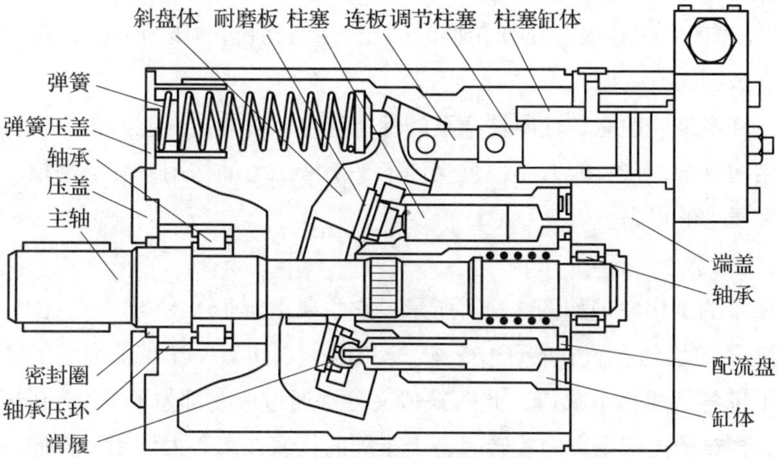

图 5—12　斜盘式轴向柱塞泵的结构

（2）轴向柱塞泵的工作原理。斜盘式轴向柱塞泵的工作原理如图 5—13 所示。柱塞轴向均匀排列安装在缸体同一半径圆周处，缸体由电动机带动旋转。柱塞靠机械装置（如滑履）或在低压油的作用下顶在斜盘上。当缸体旋转时，柱塞即在轴向左右移动，使得工作腔容积发生变化。轴向柱塞泵是靠配流盘来配流的。配流盘上的配流窗口分为左、右两部分。若缸体按如图 5—13 所示的方向旋转，则图中左边配流窗口为吸油区（柱塞向左伸出，工作腔容积变大），右边配流窗口为压油区（柱塞向右缩回，工作腔容积变小）。轴向柱塞泵每旋转一周，工作腔容积变化一次，完成吸油、压油各一次。轴向柱塞泵是靠改变斜盘的倾角，从而改变每个柱塞的行程使得泵的排量发生变化的。

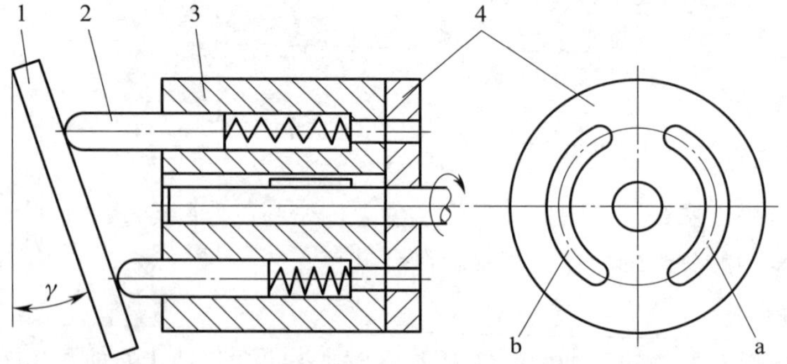

图 5—13　斜盘式轴向柱塞泵的工作原理

1—斜盘　2—柱塞　3—缸体　4—配流盘

（3）斜盘式轴向柱塞泵的结构特点

1）三对摩擦副：柱塞与缸体孔，缸体与配流盘，滑履与斜盘。容积效率较高。额定压力可达 31.5 MPa。

2）泵体上有泄油口。

3）传动轴是悬臂梁。缸体外有大轴承支承。

4）为减小瞬时理论流量的脉动性，取柱塞数为奇数 5、7、9。

5）为防止密闭容积在吸、压油转换时因压力突变引起的压力冲击，在配流盘的配流窗口前端开有减振槽或减振孔。

（4）轴向柱塞泵的性能。轴向柱塞泵的性能稳定，耐冲击性能好，工作可靠，但其径向尺寸大，结构复杂，自吸能力差，且受到不平衡液压力的作用，容易磨损，这些都限制了它的转速和压力的提高。

2．径向柱塞泵

径向柱塞泵的工作原理如图 5—14 所示。它主要由定子 1、转子 2、柱塞 3、配流轴 4 等组成，柱塞径向均匀布置在转子中。转子和定子之间有一个偏心量 e。配流轴固定不动，上部和下部各做成一个缺口，此两缺口又分别通过所在部位的两个轴向孔与泵的吸、压油口连通。当转子按图示方向旋转时，上半周的柱塞在离心力作用下外伸，通过配流轴吸油；下半周的柱塞则受定子内表面的推压作用而缩回，通过配流轴压油。移动定子改变偏心距的大小，便可改变柱塞的行程，从而改变排量。若改变偏心距的方向，则可改变吸、压油的方向。因此，径向柱塞泵可以做成单向或双向变量泵。

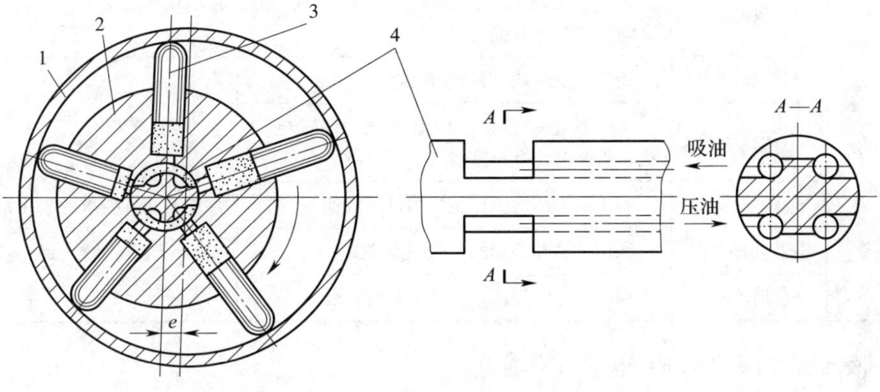

图 5—14　径向柱塞泵的工作原理

1—定子　2—转子　3—柱塞　4—配流轴

径向柱塞泵的优点是流量大，工作压力较高，便于做成多排柱塞的形式，轴向尺寸小，工作可靠等。它的缺点是径向尺寸大，自吸能力差，且配流轴受到径向不平衡液压力的作用，易于磨损，泄漏间隙不能补偿。这些缺点限制了泵的转速和压力的提高。因此，在工程机械中，一般很少用到径向柱塞泵。

第三节　控 制 元 件

一、液压控制阀概述

1．液压控制阀分类

液压控制阀的分类见表 5—3。

表 5—3　　液压控制阀的分类

<table>
<tr><th>分类方法</th><th>种类</th><th colspan="2">详细分类及说明</th></tr>
<tr><td rowspan="3">按功能</td><td>压力控制阀</td><td colspan="2">溢流阀、减压阀、顺序阀、电液比例压力控制阀、缓冲阀、限压切断阀、压力继电器等</td></tr>
<tr><td>流量控制阀</td><td colspan="2">节流阀、调速阀、分流—集流阀、电液比例流量控制阀等</td></tr>
<tr><td>方向控制阀</td><td colspan="2">单向阀、液控单向阀、换向阀、梭阀、电液比例方向控制阀</td></tr>
<tr><td rowspan="5">按结构</td><td>滑阀</td><td colspan="2">阀芯为圆柱形或平板，通过阀芯相对于阀体孔的滑动实现液流的通断或开度大小的改变</td></tr>
<tr><td>转阀</td><td colspan="2">阀芯为圈柱形，通过阀芯相对于阀体孔的转动实现液流的通断或开度大小的改变</td></tr>
<tr><td rowspan="2">座阀</td><td>锥阀球阀</td><td>阀芯为圆锥形或球形，利用锥形阀芯或圆球的位移来改变液流通路开口的大小，以实现液流压力、流量及方向的控制</td></tr>
<tr><td>喷嘴
挡板阀</td><td>用喷嘴与挡板之间的相对位移来改变液流通路开口的大小，以实现控制，常作为伺服阀、比例阀、数字阀的先导级使用</td></tr>
<tr><td>射流管阀</td><td colspan="2">用射流管相对于带有接受孔道的接受板的摆动实现控制，常作为伺服阀的先导级使用</td></tr>
</table>

续表

分类方法	种类	详细分类及说明	
按操纵方法	手动操纵阀	通过手把及手轮、踏板、杠杆等控制，适合自动化程度要求较低、小型或不常调节的液压系统使用	
	机械操纵阀	用挡块及磁块、弹簧等控制	适合自动化程度要求高或控制性能有特殊要求的液压系统使用
	电动操纵阀	用普通电磁铁、比例电磁铁、伺服电动机、步进电动机等控制	
	液动操纵阀	利用液体压力所产生的力进行控制	
	电液动操纵阀	利用电动和液动的组合控制方式	
	气动操纵阀	利用压缩空气所产生的力进行控制	

2．液压控制阀的基本结构及工作原理

液压控制阀的基本结构及工作原理如图 5—15 所示。

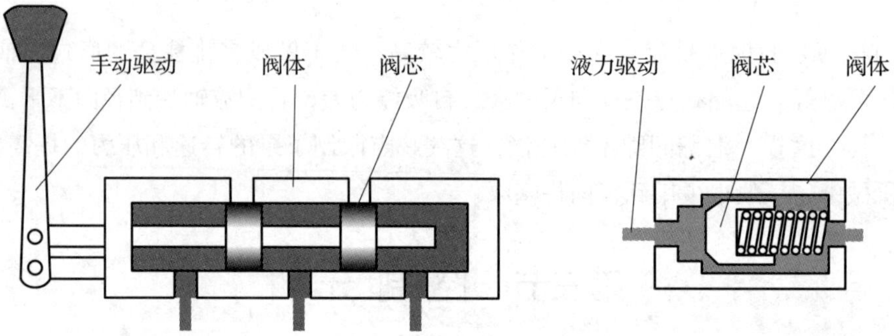

图 5—15　液压控制阀的基本结构及工作原理

液压阀的基本结构包括阀芯、阀体和驱动阀芯在阀体中做相对运动的装置。

液压阀的基本工作原理：利用阀芯在阀体内的相对运动来控制阀口的通断及阀口的大小，实现压力、流量和方向的控制。

3．液压控制阀的基本要求

（1）动作灵敏、使用可靠，工作时冲击和振动小，使用寿命长。

（2）油液流经阀时的压力损失小，密封性好，内泄小，无外泄，阀芯稳定性要好。

（3）所控制的参量（压力或流量）稳定，受外干扰时变化量小。

（4）结构简单紧凑，安装、维护、调整方便，通用性能好。

4．液压控制阀的性能参数

液压控制阀的性能参数见表 5—4。

表 5—4　　液压控制阀的性能参数

公称通径	代表阀的通流能力的大小，对应于阀的额定流量，与阀的进出油口连接的油管应与阀的通径相一致。阀工作时的实际流量应小于或等于其额定流量的 1.7 倍
额定压力	阀长期工作所允许的最高压力。对于压力控制阀，实际最高压力有时还与阀的调压范围有关；对于换向阀，实际最高压力还可能受它的功率极限的限制

二、方向控制阀

方向控制阀用在液压系统中控制液流的方向，是液压系统中占数量比重较大的控制元件。它包括单向阀和换向阀。单向阀有普通单向阀和液控单向阀两种。

1．普通单向阀

（1）结构特点及工作原理。普通单向阀是只允许工作液向一个方向流动，反向则被截止的方向阀。普通单向阀结构及工作原理、职能符号如图 5—16 所示。

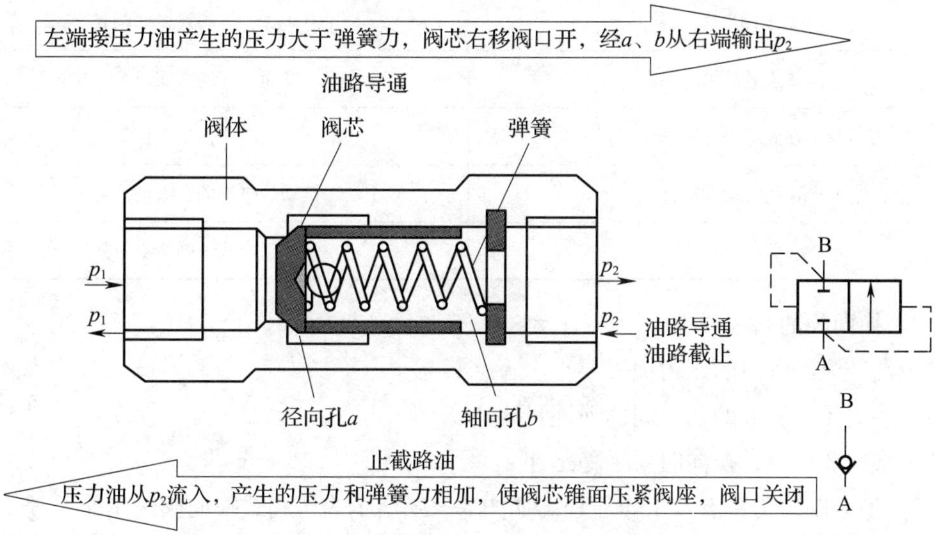

a）　　b）

图 5—16　普通单向阀结构及工作原理、职能符号

a）结构及工作原理　b）职能符号

（2）主要技术性能。对单向阀的基本要求是：正向流动时阻力损失小，反向截止时密封性好，动作灵敏，工作时不应有振动与噪声。单向阀主要技术性能为正向最小开启压力、压力损失、反向泄漏量，其技术性能与指标见表 5—5。

表 5—5　　单向阀主要技术性能与指标

主要技术性能	性能指标
正向最小开启压力（是阀芯的进液腔最小压力 P_a）	设阀的出液腔压力为零。$P_a > \frac{F_{\text{弹簧力}}+F_{\text{阀芯上摩擦阻力}}+G_{\text{阀芯中立}}}{A_{\text{阀座口面积}}}$。阀的 P_a 因场合不同而异。对于同一个单向阀，不同等级的开启压力可通过更换阀的弹簧实现：若作为控制液流单向流动的阀，应选择较小刚度的弹簧，P_a 仅需 0.03 ~ 0.05 MPa；若作为油液系统的背压阀使用，则需要换上刚度较大的弹簧，使其 P_a 达到 0.2 ~ 0.6 MPa
压力损失	压力损失包含由于弹簧力、摩擦力等造成的开启压力损失和液流的流动损失两部分。为了减少压力损失，可以选用开启压力的阀
反向泄漏量（液流反向进入时阀座孔处泄漏量）	一个性能良好的阀应做到反向无泄漏或泄漏量极微小。当系统有较高保压要求时，应选用泄漏量小的锥阀式结构单向阀

2. 换向阀

换向阀是利用阀芯在阀体孔内相对移动，使油路接通或切断而改变油流方向，从而使执行元件启动、停止或改变运动方向的阀。

（1）换向阀的分类。换向阀的应用十分广泛，种类也很多。基本分类见表 5—6。

表 5—6　　换向阀的分类

分 类 方 式	类 型 说 明
结构形式	滑阀式、转阀式、球阀式
阀体连通的主油路数	二通、三通、四通等
阀芯在阀体内的工作位置	二位、三位、四位等
操作阀芯运动的方式	手动、机动、电磁动、液动、电液动等
阀芯定位方式	钢球定位式、弹簧复位式

（2）换向阀的基本要求

1）油液流经阀口的压力损失要小。

2）各关闭不相通的油口间的泄漏量要小。

3）换向要可靠，换向时要平稳迅速。

（3）换向阀结构特点及工作原理。如图 5—17 所示为滑阀式换向阀的工作原理。阀芯在中间位置时，流体的全部通路均被切断，缸活塞不运动。当阀芯在弹簧作用下移到左端时（图示位置），泵的流量流向 B 口，通过 A 流回 T，回油箱；反之，当操作手柄使阀芯移到右端时，阀芯内部通路改变。因而通过阀芯移动可实现执行元件的正、反向运动或停止。

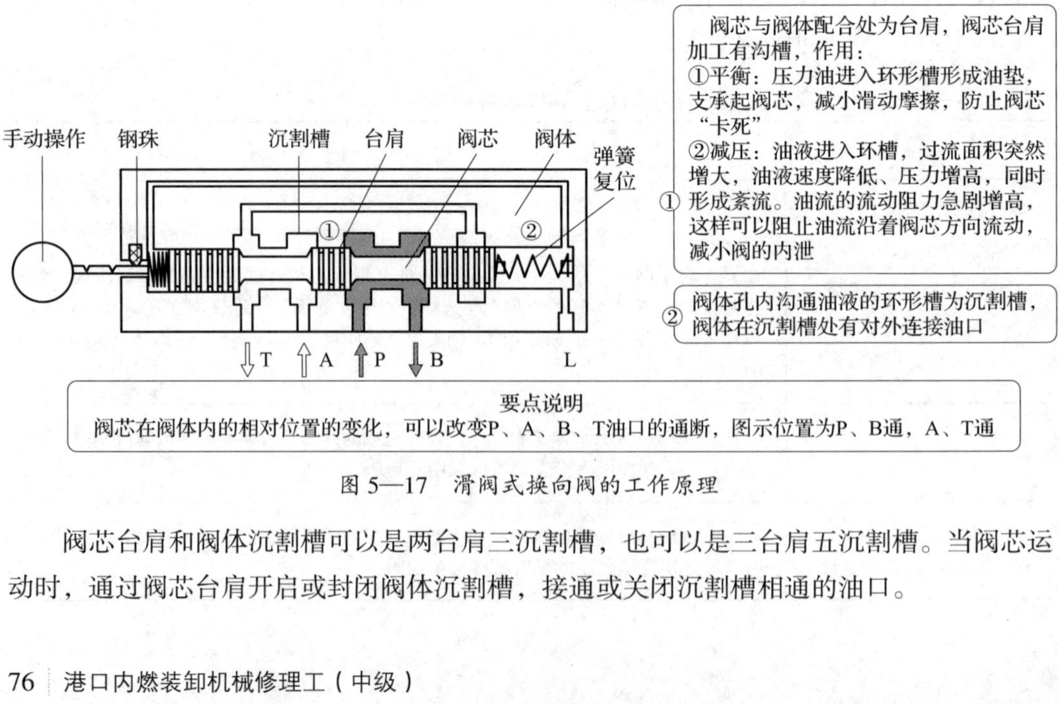

图 5—17　滑阀式换向阀的工作原理

阀芯台肩和阀体沉割槽可以是两台肩三沉割槽，也可以是三台肩五沉割槽。当阀芯运动时，通过阀芯台肩开启或封闭阀体沉割槽，接通或关闭沉割槽相通的油口。

（4）换向阀的结构形式。换向阀的功能主要由其控制的通路数及工作位置所决定。如图 5—17 所示的换向阀有三个工作位置和四条通路（P、A、B、T），称为三位四通阀。表 5—7 列出了常见滑阀式换向阀主体部分的结构原理及图形符号。

表 5—7　　常见滑阀式换向阀主体部分的结构原理及图形符号

滑阀名称	结构原理	图形符号
二位二通	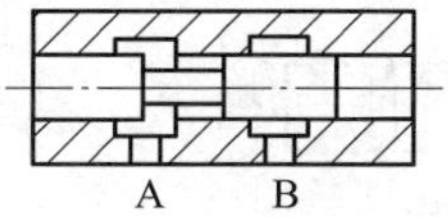	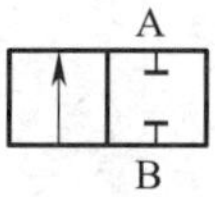
二位三通	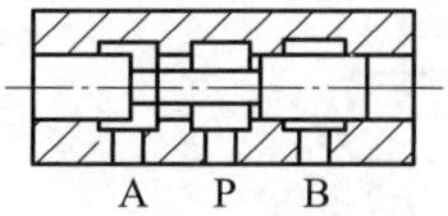	
二位四通	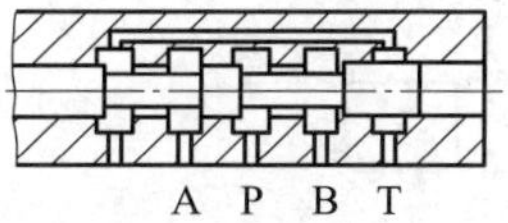	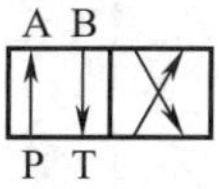
二位五通	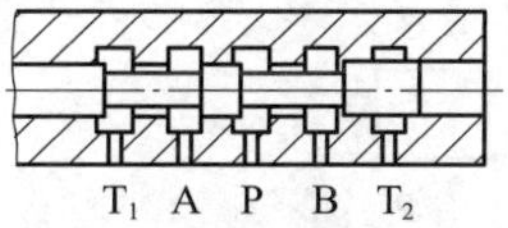	
三位四通	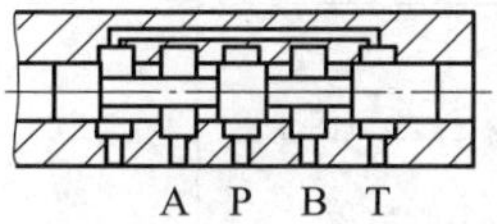	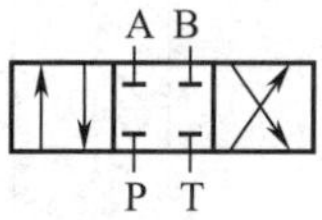
三位五通	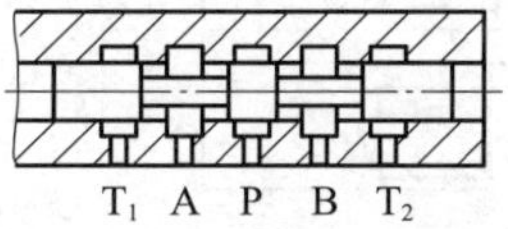	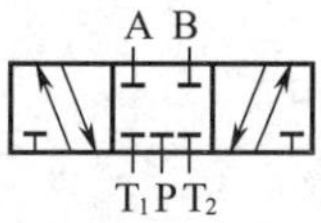

换向阀符号的含义如下：

1）用方框表示阀的工作位置，有几个方框就表示几“位”。

2）用方框内的箭头表示该位置上油路处于接通状态。必须指出，箭头方向不一定是油液实际流向。

3）方框内符号“⊤”或“⊥”表示此通路被阀芯封闭，即不通。

4）一个方框的上、下边与外部连接的接口数有几个，就表示几“通”。

5）通常阀与系统供油路连接的油口用字母 P 表示，阀与系统回油路连接的回油口用字母 T 表示，而阀与执行元件连接的工作油口则用字母 A、B 表示。

换向阀都有两个或两个以上的工作位置，其中一个是常位，即阀芯未受外部操纵时所处的位置。绘制液压系统图时，油路一般应连接在常位上。

（5）换向阀的操纵方式。常见的换向阀操纵方式见表 5—8。必须注意，表中所列仅是举例，表中的被操纵阀和操纵方式无本质联系，例如手动操纵方式也可操纵二位二通阀等。

表 5—8　　滑阀式换向阀的操纵方式

操纵方式	图形符号	说明
手动	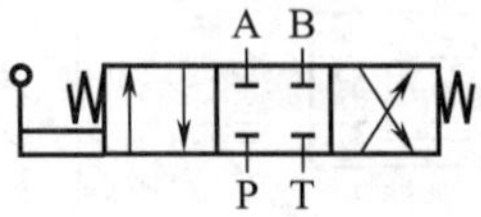	手动操纵，弹簧复位，属于自动复位；还有靠钢球定位的，复位时需要人来操纵
机动	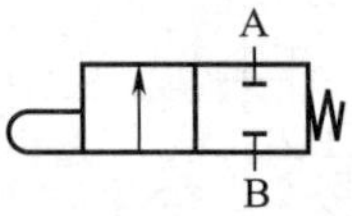	二位二通机动换向阀也称行程阀，是实际应用较为广泛的一种阀，靠挡块操纵，弹簧复位，初始位置时处于常闭状态
液动	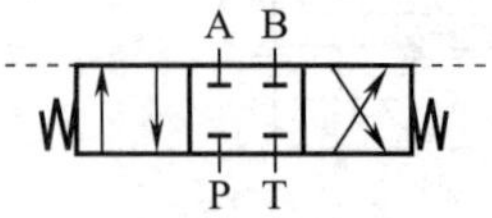	液压力操纵，弹簧复位
电磁	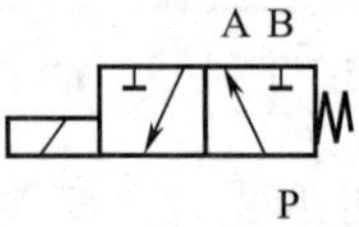	电磁铁操纵，弹簧复位，是实际应用中最常见的换向阀，有二位、三位等多种结构形式
电液动	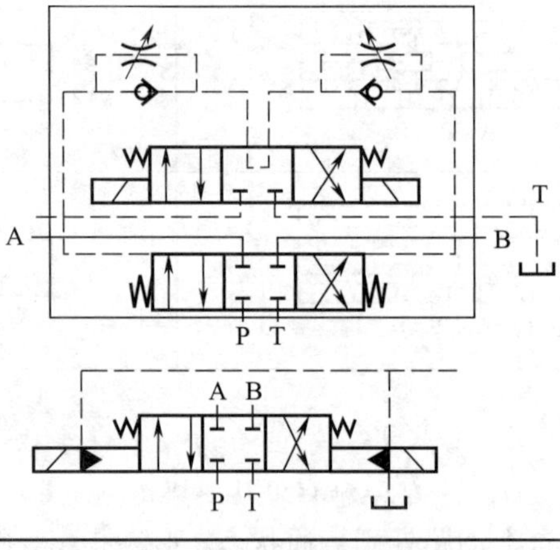	由先导阀（电磁换向阀）和主阀（液动换向阀）复合而组成，阀芯移动速度分别由两个节流阀控制，使系统中执行元件能平稳地换向

（6）滑阀的中位机能。三位换向阀处于中位时，各通口的连通形式称为换向阀的中位机能。换向阀的中位机能不仅在换向阀阀芯处于中位时对系统的工作状态有影响，而且在换向阀切换时对液压系统的工作性能也有影响。

三、压力控制阀

压力控制阀是用来控制液压系统中油液压力或通过压力信号实现控制的阀。它包括溢流阀、减压阀、顺序阀、压力继电器。

压力控制阀是利用作用在阀芯上的液压力和弹簧力相平衡来进行工作的。当控制阀芯移动的液压力大于弹簧力时，平衡状态被破坏，造成了阀芯位置的变化，这种位置变化引起了两种工作状况：一种是阀口开度大小变化（如溢流阀、减压阀），另一种是阀口的通断（如安全阀、顺序阀）。调节弹簧的预压缩量即调节了阀芯的动作压力，该弹簧是压力控制阀的重要调节零件，称为调压弹簧。压力控制阀分类如图 5—18 所示。

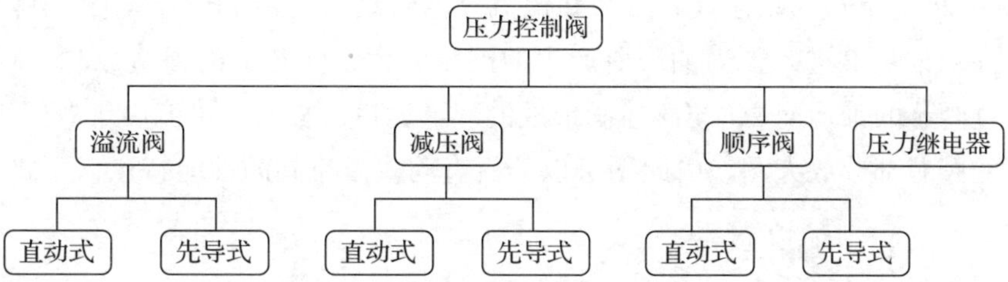

图 5—18　压力控制阀分类

下面介绍一下溢流阀。溢流阀按结构形式分为直动式、先导式。

1．直动式溢流阀

（1）直动式溢流阀的结构组成。如图 5—19 所示为直动式低压溢流阀结构图，P 为进油口，T 为回油口。被控压力油由 P 进入溢流阀，经阀芯 4 的径向孔 f、轴向孔 g 进入阀芯下端腔 c。若阀芯的面积为 A，则此时阀芯下端受到的液压力为 pA。调压弹簧的预紧力为 F_s，当 $F_s=pA$ 时，阀芯即将开启，这一状态的压力称为直动式溢流阀的开启压力，用 p_K 表示，即：

$$p_K A=F_s=Kx_o \quad (5—1)$$

或

$$p_K =Kx_o/A \quad (5—2)$$

式中　K——弹簧的刚度；

x_o——弹簧的预压缩量。

（2）直动式溢流阀的工作原理。如图 5—19 所示，当 $pA>F_s$ 时，阀芯上移，弹簧进一步受到压缩，溢流阀开始溢流，直到阀芯达到某一新的平衡位置时停止移动，此时进油口的压力为 p：

$$p=K(x+x_o)/A$$

式中　x——由于阀芯的移动使弹簧产生的附加压缩量。

由于阀芯移动量不大（即 x 变动很小），因此当阀芯处于平衡状态时，可认为阀进口压力 p 基本保持不变。

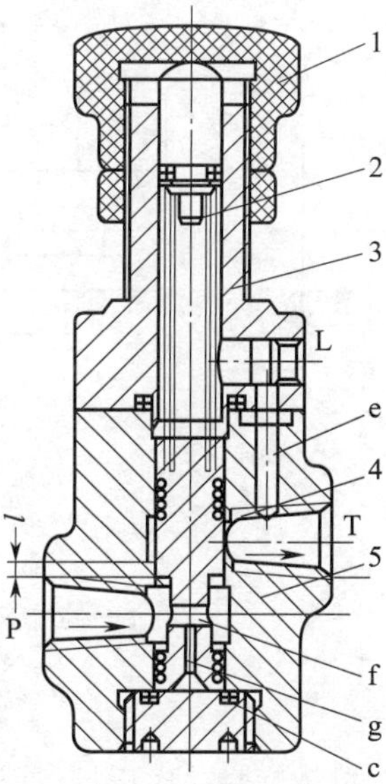

图 5—19　直动式低压溢流阀结构

1—调压螺母　2—调整螺钉

3—弹簧　4—阀芯　5—阀体

e—泄漏孔　g—轴向孔　f—径向孔

c—下端腔　L—旁通孔

P—高压油孔　T—低压油孔

旋转调压螺母1可改变弹簧的预压缩量，从而调节溢流压力 p。通道g为细长孔，当阀芯振动时g孔起阻尼作用；通道e为泄漏孔，到达弹簧腔的油液经此孔流回油箱。

由于直动式溢流阀是直接利用阀芯上的弹簧力与液压力平衡的，弹簧刚度 K 较大，压力调节也较费力，溢流量发生变化时阀的进油口压力波动较大，因此只适用于低压小流量或平稳性要求不高的液压系统。

如图5—20a所示为具有阻尼活塞和偏流盘的直动式溢流阀的结构图，其工作原理为：压力油从油口P进入，当油液所产生的液压力大于阀芯上的弹簧力时，阀芯抬起，液压油经过阀芯的锥形面2，与阀体间形成的环形通道，从油口T流出。如图5—20b所示为该阀的阀芯部分放大图。由此图可以分析直动式溢流阀的性能特点，主要有以下几点。

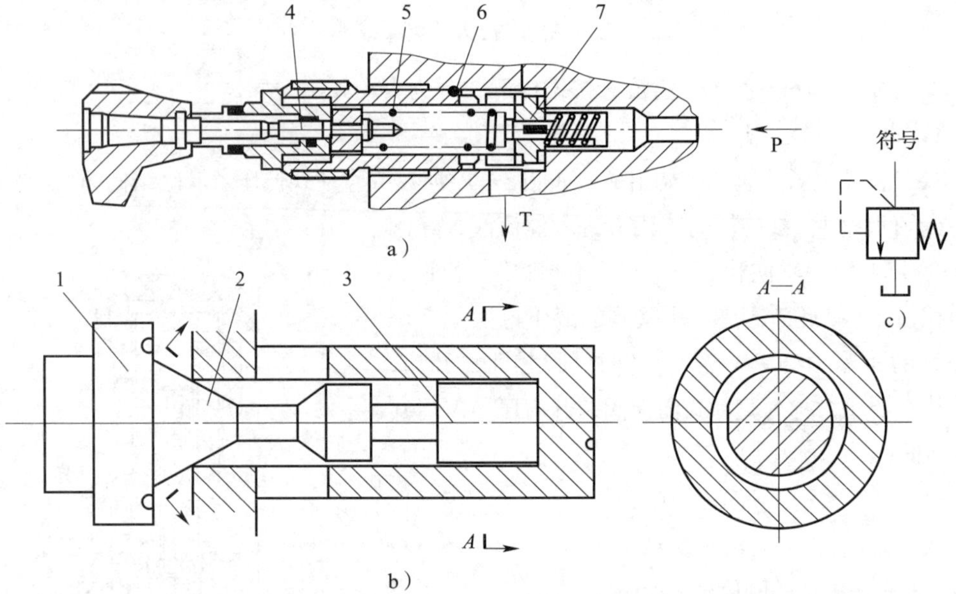

图5—20 直动式溢流阀的工作原理

a）结构图 b）局部放大图 c）符号

1—偏流盘 2—锥形面 3—阻尼活塞 4—调节钉

5—调压弹簧 6—阀套 7—阀座

1）灵敏度高。由于控制开口的阀芯面为锥形面，当阀芯轴向稍微一移动，就可以有较大的开口；阀芯体积较小，惯性小，移动灵活。

2）通流能力大。阀芯左端偏流盘1上开有环形凹槽，当油液流过此槽时流向发生改变，形成与弹簧力相反方向的液动力。当阀芯开大时，弹簧压缩量增加，而通过的流量也增加，由此所产生的液动力增大，从而抵消了弹簧力的增量，使得阀芯开启稳定性增加，通流能力增加。

3）调压范围广。由于上述两原因的存在，使阀芯所需的弹簧刚度大大降低，从而增大了阀的调压范围。

4）稳定性增加。阀芯下端的阻尼活塞 3 与阀体间设置了适当间隙，使阀芯在移动时受到液压油的阻尼，阻尼活塞与阀体不直接接触，减少了阀芯移动时的摩擦力，同时压力的波动可以及时反馈到阀芯上，使之灵活而又平稳地移动，于是压力的平稳性大大增加。

此类直动式溢流阀的通径从 6 mm 到 30 mm 不等，最高压力可达 31.5 ~ 63 MPa，最大流量可达 300 L/min。该阀在高压大流量下具有较平缓的压力—流量特性，其关键在于偏流盘上的射流力对液动力的补偿作用，采用阻尼活塞可提高阀的稳定性。

（3）直动式溢流阀的工作特点

1）对应调压弹簧一定的预压缩量，阀的进口压力基本为一定值。

2）由于阀口大小和稳态液动力的影响，阀的进口压力随流经阀口流量的增大而增大。当流量为额定流量时，阀的进口压力最大，称为阀的调定压力。

3）弹簧腔的泄漏油经阀内泄油通道至阀的出口引回油箱，若阀的出口压力不为零，则背压将作用在阀芯上端，使阀的进口压力增大。

4）对于高压大流量的压力阀，要求调压弹簧具有很大的弹簧力，这样不仅使阀的调节性能变差，结构上也难以实现。

（4）直动式溢流阀的应用。溢流阀旁接在泵的出口，用来保证系统压力恒定，称为定压阀，如图 5—21a 所示。溢流阀旁接在泵的出口，用来限制系统压力的最大值，对系统起保护作用，称为安全阀，如图 5—21b 所示。

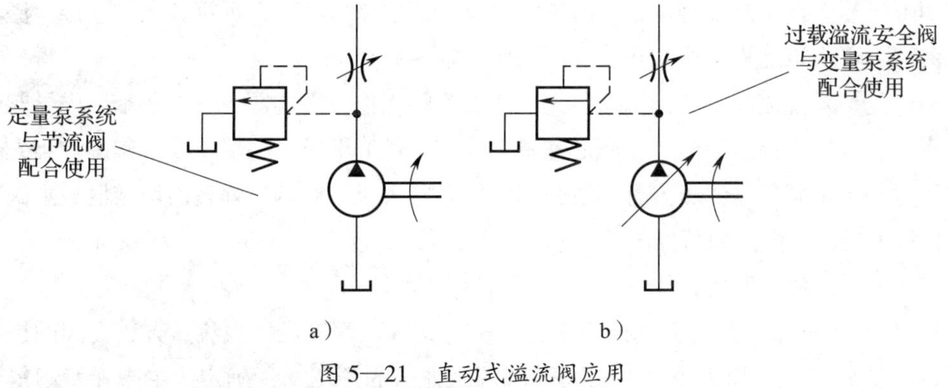

图 5—21　直动式溢流阀应用

a）溢流阀起定压溢流作用　b）溢流阀起限压安全作用

2. 先导式溢流阀

（1）先导式溢流阀的结构。先导式溢流阀一般用于中高压系统中，其结构由先导阀和主阀组成，如图 5—22 所示为二级同心先导式溢流阀结构，其中 P 为进油口，T 为出油口，K 为控制油口。

先导阀实际上是一个小流量改动型溢流阀，其阀芯为锥阀，主阀芯上有一阻尼孔，且上腔作用面积略大于下腔作用面积，其弹簧只在阀口关闭时起复位作用。在阀体上有一个远程控制油口 K，它的作用是使溢流阀卸荷或进行二级调压。把它与油箱连接时，溢流阀

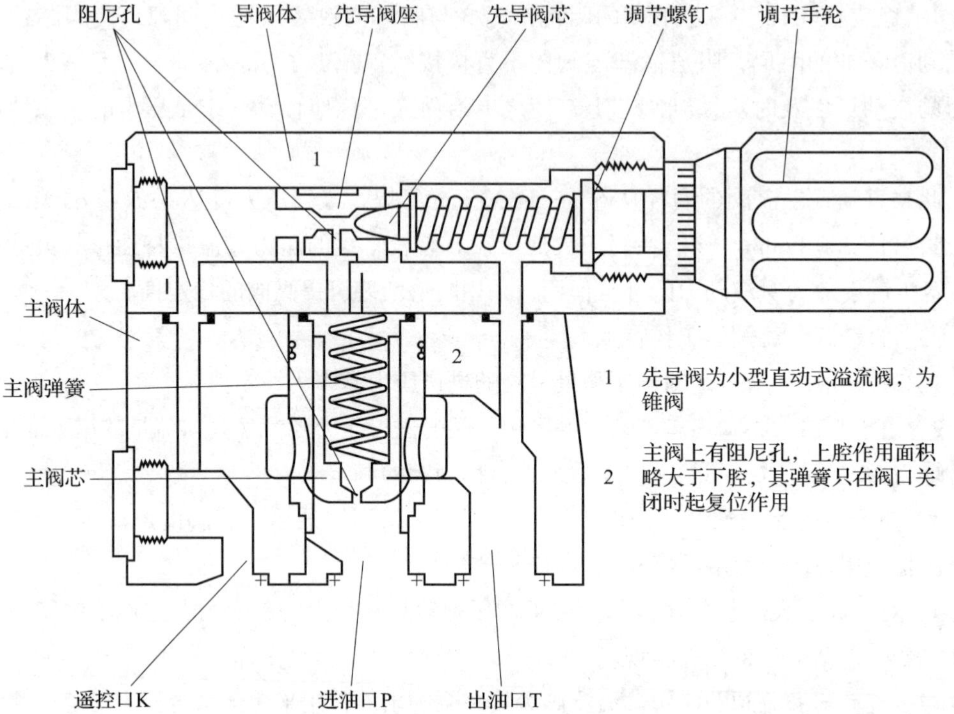

图 5—22 二级同心先导式溢流阀结构

上腔的油直接回油箱，而上腔油压为零，由于主阀阀芯弹簧较软，因此主阀阀芯在进油压力作用下迅速上移，打开阀口，使溢流阀卸荷；若把该口与一个远程调压阀连接，溢流阀的溢流压力可由该远程调压阀在溢流阀调压范围内调节。

（2）先导式溢流阀的工作原理。先导式溢流阀工作原理如图 5—23 所示。先导阀调定压力大于主阀口进油压力时，主阀芯在最底端，P 到 T 不通，起保压限压作用。当先导阀调定压力小于主阀口进油压力时，主阀芯的压力差大于主阀调压弹簧的调定值，主阀芯上移，P 和 T 通，起溢流卸荷作用。

（3）先导式溢流阀的工作特点

1）先导阀和主阀阀芯分别处于受力平衡，其阀口都满足压力流量方程。阀的进口压力由两次比较得到，压力值主要由先导阀调压弹簧的预压缩量确定，主阀弹簧起复位作用。

2）通过先导阀的流量很小，是主阀额定流量的 1%，因此其尺寸很小，即使是高压阀，其弹簧刚度也不大。这样使得阀的调节性能有很大改善。

3）主阀芯开启是利用液流流经阻力孔形成的压力差。阻力孔一般为细长孔，孔径很小，为 0.8 ~ 1.2 mm，孔长为 8 ~ 12 mm，因此工作时易堵塞，一旦堵塞则导致主阀口常开而无法调压。

4）先导阀前腔有一控制口，用于卸荷和遥控。

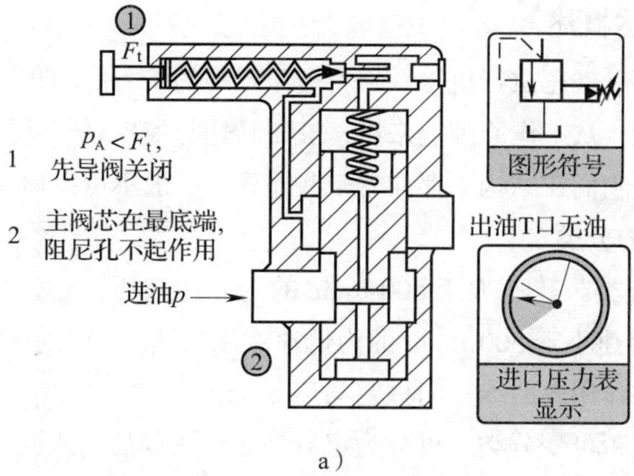

a）

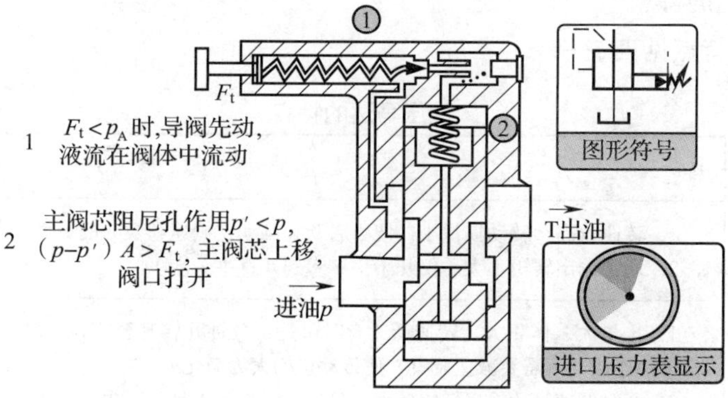

b）

图 5—23　先导式溢流阀工作原理

a）进油压力小于调定压力状态　b）进油压力大于调定压力状态

第四节　执 行 元 件

执行装置为液压缸（输出直线运动）和液压马达（输出旋转运动），如图 5—24 所示。

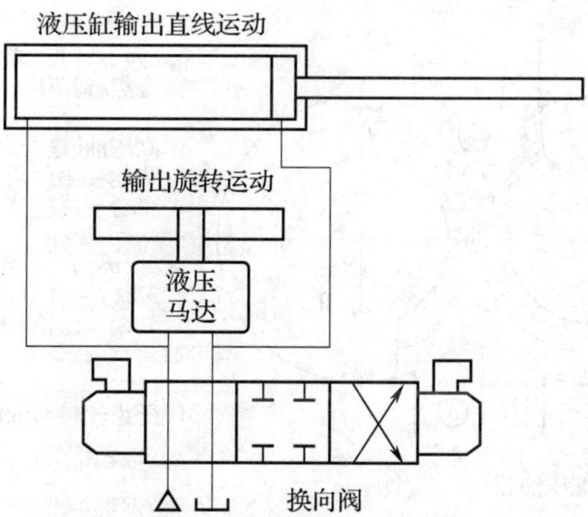

图 5—24　液压执行装置

一、液压马达概述

液压马达是一种液压执行机构，它将液压系统的压力能转化为机械能，以旋转的形式输出转矩和角速度。从工作原理上来讲，液压马达与液压泵都是靠工作腔密封容积的大小变化工作的，但是它们在结构上存在着某些差异，一般不可以通用。

1．液压马达的分类

（1）按转速分类。转速大于 500 r/min 的为高速液压马达，如齿轮马达、叶片马达、轴向柱塞马达；转速小于 500 r/min 的为低速液压马达，如径向柱塞马达（单作用连杆型径向柱塞马达、多作用内曲线径向柱塞马达）。

（2）按排量是否可变分类。可分为定量马达和变量马达两类。

2．液压马达的特点

液压马达的特点见表 5—9。

表 5—9　　液压马达的特点

类型	主 要 特 点
高速小转矩马达	1．转速较高、转动惯量小，便于启动和制动，调速和换向的灵敏度高 2．通常输出转矩不大（仅几十牛・米到几百牛・米）
低速大转矩马达	1．排量大、体积大、转速低（有时可达每分钟几转甚至零点几转），因此可直接与工作机构连接，不需要减速装置，使传动机构大为简化 2．通常低速马达输出转矩较大（可达几千牛・米到几万牛・米）

二、液压马达工作原理及结构特点

1．高速外啮合齿轮马达

（1）高速外啮合齿轮马达工作原理。高速外啮合齿轮马达工作原理如图 5—25 所示。

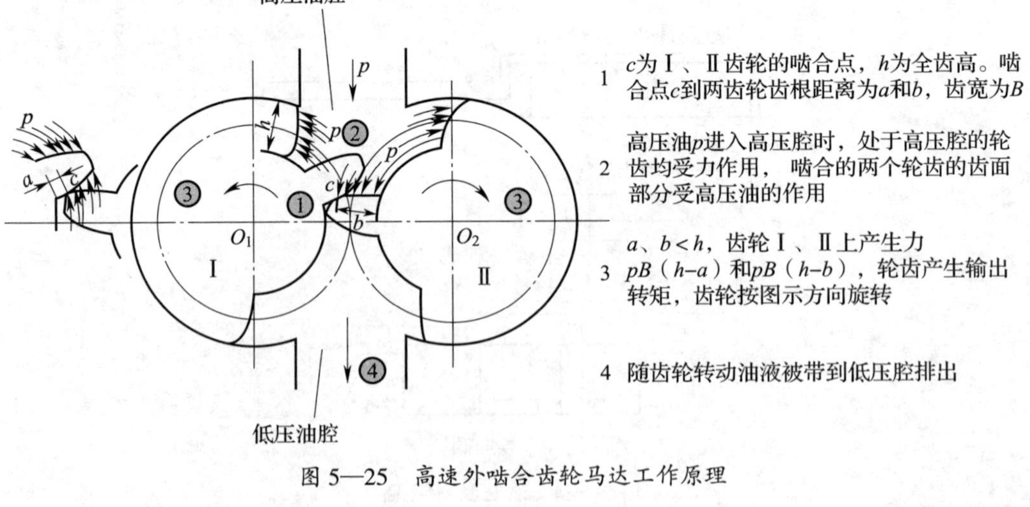

图 5—25　高速外啮合齿轮马达工作原理

（2）齿轮马达的结构特点

1）齿轮马达在结构上为了适应正反转要求，进出油口相等，具有对称性，有单独外泄油口将轴承部分的泄漏油引出壳体外。

2）为了减小启动摩擦力矩，采用滚动轴承。

3）为了减小转矩脉动，齿轮马达的齿数比齿轮泵的齿数要多。

2. 低速液压马达

（1）径向柱塞马达工作原理。低速液压马达的基本形式是径向柱塞式，如图 5—26 所示。

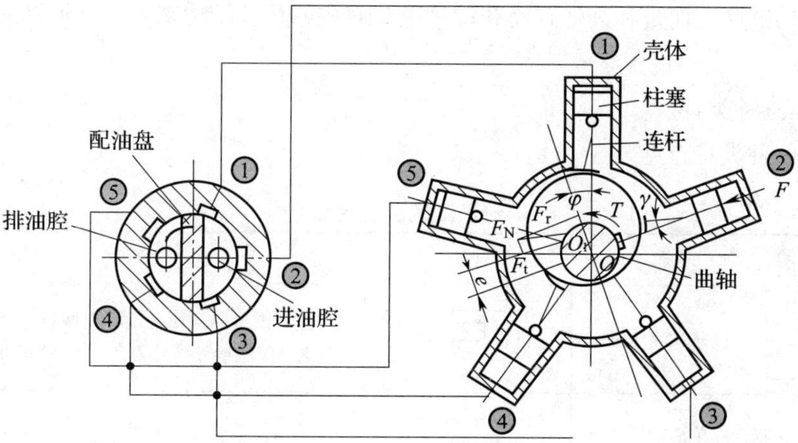

在壳体内有五个沿径向均匀分布的柱塞缸，柱塞通过球铰与连杆相连接，连杆的另一端与曲轴的偏心外圆接触，配油轴与曲轴用联轴器相连

重点说明

压力油经配油轴进入马达的进油腔后，通过壳体槽①、②、③进入相应的柱塞缸的顶部，作用在柱塞上的液压作用力F_N通过连杆作用于偏心轮中心O_1，它的切向分力F_t对曲轴旋转中心形成转矩T，使曲轴逆时针方向旋转，由于三个柱塞缸位置不同，所以产生的转矩大小也不同，曲轴输出的总转矩等于与高压腔相通的柱塞所产生的转矩之和。此时柱塞缸④、⑤与排油腔相通，油液经配油轴流回油箱。曲轴旋转时带动配油轴同步旋转，因此，配流状态不断发生变化，从而保证曲轴会连续旋转，若进、回油口互换，则液压马达反转，过程与以上相同

图 5—26　连杆型径向柱塞式马达工作原理

（2）径向柱塞马达的特点。输入油液压力高、排量大，马达轴转速在 10 r/min 以下时平稳，低速稳定性好，输出转矩大，可达几百牛 · 米到几千牛 · 米。优点：结构简单，工作可靠。缺点：体积和质量较大，转矩脉动较大。

三、液压缸概述

液压缸是将压力能转变为机械能、做直线往复运动（或摆动运动）的液压执行元件。它结构简单，工作可靠。用它来实现往复运动时，可免去减速装置，并且没有传动间隙，运动平稳，因此在各种机械液压系统中得到广泛应用。

1．液压缸分类

液压缸的分类见表 5—10。

表 5—10　　液压缸的分类

按结构形式分类					按作用方式分		
活塞缸		柱塞缸	摆动缸		单作用	双作用	复合式
单杆	双杆		单叶片	双叶片			

按缸的特殊用途可分为串联缸、增压缸、增速缸、步进缸、伸缩套筒缸等。此类缸不是一个单纯的缸筒，而是和其他缸筒和构件组合而成的，从结构来看，这类缸又称为复合缸。

2．液压缸种类特点

液压缸的种类特点见表 5—11。

表 5—11　　液压缸的种类特点

分类	名称	职能符号	特点
单作用缸	柱塞式液压缸	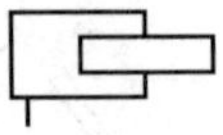	柱塞仅单向液压驱动，返回行程通常是利用自重、负载或其他外力
	单活塞杆液压缸	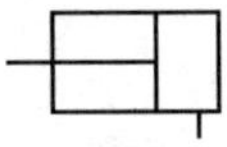	活塞仅单向液压驱动，返回行程是利用自重或负载将活塞推回
	双活塞杆液压缸	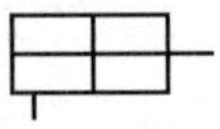	活塞两侧均装有活塞杆，但只向活塞一侧供给压力油，返回行程通常利用弹簧力、重力或外力
	伸缩液压缸	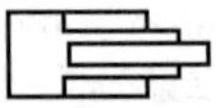	以短缸获得长行程，用压力油从大到小逐节推出，靠外力由小到大逐节缩回
双作用缸	单活塞杆液压缸	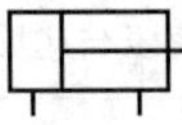	单边有活塞杆，双向液压驱动，两向推力和速度不等
	双活塞杆液压缸	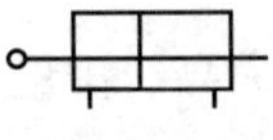	双边有活塞杆，双向液压驱动，可实现等速往复运动
	伸缩液压缸	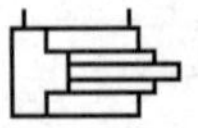	柱塞为多段套筒形式，由大到小逐节推出，由小到大逐节缩回

液压缸按不同使用压力可分为中低压、中高压和高压液压缸。对于机床类机械，一般采用中低压液压缸，其额定压力为 2.5 ~ 6.3 MPa；对于中高压液压缸，其额定压力小于 16 MPa，应用于体积要求小、质量轻、出力大的建筑车辆和飞机用液压缸；而高压液压缸的额定压力小于 31.5 MPa，应用于油压类机械。

四、液压缸结构及工作原理

液压缸结构包括缸筒与缸盖组件、活塞和活塞杆组件、缓冲装置、排气装置。在液压缸中最具有代表性的结构就是双作用单杆液压缸，如图 5—27 所示，此缸是工程机械中的常用缸。

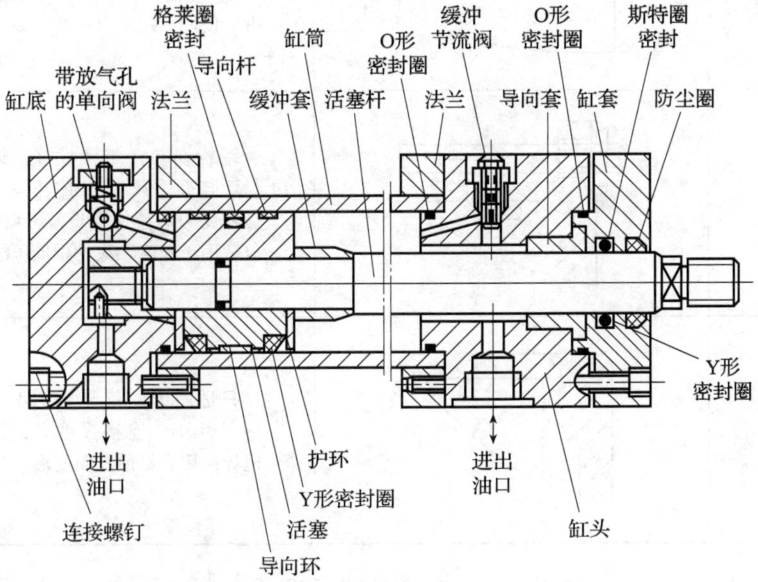

图 5—27　双作用单杆液压缸

1. 缸筒与缸盖组件

（1）密封形式。如图 5—27 所示，缸筒与缸盖间的密封属于静密封，主要的密封形式是采用 O 形密封圈密封。

（2）连接形式和特点。缸筒与缸盖的连接形式及特点见表 5—12。

表 5—12　　**缸筒与缸盖的连接形式及特点**

连接形式	图示	特点
法兰连接	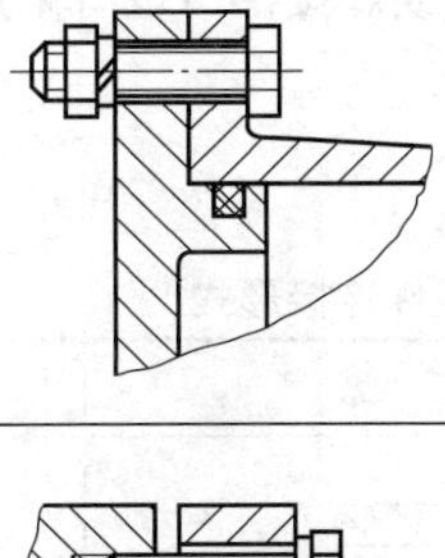	结构简单，容易加工但外形尺寸和质量较大
外半环连接	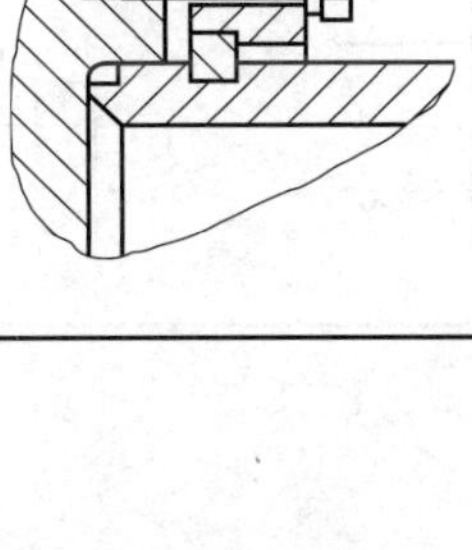	容易加工、装拆，质量轻；但削弱了缸筒强度

续表

连接形式	图示	特点
螺纹连接	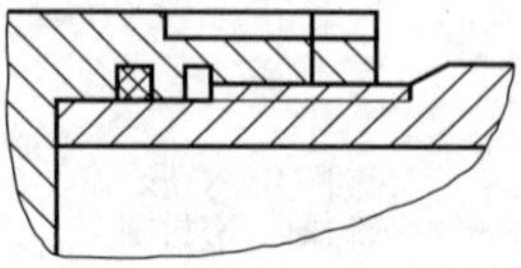	外形尺寸和质量较小；但结构复杂，外径加工时要求保证与内径同心，装拆要使用专用工具
拉杆连接	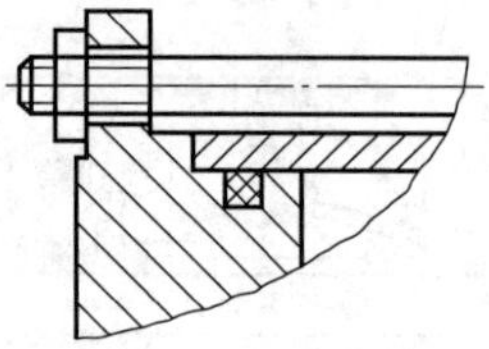	结构简单，工艺性好，通用性强，易于装拆；但端盖的体积和质量较大，拉杆受力后拉伸变长，影响密封效果，仅适用于长度不大的中低压缸
焊接连接	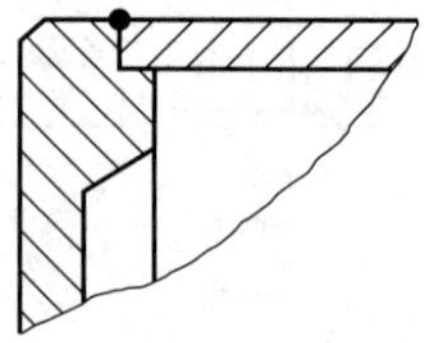	只适用于缸底与缸筒间的连接，外形尺寸小，连接强度高，制造简单；但焊接后容易使缸筒变形

（3）导向与防尘。对于缸前盖还应考虑导向和防尘问题。导向的作用是保证活塞的运动不偏离轴线，以免产生“拉缸”现象，并保证活塞杆的密封件能正常工作。导向套用铸铁、青铜、黄铜或尼龙等耐磨材料制成，可与缸盖做成整体或另外压制。导向套不应太短，以保证受力良好。防尘就是防止灰尘被活塞杆带入缸体内，造成液压油的污染。通常是在缸盖上装一个防尘圈，如图 5—27 所示。

（4）缸筒与缸盖的材料

1）缸筒。35 或 45 调质无缝钢管，也有采用锻钢、铸钢或铸铁等材料的。在特殊情况下有采用合金钢的。

2）缸盖。35 钢或 45 钢锻件、铸件、圆钢或焊接件，也有采用球铁或灰铸铁的。

2．活塞和活塞杆组件

（1）连接形式。见表 5—13。

表 5—13　　　　活塞和活塞杆组件连接形式

连接形式	图示	特点
螺纹连接式	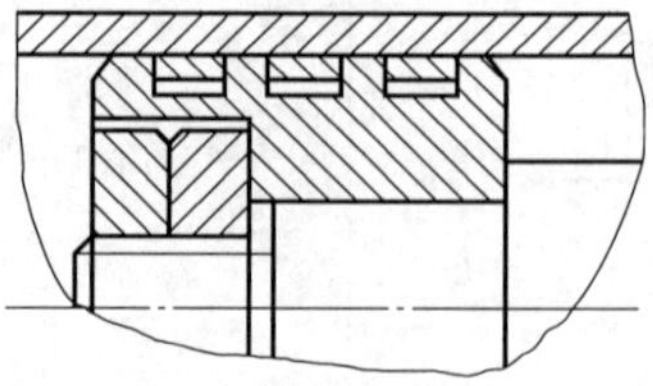	结构简单，装拆方便；但高压时会松动，必须加防松装置

续表

连接形式	图示	特点
半环连接式	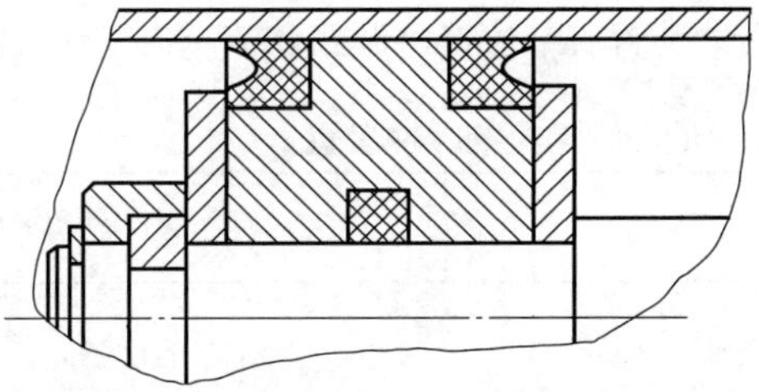	工作可靠；但结构复杂，装拆不便

（2）密封形式。活塞与活塞杆间的密封属于静密封，通常采用O形密封圈来密封。活塞与缸筒间的密封属于动密封，既要封油，又要相对运动，对密封的要求较高。通常采用的形式见表5—14。

表5—14　　通常采用的密封形式

密封形式	定义	特点及适用场合	结构形式
间隙密封	它依靠运动件间的微小间隙来防止泄漏。为了提高密封能力，常制出几条环形槽，增加油液流动时的阻力	结构简单，摩擦阻力小，可耐高温，但泄漏大，加工要求高，磨损后无法补偿。用于尺寸较小、压力较低、相对运动速度较高的情况	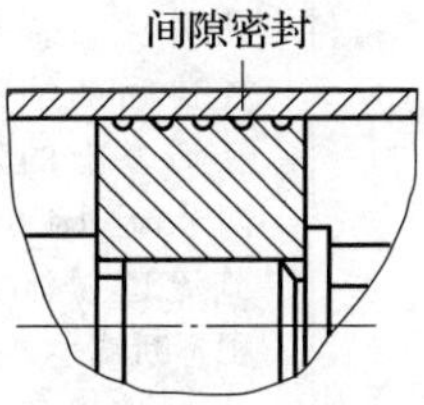
摩擦环密封	靠摩擦环支承相对运动。靠O形密封圈来密封	密封效果较好，摩擦阻力较小且稳定，可耐高温，磨损后能自动补偿；但加工要求高，装拆较不便	
密封圈密封	用橡胶或塑料的弹性使各种截面的环形圈贴紧静、动配合面之间来防止泄漏	结构简单，制造方便，磨损后能自动补偿，性能可靠	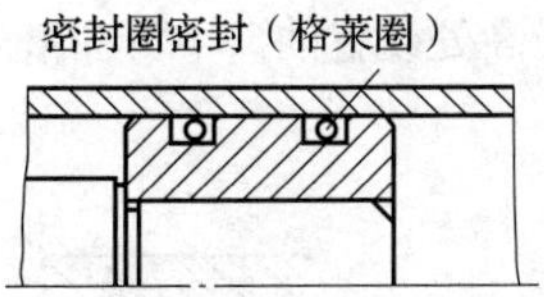

（3）活塞和活塞杆的材料

1）活塞。通常用铸铁和钢，也有用铝合金的。

2）活塞杆。35钢、45钢的空心杆或实心杆。

3．缓冲装置

液压缸一般都设置缓冲装置，特别是活塞运动速度较高和运动部件质量较大时，为了防止活塞在行程终点与缸盖或缸底发生机械碰撞，引起噪声、冲击，甚至造成液压缸或被驱动件的损坏，必须设置缓冲装置。它的原理是在行程终端时在活塞和缸盖之间封住一部分油液，强迫这些油液从小孔或细缝中挤出，产生很大的阻力，使工作部件受到制动，逐渐减慢运动速度。液压缸中常用的缓冲装置有节流口可调式和节流口变化式两种，见表 5—15。

表 5—15　　液压缸常见的缓冲装置

缓冲形式	定义	特点	结构形式
节流口可调式	缓冲过程中被封在活塞和缸盖间的油液经针形节流阀流出，节流阀开口大小可根据负载情况进行调节	起始缓冲效果大，后来缓冲效果差，故制动行程长；缓冲腔中的冲击压力大；缓冲性能受油温影响	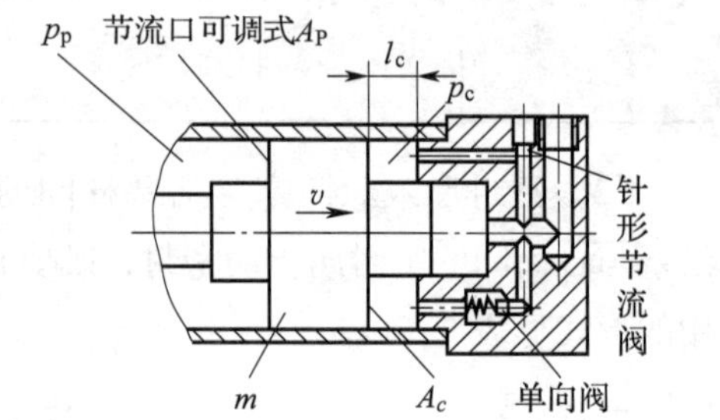
节流口变化式	缓冲过程中被封在活塞和缸盖间的油液经活塞上的轴向节流阀流出，节流口通流面积不断减小	当节流口的轴向横截面为矩形，纵截面为抛物线形时，缓冲腔可保持恒压；缓冲作用均匀，缓冲腔压力较小，制动位置精度高	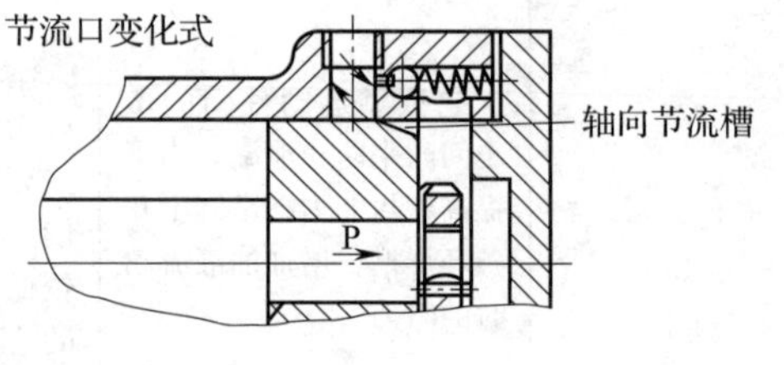

4．排气装置

液压系统在安装过程中或长时间停止工作后会渗入空气，油中也会混有空气，由于气体有很大的可压缩性，会使执行元件产生爬行、噪声、发热等一系列不正常现象，因此在设计液压缸时，要保证能及时排除积留在缸内的气体。

一般利用空气比较轻的特点，可在液压缸的最高处设置进出油口而把气体带走，如不能在最高处设置油口，可在最高处设置放气孔或专门的放气阀等放气装置，如图 5—28 所示。

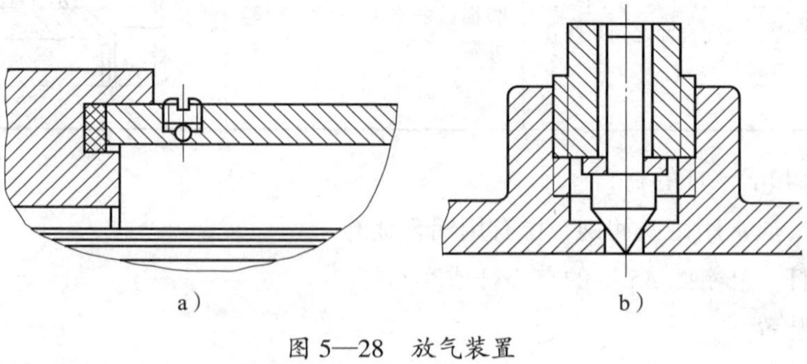

a）　　b）

图 5—28　放气装置

a）在最高处放置放气孔　b）放置专门放气阀

第五节　辅 助 元 件

一、辅助元件概述

辅助元件是液压系统的一个重要组成部分，它包括蓄能器、过滤器、油箱、热交换器、管件、密封装置、压力表装置等。辅助元件的合理设计和选用在很大程度上影响液压系统的效率、噪声、温升、工作可靠性等技术性能，必须予以重视。其中，油箱须根据系统要求自行设计，其他辅助装置则做成标准件，供设计时选用。

二、油箱

油箱有整体式和分离式两种。液压系统中大多数采用分离式油箱。分离式油箱大部分是由 2.5 ~ 5 mm 的钢板焊接而成的，如图 5—29 所示为工业上使用的典型焊接式油箱。

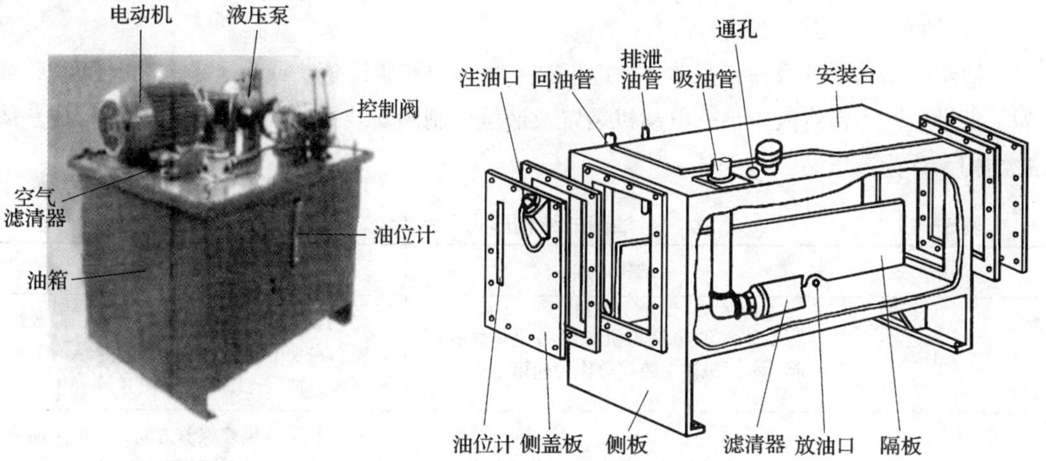

a）　　b）

图 5—29　典型焊接式油箱装置及结构图

a）分离式油箱装置　b）工业上使用的典型焊接式油箱结构

1. 油箱的作用

油箱的作用见表 5—16。

表 5—16　油箱的作用

油箱作用	液压系统工作要求	油箱结构设计改进措施
散发油液热量	液压系统中的容积损失和机械损失导致油液温度升高。油液从系统中带回来的热量有很大一部分靠油箱壁散发到周围空气中	油箱有足够大的尺寸。尽量设置在通风良好的位置上，必要时油箱外壁要设置翘片来增加散热能力

续表

油箱作用	液压系统工作要求	油箱结构设计改进措施
逸出空气	液压系统低压区压力低于饱和蒸汽压，吸油管漏气或液位太低时因漩涡作用引起泵吸入空气，回油搅拌作用等都是形成气泡汽蚀的原因。油液泡沫会导致噪声和损坏液压装置，尤其在液压泵中会引起汽蚀	未溶解的空气可在油箱中逸出，因此希望有尽可能大的油液面积，并应使油液在油箱里逗留较长的时间
沉淀杂质	未被过滤器拦截的细小污染物，如磨损屑或油液老化生成物	可以沉落到油箱底部并在清洗油箱时加以清除
分离水分	由于温度变化，空气中的水蒸气在油箱内壁上凝结成水滴而落入油液中，其中只有很少量溶解在油液里。未溶解的水会使油液乳化变质	油箱提供油水分离的机会，使这些游离水聚积在油箱中的最低点，以待清除
安装元件	在中小型设备的液压系统中，往往把液压泵—电动机装置及液压控制装置或整个液压控制装置直接安装在油箱顶盖上	油箱必须制造得足够牢固以支承元件。一个牢固的油箱还可在降低噪声方面发挥作用

2．油箱的结构形式及特点

油箱的结构形式及特点见表 5—17。对一些小型液压设备，或为了节省占地面积，或为了批量生产，常将液压泵—电动机装置及液压控制阀安装在分离式油箱的顶部形成一体式结构，称为液压站。

表 5—17　油箱的结构形式及特点

油箱形式	结构形式	特点
整体式	整体式油箱是与机械设备机体做在一起，利用机体空腔部分作为油箱	结构紧凑，各种漏油易于回收，但散热性差，易使邻近构件发生变形，从而影响机械设备精度，维修不方便
分离式	分离式油箱是一个与主机分开的单独装置	布置灵活，维修保养方便，可减少油箱发热和液压振动对工作精度的影响，便于设计成通用化、系列化的产品，因而得到广泛应用

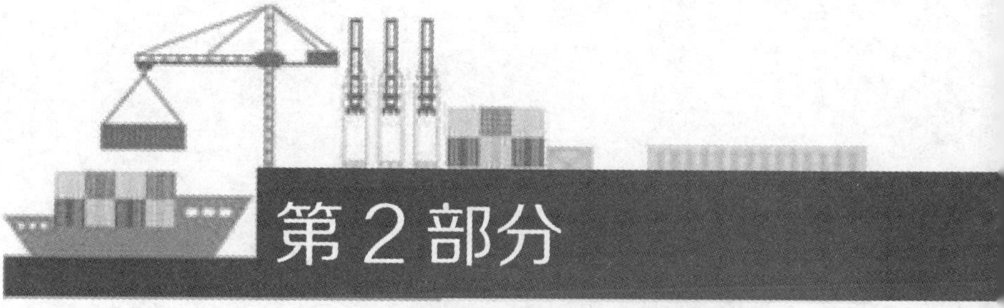

第 2 部分

专业知识与技能

第六章　内燃装卸机械发动机构造与检修

柴油发动机是一种由许多机构和系统组成的复杂机器。它主要由两大机构和五大系统组成，这在修理工初级内容中已经有介绍了，在这里就不一一列举了。本章主要讲述的是发动机的这些机构和系统以及组成机构和系统部件的作用和原理。

第一节　曲柄连杆机构

曲柄连杆机构的主要零件可以分为三组，即缸体曲轴箱组、活塞连杆组和曲轴飞轮组。缸体曲轴箱组包括气缸体、气缸盖、气缸垫、气缸套、曲轴箱等零件。活塞连杆组包括活塞、活塞环、活塞销、连杆、连杆轴承等零件。曲轴飞轮组包括曲轴、曲轴轴承、飞轮等零件。

一、缸体曲轴箱组

1．气缸体

水冷发动机的气缸体和上曲轴箱常铸成一体，总称为气缸体，如图 6—1 所示。

缸体上部的圆柱形空腔称为气缸，气缸内壁极为光滑，是活塞运动的轨道，其内腔为曲轴运动的空间。在气缸体内部铸有冷却水套、润滑油道及许多加强筋。

气缸体的作用：

（1）气缸体构成了柴油发动机的骨架。气缸体内部安装运动部件的固定和支承（如气缸套、导板和主轴承），构成运动部件（如活塞、连杆和曲轴）和传动部件（传动齿轮、链轮和凸轮轴）的运动空间。

（2）气缸体能布置水、油、气的空间。

（3）气缸体外部可以安装各种附属设备，如喷油器、喷油泵、调速器、启动与换向设备、增压器、扫气箱、各种系统的管道等。

（4）柴油发动机通过机座或气缸体上的支承安装在基座上。

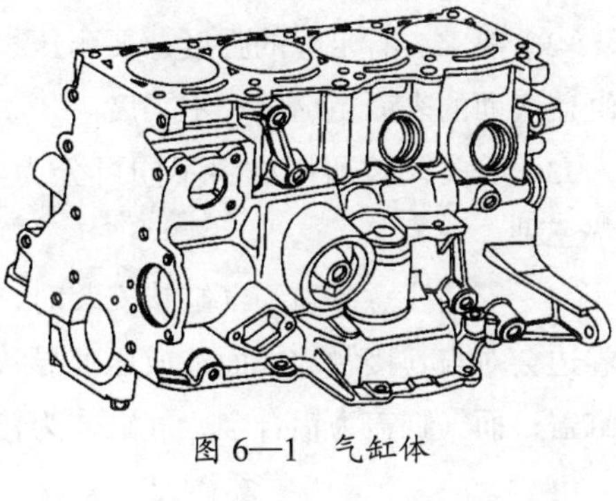

图 6—1　气缸体

2．气缸盖（图 6—2 中 1 所示）

气缸盖的功用是封闭气缸上部，并与活塞顶部、气缸等构成燃烧室。

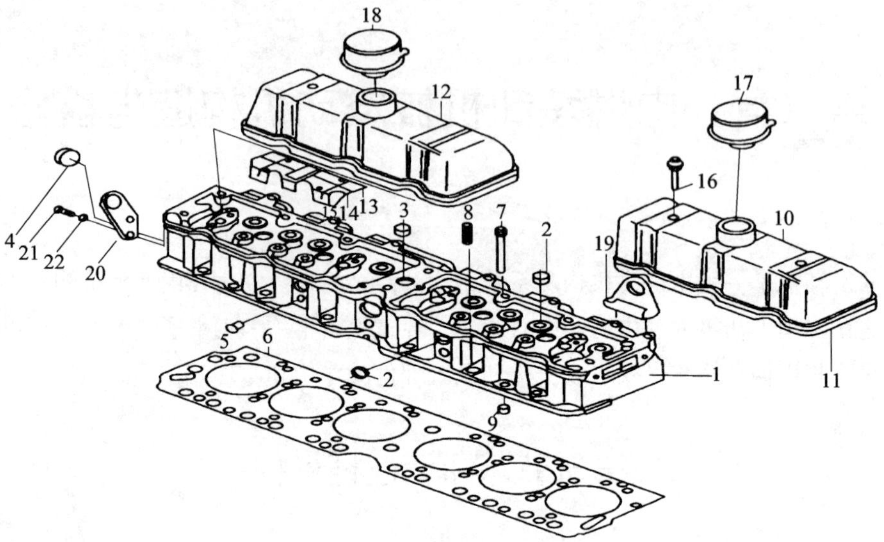

图 6—2　柴油发动机气缸结构

1—气缸盖　2、3、4—碗形塞片　5—螺塞　6—气缸垫　7、8—气缸盖螺栓　9—定位销
10—气缸盖前罩盖　11—罩盖垫片　12—气缸盖后罩盖　13—挡油板　14—挡油板螺钉
15—垫圈　16—气缸盖罩盖螺栓总成　17、18—曲轴箱通风进气口滤清器总成
19—发动机前吊耳 20—发动机后吊耳　21—紧固发动机吊耳螺栓　22—弹簧垫圈

气缸盖上设有气门导管孔、进气通道和排气通道，其中水冷发动机气缸盖内部制有冷却水套，气缸盖下端面的冷却水孔与气缸体的冷却水孔相通，利用循环水来冷却燃烧室等高温部分。气缸盖上还装有进、排气门座，镶有气门导管。汽油发动机的气缸盖上加工有安装火花塞的孔，而柴油发动机的气缸盖上加工有安装喷油器的孔。顶置凸轮轴式发动机的气缸盖上还加工有凸轮轴轴承孔，用以安装凸轮轴。

通常气缸盖是用力学性能较好的灰铸铁或合金铸铁铸造的，小型柴油发动机一般都采用整体式气缸盖，大型柴油发动机有的采用分开式的气缸盖。

3．气缸垫（图 6—2 中 6 所示）

（1）功用。保持气缸密封不漏气，保持由气缸体流向气缸盖的冷却液和润滑油不泄漏。

（2）要求。有足够的强度；要耐压、耐热、耐腐蚀；要有弹性，能补偿气缸体顶面和气缸盖底面的表面粗糙度和不平度。

（3）分类。按所用材料不同可分为金属－石棉衬垫、金属－复合材料衬垫、全金属衬垫三种。

（4）安装注意事项。气缸垫安装时，应注意将卷边朝向易修整的接触面或硬平面，因为卷边会对与其接触的平面造成压痕导致变形。如气缸盖和气缸体同为铸铁，卷边应朝向气缸盖；而气缸盖为铝合金，气缸体为铸铁时，卷边应朝向气缸体。

4. 气缸套（见图 6—3）

（1）作用

1）气缸套的作用为组成燃烧室。

2）四冲程发动机气缸套是活塞运动的导程，承受侧推力。

3）二冲程发动机气缸套与活塞运动配合控制换气过程。

4）气缸套与气缸体构成冷却液空间。

（2）分类。气缸套有干式气缸套和湿式气缸套两种，如图 6—3 所示。

1）干式气缸套的特点是气缸套装入气缸体后，其外壁不直接与冷却液接触，而是和气缸体的壁面直接接触。干式气缸套的壁厚较薄，一般为 1 ~ 3 mm，通常用合金制造，也有用冲压钢板内表面镀耐磨耐蚀铬层的结构。缺点是对气缸套内、外表面都需要进行精加工，拆装不方便，散热较差。

2）湿式气缸套的特点是气缸套装入气缸体后，其外壁直接与冷却液接触。为了保证缸套装入气缸后的准确定位和对水的密封，在气缸套的外圆上、下加工有两个定位圆环带和气缸体接触，用以径向定位。湿式气缸套的壁厚一般为 5 ~ 9 mm，上部凸缘的下平面与缸体的凹肩配合，起轴向定位作用并保证上部的密封。下部装有密封圈，以保证下部密封。湿式气缸套装入气缸体后，其上部凸缘的上平面一般应高出缸体平面 0.03 ~ 0.05 mm，以保证紧固气缸盖螺栓后，使气缸盖压紧气缸垫和气缸套，防止漏水和窜气。

发动机的气缸体和气缸盖中部加工有冷却水套，并且气缸体和气缸盖的冷却水套相通，冷却液在水套内不断循环，带走部分热量，从而起到冷却作用，如图 6—4 所示。

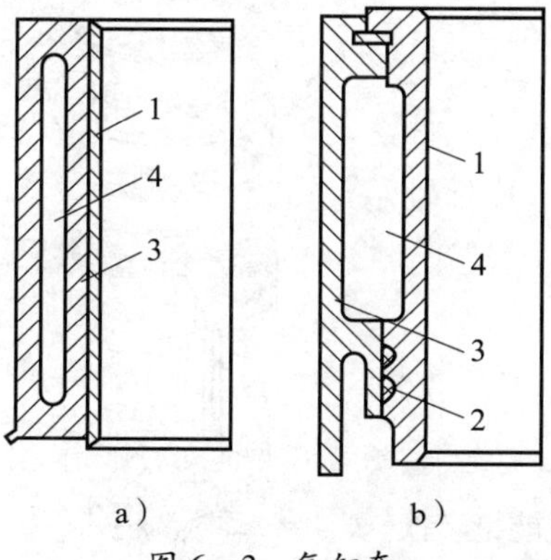

图 6—3　气缸套

a）干式气缸套　b）湿式气缸套

1—气缸套　2—橡胶密封圈　3—气缸体　4—水套

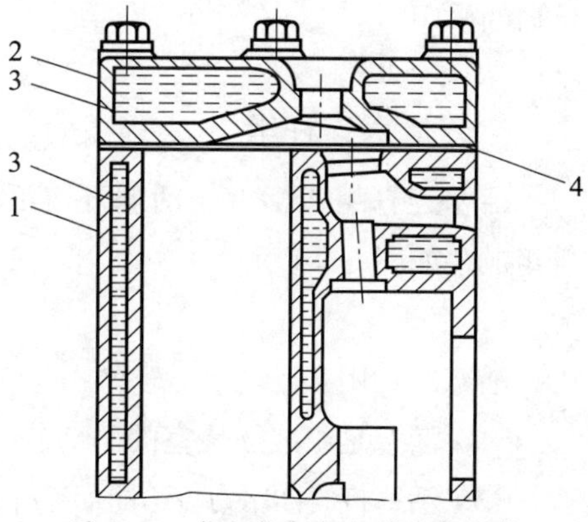

图 6—4　气缸体与气缸盖冷却方式

1—气缸体　2—气缸盖

3—水套　4—气缸垫

5. 曲轴箱

气缸体下部用来安装曲轴的部分称为曲轴箱。它分为上、下两部分，上部安装固定曲轴称为上曲轴箱，下部储存机油称为下曲轴箱，俗称油底壳（见图 6—5）。

有的发动机在油底壳上安装了前、中、后加强板。油底壳法兰面与气缸体接合面之间用橡胶软木垫密封，在发动机机体上设有安置机油尺的插口。标尺上刻有高低油面的刻线，正常油面应在高低线之间。

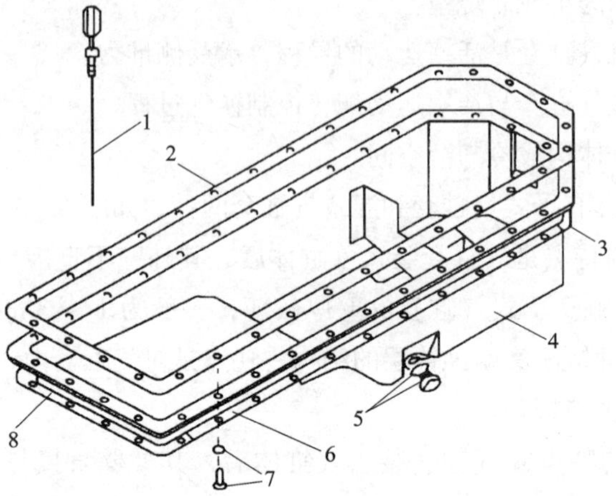

图 6—5　发动机油底壳

1—机油尺　2—油底壳密封衬垫　3—油底壳后加强板　4—油底壳总成

5—放油螺塞与密封垫圈　6—中加强板　7—油底壳固定螺栓与垫圈　8—前加强板

曲轴箱的作用：

（1）上曲轴箱固定曲轴。

（2）下曲轴箱主要用于存储机油并密封上曲轴箱。

（3）对存储的机油进行散热。

（4）油底壳深处有放油螺塞（有的带有磁性），有吸附金属屑的作用。

二、活塞连杆组

活塞连杆组由活塞、活塞环、活塞销、连杆、连杆轴承等组成，如图 6—6 所示。

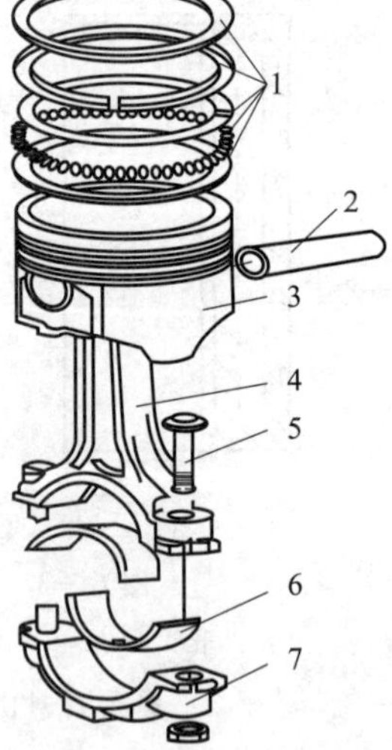

图 6—6　活塞连杆组的构造

1—活塞环　2—活塞销

3—活塞　4—连杆

5—连杆螺栓　6—连杆轴承

7—连杆轴承盖

1．活塞

活塞的功用：

（1）活塞是组成燃烧室的一部分。

（2）活塞将气体压力传给曲柄连杆机构，以实现能量转换。

（3）活塞筒承受侧推力，起往复运动的导向作用。

（4）十字式活塞控制进、排气口的开闭。

内燃发动机目前广泛采用的活塞材料是铝合金，其构造可分为顶部、头部和裙部三部分，如图 6—7 所示。

活塞顶部是燃烧室的组成部分，主要用于承受气体压力，其形状、大小都与燃烧室形式有关。活塞顶部形状可分为平顶、凸顶、凹顶和成型顶，如图 6—8 所示。

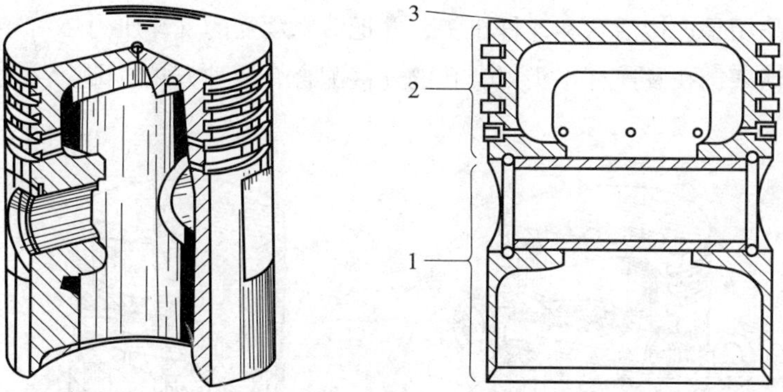

图 6—7　活塞结构

1—活塞裙部　2—活塞头部　3—活塞顶部

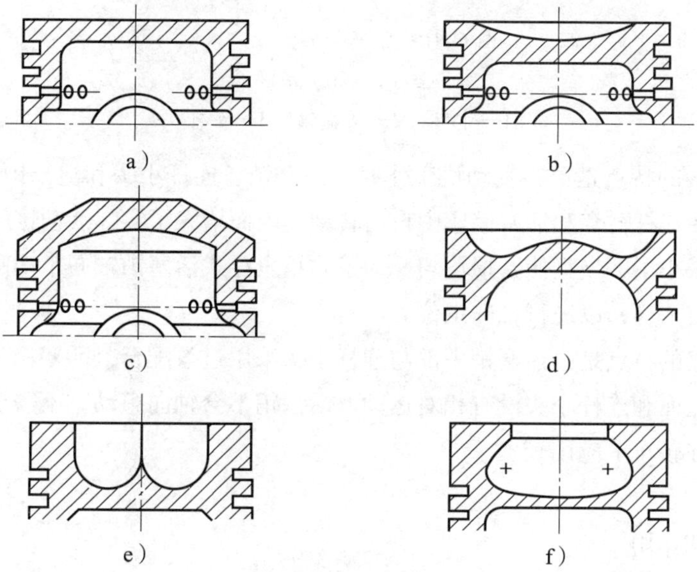

图 6—8　活塞顶部形状

a）平顶　b）凹顶　c）凸顶　d）、e）、f）成型顶

2．活塞环

活塞环是具有弹性的开口环，有气环和油环两种，如图 6—9 所示。

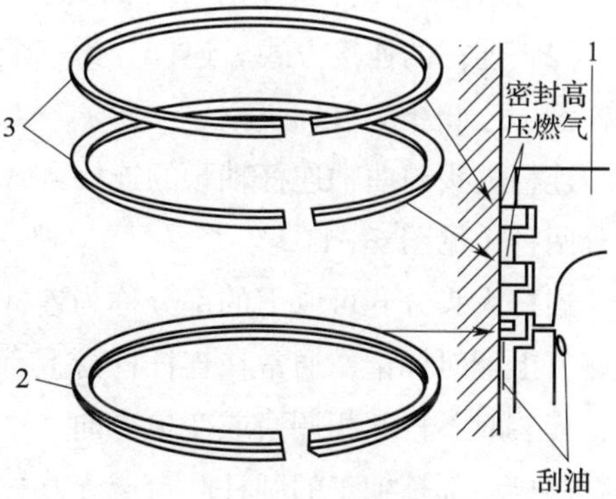

图 6—9　活塞环

1—活塞　2—油环　3—气环

（1）油环的作用

1）密封燃烧室。

2）给活塞传递热量，散热。

3）对活塞中心布置进行定位支承。

4）使润滑油布满气缸。

5）可以刮去多余的润滑油。

（2）气环的作用：密封、散热、支承。

3．活塞销

活塞销的作用是连接活塞和连杆小头，并把活塞承受的气体压力传给连杆。

活塞销与活塞销孔及连杆小头衬套孔的连接配合有两种方式，即全浮式和半浮式，如图 6—10 所示。

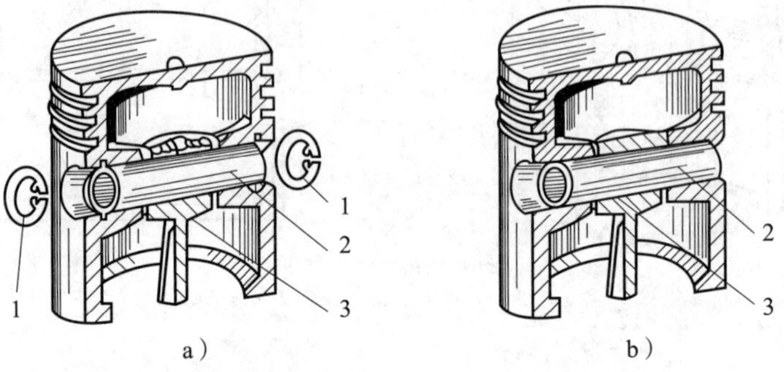

图 6–10　活塞销的连接方式

a）全浮式　b）半浮式

1—卡环　2—活塞销　3—连杆

全浮式连接的特点是：当发动机工作时，活塞销、连杆小头和活塞销座可相对运动，这样活塞销能在连杆衬套和活塞销座中自由转动，因而增大了实际活动接触面，降低了相对滑动速度，减小了磨损且使磨损均匀。为了防止全浮式活塞销轴向窜动刮伤气缸壁，在活塞销两端装有卡环，以进行轴向定位。

半浮式连接的特点是：活塞销中部与连杆小头采用过盈配合，活塞销只能在两端销座内作自由转动，而和连杆小头没有相对运动。活塞销不会轴向窜动，不需要挡圈。这种半浮式连接方式在轿车上应用较多。

4．连杆

（1）连杆的作用

1）连杆将活塞与曲轴连接成曲柄连杆机构。

2）连杆把活塞的往复运动转变为曲轴的回转运动。

3）连杆将作用在活塞上的气体压力、惯性力传递给曲轴。

（2）连杆的连接方式。连杆分为三个部分，即连杆小头、连杆杆身和连杆大头（包括连杆盖），如图 6—11 所示。

连杆大头与曲轴连杆轴颈的连接方式，有整体式和分开式两种。分开式又分为平分和斜分两种（见图 6—11）。

连杆大头分开可取下的部分称为连杆盖。连杆与连杆盖配对加工，加工后，在它们同一侧打上配对标记，通常在连杆杆身上有一锻出的小半圆凸块，连杆盖上也有一小半圆凸块，安装时不得互相调换或变更方向。平分的连杆盖与连杆的定位多采用连杆螺栓，利用连杆螺栓中部精加工的圆柱凸台或光圆柱部分与经过精加工的螺栓孔来保证。斜分的连杆盖与连杆常用的定位方法有锯齿定位、套筒定位和止口定位，如图 6—12 所示。

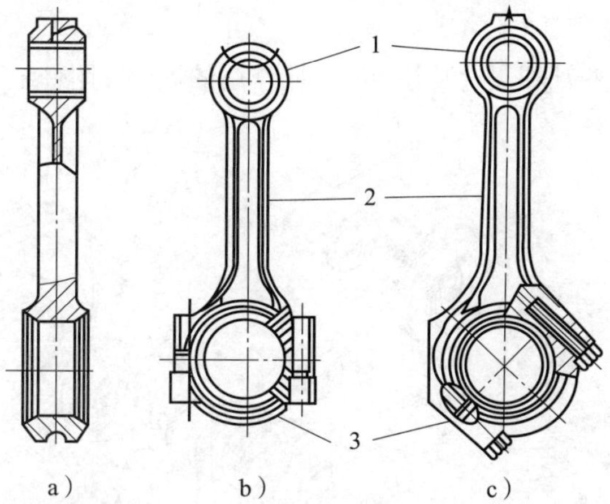

图 6—11　连杆大头与曲轴的连接方式

a）整体式　b）平分式　c）斜分式

1—连杆小头　2—连杆杆身　3—连杆大头

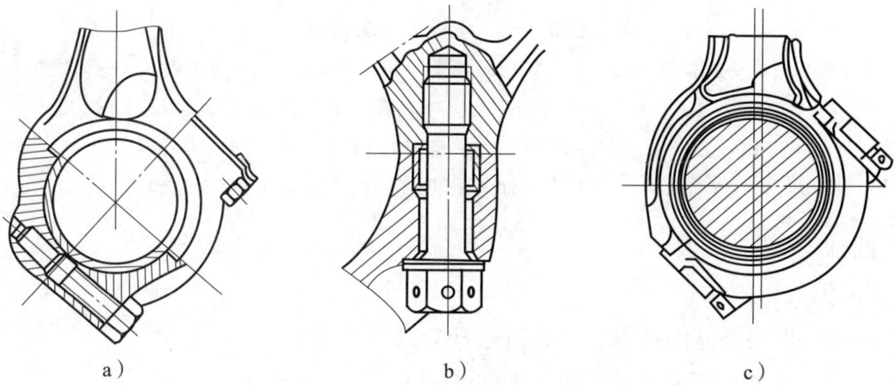

图 6—12　斜分连杆盖与连杆常用的定位方法

a）锯齿定位　b）套筒定位　c）止口定位

连杆螺栓在工作中要承受很大的冲击力，若折断或松脱，将造成严重事故。因此，拧紧连杆螺栓螺母时，要用力矩扳手分 2 ~ 3 次交替均匀地拧紧到规定的力矩，拧紧后还应可靠地锁紧。连杆螺栓损坏后绝不能用其他螺栓来代替。

连杆轴承如图 6—13 所示，由上、下两个半片组成。目前多采用薄壁钢背轴承，在其内表面浇铸有耐磨合金层，背面很光洁。常采用的耐磨合金有巴氏合金、铜铝合金和高锡铝合金。

连杆轴承上制有定位凸榫，供安装时嵌入连杆大头和连杆盖的定位槽中，以防轴承前后移动或转动。有的轴承上还制有油孔，安装时应与连杆上相应的油孔对齐。

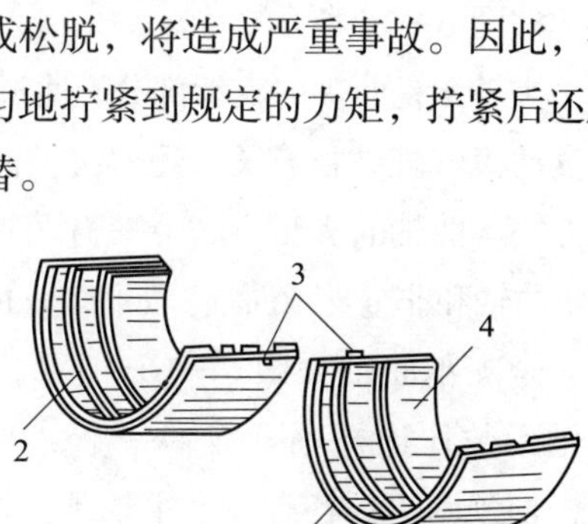

图 6—13　连杆轴承

1—钢背　2—油槽　3—定位凸榫

4—耐磨合金层

三、曲轴飞轮组

曲轴飞轮组主要由曲轴和飞轮及其他有不同作用的零件和附件组成，如图 6—14 所示。

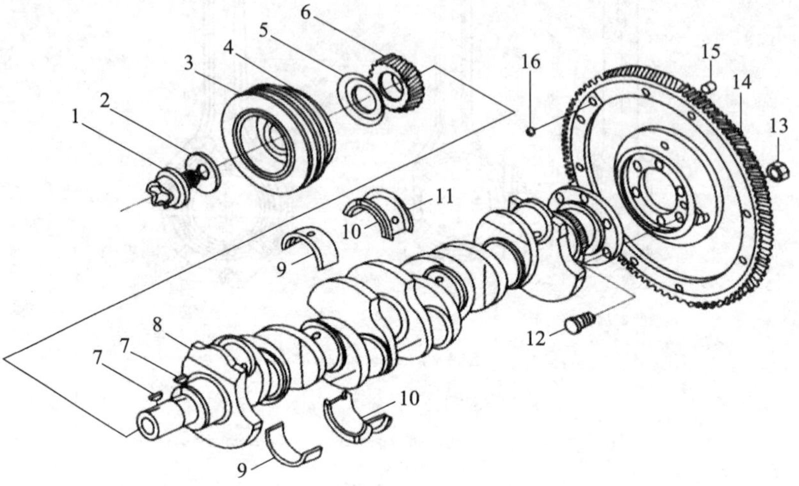

图 6—14　曲轴飞轮组结构

1—启动爪　2—启动爪锁紧垫圈　3—扭转减振器　4—V 带轮　5—挡油盘　6—正时同步齿轮
7—半圆键　8—曲轴　9—主轴承上、下轴瓦　10—中间主轴承上、下轴瓦
11—止推片　12—螺栓　13—螺母　14—齿环　15—圆柱销
16—第一、第六缸活塞压缩上止点标记用钢球

1．曲轴

（1）曲轴的作用

1）曲轴协助将活塞的往复运动通过连杆变成回转运动。

2）曲轴将各气缸所做的功汇集起来向外输出。

3）曲轴带动附属设备正常工作，如喷油泵、进气阀、排气阀等。

（2）曲轴的组成。曲轴一般由主轴颈、曲柄、连杆轴颈、平衡重、前端和后端等组成，如图 6—15 所示。

主轴颈是曲轴的支承部分，通过主轴承支承在曲轴箱的主轴承座中。主轴承的数目不仅与发动机气缸数目有关，还取决于曲轴的支承方式。曲轴的支承方式一般有两种，即全支承曲轴和非全支承曲轴，如图 6—16 所示。

全支承曲轴如图 6—16a 所示，曲轴的主轴颈数比连杆轴颈数多一个，即每一个连杆轴颈两边都各有一个主轴颈。

非全支承曲轴如图 6—16b 所示，曲轴的主轴颈数比连杆轴颈数少或与连杆轴颈数相等。载荷较小的发动机采用这种曲轴形式。

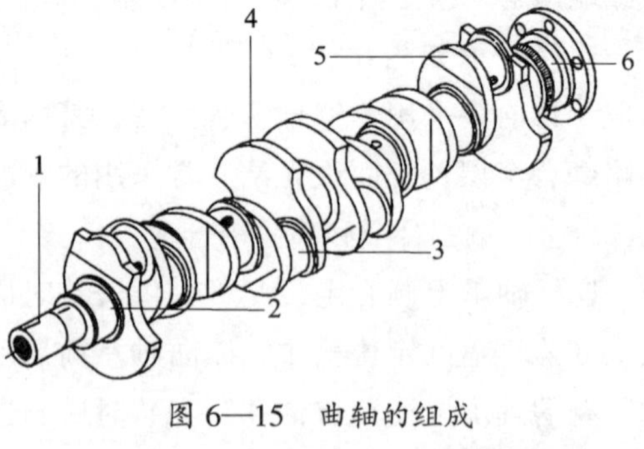

图 6—15　曲轴的组成

1—曲轴前端　2—主轴颈　3—连杆轴颈
4—平衡重　5—曲柄　6—曲轴后端

a）

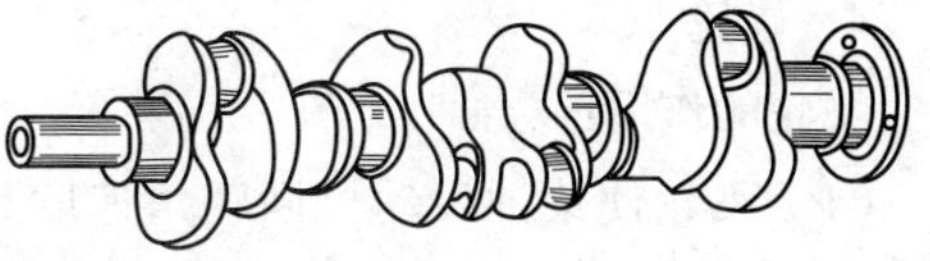
b）

图 6—16　曲轴支承形式

a）全支承曲轴　b）非全支承曲轴

曲轴的连杆轴颈是曲轴与连杆的连接部分，连杆轴颈与主轴颈间有贯穿油道。

曲柄是主轴颈和连杆轴颈的连接部分，为了平衡惯性力，曲柄位置铸有平衡重块。一般四缸发动机设置四块平衡重，六缸发动机设置四块、六块、八块平衡重，甚至在所有曲柄均设有平衡重。

曲轴前端装有驱动配气凸轮轴的正时同步齿轮、驱动风扇和水泵的 V 带轮，以及止推垫片、启动爪等。为了防止机油沿曲轴轴颈外漏，在曲轴前端装有一个甩油盘，在齿轮室盖上装有油封。

曲轴的后端有飞轮盘用来安装飞轮，用专用的螺栓与螺母将飞轮与曲轴紧固。紧固后，多用锁片锁住以防松动。在后轴颈与飞轮盘之间制有挡油凸缘与回油螺纹，以阻止机油向后窜漏。

曲轴轴向定位通常是在主轴承结构上采取限位措施。曲轴轴向定位装置大致可分为前部定位、中部定位、后部定位三种。

为了润滑主轴承和连杆轴承，在曲轴的主轴颈和连杆轴颈上都有油孔并经斜油道连通。气缸体上的主油道和曲轴主轴颈上的油孔相通，工作时，具有一定压力的润滑油经主油道进入主轴承后通过曲轴内部的油道送到连杆轴颈工作面上进行润滑。

2. 曲轴主轴承

曲轴主轴承（俗称大瓦）装于主轴承座孔中，将曲轴支承在发动机的机体上。主轴承的结构与连杆轴承相同，如图 6—17 所示。为了向连杆轴承输送润滑油，在主轴承上都开有周向油槽和通油孔。有些负荷不大的发动机，为了通用化，上、下两半轴瓦上都开有油槽；有些发动机只在上轴瓦开油槽和通油孔，而负荷较重的下轴瓦不开油槽。在相应的主轴颈上开径向通孔，这样，主轴承便能不间断地向连杆轴承供给润滑油。注意：后一种主轴瓦的上、下片不能互换，否则主轴承的来油通道将被堵塞。

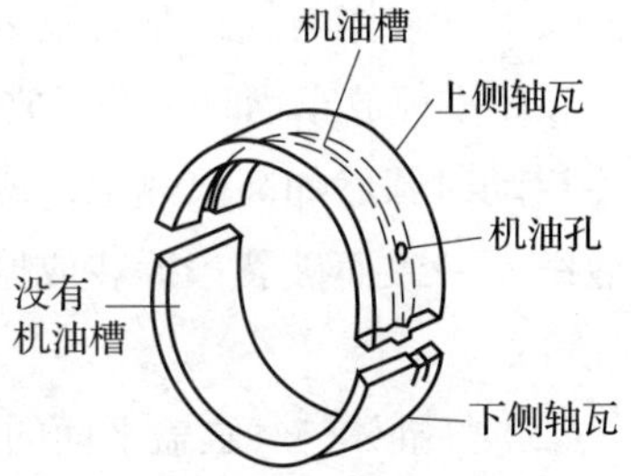

图 6—17　主轴承的结构

3. 曲轴扭转减振器

曲轴扭转减振器如图 6—18 所示。在发动机工作过程中，曲轴各连杆轴颈的转动速度有时比飞轮快，有时比飞轮慢，这种现象称为曲轴的扭转振动。当振动强烈时甚至会扭断曲轴。曲轴扭转减振器的功用就是消减扭转振动，避免发生强烈的共振而引起严重后果。大多数小型发动机在曲轴前端安装了橡胶摩擦式曲轴扭转减振器。

4. 飞轮

飞轮的作用：

（1）飞轮使柴油发动机回转角速度趋于均匀。

（2）飞轮协助柴油发动机启动（根据发动机的机型不同，飞轮轮缘上有的装有飞轮齿圈，有的装有涡轮）。

（3）飞轮保证柴油发动机空车运转的稳定性。

（4）飞轮将动力传给离合器。

（5）飞轮可以克服短暂的超负荷情况。

飞轮用螺栓固定在曲轴后端的接合盘上。飞轮轮缘上镶有齿圈，齿圈与飞轮紧密配合，有一定的过盈量。

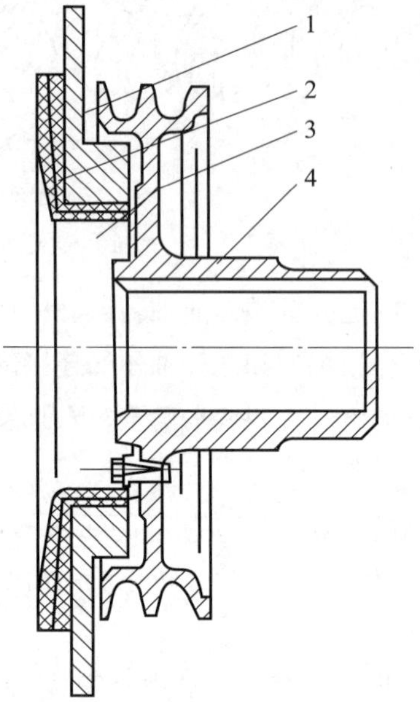

图 6—18　发动机曲轴扭转减振器

1—惯性盘　2—橡胶垫　3—圆盘　4—V 带轮

在飞轮轮缘上做有标记（刻线或销孔），以便于找到压缩上止点（四缸发动机为 1 缸或 4 缸压缩上止点，六缸发动机为 1 缸或 6 缸压缩上止点）。当飞轮上的标记与外壳上的标记对正时，正好是压缩上止点。

飞轮与曲轴在制造时一起进行过动平衡试验，在拆装时为了不破坏它们之间的平衡关系，通常用定位销和不对称布置的螺栓予以保证。

四、曲柄连杆机构的检修

1. 气缸体与气缸盖的检查

（1）气缸体与气缸盖的破裂，多发生在气门座附近和水套薄壁处。破裂的主要原因有：在冬季停放车辆时，没有放净冷却水，因水结冰而胀裂气缸体或气缸盖；在严寒的冬季冷启动时骤然加高温热水，或在发动机高温情况下骤然加冷水，都会使缸体突然膨胀或收缩不一致而破裂；拆装或搬运不慎，使气缸体严重受振、碰撞，造成外部裂纹或损伤。

（2）气缸体与气缸盖平面的检查。气缸体与气缸盖在发动机工作过程中，由于气缸盖螺栓拧紧力矩不均匀，即没有按照规定的力矩和拧紧顺序进行紧固，或在高温下拆卸气缸盖，引起气缸体和气缸盖平面拱曲变形；在装配时，气缸盖螺栓拧紧力矩过大，使螺孔周围的金属凸起。变形超过允许限度时将会引起漏水、窜气、冲坏气缸衬垫等，因此需认真检查和修理。

检验方法：气缸体、气缸盖的接合面是否平正，可用平板接触法检验，也可用直尺和塞尺检测，如图 6—19 所示。技术要求见表 6—1。

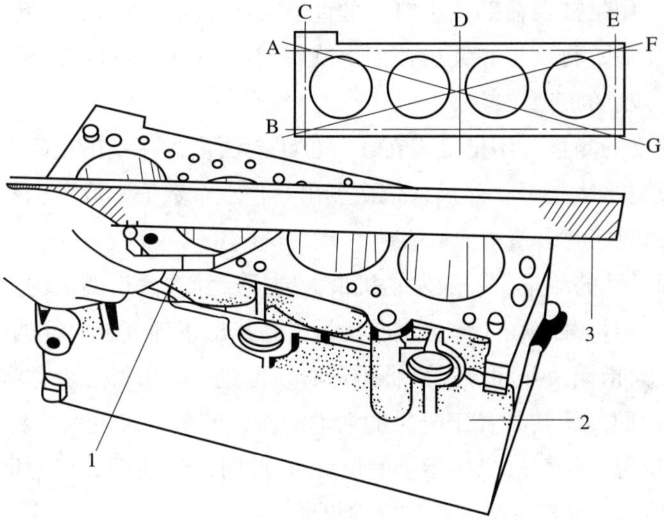

图 6—19　气缸体、气缸盖平面度的检查

1—塞尺　2—气缸体　3—直尺

表 6—1　　气缸体与气缸盖平面度公差（顶置气门式）　　mm

测量范围	发动机气缸数	铸铁缸盖	铝合金缸盖	气缸体上平面
任 50 × 50		0.025	0.05	0.05
整个平面	四缸	0.10	0.15	0.15
	六缸	0.15	0.25	0.25

2．发动机气缸磨损的检查

（1）测量部位。选用适当量程的内径百分表进行测量。在气缸体上部距气缸上平面 10 mm 处、气缸中部，以及气缸下部距气缸套下部 10 mm 处，各取三点，按如图 6—20 所示的①、②两个方向分别测量气缸的直径。

（2）磨损程度衡量指标。一般车型的磨损程度用圆度、圆柱度误差两个指标衡量。轿车采用标准尺寸与气缸最大尺寸的差值来衡量。

（3）测量方法。参见图 6—20。

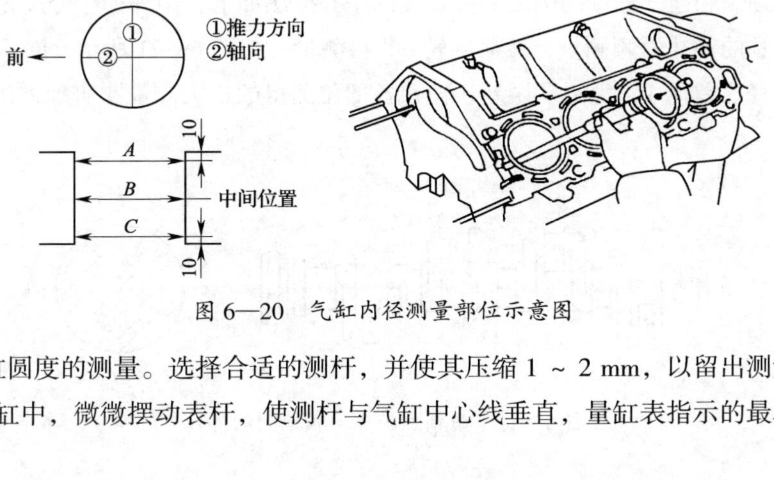

图 6—20　气缸内径测量部位示意图

1）气缸圆度的测量。选择合适的测杆，并使其压缩 1 ~ 2 mm，以留出测量余量。将测杆伸入气缸中，微微摆动表杆，使测杆与气缸中心线垂直，量缸表指示的最小读数即为

正确的气缸直径。用量缸表在部位①向（垂直于曲轴方向）测量，旋转表盘，使“0”刻度对准大表针；然后，将测杆在此横截面上旋转 90°，此时表针所指刻度与“0”位刻度之差的 1/2，即为该缸的圆度误差。

2）气缸圆柱度的测量。用量缸表在 A 部位①向测量，并找出正确直径位置。旋转表盘，使“0”刻度对准大指针。然后，依次测出其他五个数值，取六个数值中最大差值的一半作为该气缸的圆柱度误差。

3）气缸磨损尺寸的测量。一般发动机最大磨损尺寸在前后两缸的上部，应重点测量这两缸。测量时，用量缸表在 A 部位①向测量，并找出正确气缸直径的位置。旋转表盘，使“0”刻度对准大指针，并注意观察小指针所处位置。取出量缸表，将测杆放置于外径千分尺的两测头之间。旋转外径千分尺的活动测头，使量缸表的大指针指向“0”，且小指针处于原来的位置（在气缸中所指示的位置）。此时，外径千分尺的尺寸即为气缸的磨损尺寸。按此找出该发动机气缸的最大磨损尺寸。

（4）气缸磨损的修理方法。当气缸磨损后，其圆度或圆柱度误差会超过允许的限度。通过磨削或镗削的加工方法加大气缸直径，恢复气缸正确的几何形状和配合要求，这种方法称为修理尺寸法。气缸的修理尺寸通常分为六级，它是在气缸标准直径的基础上，每加大 0.25 mm 为一级，逐级递增到 1.5 mm。当气缸直径超过最大修理尺寸时，可对气缸做圆整加工，用过盈配合的方式镶上新的气缸套，然后按原厂标准尺寸镗缸或磨缸，达到气缸标准技术要求，这种方法称为镶套修复法。

3．检测曲轴主轴颈与连杆轴颈

检测前，将曲轴上的油污、积炭、锈迹等彻底清洗干净。曲轴主轴颈和连杆轴颈的主要损伤形式是裂纹、磨损等。

（1）轴颈裂纹的检测。曲轴轴颈裂纹一般出现在应力集中处，如主轴颈或连杆轴颈与曲柄臂相连的过渡圆角处，表现为横向裂纹。轴颈中的油孔附近可能出现轴向延伸的裂纹。

轴颈裂纹常用的检查方法有磁力探伤仪检查、超声波探伤及浸油敲击法等。

（2）轴颈磨损的检测。检验曲轴轴颈磨损量，测量主轴颈及连杆轴颈的圆度和圆柱度，可判定曲轴轴颈是否需要磨修及磨修的修理尺寸。

曲轴主轴颈和连杆轴颈的圆度和圆柱度的检验方法如下：用外径千分尺先在各道主轴颈或连杆轴颈的油孔两侧测量，然后旋转 90° 再测量，如图 6—21 所示，同一截面最大直径与最小直径之差的 1/2 为圆度误差；轴颈各部位测得的最大与最小直径差的 1/2 为圆柱度误差。

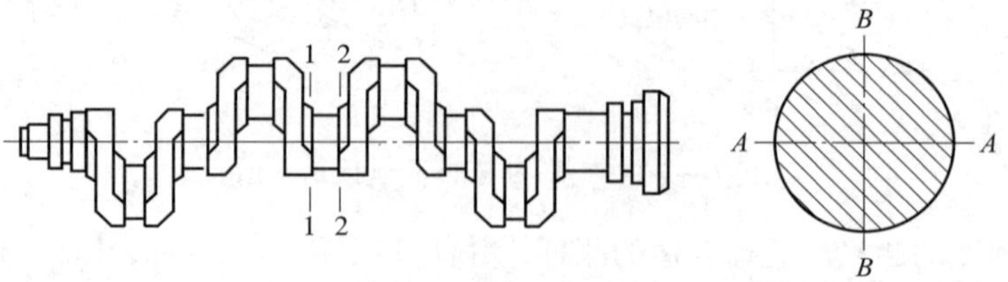

图 6—21　曲轴主轴颈磨损检测的部位

（3）曲轴轴向间隙和径向间隙的检查与调整

1）轴向间隙的检查与调整。为了适应发动机机件正常工作的需要，曲轴必须留有合适的轴向间隙。轴向间隙过小，会使机件因受热膨胀而卡死；轴向间隙过大，曲轴工作时将产生轴向窜动，加速气缸的磨损，活塞连杆组也会不正常磨损，还会影响配气相位和离合器的正常工作。因此，曲轴装到气缸体上之后，应检查其轴向间隙。

可采用百分表或塞尺检查曲轴轴向间隙。检查时，将曲轴装入气缸体轴承座，将百分表触头顶在曲轴平衡轴上，用撬棒前后撬动曲轴，观察表针摆动数值，指针的最大摆差即为曲轴轴向间隙，如图 6—22 所示。或者用撬棒将曲轴撬向一端，再用塞尺检查推力轴承和曲轴止推面之间的间隙，即为曲轴轴向间隙，如图 6—23 所示。

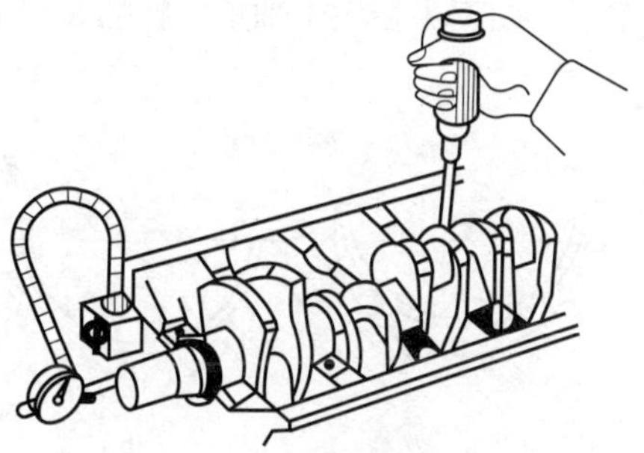

图 6—22　用百分表检查曲轴轴向间隙

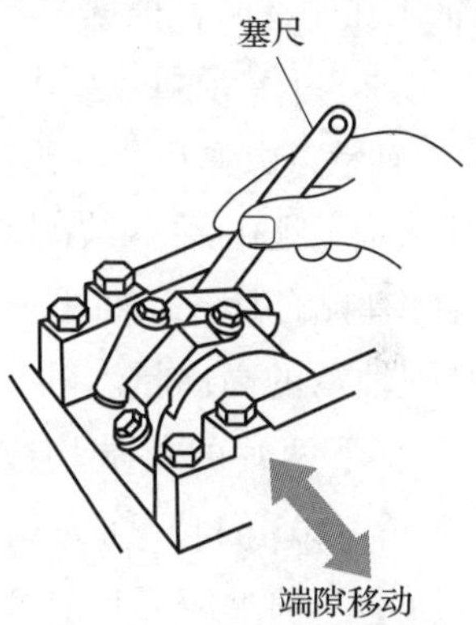

图 6—23　用塞尺检查曲轴轴向间隙

2）径向间隙的检查与调整。曲轴的径向也必须留有适当间隙，因为轴承的适当润滑和冷却取决于曲轴径向间隙的大小。曲轴径向间隙过小会使阻力增大，加重磨损，使轴瓦划伤。曲轴径向间隙太大，曲轴会上下敲击，并使润滑油压力降低，曲轴表面过热并与轴瓦烧熔到一起。曲轴的径向间隙可用塑料间隙规检查，如图 6—24 所示。

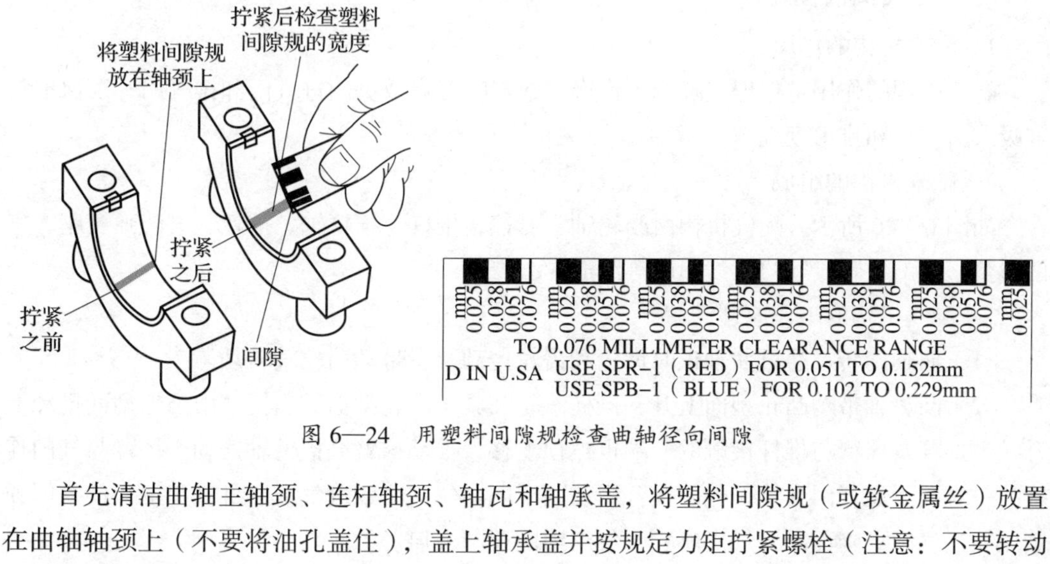

图 6—24　用塑料间隙规检查曲轴径向间隙

首先清洁曲轴主轴颈、连杆轴颈、轴瓦和轴承盖，将塑料间隙规（或软金属丝）放置在曲轴轴颈上（不要将油孔盖住），盖上轴承盖并按规定力矩拧紧螺栓（注意：不要转动曲轴），然后取下轴承盖和塑料间隙规，将被压扁的塑料间隙规和间隙条宽度相对照，查得间隙规宽度（或测量软金属丝厚度）对应的间隙值即为曲轴的径向间隙。

（4）曲轴主轴承的选配。曲轴主轴承在工作中会发生磨损、合金层疲劳剥落和黏着咬死等；轴承径向间隙的使用限度超限后，因轴承对润滑油流动阻尼能力减弱，可使主油道压力降低而破坏轴承的正常润滑。发生上述情况应更换轴承。发动机总成修理时，也应更换全部轴承。

轴承的选配包括选择合适内径的轴承，以及检验轴承的高出量、自由弹开量、定位凸点和轴承钢背表面质量等内容。

1）选择轴承内径。根据曲轴轴承的直径和规定的径向间隙选择合适内径的轴承。发动机曲轴轴承在制造时，根据选配的需要，其内径已制成一个尺寸系列。

2）检验轴承钢背质量。要求定位凸点完整，轴承钢背光整无损。

3）检查轴承自由弹开量。要求轴承在自由状态下的曲率半径大于轴承座孔的曲率半径，保证轴承压入轴承座孔后，可借轴承自身的弹力作用与轴承座贴合紧密，如图6—25a所示。

4）检查轴承的高出量。轴承装入轴承座孔内，上、下两片的每端均应高出轴承座平面0.03 ~ 0.05 mm，称为高出量，如图6—25b所示。轴承应高出轴承座孔，以保证轴承与轴承座孔紧密贴合，提高散热效果。

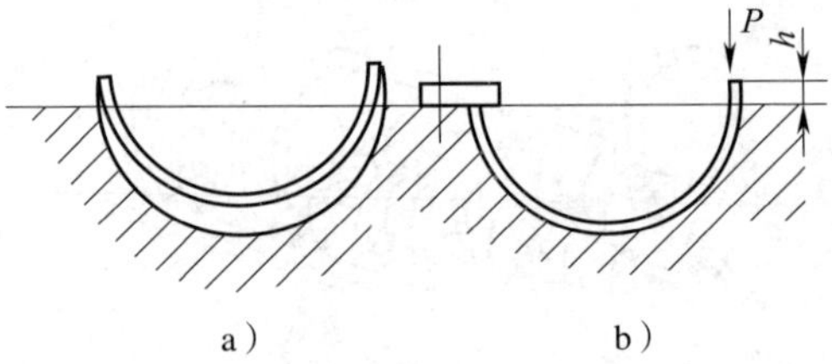

图6—25　轴承的检查

a）检查自由弹开量　b）检查高出量

第二节　配气机构

一、配气机构概述

1. 配气机构的作用

配气机构的作用是根据气缸的工作次序，定时开启或关闭进气门和排气门，以保证气缸吸入新空气和排出废气。

2. 配气机构的组成

如图6—26所示，配气机构由凸轮轴、挺柱、推杆、摇臂轴、摇臂、气门弹簧座、气门弹簧、气门导管、气门、气门座等组成。

3. 配气机构的工作原理

（1）曲轴旋转，通过曲轴正时齿轮和齿轮传动装置带动凸轮轴转动。

（2）凸轮轴带动凸轮型面上升，挺柱滚轮贴紧于凸轮型面。当挺柱由凸轮型面推动上升时，推杆及摇臂与推杆接触的一端也被顶上移，推动摇臂绕摇臂轴摆动。摇臂与气门连接的一端向下压气门弹簧，气门横臂压在两个同名气门（双进气或双排气）上，使气门弹簧压缩，气门下降面离开气门座孔，气门因此逐渐开启。

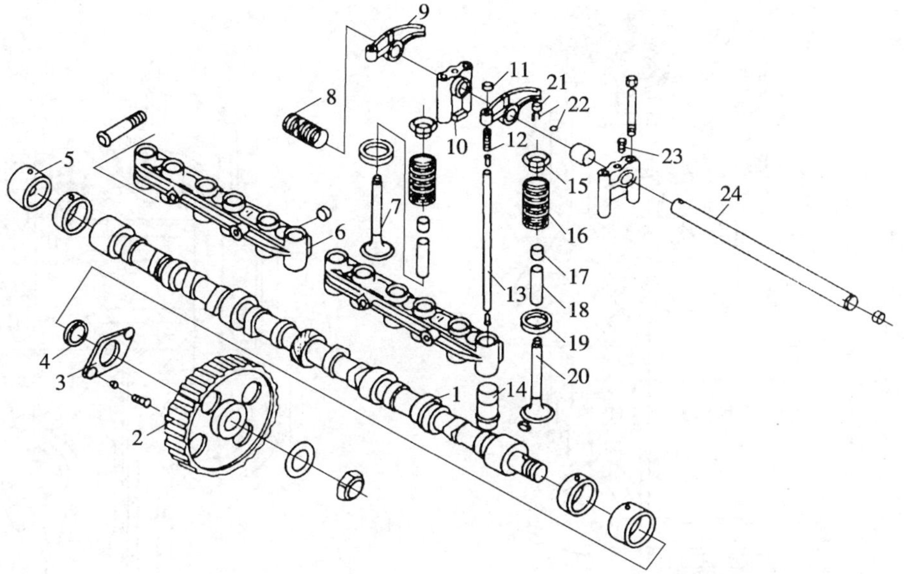

图 6—26　配气机构的组成

1—凸轮轴　2—凸轮轴正时齿轮　3—凸轮轴止推垫片　4—隔圈　5—凸轮轴轴承　6—挺杆架　7—进气门　8—定位弹簧　9—摇臂　10—摇臂轴支座　11—锁紧螺母　12—调整螺钉　13—推杆　14—挺杆　15—气门弹簧座　16—气门弹簧　17—气门油封　18—气门导管　19—气门座圈　20—排气门　21—气门帽　22—气门锁块　23—摇臂轴紧固螺钉　24—摇臂轴

（3）当挺柱与凸轮在型面顶端接触时，气门弹簧压缩量达到最大值，气门开度最大。当凸轮型面的顶端转过后，气门挺柱和气门推杆逐渐下移，摇臂回摆，摇臂和气门弹簧的压力减小，在气门弹簧复原力作用下，气门随之上升，气门逐渐与气门座接近，即气门开度逐渐减小，最后达到气门全闭——气门与气门座贴紧密闭气缸。当气门全闭时，气门与摇臂脱离接触。

（4）四冲程发动机每完成一个工作循环，各缸的进、排气门需要开闭一次，即需要凸轮轴转过一圈，而曲轴需要转两圈。曲轴转速与凸轮轴转速之比（传动比）为 2∶1。

4．凸轮轴布置形式

凸轮轴的布置形式可分为下置、中置和上置三种。

（1）下置凸轮轴式配气机构。将凸轮轴布置在曲轴箱内的称为下置凸轮轴式（见图 6—27）。它的特点是，气门通过挺杆、推杆、摇臂传递动力，所以它不适于在高速发动机上使用。但因曲轴与凸轮轴距离较近，可以简化二者之间的传动装置，这种配气机构在载货汽车上应用最为广泛。

（2）中置凸轮轴式配气机构。将凸轮轴位置移到气缸体的上部，由凸轮轴经过挺杆直接驱动摇臂，而省去推杆，这种结构称为中置凸轮轴式配气机构，如图 6—28 所示。

（3）上置凸轮轴式配气机构。上置凸轮轴式配气机构的凸轮轴布置在气缸盖上，如图 6—29 所示。凸轮轴直接驱动进、排气门摇臂，使进、排气门定时开闭。

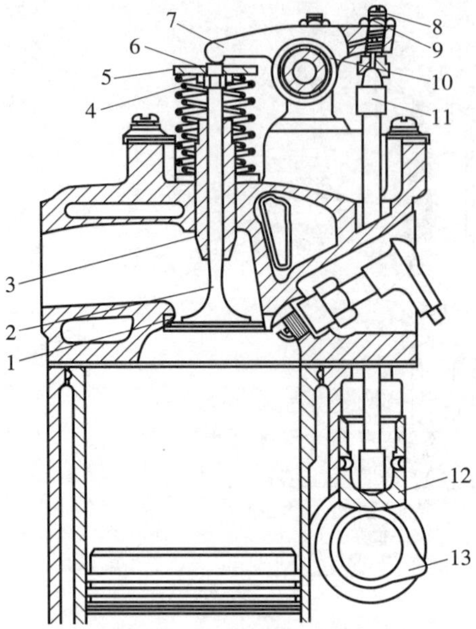

图 6—27　下置凸轮轴式配气机构

1—气门座　2—气门　3—气门导管　4—气门弹簧　5—弹簧座　6—锁块　7—摇臂　8—调整螺钉　9—锁紧螺母　10—摇臂轴　11—推杆　12—挺杆　13—凸轮轴

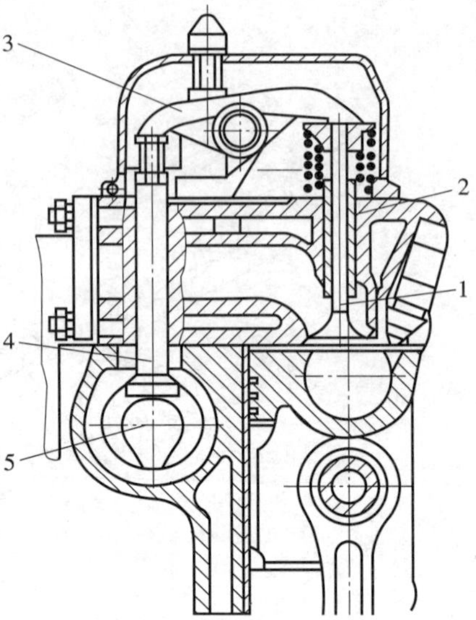

图 6—28　中置凸轮轴式配气机构

1—气门　2—气门导管　3—摇臂　4—挺杆　5—凸轮轴

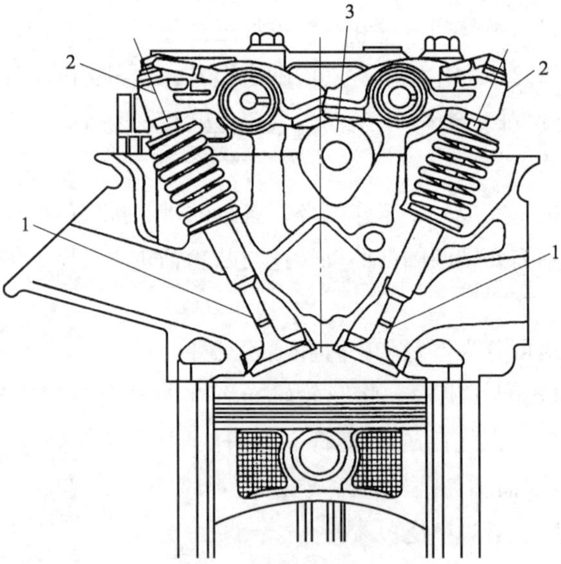

图 6—29　上置凸轮轴式配气机构

1—气门　2—摇臂　3—凸轮轴

将凸轮轴上置，可使凸轮轴与气门的距离很近，省去了推杆、挺杆（或摇臂轴和摇臂），凸轮轴直接通过摇臂或液压挺杆来驱动气门，从而可使发动机转速提高，因此它适用于高速发动机。

5．配气机构的正时要求

柴油发动机的配气机构是发动机组件中的核心部件，配气机构的工作性能好坏，对发动机有重要的影响。根据发动机的工作要求，配气机构的气门要关闭严密，开闭及时且开度足够。如气门关闭不严，在压缩行程会发生漏气，造成气缸压力不足和燃气燃烧不充分；在做功行程会泄压，使燃气压力降低。如果气门开闭不及时或开度不够，则会使进气不充分，排气不彻底。上述情况都会严重影响柴油发动机的功率，甚至使发动机不能启动。

二、配气机构检查

1．气门的检验

气门的常见问题是气门杆部的磨损、气门工作锥面的磨损与烧蚀以及气门杆的弯曲变形等。气门出现下列情况之一时，应更换。

（1）气门杆的磨损出现明显的台阶形。

（2）气门头圆柱面的厚度小于 1.0 mm。因为气门头圆柱部分厚度过小会增大燃烧室容积，影响发动机工作的平稳性，同时使气门头的强度降低。此外，在气门落入座圈的瞬间，尤其是重型柴油发动机的气门，在高冲击波的作用下可能会出现振弹，容易引起密封带的烧蚀。

（3）气门尾端的磨损大于 0.5 mm。

（4）气门杆的直线度按图 6—30 所示进行检查。当气门杆的直线度误差大于 0.05 mm 时，应予更换或校直，校直后的直线度误差不得大于 0.02 mm，超过规定时可用冷压的方法校正。气门杆的直线度可通过在平板上滚动气门杆，用塞尺测量缝隙检查。

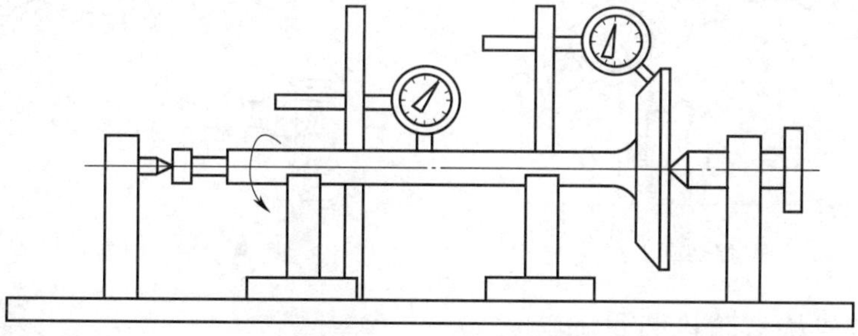

图 6—30　气门的检验

2．气门座的检修

气门座的磨损主要有磨料磨损和由于冲击载荷造成的硬化层脱落，以及高温燃气造成的腐蚀和烧蚀。气门座的磨损，使得密封带变宽，气门与座圈关闭不严，气缸密封性降低。

（1）气门座圈的镶换。当气门座圈有裂纹、松动、烧蚀或磨损严重时，或铰削气门座，装入新气门后气门顶部低于气缸盖燃烧室平面 2 mm 以上时，都应镶换新的气门座圈。

镶换方法为：拉出旧气门座圈，选择新气门座圈。用外径千分尺测量座圈外径，用内径量表测量座圈孔内径，选择合适过盈量（一般为 0.07 ~ 0.17 mm）。然后将检验合格的新座圈用干冰或液氮冷却，时间不少于 10 s，将座圈放入座圈孔内，垫以软金属，迅速将座圈镶入承孔中。

（2）气门座的铰削。通常是用气门铰刀进行手工铰削。

3．凸轮轴的检查

凸轮轴的损伤形式有凸轮工作表面磨损和点蚀，支承轴颈磨损，凸轮轴弯曲变形及裂纹等。

检测前，将凸轮轴用汽油清洗干净，然后吹干。

（1）裂纹的检修。可用磁力探伤仪进行检测，出现裂纹时应更换新件。

（2）凸轮工作表面损伤的检验。用标准凸轮轮廓线制成的样板置于凸轮尖顶轮廓外，如产生的缝隙超过规定值，则为磨损。也可用外径千分尺测量凸轮全高，如图 6—31 所示，若小于规定值，则为磨损。若凸轮表面损伤为疲劳剥落，应更换凸轮轴。若只出现磨损，则测量凸轮升程高度减小值，若其在 0.5 mm 以内，直接磨削修复；如超过此限，先堆焊，然后按标准尺寸加工。

（3）凸轮轴轴颈磨损的检验。测量轴颈的圆度和圆柱度误差，如图 6—31 所示，如超过规定值，用修理尺寸法进行修理，配用相应修理尺寸的凸轮轴轴承。若超过最后一级修理尺寸，可用堆焊方法修复，再磨削至标准尺寸。

（4）凸轮轴弯曲的检验。凸轮轴弯曲检验如图 6—32 所示，以两端轴颈为基准，若凸轮轴转一周后中间轴颈对两端轴颈的径向圆跳动大于 0.1 mm，应进行校正或更换。

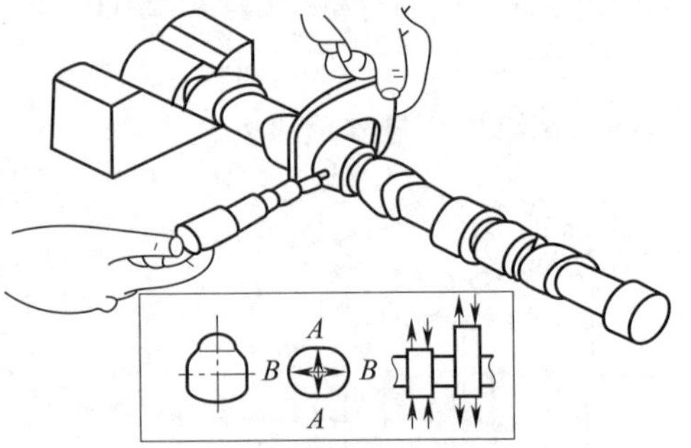

图 6—31　检查凸轮和轴颈的磨损量

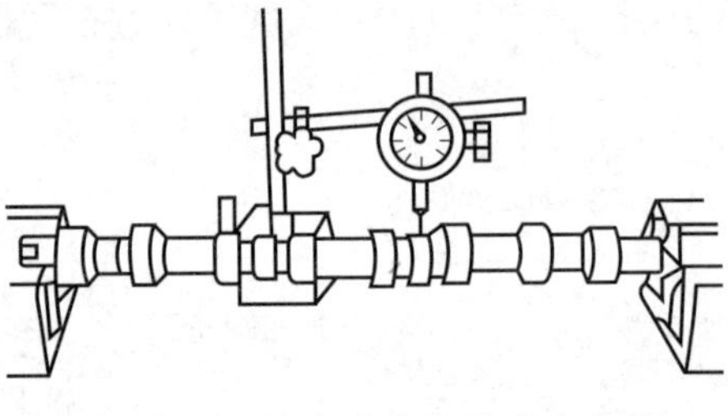
图 6—32　检查凸轮轴的弯曲变形

三、配气机构故障诊断与排除

1．气门脚响故障诊断与排除（见表 6—2）

表 6—2　　**气门脚响故障诊断与排除**

故障现象	故障原因	排除方法
发动机在怠速稍高时，发出不太坚实、清脆、有节奏的金属敲击声，随转速提高响声频率加快；液压挺杆式气门脚间隙在温度低时响声明显，在温度高时响声减弱	调整不当，出现响声	按规定重新调整
	气门脚调整螺钉损坏	更换调整螺钉，重新调整气门脚间隙
	液压挺杆工作不良	更换液压挺杆
	凸轮轴弯曲	校正或更换凸轮轴

2. 气门挺杆响故障诊断与排除（见表 6—3）

表 6—3　　气门挺杆响故障诊断与排除

故障现象	故障原因	排除方法
怠速稍高时发出有节奏的清晰的“嗒嗒”声，但中速以上则响声模糊；不受发动机断火影响	挺杆球面磨损有沟槽或有凹面	更换挺杆
	挺杆卡滞，转动不灵活	检修挺杆或挺杆架
	挺杆与挺杆架间隙过大	更换挺杆或挺杆架
	液压挺杆机油压力过低	调整机油压力
	液压挺杆失效	更换液压挺杆

3. 气门漏气故障诊断与排除（见表 6—4）

表 6—4　　气门漏气故障诊断与排除

故障现象	故障原因	排除方法
发动机动力不足，启动困难，进气支管回火，排气支管“放炮”，燃油消耗增加	气门与气门座工作面磨损、烧蚀、密封不严	铰削气门与气门座工作面，重新研磨气门
	气门与气门导管间隙过大，气门杆晃动，气门关闭不严	更换气门导管
	气门在导管内卡住，气门不能上下移动	铰削气门导管
	气门弹簧失去弹性，或弹簧折断	更换气门弹簧

第三节　柴油发动机供给系统

一、柴油发动机供给系统概述

1. 柴油发动机供给系统的功用

柴油发动机供给系统的功用是完成燃料的储存、滤清和输送工作，并按柴油发动机不同工况的要求，定时、定量、定压并以一定的喷油质量喷入燃烧室，使其与空气迅速而良好地混合和燃烧，最后使废气排入大气。柴油发动机燃油供给系统的基本功能有以下几点：

（1）通过加压机构使燃油变成高压。

（2）通过调节喷油量改变输出功率。

（3）能调节喷油时刻，使燃油燃烧彻底。

2. 柴油发动机燃油供给系统的分类

（1）传统供油系统。系统压力小于 100 MPa。传统的柴油发动机供油系统为直列柱塞式喷油泵供油系统。它由燃油箱、输油泵、低压油管、滤清器、喷油泵、高压油管、喷油器和回油管等组成。

（2）柴油共轨系统。系统压力小于 200 MPa。其主要以电控共轨式喷油系统为特征，直接对喷油器的喷油量、喷油正时、喷油速率和喷油规律、喷油压力等进行控制。高压油泵并不直接控制喷油，而仅仅向共轨供油以维持所需的共轨压力，并通过连续调节共轨压力来控制喷射压力。

（3）泵喷嘴系统。系统压力大于 300 MPa。在泵喷嘴系统中喷油泵和喷油器组成一个单元，每个发动机气缸都在缸盖上装有这样一个单元。它直接通过摇臂驱动或者间接由发动机凸轮轴通过推杆来驱动。

（4）单体泵系统。系统压力大于 300 MPa。单体泵系统工作方式跟泵喷嘴系统相同，它是一种模块式结构的高压喷射系统。与泵喷嘴系统不同的是，它的喷油器和喷油泵用一根较短的喷射油管连接，单体泵系统中每个气缸都设置一个单柱塞喷油泵，由发动机的凸轮轴驱动。

3．柴油发动机供油系统工作原理

柴油发动机工作时，输油泵将柴油从燃油箱经过粗滤器吸入，压送到油水分离器、燃油滤清器。燃油滤清后，经油管流到高压油泵总成。高压油泵使柴油压力增加，并将高压柴油定时定量地经高压油管等压送到喷油器。喷油器将柴油喷射进气缸中，形成雾状燃油，燃烧做功。喷油器多余的柴油经回油管流回燃油箱。

4．柴油发动机燃油供油系统机构组成及其作用

柴油发动机燃油供油系统由喷油器、喷油泵、调速器、输油泵、高压油管、燃油滤清器、回油管、供油提前角调节器、燃油箱组成，这些部件的主要作用如下：

（1）喷油器。安装在发动机气缸盖上，将喷油泵送来的高压燃油喷入燃烧室。喷油器是一个自动阀，可以设定其开阀压力，而喷油器的结构决定其关闭压力。

（2）喷油泵。对燃油进行加压、计量，并按照一定的次序将燃油供应到各个气缸所对应的喷油器中。

（3）调速器。检测出发动机的即时转速，并将即时转速和设定的转速进行比较，产生与两种速度差相对应的作用力，使发动机的转速向设定转速逼近。调速器既是一个速度传感器，又是调节喷油量的执行器，是一种典型的速度自动调节装置。

（4）输油泵。将燃油箱的燃油吸出来，送到喷油泵的低压腔。

（5）高压油管。将喷油泵中的高压燃油送入喷油器中。

（6）燃油滤清器。将燃油中的杂物滤去，保证喷油器正常工作。

（7）供油提前角调节器。连接在发动机驱动轴和喷油泵凸轮轴之间，由于其内部机构的作用，可改变喷油泵喷油时间。这是一个自动相位调节结构。

（8）燃油箱。为柴油发动机提供柴油。

5．燃烧室与混合气的形成

（1）燃烧室。根据混合气的形成方式及燃烧室的结构特点，柴油机燃烧室常见的有直喷式、预燃式和涡流式三种，其中直喷式燃烧室又称为统一式燃烧室，预燃式和涡流式燃烧室又称为分隔式燃烧室。

1）统一式燃烧室。统一式燃烧室是由凹形活塞顶、气缸垫间隙与气缸盖底面所包围的单一内腔，几乎全部容积都在活塞顶面上。采用这种燃烧室时，燃油直接喷射到燃烧室中，故又称直接喷射式燃烧室。汽车用柴油发动机多采用这种燃烧室。

常见的统一式燃烧室结构如图 6—33 所示。主要形状有 W 形、半球形和球形。

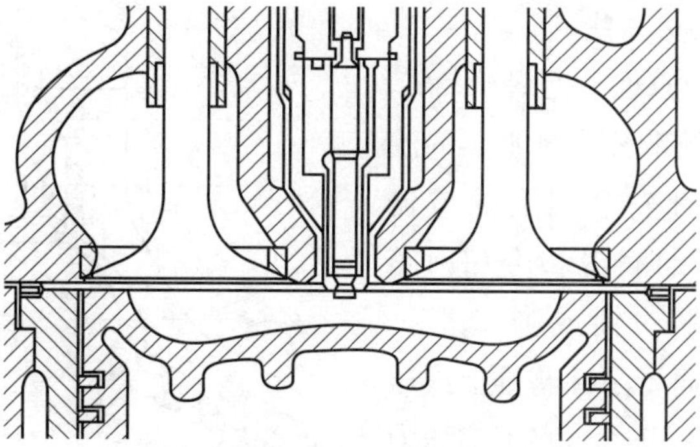

图 6—33　统一式燃烧室形状

2）分隔式燃烧室。分隔式燃烧室由两部分组成：一部分在气缸盖内，称副燃烧室；一部分在活塞顶与气缸盖底面所组成的空间，称主燃烧室。主、副燃烧室由通道相连接。这种燃烧室分为涡流室式燃烧室、预燃室式燃烧室。

（2）可燃混合气形成的方法

1）空间混合气形成。利用高压喷射，使柴油均匀分布在燃烧室内，并与压缩空气迅速混合形成可燃混合气。

2）表面蒸发混合气形成。将柴油以油膜状态分布到燃烧室内壁上，内壁高温使油膜蒸发快，并与高速旋转的空气涡流配合迅速形成可燃混合气。

3）两种方式混合使用。将一部分柴油喷入燃烧室空间形成可燃混合气，另一部分柴油在燃烧室壁上形成油膜，以表面蒸发的形式形成可燃混合气。

6. 高压泵（见图 6—34）

（1）高压泵的作用。高压泵位于低压部分和高压部分之间，它的任务是在车辆所有工作范围和整个使用寿命期间，在共轨中持续产生符合系统压力要求的高压燃油，以及快速启动过程和共轨中压力迅速升高时所需的燃油储备。

图 6—34　高压泵

（2）高压泵的结构（见图 6—35）。高压泵通常像普通分配泵那样装在柴油机上，以齿轮、链条或齿形带连接在发动机上，最高转速为 3 000 r/min，依靠燃油润滑。因为安装空间大小的不同，调压阀通常直接装在高压泵旁，或固定在共轨上。燃油经高压泵内 3 个相互成 120° 径向布置的柱塞压缩获得高压。由于每转一圈有 3 个供油行程，因此驱动峰值转矩小，高压泵驱动装置受载均匀。驱动转矩为 16 N · m，仅为同等级分配泵所需驱动转矩的 1/9 左右，所以共轨喷油系统对泵驱动装置的驱动要求比普通喷油系统低，高压泵驱动装置所需的动力随共轨压力和高压泵转速（供油量）的增加而增加。排量为 2 L 的柴油发动机，额定转速下共轨压力为 135 MPa 时，高压泵（机械效率约为 90%）所消耗功率为 3.8 kW。喷油器中的泄漏和所需的喷油量，及调压阀的回油，使其实际功率消耗率要更高些。

（3）高压泵的工作原理（见图6—36）。燃油通过输油泵加压经带分水排水器的滤清器送往安全阀，通过安全阀上的节流孔将燃油压到高压泵的润滑和冷却回路中。带偏心凸轮的驱动轴或弹簧根据凸轮形状相位的变化而将泵柱塞推上或压下。如果供油压力超过了安全阀的开启压力（0.05 ~ 0.15 MPa），则输油泵可通过高压泵的进油阀将燃油压入柱塞腔（吸油行程）。当柱塞到达下止点后而上行时，进油阀被关闭，柱塞腔内的燃油被压缩，只要达到共轨压力就立即打开排油阀，被压缩的燃油进入高压回路。到上止点前，柱塞一直泵送燃油（供油行程）。到达上止点后，压力下降，排油阀关闭。柱塞向下运动时，剩下的燃油降压，直到柱塞腔中的压力低于输油泵的供油压力时，吸油阀再次被打开，重复进入下一工作循环。

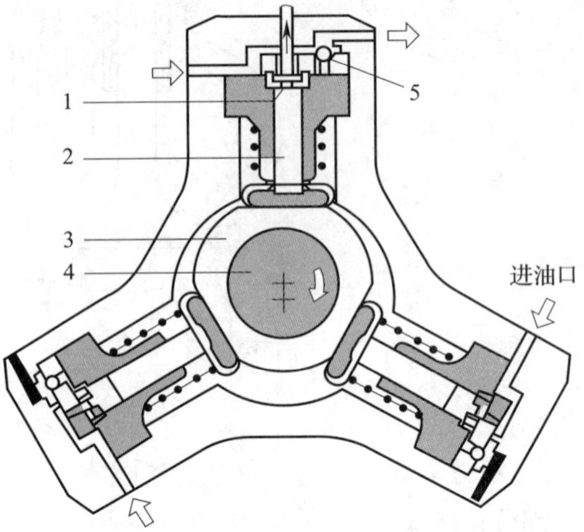

图6—35　高压泵结构

1—进油阀　2—柱塞组件　3—偏心轮　4—驱动轴　5—出油阀

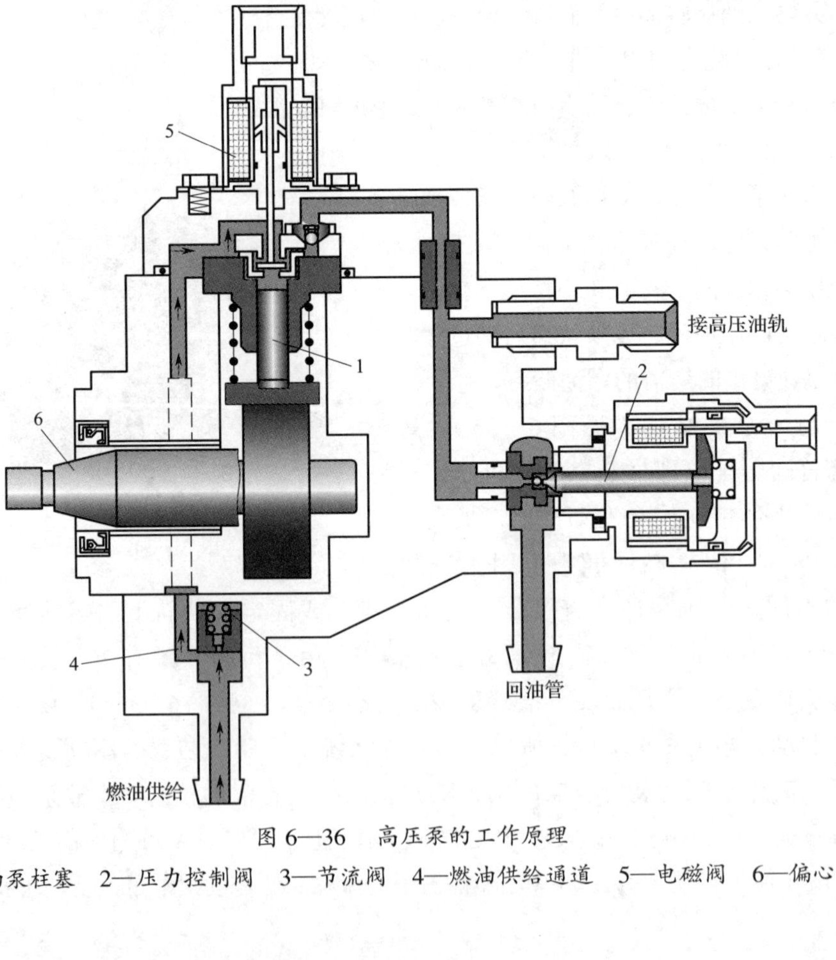

图6—36　高压泵的工作原理

1—油泵柱塞　2—压力控制阀　3—节流阀　4—燃油供给通道　5—电磁阀　6—偏心凸轮

（4）高压泵的供油效率。由于高压泵是按高供油量设计的，在怠速和部分低负荷工作状态下，被压缩的燃油会有冗余。通常这部分冗余的燃油经调压阀流回油箱，但由于被压缩的燃油在调压阀出口处压力降低，压缩的能量损失而转变成热能，燃油温度升高，因此降低了总效率。若泵油量过多，则需要使柱塞泵空转，切断供应高压燃油可使供油效率适应燃油的需要量，可部分补偿上述损失。柱塞被切断供油时，送到共轨中的燃油量减少。因为在柱塞偶件切断电磁阀时，装在其中的衔铁销将吸油阀打开，从而使供油行程中吸入柱塞腔中的燃油不受压缩，又流回到低压油路，柱塞腔内不增加压力。柱塞被切断供油后，高压泵不再连续供油，而是处于供油间歇阶段，因此降低了功率消耗。高压泵的供油量与其转速成正比，而高压泵的转速取决于发动机转速。喷油系统装配在发动机上时，其传动比的设计一方面要减少多余的供油量，另一方面又要满足发动机全负荷时对燃油的需要。可选取的传动比通常为 1∶2 和 2∶3，具体视曲轴而定。

（5）供油提前角自动调节机构。供油提前角自动调节机构如图 6—37 所示，主要由活塞 1、弹簧 5、传力销 6、连接销 7、滚轮 4、滚轮架 3 和滚轮轴 2 组成。传力销 6 的下端与连接销 7 连接，上端与滚轮架连接，传力销在活塞两端油压差的作用下，绕滚轮架中心作一定角度的摆动。

供油提前角自动调节过程如下：柴油发动机在某一转速下工作时，叶片式输油泵输送到泵腔内的低压柴油，经孔道进入油缸右腔，油缸活塞受到低压柴油向左的推力与向右的油缸左腔弹簧力及柴油细滤清后的柴油压力之合力相平衡。当柴油发动机转速升高时，叶片式输油泵转速随之增加，泵腔内柴油压力上升，油缸中活塞两端受力失衡，活塞左移，经连接销、传力销推动滚轮架绕其轴线顺时针转动某一角度（与凸轮盘转向相反），使凸轮盘端面凸峰提前某一角度与滚轮相抵靠，从而使分配转子向右移动时刻提前，实现供油提前作用。反之，活塞右移，使滚轮架逆时针转动某一角度，则供油提前角减小。

（6）共轨（见图 6—38）

1）共轨的作用。共轨的作用是储存高压燃油，高压泵的供油和喷油所产生的压力波动由共轨的容积进行缓冲。在输出较大燃油量时，所有气缸共用的共轨压力也应保持恒定，从而确保喷油器打开时喷油压力不变。

2）共轨的结构。由于发动机的安装条件不同，带流量限制器、共轨压力传感器、调压阀和限压阀的共轨可进行不同的设计。

3）共轨的工作原理。共轨中通常注满了高压燃油，充分利用高压对燃油的压缩来保持储存压力，并用高压泵来补偿脉动供油所产生的压力波动，因此即使从共轨中喷射出燃油，共

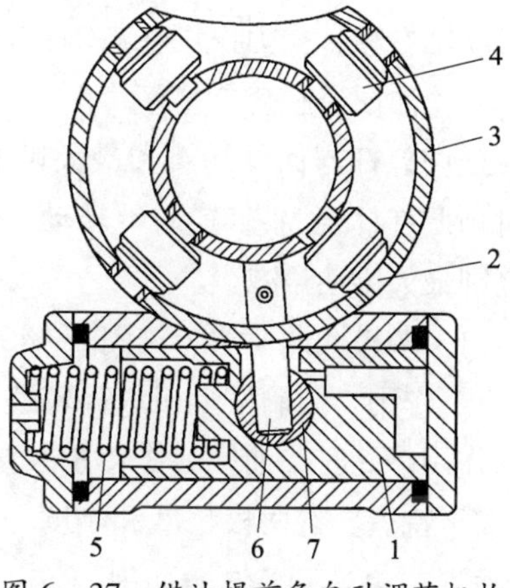

图 6—37　供油提前角自动调节机构
1—活塞　2—滚轮轴　3—滚轮架　4—滚轮
5—弹簧　6—传力销　7—连接销

轨中的压力也近似为恒定值。

7．调速器

Ⅶ型分配泵内装有机械离心式全程调速器，如图 6—39 所示主要由调速杠杆和调速弹簧部分、离心飞块和推力滑套部分、油量操纵部分、调速器调速螺钉部分、回位弹簧等组成。

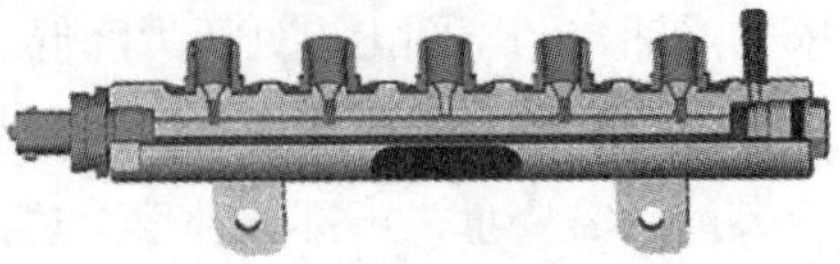

图 6—38 共轨

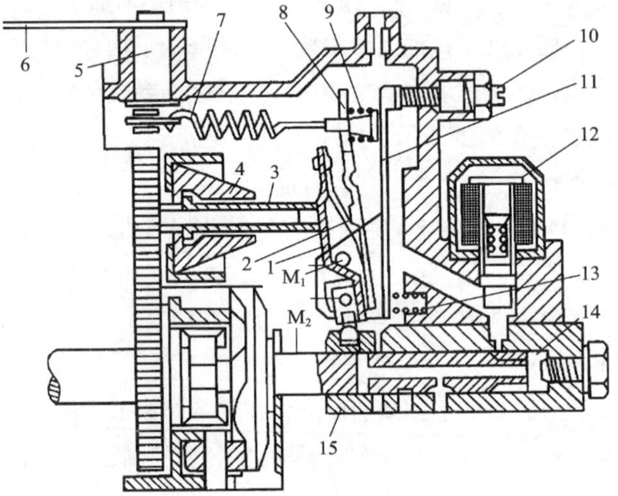

图 6—39 调速器启动工况

1—启动杠杆 2—启动簧片 3—推力滑套 4—离心飞块 5—操纵轴 6—操纵杆 7—调速弹簧 8—张力杠杆 9—怠速弹簧 10—最大供油量调节螺钉 11—预调杠杆 12—电磁阀 13—回位弹簧 14—压缩腔 15—油量控制滑套 M_1—预调杠杆支承轴销 M_2—启动杠杆支承轴销

操纵轴的下端偏心安装一个销轴，用来挂装调速弹簧，调速弹簧的另一端通过怠速弹簧及座与张力杠杆连接；在调速杠杆的作用下张力杠杆绕 M_2 轴逆时针转动，带动油量控制套向右移动，增加分配转子的有效供油行程，加大每循环供油量。当离心块外张时，推动滑动轴右移，推力作用在启动杠杆上，压缩片式弹簧使张力杠杆亦可绕 M_2 轴顺时针转动，带动油量控制套向左移动，减少供油量。

预调杠杆与回位弹簧和最大供油量调节螺钉共同完成最大供油量的调整。当旋入螺钉时预调杠杆绕 M_1 轴逆时针转动，带动 M_2 轴和油量控制套向右移动，最大供油量增加。反之则最大供油量减少。

（1）两极式调速器（见图 6—40）

1）作用。限制发动机最高转速和最低稳定转速。在最高转速和最低转速之间调速器不起作用，此时柴油机工作转速由驾驶员直接操纵供油拉杆来调节。

2）特点。有两根长度和刚度均不相同的弹簧，安装时都有一定的预紧力。低速弹簧 7 长而软，高速弹簧 8 短而硬。

3）工作原理。怠速时，驾驶员将操纵杆置于怠速位置，发动机将以规定的怠速转速运转。这时，飞球的离心力不足以将低速弹簧压缩到相应的程度。飞球将因离心力而向外

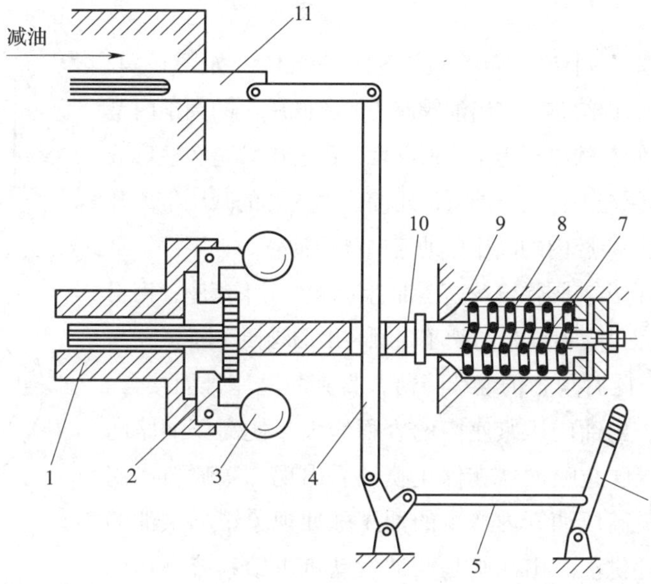

图 6—40　两极式调速器

1—支承盘　2—滑动盘　3—飞球　4—调速杠杆　5—拉杆　6—操纵杆　7—低速弹簧　8—高速弹簧　9—弹簧滑套　10—球面顶块　11—调节齿杆

略张，推动滑动盘 2 右移而将球面顶块 10 向右推入到相应的程度，使飞球的离心力与低速弹簧的弹力处于平衡。如由于某种原因使发动机转速降低，则飞球离心力相应减小，低速弹簧伸张与飞球的离心力达到一个新的平衡位置，于是推动滑动盘左移而使调速杠杆 4 的上端带动调节齿杆向增加供油量的方向移动，适当增多供油量，限制了转速的降低。

反之，如发动机转速升高，调速器的作用使供油量相应减小，限制了转速的升高。这样，调速器就保证了怠速转速的相对稳定。如发动机转速升高到超出怠速范围（由于驾驶员移动操纵杆），则低速弹簧将被压缩，球面顶块 10 与弹簧滑套 9 相靠。高速时，因高速弹簧的预紧力阻碍球面顶块的进一步右移，所以在相当大的转速范围内，飞球、滑动盘、调速杠杆、球面顶块等的位置将保持不动。只有当转速升高到发动机标定转速时，飞球的离心力才能增大到足以克服两根弹簧的弹力的程度，这时调速器的作用是防止柴油机超速。

（2）全程调速器。全程调速器不仅控制发动机最高转速和最低稳定转速，而且能自动控制从怠速到最高转速全部转速工作范围内的油量，保持发动机在任何给定转速下稳定地运转。全程调速器的特点：调速弹簧的预紧力可以在一定范围内任意调节，从而在允许的转速范围内都可起调速作用。全程调速器如图 6—41 所示。叉车多采用全程调速器。

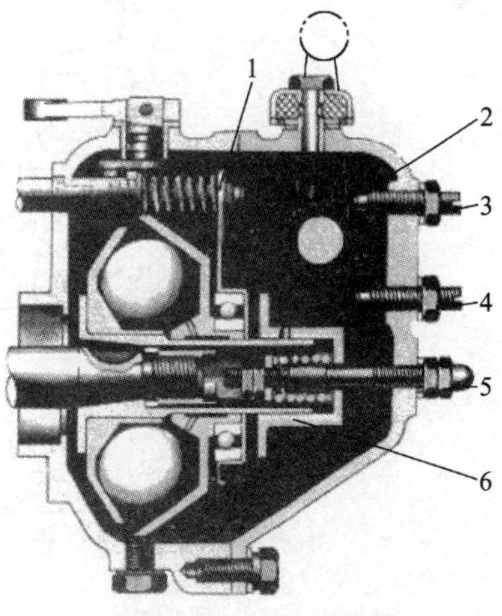

图 6—41　全程调速器

1—拉杆传动板　2—调速限位块　3—高速限位螺钉　4—怠速限位螺钉　5—油量限位螺钉　6—滑套

8．出油阀

出油阀由阀体、阀座、弹簧、弹簧座等组成，如图 6—42 所示。出油阀芯（简称阀芯）与出油阀座（简称阀座）的圆锥面是出油阀的密封面，阀芯的尾部为十字形断面，阀芯中部是圆柱形减压环带。它的工作原理为：当分油泵油压使出油阀芯的减压带离开阀座时，出油阀允许泵腔内的高压柴油流向高压油管。分泵停止泵油、卸压时，阀芯在出油阀弹簧及高压油管油压作用下落座，密封高压油管。在此过程中，减压带与阀座接触时出油阀便切断泵腔与高压油管的通路。此后阀芯仍继续降落，直到与阀座锥面接合。由于减压带上方、出油阀压紧座内的容积增大，使高压油路的油压降低。这样既防止喷油器在停止喷油后出现二次喷射或滴油现象，又可避免高压油管内严重的油压脉冲现象影响供油的准确性，减少循环供油。出油阀是柴油发动机供给系统高压油路中一个重要的单向阀，采用滚动高压轴承钢或合金工具钢制成，并且选配的精密偶件在使用时不可互换。

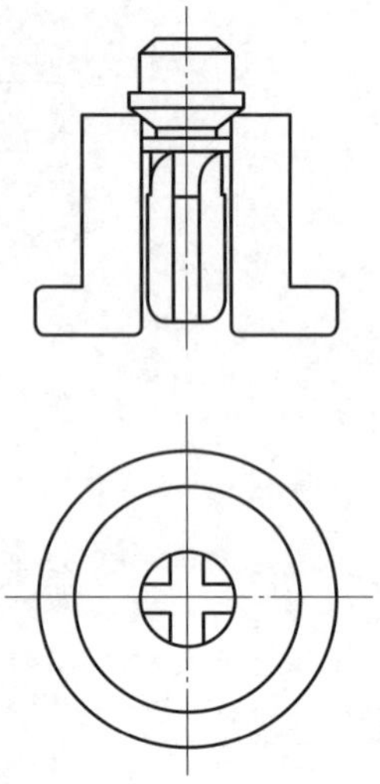

图 6—42　出油阀

9．断油电磁阀

如图 6—43 所示为断油电磁阀工况图，主要由电磁阀控制油道的关闭以控制进入转子压缩室的低压油，使压缩室无连续低压油供给，致使发动机熄火。

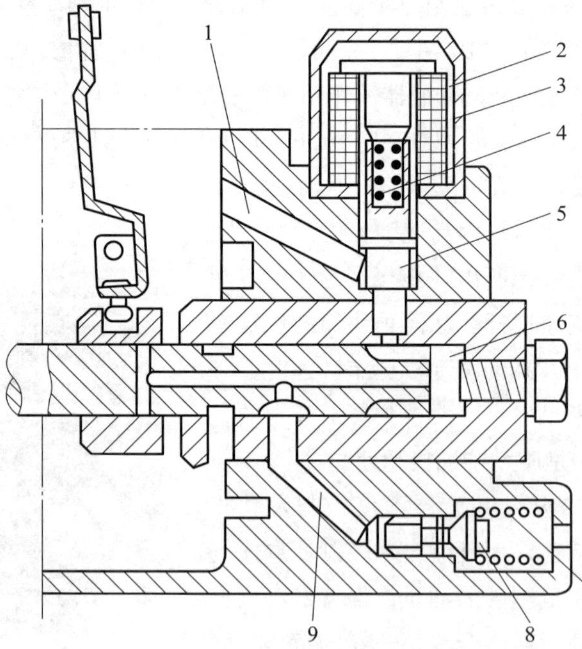

图 6—43　断油电磁阀工况图

1—泵体进油道　2—线圈　3—电磁阀　4—进油阀弹簧　5—进油阀　6—压缩室
7—出油阀弹簧　8—出油阀　9—高压油道

当打开点火开关时，电磁阀电路接通，进油阀在磁力作用下克服弹簧弹力而上移，泵体油道开通，二级泵油机构送来的燃油通过转子分配套筒进油口进入分配转子的压缩室。

当需熄火时，关闭点火开关，切断电磁阀的电路，进油阀在弹簧弹力的作用下下移，关闭油道，使发动机气缸无高压油进入而熄火。

二、柴油发动机供给系统的维修

1. 排除柴油供给系统内的空气

（1）柴油供给系统内产生空气的原因

1）更换柴油滤清器时未将滤清器内充满柴油。

2）更换高压油泵。

3）更换高压油管连接件或更换高压油管。

4）更换输油泵、低压油管。

（2）排除空气方法

1）排出低压油管、输油泵、柴油滤清器中的空气。拧松固定于进油管接头上的放气螺钉，摇动输油泵摇臂，放出空气直至放气螺钉处排出的柴油内不含气泡为止，以 8 N·m 的力矩拧紧放气螺钉。

2）排出高压油管中的空气。启动发动机（不发动着车），拧松第一根高压油管固定于喷油器端的油管螺母，使空气逸出，再用 24 N·m 的力矩拧紧螺母。依次给其余的油管逐一放气，直至发动机运转平稳为止。不允许在热发动机上放气，以避免柴油溅到高温排气管上而产生火焰。

2. 双级柴油滤清器的维修

柴油滤清器带油水分离器，应每天拧松阀塞放水。一般在发动机使用 500 h 或 16 000 km 后更换双级滤清器。滤清器为不可拆式（整体式）的，需整体更换。

更换新滤清器时，将滤清器用干净的柴油充满。在滤清器密封橡胶上涂少许润滑油，涂油后必须在 15 min 内安装。滤清器装到接头上后，用手拧紧直到与滤清器座接触，然后再转 1/2 ~ 3/4 圈，不要拧得过紧，以防损坏滤清器螺纹和橡胶圈。

如果滤清器座与缸盖密封的 O 形密封圈渗漏，需拆下滤清器座，更换密封圈。安装时用手带上螺母，将滤清器座调到与曲轴中心线成 50° 角的位置，然后按照规定的力矩把螺母拧紧。

3. A 型喷油泵的拆装

（1）分解要求

1）放净燃油、润滑油，并彻底清洗泵外表和工作台。

2）进行性能试验，并记录数据，以便维修检查对照。

3）从车上拆下喷油泵进行检修时，应注意对准各部标记。拆下喷油泵前，按曲轴旋转方向撬转曲轴，使喷油泵从动盘上的刻线与喷油泵前盖上的刻线对齐后，再拆下喷油泵，且在拆下后不得转动曲轴。否则，在装复喷油泵时，应重新找出一缸供油时的活塞位置，然后才能装复喷油泵。

4）分解时应注意装配标记或重做标记，并按拆卸顺序用专用工具进行分解。

5）拆缸的零件应依次放置整齐，对于不能互换的精密偶件，必须按原来的组合成对放置，不得错乱。

（2）A 型喷油泵主要零部件的拆卸

1）拆卸出油阀偶件。先拆下出油阀紧座，用专用工具将出油阀偶件从泵体内取出，如图 6—44 所示。

2）拆卸柱塞偶件。拆下出油阀紧座和出油阀偶件后，将喷油泵平放，用钩形硬铜丝钩住柱塞套进油孔，拉出柱塞套，同时从柱塞套安装孔内取出柱塞。

3）拆下凸轮轴。转动凸轮轴，按顺序将各缸挺柱体部件顶至上止点位置，将插片插入正时螺钉和正时螺母之间卡住，使凸轮轴凸轮与滚轮脱离接触，然后拆下喷油泵前端轴承座，取出凸轮轴。

4）拆卸挺柱体部件。拆下挺柱体底部各缸碗形塞，用挺柱顶持器逐个顶推挺柱体，取下插片。然后用尖嘴钳从碗形塞孔中取出挺柱体部件及弹簧下座、柱塞弹簧等零件。油量控制套筒和调节齿圈则可从泵体窗口取出。

4. 喷油器的维修

（1）喷油器的拆装。拆卸喷油器时，用一个扳手固定喷油器体，再用一个开口扳手松开锁紧螺母。严禁只用一个扳手拆卸，否则喷油器定位珠会在气缸盖孔中转动而损坏气缸盖。拆卸后，用干净的刷子清洁喷油器孔。安装喷油器时必须使用新铜垫，并且只能装一个，将喷油器的定位珠与缸盖孔中相应的凹槽对准，用 60 N · m 的力矩将锁紧螺母拧紧，并防止损坏螺纹和回油口密封表面。

（2）喷油器的分解、清洗和检验

1）分解

①用如图 6—45 所示的专用工具，取下留在喷油嘴上的铜锥体，收存调整垫片。

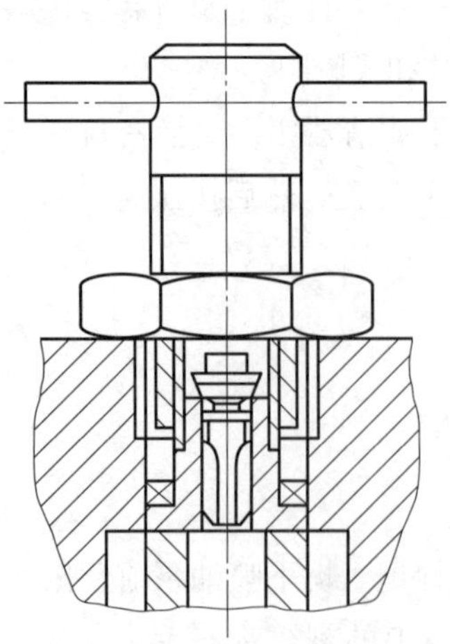

图 6—44　取出出油阀偶件

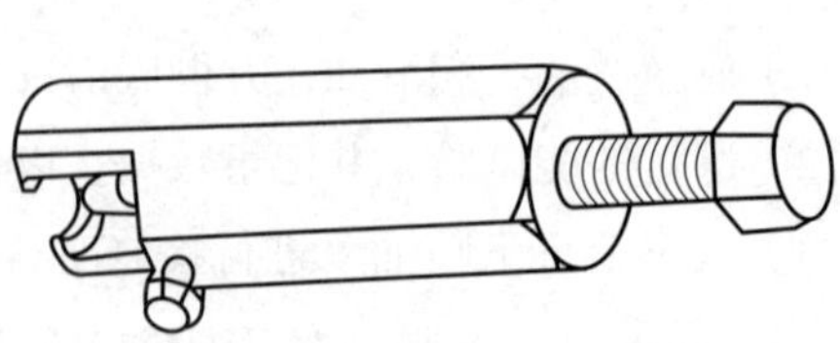

图 6—45　铜锥体拉器

②将清洗干净的喷油器夹在垫有铜片的台虎钳上，并使喷油嘴朝下，拧下锁紧螺母和调压螺钉，取出弹簧、弹簧座和顶杆，收存垫片。

③将喷油嘴朝上在台虎钳上夹好，拆下喷油嘴紧固螺套，取出针阀体，如针阀体被积炭卡在螺套内，应在清洗柴油中浸泡后取出，不允许硬撬。

④从针阀体内拔出针阀，如拔不动，可用手钳垫夹住拧出。进油管内的滤芯除需要更换时拆出外，一般不必拆出。

2）清洗和检验。用铜丝刷清除外部积炭，如喷孔堵塞可用专用通针疏通，针阀体内的污物可用专用清除工具剔除，然后用柴油洗净。针阀导向面、密封锥面有伤痕、颜色暗淡无光或针阀体严重腐蚀时，均应更换。

（3）喷油器的装复与调试

1）喷油器的装复

①装复前，清洗所有零件，然后使喷油器进油口端朝下夹于垫有铜片的台虎钳上。

②将在清洁柴油中浸泡过的喷油嘴取出，对准定位销，装于喷油器体上，以 60 N·m 的力矩拧紧固定螺套。

③取下喷油器，上下移动可听到针阀活动的响声，否则应重新清洗喷油嘴后装复，若针阀仍不滑动，可更换喷油嘴。

④将喷油器反过来夹于台虎钳上，装顶杆、弹簧座、弹簧。

⑤拧上调压螺钉和紧固螺母。

2）喷油器的调试。喷油器的调试应在如图 6—46 所示的喷油器试验器上进行。该试验包括以下三项内容：

①密封性试验。试验前，应先检查喷油器试验器的密封性，应符合如下要求：将喷油器试验器的高压出油管堵死，压动手柄，使压力升至 30 MPa 时，在 3 min 内压力下降应不大于 1 MPa。

a．圆柱工作面密封性试验。将喷油器装在喷油器试验器上，用旋具拧动调压螺钉，并连续压动试验器手柄将喷油压力调整到比标准压力高 3 ~ 5 MPa，测量压力从 20 MPa 下降到 18 MPa 所需时间，应为 10 ~ 20 s。

b．圆锥工作面密封性试验。连接压动试验器手柄，使压力上升到比标准喷油压力低 2 MPa，观察喷油器喷孔，在 10 s 内不得有渗漏现象。

②调整喷油压力。以 60 次 /min 的频率压动试验器手柄，喷油器开始喷油时压力表所示压力即喷油压力，其数值应符合规定，若不符合规定，拧动喷油器的调整螺钉或改变调整垫片厚度进行调整。

③喷射质量检验。按规定的喷油压力使喷油器以 60 ~ 70 次 /min 的喷油频率进行喷射质量检验，要求油雾分布均匀，不得有油滴飞溅现象。当喷油切断时应有清脆响声。多次喷射后，允许喷孔附近略有湿润。

（4）检查喷油器在气缸盖上的安装位置。将喷油器安装于气缸盖上后，应检查喷油器喷油嘴端露出气缸盖底平面的高度，如图 6—47 所示。各柴油发动机喷油器喷油嘴尖端露出气缸盖底平面的高度，见各车辆所规定的标准和要求。若不符合要求，则通过更换调整垫圈或铜锥体来调整。

图 6—46 喷油器试验器

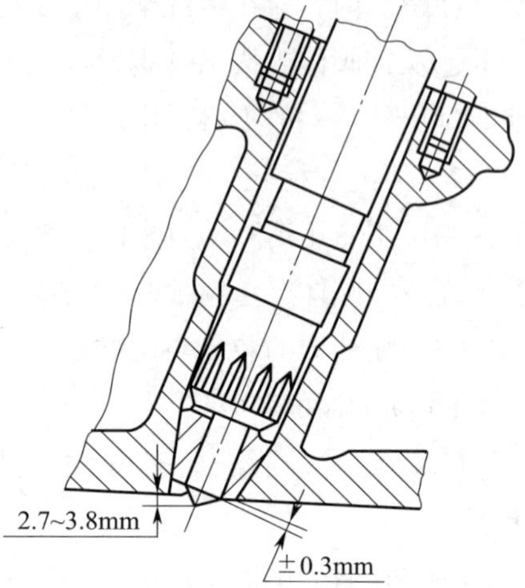

图 6—47 喷油器喷嘴露出高度

第四节 润 滑 系 统

一、润滑系统概述

1. 润滑系统的功用及方式

（1）润滑的功用。润滑系统的功用就是向各运动零件表面输送定量的清洁润滑油，其具体功用有润滑、清洗、冷却、密封、防锈蚀、缓冲。

（2）润滑方式

1）压力润滑。利用机油泵，将具有一定压力的润滑油源源不断地送往摩擦表面的润滑方式称为压力润滑。例如曲轴主轴承、连杆轴承及凸轮轴轴承等承受的载荷大且相对运动速度较快的部位，需要采用压力润滑方能形成油膜。

2）飞溅润滑。利用飞溅的油滴或油雾来润滑摩擦表面的润滑方式称为飞溅润滑。这种润滑方式可用于裸露在外面且承受载荷较轻的气缸壁及相对滑动速度较小的活塞销、正时同步齿轮、凸轮表面及挺柱等处的润滑。

2. 润滑系统的结构及工作原理

（1）润滑系统的结构。润滑系统一般由油底壳、机油泵、机油滤清器、机油散热器（冷却器）、机油尺以及各种阀、传感器和机油压力表、温度表等组成。

（2）发动机润滑系统的工作原理。发动机润滑系统的工作原理如图 6—48 所示。机油泵通过集滤器将机油从油底壳吸出，同时供给机油粗滤器和机油细滤器。经过粗滤器的机油直接进入主油道，再经过气缸体隔墙上的油道进入主轴承及连杆轴承，气缸体的一、二、五、七隔墙上有通往凸轮轴四个轴承孔的油道，在左缸体的前部和后部钻有与凸轮轴前后轴承油道相通的垂直油道，并通过缸盖螺栓孔及上端的斜油孔与摇臂支承油孔相连，以润滑摇臂及气门杆部。推杆的润滑是靠摇臂侧面上的孔喷油润滑，挺杆、凸轮及缸筒靠飞溅润滑，正时同步齿轮靠机油泵的斜齿轮带起的机油润滑。在机油细滤器的进油口装有进油低压限制阀，只有当油压达到规定的 147 ~ 196 kPa 时机油才进入细滤器，经过滤清直接流回油底壳。润滑空气压缩机的油管接在细滤器的底座进油道上，回油管装在该底座的回油孔上。机油粗滤器上装有旁通阀，当滤芯阻力超过 147 kPa 时，旁通阀打开，机油不经滤清直接进入主油道。机油泵上限压阀开启的压力为 588 kPa。

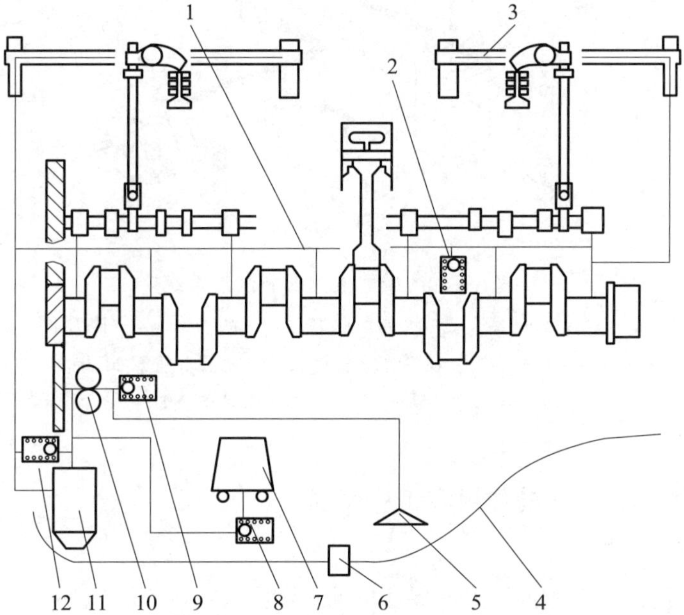

图 6—48 发动机润滑系统工作原理

1—主油道 2—调压阀 3—摇臂轴 4—油底壳 5—机油集滤器
6—放油螺塞 7—机油细滤器 8—低压限制阀 9—机油泵限压阀
10—机油泵 11—机油粗滤器 12—旁通阀

（3）带有散热器的柴油发动机润滑系统工作原理。润滑系统如图 6—49 所示。机油泵采用转子式结构，通过惰轮由曲轴带动。机油泵将机油通过缸体上的油道压入机油冷却器座（装有油压限制阀，开启压力为 460 kPa；冷却器座上还装有机油滤清器旁通阀），机油冷却后经滤清器进入气缸体上的中间横向油道，而后进入缸体另一侧的主油道。主油道的机油通过各斜向油道流入曲轴主轴颈，在主轴颈处通过不同的油道又分别流入连杆轴颈、凸轮轴轴承及活塞冷却喷嘴。机油通过与主油道相通的竖直油道流向气缸盖，进入摇臂机构而润滑摇臂，从摇臂喷出的机油润滑气门杆部。通过主油道上设置的接头和外接软管，给发动机的附件如增压器、空气压缩机等提供润滑。发动机的传动齿轮系统中，除机油泵惰轮轴为压力润滑外，所有的齿轮啮合面都为飞溅润滑。

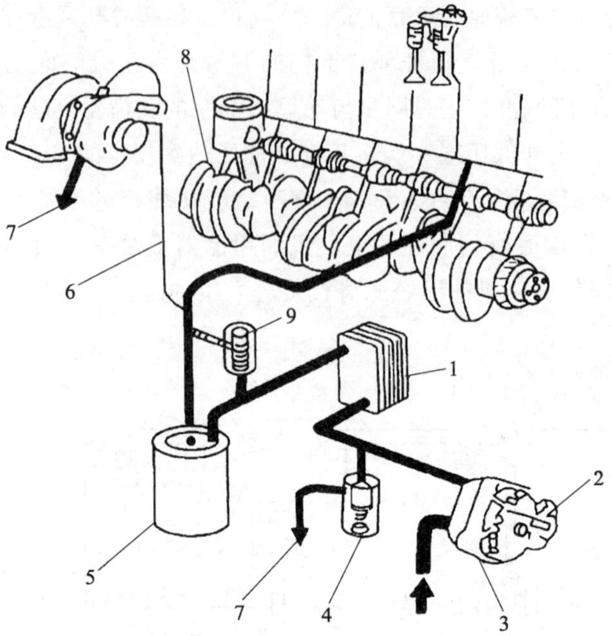

图 6—49　带有散热器的润滑系统

1—机油冷却器　2—机油泵惰轮　3—机油泵　4—限压阀

5—机油滤清器　6—增压器供油管　7—增压器回油管

8—活塞冷却喷嘴　9—滤清器旁通阀

二、润滑系统各部件的作用和工作原理

1. 机油泵

机油泵的功用是提高机油压力，保证机油在润滑系统内不断循环。目前发动机润滑系统中广泛采用的是外啮合齿轮式机油泵和内啮合转子式机油泵两种。

（1）齿轮式机油泵。齿轮式机油泵如图 6—50 所示。

齿轮泵主要由主动轴、主动齿轮、从动轴、从动齿轮、壳体等组成。两个齿数相同的齿轮相互啮合，装在壳体内，齿轮与壳体的径向和端面间隙很小。主动轴与主动齿轮用键连接，从动齿轮空套在从动轴上。工作时，主动齿轮带动从动齿轮反向旋转。两齿轮旋转时，充满在齿轮齿槽间的机油沿油泵壳壁由进油腔到出油腔。在进油腔一侧，由于齿轮脱开啮合以及机油被不断带走而产生真空度，使油底壳内的机油在大气压力作用下经集滤器进入进油腔；而在出油腔一侧，由于齿轮进入啮合和机油被不断带入而产生挤压作用，机油以一定压力被泵出。

（2）转子式机油泵。转子式机油泵如图 6—51 所示。

它由壳体、内转子、外转子、泵盖等组成。内转子用键或销固定在转子轴上，由曲轴正时同步齿轮直接或间接驱动。内转子与外转子中心有一偏心距，内转子带动外转子一起沿同一方向转动。由于内转子的凸齿数（6 个）比外转子的凹齿数（7 个）少一个，使得内、外转子同向不同步地旋转。转子齿形齿廓设计得使转子转到任何角度时，内、外转子

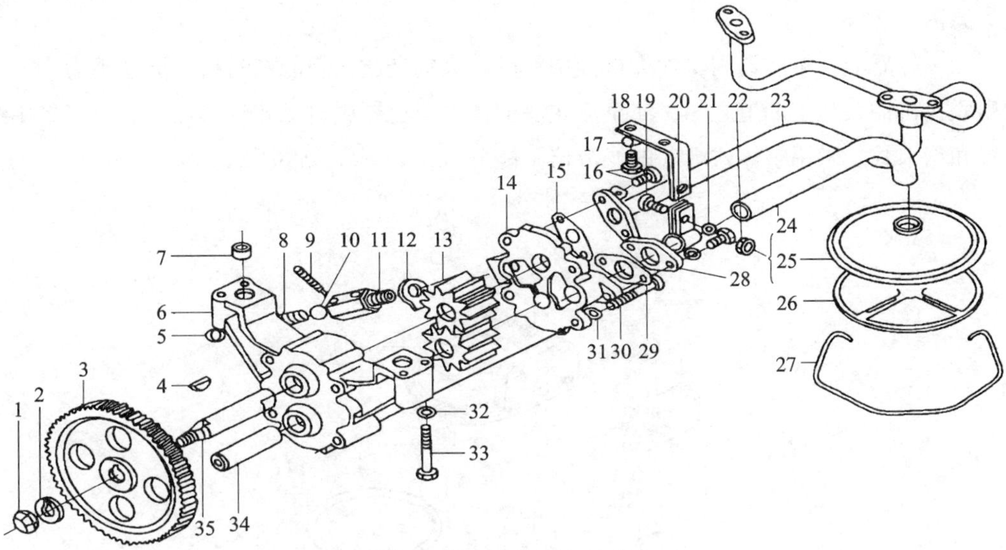

图 6—50　齿轮式机油泵

1、22—螺母　2、12—锁片　3—机油泵传动齿轮　4—半圆键　5—弹簧座　6—泵体　7—定位环　8—限压阀弹簧　9—开口销　10—钢球　11—限压阀体　13—齿轮　14—泵盖　15、29—密封垫　16、19、30、33—螺栓　17、21、32—弹簧垫圈　18—连接板　20—夹子　23—出油管　24—吸油管　25—集滤器外壳　26—滤网　27—卡簧　28—法兰　31—垫圈　34—从动轴　35—主动轴

每个齿的齿形廓线上总能互相成点接触，这样内、外转子间形成4个工作腔，随着转子的转动，这4个工作腔的容积是不断变化的。在进油道的一侧空腔，由于转子脱开啮合，容积逐渐增大，产生真空度，机油被吸入；转子继续旋转，机油被带到出油道的一侧，转子正好进入啮合，使这一空腔容积减小，油压升高，机油从齿间挤出并由出油道压送出去。随着转子的不断旋转，机油就不断地被吸入和压出。

2．机油滤清器

一般润滑系统中装有几个不同滤清能力的滤清器，即集滤器、粗滤器和细滤器。

（1）集滤器。集滤器内装有金属丝网，安装于机油泵进油管上，其作用是防止较大的机械杂质进入机油泵。集滤器分为浮式和固定式两种。浮式集滤器目前应用不多。固定式集滤器结构简单，逐步取代浮

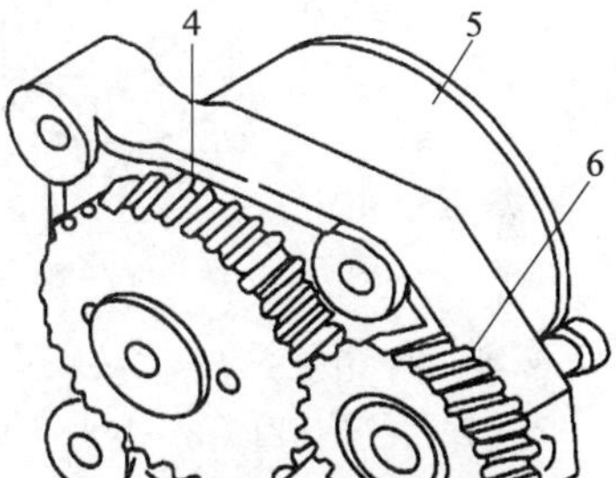

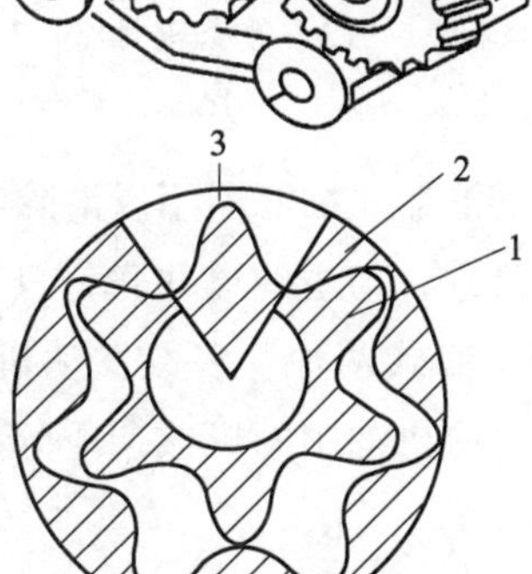

图 6—51　转子式机油泵

1—转子　2—壳体　3—齿轮啮合区　4—机油泵驱动轮　5—机油泵　6—机油泵惰轮

式集滤器。

（2）粗滤器。粗滤器用于滤去机油中粒度较大的杂质。粗滤器对机油流动阻力小，通常串联在机油泵与主油道之间，属全流式滤清器。粗滤器属过滤式滤清器，滤芯多采用纸质式和锯末式。采用整体式纸芯的滤清器不能分解，如图 6—52 所示。

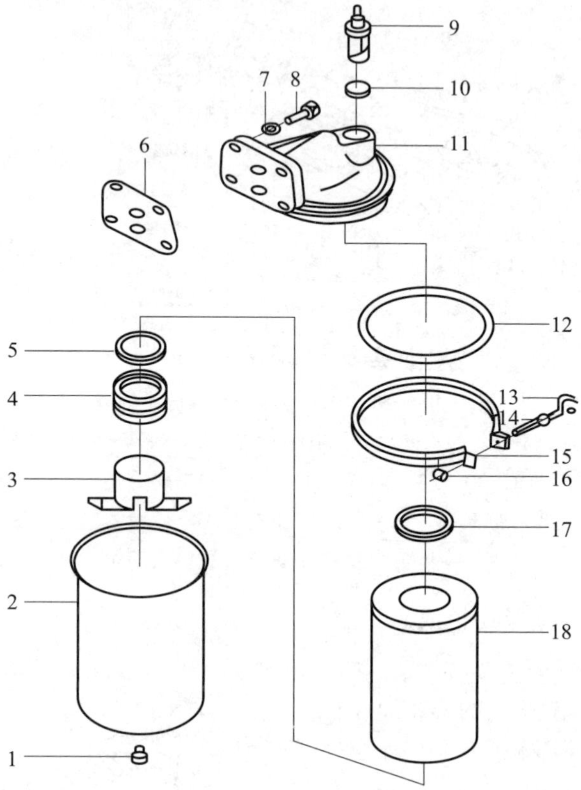

图 6—52　粗滤器

1—螺塞　2—外壳　3—滤芯底座　4—滤芯压紧弹簧　5—滤芯密封圈　6—密封垫
7—弹簧垫圈　8—螺栓　9—旁通阀总成　10—密封圈　11—外壳座
12—外壳密封圈　13—卡圈紧固螺栓　14—螺母　15—卡圈
16—方螺母　17—滤芯密封圈　18—滤芯总成

（3）细滤器。细滤器用以清除细小的杂质。这种滤清器对机油的流动阻力较大，故多做成分流式，与主油道并联，只有少量的机油通过它滤清后又回到油底壳。细滤器有过滤式和离心式两种。多数发动机采用离心式细滤器。离心式细滤器是利用离心力的作用原理，将机油中的机械杂质分离出来。下面主要介绍离心式细滤器的构造和工作原理。

发动机的细滤器如图 6—53 所示。发动机细滤器为 FL100 型，它由底座、转子、转子轴、外罩等部分组成。在底座上设有进油低压限制阀，当进油口压力达到 147 ~ 196 kPa 时，机油才能进入转子内腔驱动转子转动。当进油压力达到 294 kPa 时，转子转速可达 5 500 r/min 以上。

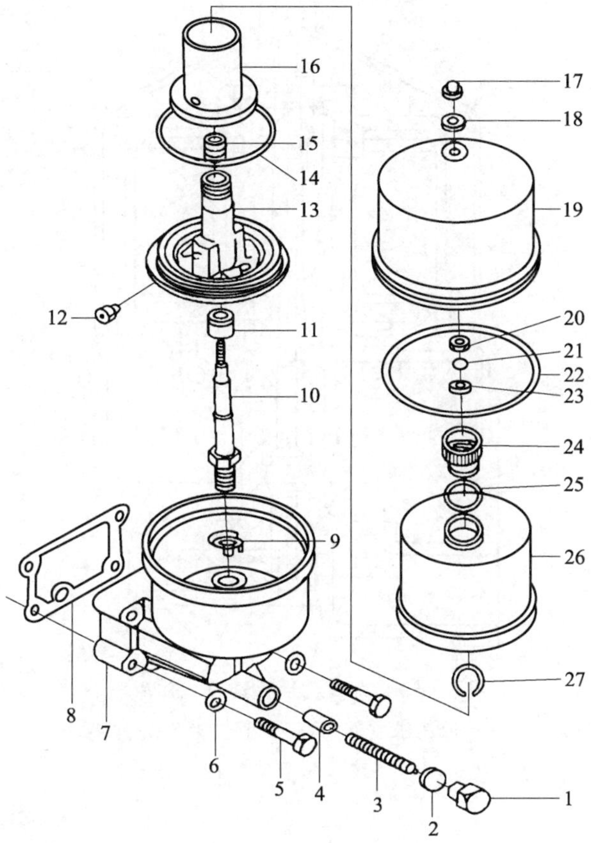

图 6—53 细滤器

1—螺塞 2、18—密封圈 3—弹簧 4—柱塞 5—螺栓 6—垫圈 7—底座 8—密封垫 9—止推片 10—转子轴 11—下轴承 12—喷嘴 13—转子体 14、22—密封圈 15—上轴承 16—导流罩 17—盖形螺帽 19—外罩 20—螺母 21—弹簧垫圈 23—止推座 24—紧固螺母 25—密封垫 26—转子罩 27—弹簧挡圈

离心式细滤器的工作原理如图 6—54 所示。当油压超过低压限制阀 3 的压力时，机油进入转子，而后从转子下端两个方向相反的喷嘴 6 喷出，在反作用力作用下转子高速旋转，转子内的机油在离心力作用下，杂质甩到转子罩内壁上，并在内壁上沉积，使机油得以滤清。经过滤清的机油又流回油底壳。

3．机油压力开关

柴油发动机润滑系统内设置两个机油压力开关，一个为 30 kPa 低压开关，位于发动机缸体侧壁；另一个为 180 kPa 高压开关，位于机油滤清器支架上。打开点火开关，油压指示灯即闪亮，启动发动机，当机油压力大于 30 kPa 时，该指示灯灭。当发动机低速运转时，如果机油压力低于 30 kPa，则低压开关触点闭合，油压指示灯闪亮。当发动机转速大于 2 000 r/min 时，如果机油压力达不到 160 ~ 200 kPa，则高压开关断开，油压指示灯闪亮，并且警报蜂鸣器同时报警。

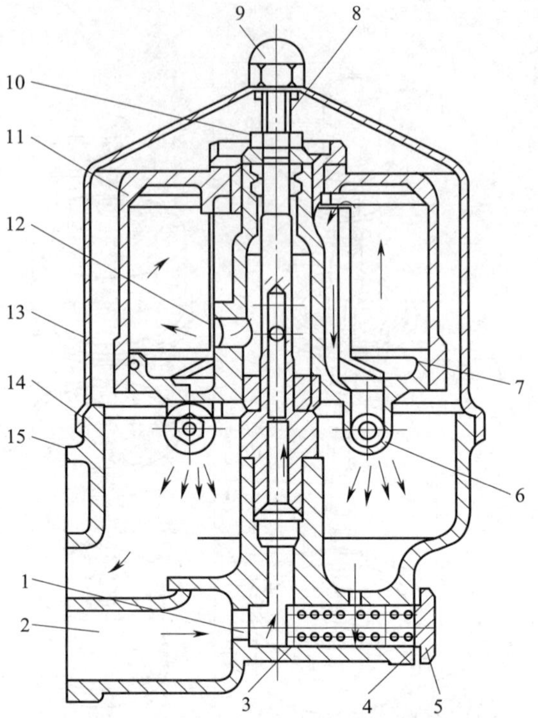

图 6—54　离心式细滤器的工作原理

1—转子轴入口　2—进油口　3—低压限制阀　4—调整垫片　5—螺塞　6—喷嘴　7、14—密封圈　8—转子轴　9—盖形螺母　10—螺母　11—转子罩　12—转子体入口　13—外罩　15—底座

4．机油冷却器

机油冷却器的作用是降低机油温度，保持润滑油一定的黏度。

有的柴油发动机的润滑系统装有机油冷却器，如图 6—55 所示。机油冷却器芯为 7 片板翘式机油冷却器，各芯片之间、芯片与底板之间的垫片焊在一起。机油冷却器为内藏

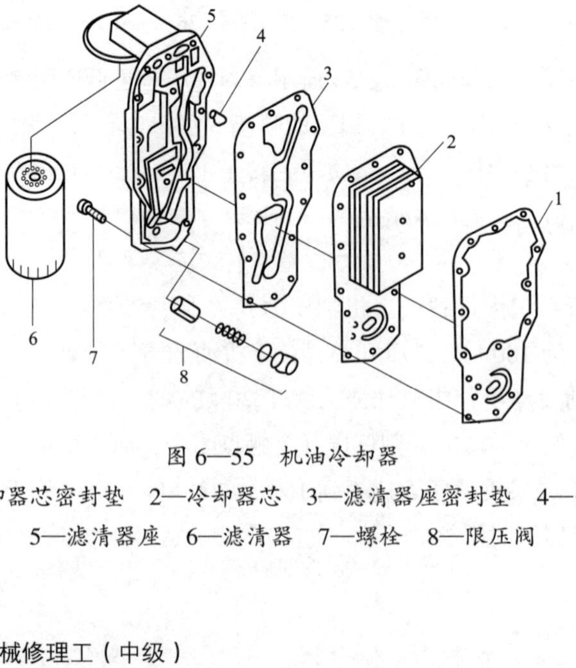

图 6—55　机油冷却器

1—冷却器芯密封垫　2—冷却器芯　3—滤清器座密封垫　4—旁通阀
5—滤清器座　6—滤清器　7—螺栓　8—限压阀

式，安装在缸体水套内，7 块散热片浸泡在缸体水腔中，高温机油从进油孔流入冷却器，各芯片热量传递给冷却液，从而降低了机油的温度。发动机启动时，则从冷却液吸收热量使润滑油迅速提高温度，以增强机油的润滑效果。

5. 曲轴箱通风装置

曲轴箱通风方式一般有两种，一种是自然通风，另一种是强制通风。

（1）自然通风。把曲轴箱抽出的气体直接导入大气中的通风方式称为自然通风。柴油发动机多采用这种通风方式。在与曲轴箱连通的气门室盖或润滑油加注口接出一根下垂的出气管，管口处切成斜口，切口的方向与汽车行驶的方向相反。利用汽车行驶和冷却风扇的气流，在出气口处形成一定真空度，将气体从曲轴箱抽出。

（2）强制通风。从曲轴箱抽出的气体导入发动机的进气管，吸入气缸再燃烧，这种通风方式称为强制通风。汽油发动机一般都采用这种曲轴箱强制通风方式。这种方式可以将窜入曲轴箱内的混合气回收使用，有利于提高发动机的经济性，同时也可降低对环境的污染。如图 6—56 所示为 CA6102 型发动机曲轴箱强制通风装置。

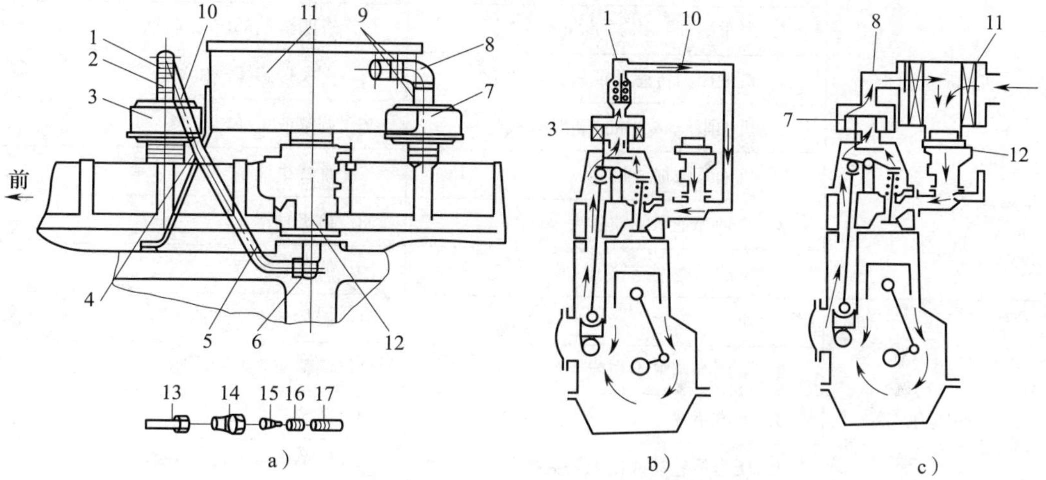

图 6—56　CA6102 型发动机曲轴箱强制通风装置

a）曲轴箱通风阀　b）内循环　c）外循环

1—PCV 阀　2、10—连接软管　3、7—油气分离器　4—螺栓　5—曲轴箱通风管　6—弯管接头　8—连接弯管　9—环箍总成　11—空气滤清器　12—化油器　13—通风管　14—通风阀体　15—通风阀　16—弹簧　17—通风阀座

曲轴箱强制通风装置采用 PCV 阀双路抽气。一路气体经挺杆室、推杆孔进入气缸盖后罩盖内，再经油气分离器 3、PCV 阀 1、通风管进入进气支管，参与再燃烧。另一路气体经挺杆室、推杆孔进入气缸盖前罩盖内，经油气分离器 7 进入空气滤清器 11，与空气一起进入气缸燃烧。当曲轴箱内压力低于空气滤清器滤芯外围的压力时，新鲜空气自空气滤清器 11 经过油气分离器 7 进入曲轴箱。

PCV 阀装在后罩盖上，它是由通风管 13、通风阀体 14、通风阀 15、弹簧 16、通风阀座 17 组成，其作用是根据发动机不同的工况调节通气量。

怠速时，发动机进气支管内真空度最大，单向阀被吸压在阀座上，曲轴箱内的废气经单向阀上的小孔进入进气支管，既保证了通风效果，又保证了怠速稳定。

中等负荷时，发动机进气支管内真空度下降，阀在弹簧的张力作用下离开阀座，使通风量适当增大，保证了曲轴箱内的气体抽出和空气的更新。

大负荷时，阀门完全打开，通风量最大，保证了曲轴箱内新旧气体的大量对流。

三、润滑系统故障现象、原因与排除方法

润滑系统故障现象、原因与排除方法见表 6—5。

表 6—5　　润滑系统故障现象、原因与排除方法

故障现象	故障原因	排除方法
机油压力过低	1. 机油不足	1. 添加机油
	2. 机油黏度低	2. 更换机油
	3. 机油被稀释	3. 排除故障，更换机油
	4. 严重漏油	4. 查明漏油部位并排除
	5. 机油压力传感器或机油表故障	5. 更换传感器或机油表
	6. 机油限压阀失准或机油表故障	6. 调整或更换限压阀
	7. 机油泵磨损或损坏	7. 维修机油泵
	8. 曲轴等轴承间隙过大	8. 检修轴承
	9. 集滤器滤网堵塞	9. 清洗集滤器
机油压力过高	1. 机油黏度过大	1. 按标准更换机油
	2. 限压阀调整不当或卡死	2. 调整或更换限压阀
	3. 油道堵塞	3. 清洗并吹通
	4. 压力传感器或压力表失准	4. 更换传感器或压力表
	5. 机油滤清器堵塞且旁通阀打不开	5. 更换滤芯，检修旁通阀
机油变质	1. 机油使用时间过长	1. 按规定更换机油
	2. 曲轴箱通风不良，燃油混入机油	2. 检修曲轴箱通风装置
	3. 滤清器堵塞，机油未经滤清	3. 清洗滤清器
	4. 活塞与缸壁间隙过大，燃油下泻	4. 检修缸筒和活塞
	5. 缸垫或缸体损坏，冷却液进入机油	5. 更换缸垫或检修缸体
机油消耗超标	1. 机油从外部泄漏	1. 检查发动机外部
	2. 气门油封损坏	2. 更换气门油封
	3. 气门与导管间隙过大	3. 更换气门或导管
	4. 气缸磨损严重或拉伤	4. 检修气缸
	5. 活塞环损坏或安装有错	5. 更换活塞环，并按要求安装

第五节　冷 却 系 统

冷却系统的功用就是使发动机在任何工况下都得到适度的冷却，同时为空调系统提供热源。

一、冷却系统构造

1．冷却系统的组成与工作原理

发动机普遍采用强制循环式水冷却系统，即利用水泵强制冷却水（液）在冷却系统中循环流动。它主要由散热器、水泵、风扇、冷却水套和温度调节装置（节温器）组成，如图 6—57 所示。

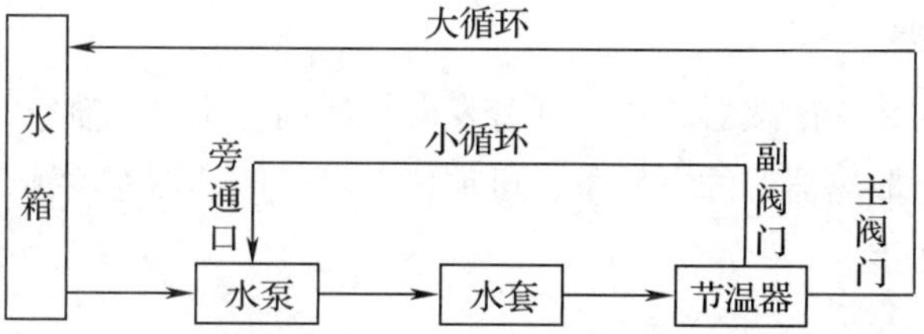

图 6—57　强制循环式水冷却系统示意

发动机运转时，水泵将冷却液加压后通过气缸体进水孔，经分水管进入气缸体和气缸盖水套内。分水管沿纵向开有出水孔，用以保证各缸冷却强度均匀一致。冷却液在吸收了机体的热量后经气缸盖出水孔流回散热器。由于有风扇的强力抽吸，空气流由前向后高速通过散热器，因此，受热后的冷却液在流过散热器的过程中，热量不断地散发到大气中去。冷却后的冷却液流到散热器的底部，又被水泵抽出，再次压送到发动机的水套中。如此不断循环，使发动机不断得到冷却。

为了使发动机在不同工况和环境温度下保持适宜的温度，冷却系统中设有冷却温度调节装置，如百叶窗、节温器、风扇离合器等。此外，为了使驾驶员随时掌握冷却系统的工作情况，还设有水温表或水温警报灯等指示装置。为了提高燃油雾化程度，还可以利用冷却液的热量对进入进气支管内的混合气进行预热。例如，桑塔纳轿车发动机，从发动机水套流出的冷却液，一部分直接流回散热器进行冷却，另一部分从气缸体水套流至混合气预热水道，对进气支管内的混合气预热后流回水泵。需取暖时，打开暖气控制阀，从气缸体水套流出的部分冷却液又可流向暖风热交换器供暖，然后再流回水泵。

如图 6—58 所示的冷却液的循环流动路线是由节温器所决定的，当冷却液温度低于 76℃时，节温器主阀门关闭，冷却液流经的路线为小循环，不经过散热器；当冷却液温度达到 76 ~ 86℃时，节温器主阀门逐渐开启，副阀门逐渐关闭，冷却液进入大循环；当冷却液温度高于 86℃时，节温器主阀门完全开启，副阀门完全关闭，发动机只进行大循环。

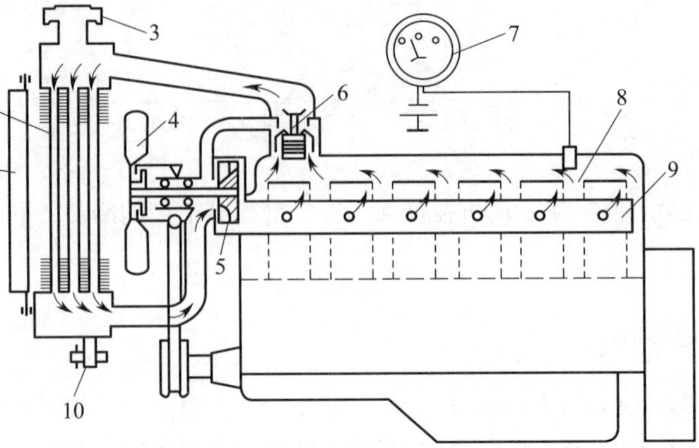

图 6—58　冷却液循环流动路线

1—百叶窗　2—散热器　3—散热器盖　4—风扇　5—水泵　6—节温器
7—水温表　8—水套　9—分水管　10—放水阀

2．风扇与节温器

风扇的作用：安装于散热器后方，部分发动机风扇与水泵同轴，风扇旋转时，会产生轴向吸力，增加流过散热器芯的空气量，可加速对流经散热器芯的冷却液的冷却，从而加强对发动机的冷却作用。

（1）电动风扇

1）热敏开关式。有的发动机采用温控风扇，根据流经散热器空气的温度，通过热敏开关控制风扇转速来调节冷却空气量。当发动机负荷大时（流经散热器的空气温度高），风扇转速高，流经散热器的空气流量多；当发动机负荷小时（流经散热器的空气温度低），风扇转速低，流经散热器的空气流量少。

当散热器温度升高到 92 ~ 97℃，风扇以第一挡的速度开始转动；当散热器温度下降到 88 ~ 89℃时，风扇停止转动；当散热器温度达到 99 ~ 105℃时，风扇以第二挡的速度开始转动；当散热器温度下降到 91 ~ 98℃时，风扇从第二挡速度转入第一挡速度转动。在发动机熄火后，如果散热器温度为 88 ~ 93℃，风扇还继续运转是正常的，如果温度低于 88℃，风扇还在运转是不正常的。在发动机运转时，散热器温度高于 93℃，风扇不转动也是不正常的。

2）硅油离合器式。如图 6—59 所示，硅油离合器装在风扇 V 带轮上，以硅油作为传递转矩的介质，以热敏双金属感温器 17 作为温度控制元件，由散热器后面的空气温度间接地控制热敏双金属感温器的工作。

当发动机水温达 80 ~ 85℃时（风扇离合器前端温度为 60 ~ 65℃），双金属感温器带动阀片开启，使从动板前、后两腔相通，前面储油腔中的硅油充满后面的工作腔，主动板通过硅油带动从动板转动，风扇开始工作。当发动机水温低于 70℃时，感温器带动阀片关闭前、后腔，硅油在离心力作用下从从动板边缘返回储油腔，工作腔油减少，使离合器脱开，风扇不转。

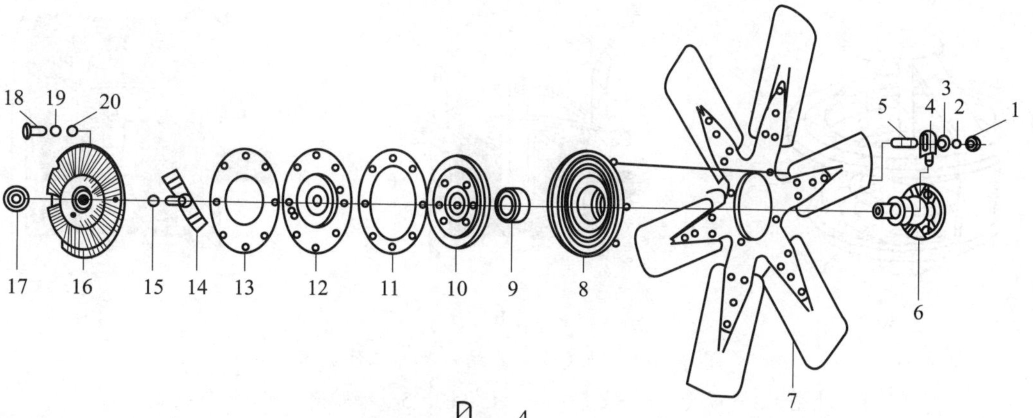

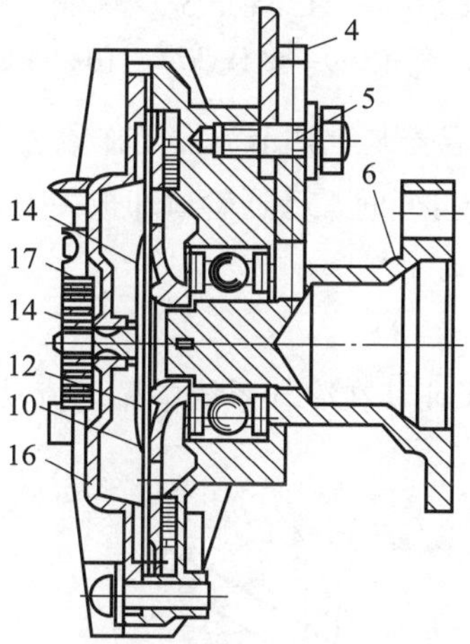

图 6—59 风扇及风扇离合器

1—六角螺母 2、19—轻型弹簧垫圈 3、20—垫圈 4—锁止片 5—双头螺栓 6—主动轴 7—风扇总成 8—壳体 9—轴承 10—主动板 11、13—垫片 12—从动板 14—阀片总成 15—O 形密封圈 16—前盖 17—双金属感温器 18—螺钉

（2）节温器。节温器是散热器冷却液流量的控制部分，其作用是根据发动机冷却液的温度自动控制流经散热器的冷却液流量。目前，大多数柴油发动机采用蜡式节温器，安装于冷却液循环的通路中，一般装在气缸盖的出水口，控制冷却液通往散热器的流量，改变冷却液的循环路线及流量，自动调节冷却强度，使冷却液温度经常保持在正常工作范围内。

蜡式节温器的结构与工作原理如图 6—60 所示。支架 3 与定位凸缘铆成一体，反推杆 4 固定在支架上并插入橡胶套 5 中。橡胶套 5 与外壳 1 之间充满石蜡 7。

常温时，石蜡呈固态，弹簧 2 将阀门压在座上，如图 6—60b 所示，冷却液不能进入散热器，只能进入水泵进行小循环，故冷却系统的冷却能力较弱。当水温升高时，节温器中石蜡受热熔化为液态，其体积膨胀迫使橡胶套收缩。由于反推杆固定在外壳上不能上升，橡胶套便推动外壳 1 克服壳体弹簧 2 的作用而向下运动，使阀门打开进行大循环，使冷却液冷却能力增强。但小部分冷却液仍进行小循环，如图 6—60c 所示。

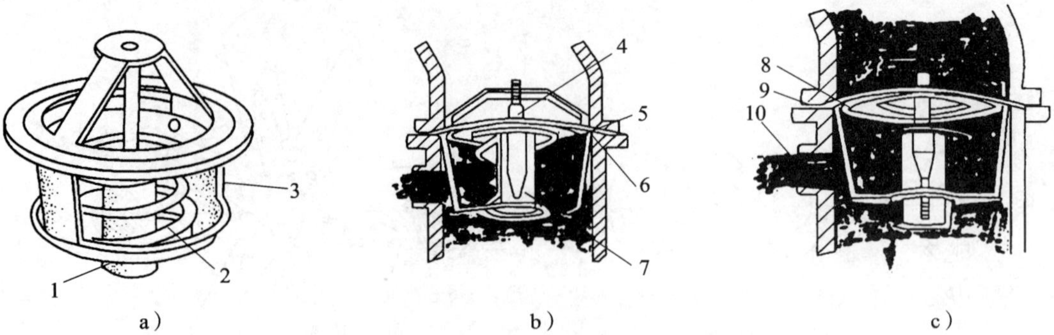

图6—60 蜡式节温器结构及其工作原理

1—外壳 2—弹簧 3—支架 4—反推杆 5—橡胶套 6—阀门关闭
7—石蜡 8—阀门打开 9—定位凸缘 10—旁通管

CA6102型和6BT型发动机的节温器与上述节温器工作原理和结构相似，但有一些不同。如这两种发动机节温器阀门完全打开时，旁通管口却被关闭，只进行大循环，不进行小循环。

3．水泵

水泵的作用是对冷却液加压，保证其在冷却系统中循环流动。CA6102型发动机离心式水泵如图6—61所示。

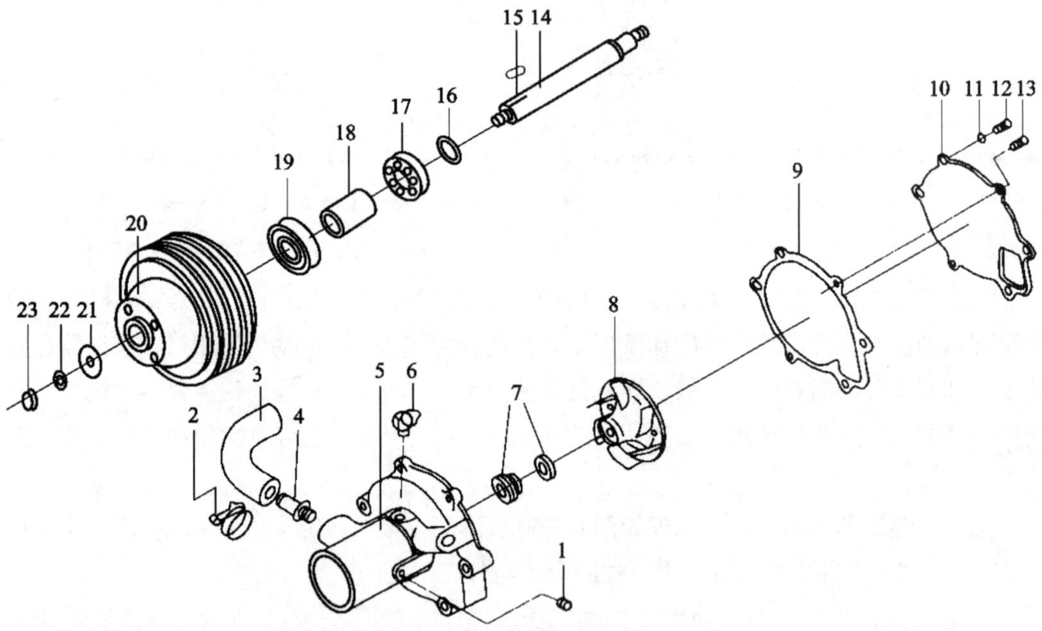

图6—61 CA6102型发动机离心式水泵

1—定位螺钉 2—钢丝式环箍 3—连接软管 4—管接头 5—水泵体 6—弯颈黄油嘴
7—水封总成 8—叶轮 9—密封垫 10—盖板 11、22—弹性垫圈 12—螺栓 13—沉头螺钉
14—水泵轴 15—半圆键 16—弹性挡圈 17—球轴承（后） 18—隔套 19—球轴承（前）
20—V带轮 21—垫圈 23—螺母

叶轮8为6片后弯圆弧形，水封为陶瓷—石墨件，动环为陶瓷件，装于叶轮小端孔中，静环为石墨件，装于泵体孔中。在泵体安装水封处的下方有一溢水孔，当水封漏水时，水便从溢水孔处滴出。注意：在使用中不要堵塞，以免漏水流入轴承腔内。

二、冷却系统故障现象、原因与排除方法

冷却系统故障现象、原因与排除方法见表6—6。

表6—6　冷却系统故障现象、原因与排除方法

故障现象	故障原因	排除方法
冷却液消耗多	1. 散热器盖及密封垫损坏	1. 检修散热器，更换密封垫
	2. 软管损坏	2. 更换或紧定软管
	3. 散热器或水泵损坏	3. 检修散热器或水泵
	4. 气缸盖螺栓松动	4. 紧定气缸盖螺栓
	5. 气缸垫损坏	5. 更换气缸垫
	6. 气缸体、气缸盖变形或损坏	6. 检修气缸体或气缸盖
发动机过热	1. 冷却液不足	1. 添加冷却液
	2. 冷却系统水垢过多	2. 清洗冷却系统
	3. 节温器不能正常工作	3. 更换节温器
	4. 温控风扇工作不正常	4. 检修或更换风扇
	5. 散热器灰尘、油污过多	5. 清洗散热器
	6. 水泵工作不正常	6. 检修水泵
	7. 风扇V带工作不正常	7. 调整风扇V带，或更换V带
	8. 发动机点火正时失准	8. 校正点火正时
	9. 混合气过浓或者过稀	9. 调整混合气浓度
	10. 燃烧室积炭过多	10. 清除燃烧室积炭
发动机升温缓慢	1. 节温器工作不正常	1. 清洁、检修或更换节温器
	2. 温控风扇损坏	2. 检修温控风扇
	3. 水温表或温度传感器损坏	3. 检修或更换温度传感器

第六节　发动机常见故障诊断与排除

一、爆燃现象对发动机动力性及机械寿命的影响

所谓的爆燃是由于气体的压力和温度过高，可燃混合气在没有点燃的情况下自行燃烧，且火焰以高于正常燃烧数倍的速度向外传播，造成尖锐的敲缸声。这会使发动机过热，功率下降，机油消耗量增加以及机件损坏。轻微爆燃是允许的，但强烈爆燃对发动机伤害很大。正常燃烧时，混合气在燃烧室内被压缩点火，火焰从火花塞电极处向四周

展开，火焰传播速度为 15 ~ 30 m/s。而爆燃形成的火焰中心所产生的火焰传播速度高达 2 000 m/s 以上，使未燃混合气以极高的速度燃烧。这种燃烧将会发生剧烈的压力增高，继而发生迅速的压力波动，压力波撞击气缸壁、活塞顶部，于是就发生爆燃特有的尖锐的金属撞击声，即燃烧噪声。

1. 原因

发动机一旦发生爆燃，危害极大，会造成发动机气缸壁、活塞、活塞环、气门、连杆及连杆轴承等运动件发生变形损坏，具体产生的原因通常有以下几点：

（1）积炭聚集过多。发动机燃烧室内积炭过多，其容积相对变小，致使压缩比相应变大，积炭的蓄热和不导热性使可燃混合气提前燃烧，同时会降低混合气在压缩终了时产生的涡流强度，延长了燃烧时间，增大了自燃倾向，故而极易诱发爆燃。

（2）发动机过热。发动机长期处于大功率、超负荷工况或低挡高速连续行驶，尤其是炎热的夏季外界气温高，机件散热不良，容易造成发动机过热。当过热故障较严重且得不到及时改善时，可燃混合气在进入燃烧室的同时会被预热，提前达到着火点，自行燃烧，从而引发爆燃。

（3）燃油使用不当。汽油的牌号越低，其抗爆性能越差。存放过久或密封不良的汽油辛烷值会自然降低，其抗爆性能变差。若被误用，容易使混合气燃烧不完全，先燃的混合气部分膨胀，压缩其余未燃的混合气，使其达到自燃温度，瞬间突然全部点燃而导致爆燃。

（4）发动机曲轴箱漏气。二冲程发动机曲轴油封唇口处的自紧弹簧脱落或失效，油封橡胶老化变得僵硬，使弹簧自紧力不能起密封作用，发动机在修理过程中，油封被刮破或碰伤，化油器转接座（进气管或中间垫片）没有拧紧等，以上这些部件造成的漏气都会使混合气变稀，从而破坏正常燃烧，容易引发早燃、爆燃。

（5）点火角过于提前。为了使活塞在压缩上止点结束后，一进入动力冲程能立即获得动力，通常都会在活塞到达上止点前提前点火（因为从点火到完全燃烧需要一段时间）。而过于提早的点火会使得活塞还在压缩行程时，大部分油气已经燃烧，此时未燃烧的油气会承受极大的压力自燃，而造成爆燃。

2. 危害

（1）加速机件的损坏，强烈的冲击波使活塞、连杆、气缸盖等零件过载，造成这些零件的损坏。

（2）导致有关零部件表面温度过高，发动机过热，向冷却水传热过多，热损失加大，甚至使活塞烧顶。

（3）发动机过热，使更多的燃烧产物分解，增大排气污染，排气温度增高，发动机功率下降，油耗增加。

（4）温度增高，会使运动机件润滑不良，而出现异常磨蚀损坏。

（5）积炭多，排气管冒黑烟，污染环境。

3. 解决措施

（1）应使用规定牌号的燃油。

（2）选择最佳点火提前角，调整好点火正时。

（3）避免发动机过热，尽可能防止发动机长时间在大负荷下工作。

（4）混合气浓度要适当（略稀一点）。

（5）保持冷却系统工作正常，及时清除活塞顶、燃烧室积炭。

（6）使用合适型号的火花塞。

（7）正确操作及时换挡，汽车起步时不要过早地换入高速挡，上坡及时换入低速挡等。

二、柴油机进排气量对发动机的影响

由于柴油的蒸发性和流动性比汽油差，自燃点较低，因此柴油机不像汽油机那样在气缸外形成混合气，而是在气缸内完成混合气的制备，即在接近压缩行程终了时，通过喷油器把柴油经一定压力以雾状喷入气缸，与高温高压的空气混合形成可燃混合气，最终自行发火燃烧。因此混合气的形成时间极短，形成的混合气不均匀，存在喷油、蒸发、混合和燃烧重叠进行的过程。所以柴油发动机始终在空气过量的情况下工作，以免产生大量炭烟、CO 和 HC。

柴油机进气不畅或者堵塞，可能使燃油不能完全燃烧，严重影响柴油机的输出功率，并可能伴有柴油机过热等异常现象，严重时可导致柴油机不能启动。

三、发动机常见故障诊断与排除

1. 柴油机启动困难

（1）故障现象。发动机曲轴在起动机带动下以启动转速转动，但发动机不能启动，通常表现为：

1）启动时听不到爆发声音，排气管没有烟排出。

2）启动时可听到不连续的爆发声音，排气管有少量排烟或大量排白烟，但不能启动。

（2）故障原因。第一种现象的实质是柴油没有进入气缸，应从燃料的输送方面查找故障的原因；第二种现象的实质是柴油已经进入气缸，但未能正常燃烧，应从供油时刻、燃油雾化、压缩终了时的气缸压力和温度等方面查找故障原因。造成发动机不能启动的具体原因如图 6—62 所示。

1）柴油不进气缸的原因。油箱无油，油箱开关未打开，油箱滤网脏、堵；熄火拉钮没有退回；柴油滤清器滤芯脏堵；输油泵进油口滤网堵塞，活塞弹簧折断，活塞磨损严重或活塞、推杆阻塞；油路中有空气，油管破裂或管接头漏油、堵塞；油路中有水，冬季结冰使油路堵塞；柴油牌号不对，冬季使用夏季用油，冷凝后析出石蜡，堵塞油路；喷油泵内有空气，喷油泵供油拉杆被卡死在不供油的位置，油门操纵拉杆脱落，喷油泵驱动联轴器损坏，发动机不能驱动喷油泵，柱塞磨损严重；喷油器针阀被卡死在关闭位置，喷油孔被积炭堵塞，喷油压力调整过高。

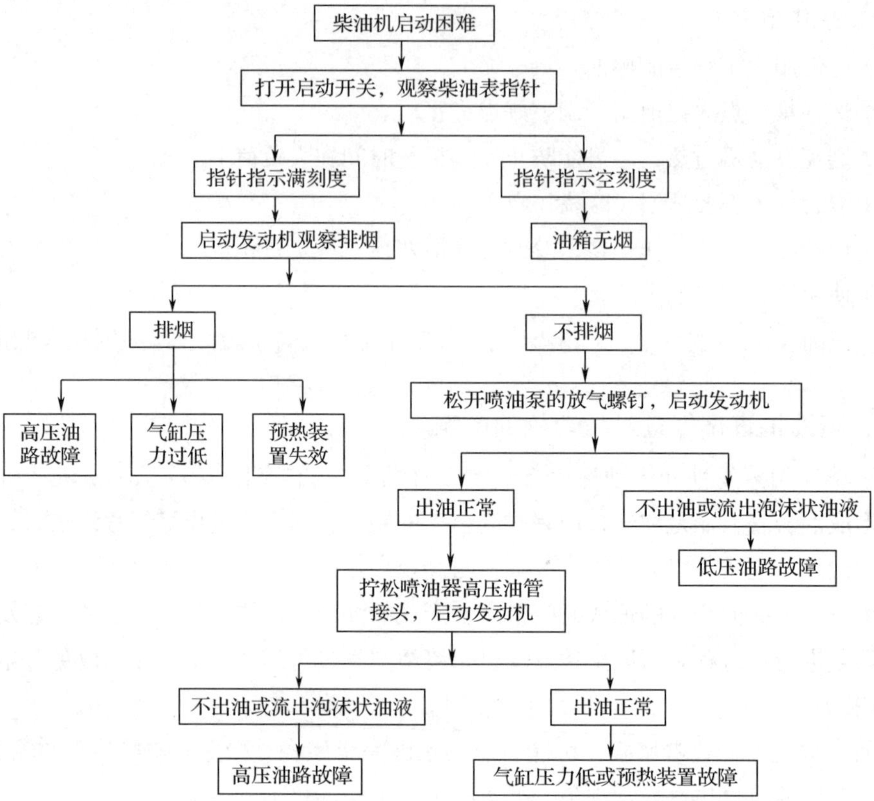

图 6—62　柴油机启动困难故障原因

2）柴油进入气缸内但不能正常燃烧的原因。供油时间过迟：调整不当，联轴器上的调整螺栓松动。供油量太小：低压油路溢流阀损坏使供油压力不足，引起喷油泵供油量减少；喷油泵出油阀密封不良、柱塞偶件磨损严重。喷雾质量差：喷油器的调整压力过低，针阀磨损严重；柴油中含有水分；空气滤清器脏堵；排气不畅。气缸压力不足：气门间隙不当，气缸不密封；外界温度低，预热装置失效。

（3）故障诊断。柴油机不能启动，排气管不排烟，此故障主要是由于柴油机供给系统不工作，不能向燃烧室喷油所致。在诊断故障时，应首先判断故障是出在柴油供给系统的低压油路还是高压油路。为此，可先将喷油泵上的放气螺塞旋松，用手油泵泵油。若放气螺孔不流油或流出泡沫柴油，则表明为低压油路故障。若放气螺孔处流油正常且无气泡出现，但各缸喷油器无油喷出，则说明故障在高压油路。应按下列程序进行诊断与排除：

1）低压供油部分故障诊断（见图 6—63）

①检查油箱开关是否打开，柴油机熄火拉钮是否退回，油箱内的油面是否过低，油箱盖空气孔是否堵塞，视情况予以补充或修理。

②旋松喷油泵上的放气螺塞，用手油泵泵油。若从放气螺塞孔流出的燃油中夹有气泡，则说明油路中有空气窜入，应查明原因，是否由于油箱内油量不足，油管接头松动，柴油滤清器衬垫密封不严或油管破裂而引起。此外，还应注意油箱内的上油管的焊接处是否有裂缝或漏孔。

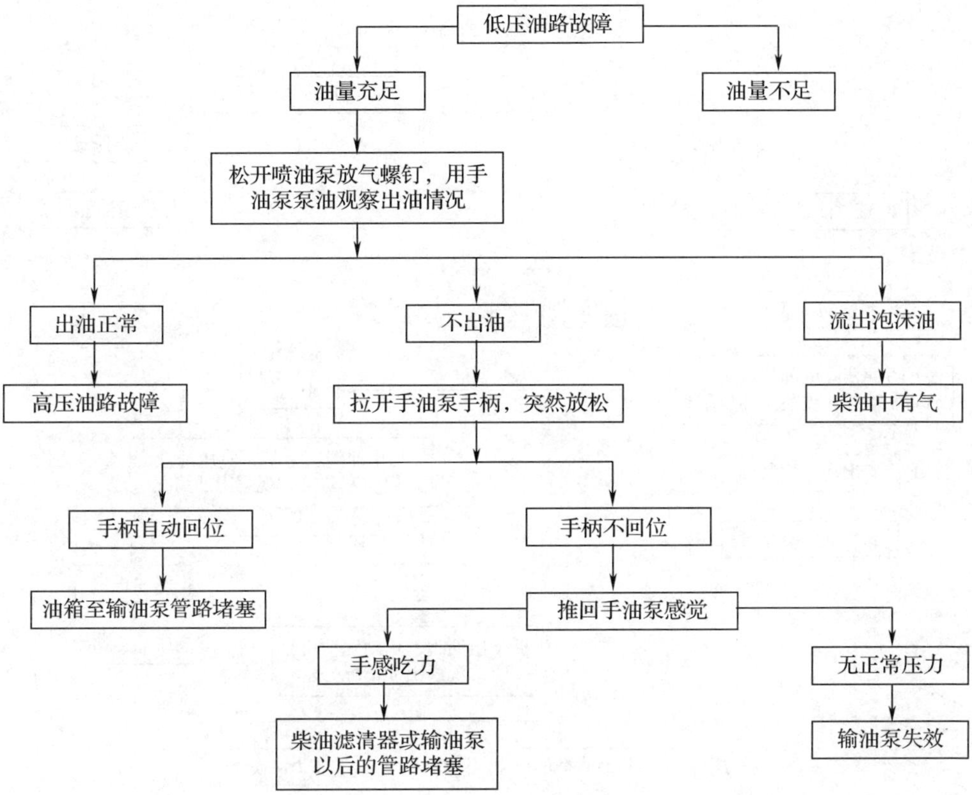

图 6—63　低压供油部分故障诊断

③通过手油泵泵油，若觉得来油不畅，则说明低压油路中有堵塞或破损，应检查柴油滤清器和管路是否堵塞。

④检查输油泵的工作情况。检查时，用手油泵泵油，若无正常的泵油阻力，并且泵油多次也不出油，则说明手油泵活塞磨损过甚，输油泵出油阀黏滞或不密封，弹簧折断，应予拆检修理。

⑤拉出手油泵手柄，若感到有明显吸力，放开手柄又会自动回位，则说明输油泵至油箱的油路堵塞，应卸下柴油滤清器及输油泵进油管进行清洗，使其畅通。若在拉手柄时感到无吸力，但在压手柄时感到阻力很大，则说明输油泵至喷油泵之间的油路堵塞。手油泵盖密封不严，也会引起输油泵泵油不良。在低温地区和低温季节，柴油牌号选用不当或油中有水，容易因结蜡和结冰而堵塞油管，所以，必须选用规定牌号的柴油，并对发动机进行必要的季节维护。

2）高压供油部分故障诊断（见图 6—64）

①检查油门拉杆是否脱落。

②检查各高压油管有无因破裂或接头松动而漏油。

③拆下油泵侧盖，检查供油调节拉杆是否移动灵活，柱塞弹簧是否折断而卡住或柱塞卡在上行位置，拨叉式油量调节机构的调节叉或齿条式调节机构的扇形小齿轮固定螺栓是否松动，调节臂有无脱出。

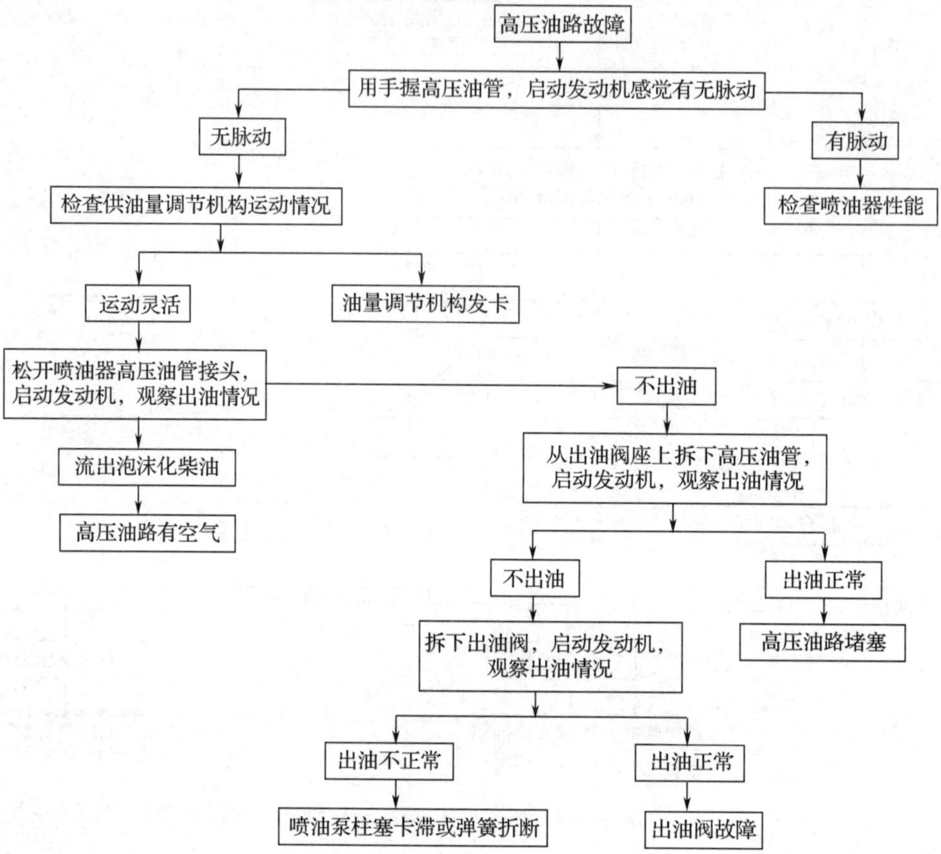

图 6—64　高压供油部分故障诊断

④在发动机转动时，用手触试各缸高压油管，如图 6—65 所示。若有喷油脉动，说明故障不在喷油泵而在喷油器。若无喷油脉动或脉动甚弱，说明故障在喷油泵。

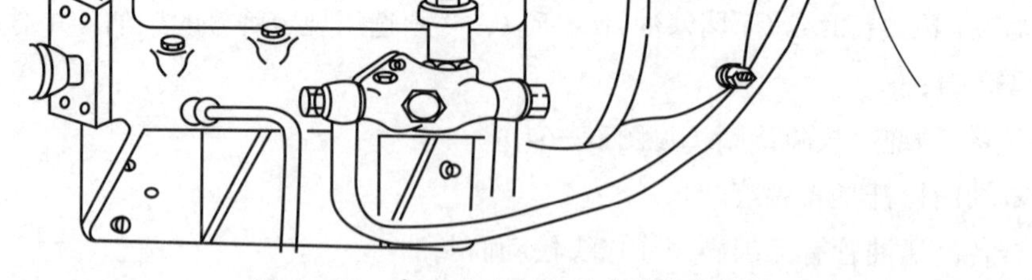

图 6—65　高压油路部分故障诊断与排除

⑤若喷油泵有故障，拆下喷油泵的高压油管，用手油泵泵油。在泵油时，若出油阀处有油溢出，则说明出油阀磨损或密封不良，出油阀弹簧折断或密封面有污物。

⑥若出油阀无油溢出，则应检查高压油路中有无空气。可将调节拉杆放在最大供油量位置上，用旋具撬动喷油泵柱塞弹簧座，做泵油动作，使柴油从出油阀中喷出，直到不夹有气泡时为止。旋紧高压油管，再撬动喷油泵柱塞弹簧座几次，使喷油器喷出柴油，听到有清脆的泵油声音为止，故障即可排除。

若喷油器有故障，可将喷油器从缸盖上拆下，在缸外将喷油器接到高压油管上，用旋具撬动喷油泵柱塞弹簧座，做泵油动作。若喷油质量不良，则应拆检喷油器，查看弹簧弹力是否正常、喷孔有无堵塞、针阀有无卡滞等。

2. 柴油机烟色异常

（1）故障现象。柴油机正常工作时，排出的废气呈淡灰色。当出现烟色异常时，有以下现象：

1）冒黑烟。这是柴油机不完全燃烧的特征。此时排出的废气中有大量固体炭粒，有时甚至带火星，并伴随排气温度的升高。

2）冒白烟。这是柴油机废气中含有水或燃油蒸气的特征，还伴随着柴油机功率下降和转速不稳。

3）冒蓝烟。这是废气中含有大量机油蒸气的特征，还伴有呛人的烟味和柴油机机油消耗增加。

（2）后果危害。当柴油机出现烟色异常时，会带来以下危害：

1）功率下降，燃油消耗增加。因为黑烟是不完全燃烧的产物，当燃烧不完全时，势必造成热效率下降，使油耗增加、功率下降。

2）机油消耗增加。因为蓝烟是机油不完全燃烧的产物，出现蓝烟，势必造成机油消耗增加。

3）排放增加。蓝烟、白烟是低温不完全燃烧的产物，黑烟是高温不完全燃烧的产物，这些产物生成炭烟、HC、CO 等排放到大气中，污染环境。

（3）原因分析。由于黑烟、白烟、蓝烟是三种不同性质的异常烟色，因此其生成的原因也是不相同的，下面分别予以分析。

1）冒黑烟。冒黑烟的原因主要有燃油、燃烧系统的故障和进排气系统故障，可用图 6—66 来表示。

喷油器异常喷射（包括二次喷射、隔次喷射、多次喷射或滴漏），将使燃料在气缸着火后仍继续喷入气缸，这部分燃油是在高温缺氧情况下燃烧的，所以容易冒黑烟。

个别气缸供油量过大或者柴油机超负荷运转，都使缸内燃油过多，空气不足，燃烧缺氧，从而引起冒黑烟。其实，拉缸、抱轴引起冒黑烟也是这个道理。此时，柴油机摩擦功大大增加，只有加大气缸做功能力，才能发出同样大的有效功，这也相当于柴油机超负荷运转，从而造成冒黑烟。

柴油质量不符合要求，特别是十六烷值太低，使柴油机着火性能变差，燃烧着火落后期变大，造成冒黑烟。

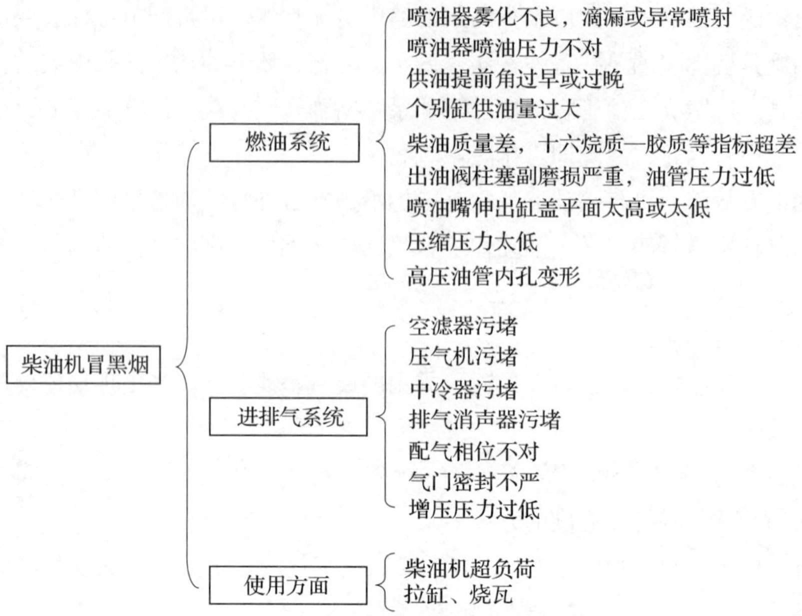

图 6—66　柴油机冒黑烟原因

高压油管内孔变形，将导致油管流通能力和油管压力变化，从而引起喷油器二次喷射和影响雾化质量；喷油泵柱塞磨损大、出油阀磨损大造成油管压力降低，从而恶化了喷油器雾化质量。这一切都使燃油燃烧不完全，局部高温缺氧，引起冒黑烟。

有的柴油机的喷油器伸出缸盖平面高度有一定要求，为 2.4 ~ 3.0 mm。若在拆装过程中将垫件搞错，将导致油头伸出缸盖平面距离太大、太小，这样就不能保证喷出的雾距和燃烧室形状很好地吻合，或喷到燃烧室壁，或喷到缸盖下平面，造成局部的燃油不能很好地和空气接触混合，引起燃烧局部高温缺氧产生黑烟。

柴油机的换气系统的作用是根据柴油机的工况，定时定量地供给柴油机新鲜空气，并将废气排走。当空滤器污堵、压气机污堵、中冷器污堵、排气消声器污堵，以及增压器故障引起进气压力不足时，均使进入柴油机气缸的空气量不足，造成燃烧时的空气不足、高温缺氧，产生冒黑烟现象。

配气相位不对，既易造成柴油机进气不足、排气不畅，还使进排气的规律发生变化，从而影响柴油机正常换气及燃烧，引起冒黑烟。

2）冒白烟。白烟是柴油机低温启动运转后，柴油未燃微粒或水汽所形成的液体雾粒，是低温产物，不同于固体状的黑烟。所以分析原因时，应抓住这个特点。其原因如图 6—67 所示。

①水汽的原因。既然白烟成分之一是水蒸气，所以凡是在柴油机燃烧中能产生水蒸气的因素都是造成冒白烟的原因。

柴油中含水、气缸盖漏水、中冷器漏水，甚至机油内含水，在柴油机燃烧过程中，这些水以水蒸气形式从排气管排出，呈白烟状态。这种情况在低速低负荷时特别明显，而在高负荷时基本消失，除非含水特别多，不过此时柴油机会出现转速不稳和功率下降。

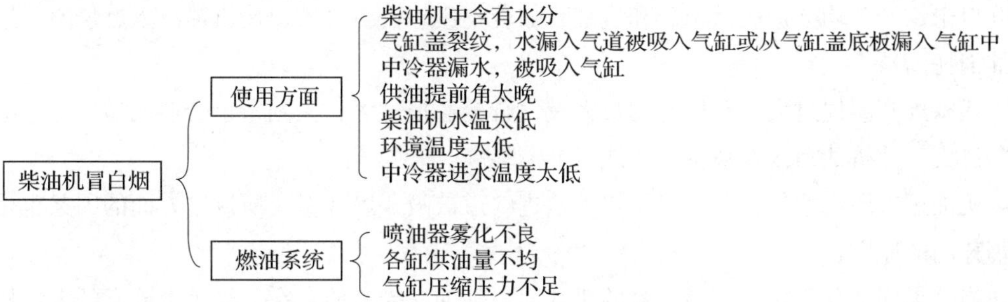

图 6—67　柴油机冒白烟原因

②燃气的原因。白烟的成分之一是未燃烧的柴油蒸气，所以凡是在柴油机燃烧过程中产生柴油蒸气的因素都是造成柴油机冒白烟的原因。当然，这种情况也是在柴油机低速低负荷时发生的。

喷油器雾化不良。燃油和空气混合不良，不具备着火条件，在低速低负荷时未被压燃，而呈蒸气状态从气缸排出，产生白烟。

各缸供油量不均。低速低负荷时，只有供油量大的气缸着火燃烧，而供油量小的气缸的燃油未及时燃烧，呈蒸气状态，从气缸排出，产生白烟。

气缸温度太低。水温低或环境温度低，气缸压缩温度低等，均会造成缸内着火条件不良，使喷入气缸的燃油不能及时燃烧，呈蒸气状态从气缸排出，产生白烟。

供油提前角太晚，柴油和空气混合条件不充分，不能及时良好燃烧，一部分燃油呈蒸气状态从气缸排出，产生白烟。

3）冒蓝烟。形成蓝烟的因素是机油消耗高。冒蓝烟的原因可用图 6—68 表示。

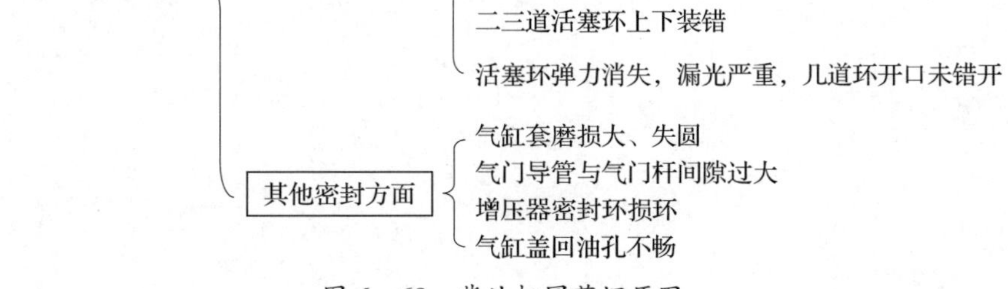

图 6—68　柴油机冒蓝烟原因

机油消耗高主要是因为机油进入燃烧室，被不完全燃烧排出气缸。而机油进入燃烧室的主要途径之一是从气缸盖活塞之间向里飞溅——泵吸。所以影响气缸套活塞间密封和飞溅过度的因素，均是造成机油窜入燃烧室的原因。

活塞环卡住、折断、弹力消失、漏光、开口间隙过大、扭曲环位置装错，或四道活塞环开口未错开，均会造成活塞环和气缸套贴合不良、密封失效，使机油窜入燃烧室，造成机油消耗高。

活塞外圆磨损过大、环槽磨损过大及气缸套磨损过大、失圆，也会造成活塞与气缸套间隙过大，使机油窜入燃烧室，造成机油消耗高。

机油进入燃烧室的另一途径是机油从进气道被吸入燃烧室，所以这方面的因素也是机油消耗高的原因。

当缸盖回油孔不畅，润滑摇臂的机油回不到油底壳，使存在气缸盖上罩壳的大量机油从气门导管进入燃烧室，造成机油消耗过高。

当主油道到缸盖摇臂的节油阀未装，或者节流阀孔太大，从主油道到摇臂的油太多，无法全部从缸盖回油孔回到油底壳，而积聚在气缸盖上罩壳内，从气门导管进入燃烧室，造成机油消耗过高。

当气门导管与气门杆磨损严重，间隙过大时，也造成机油从此处大量进入燃烧室，造成机油消耗过高。

当空气滤清器脏污，空气吸入真空度大于 50 kPa 时，或者增压的封油系统失效，增压器的润滑油被吸入压气机，而进入气缸，造成机油消耗过大。

（4）诊断方法

1）对于冒黑烟，可用烟度仪测量出烟度的大小。烟度仪分为滤纸式烟度计和透光式烟度计两种，其测量单位用 FSU（波许）表示。具体诊断原因和部位时，可用部分停止或比较法，判断是否是燃油系统故障引起的，并可用仪器法进一步判断是燃油系统的哪一部位；对配气系统故障可用析检法或仪器法，具体判断是哪一个部位。

2）对于冒白烟，可用一张硬纸对准排气口，让白烟喷到白纸上，根据白纸上的液珠，判断是水汽引起的还是燃油引起的。水汽液珠无味，燃油液珠有烟味。再用析检法查出漏水原因或燃油不雾化的原因。

3）对于冒蓝烟，可用部分停止法和观察法先找出窜机油的原因。

第七章　内燃装卸机械底盘构造与维修

内燃装卸机械由动力装置、底盘、工作机构和金属结构四部分组成。

内燃装卸机械所采用的动力装置类型，主要是内燃机驱动及复合驱动两种。

底盘即无轨行走机构，用来完成车辆的无轨运行，实现对货物的水平搬运。轮胎式底盘一般由行驶系统、传动系统、制动系统和转向系统组成。

工作机构是指机械为实现某一预定动作的所有零部件的组合。起升机构是任何装卸机械必不可少的最基本的工作机构。

装卸机械的机构数目由该机械要完成的工作任务来确定。最简单的装卸机械只由一个机构组成，如千斤顶、卷扬机。港口装卸机械多数具有两个以上的工作机构。例如：移运式带输送机，具有输送机构及运行机构，其中输送机构实现物料的传送，运行机构实现带机的整机移动；臂架类门座起重机，除起升机构外，还有旋转机构、变幅机构和运行机构，其中旋转机构用来实现起重机上部旋转部分相对下部支承结构旋转，从而达到吊货绕机械 360° 自由旋转，变幅机构用来实现臂架俯仰动作，从而达到吊货径向的位移，运行机构是用来实现装卸机械行走的机构。装卸机械为了很好地完成装卸工作，必须随时将货物运移到该机所服务的立体空间的任何一点上。桥架类装卸机械，具有起升机构、大车运行机构和小车运行机构，从而实现在六面体的空间内进行装卸工作。

内燃装卸机械的金属结构，是根据装卸机械的使用要求，由型钢、钢管、钢板等以焊接、铆接和螺栓连接的方法所组成的，具有一定形体的，用于支承动力装置、工作机构和各种载荷的承载结构。

整台内燃装卸机械的金属结构是由各个单独的金属结构构件组成的。臂架类起重机的金属结构，由臂架、人字架、象鼻架、刚性拉杆、转柱、转盘、机房、门架、梯子平台等组成。起重机的各种载荷和自重就是由这些金属结构构件来承受的，最后通过门腿传到车轮，再传给轨道。桥架类起重机的金属结构部分主要由门架（支腿）、主梁、端梁、小车架、司机房等组成。输送机械类的金属结构，由支架、机架、罩壳等组成。

以下主要介绍内燃装卸机械最常用、最普遍、最具有代表性的机械——内燃叉车底盘。叉车底盘的作用是安装各部件总成，实现发动机的动力传递，确保叉车正常行驶。它由传动系统、行驶系统、转向系统、制动系统和附属设备组成。这里主要介绍液力传动装置，摩擦片式离合器传动装置不再介绍。

第一节 传动系统

内燃装卸机械传动系统的作用是把发动机的动力以一定的转速和转矩传给驱动轮，并使机械能以不同的行驶速度前进或后退。它的主要传动方式有机械式、液力式和静压式三种。由于现在内燃机械的发展逐渐由液力式传动替代了机械式和静压式传动，因此，在这里主要以内燃机械使用的比较普遍的叉车为主要机型，来详细介绍和讲解一下液力传动系统。液力传动系统是 20 世纪 80 年代开始应用于叉车的，它由变矩器和液力变速器组成，具有下述优点：

1. 微动阀可使叉车在发动机低速或高速时都能进行微动操作。
2. 液力变速器装有经过特殊处理的摩擦片和钢板，改进了其摩擦时的耐磨性。
3. 装在变矩器中的单向超载离合器，提高了动力传动效率。
4. 变矩器油路中采用较好的滤清器，提高了变矩器的寿命。

一、液力变矩器

1. 液力变矩器的结构

最常见的液力变矩器是一种由泵轮、涡轮和导轮组成的能根据输出轴负载变化而自动无级地改变输出扭矩和转速来实现能量转换的液力传动元件。液力变矩器比液力耦合器多一个导向工作轮——导轮。

与液力耦合器不同的是，液力变矩器由于增加了导轮机构，不仅能够传递转矩，而且能在泵轮转矩不变的情况下，随着涡轮的转速不同而改变涡轮输出转矩的大小，即能够实现变矩作用，“变矩器”的名称由此而来。

如图 7—1 所示是液力变矩器的结构示意图。变矩器的主要元件是泵轮 4、涡轮 3、导轮 5（用英语字母 D 表示）、输入轴 1、输出轴 7、外壳 2 等。泵轮 4 与输入轴 1 固定，涡轮 3 与输出轴 7 相连，导轮 5 则与外壳 2 相固定。

2. 液力变矩器的工作原理

液力变矩器是用来传递转矩的，而且能在泵轮转矩不变的情况下，随涡轮的转速不同，自动改变涡轮输出的转矩数值。

如图 7—2 所示，泵轮由输入轴驱动，液体在离心力作用下沿泵轮叶栅猛喷（此时机械能转变为动能）到涡轮的叶栅上，使转矩传到输出轴。离开涡轮的液体在导轮作用下改向，从而一部分液体按一定角度流向泵轮，此时产生了推动导轮的反作用转矩，致使输出转矩增加了一个反作用转矩的值。当涡轮转速增加并接近输入转速时，液流的角度变化开始减小，输出轴转矩降低。最后，液体以反方向流进导轮叶栅，使原来的反作用转矩反向作用，因此输出轴转矩小于输入轴转矩。为了防止这种情况，装在导轮内的超越离合器使导轮在反作用转矩反向作用时，能自由转动。这种变矩方式可保证高效、平稳地操作。

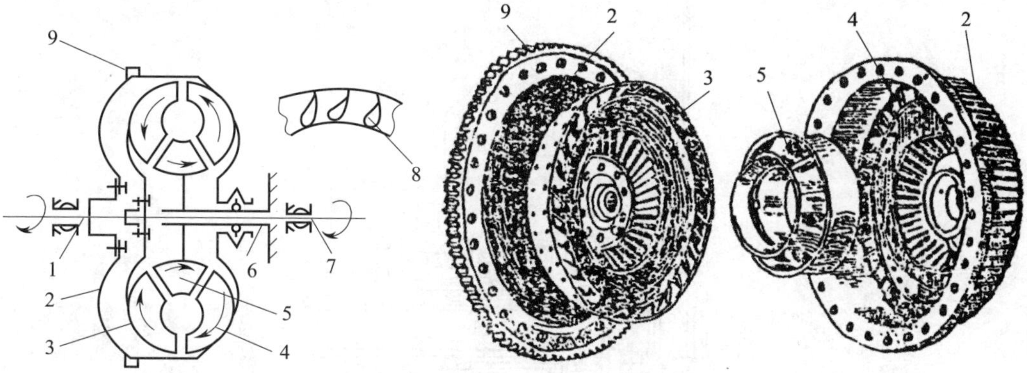

图 7—1 液力变矩器的结构示意图

1—输入轴 2—变矩器外壳 3—涡轮 4—泵轮

5—导轮 6—固定导轮的套筒 7—输出轴 8—叶片 9—齿圈

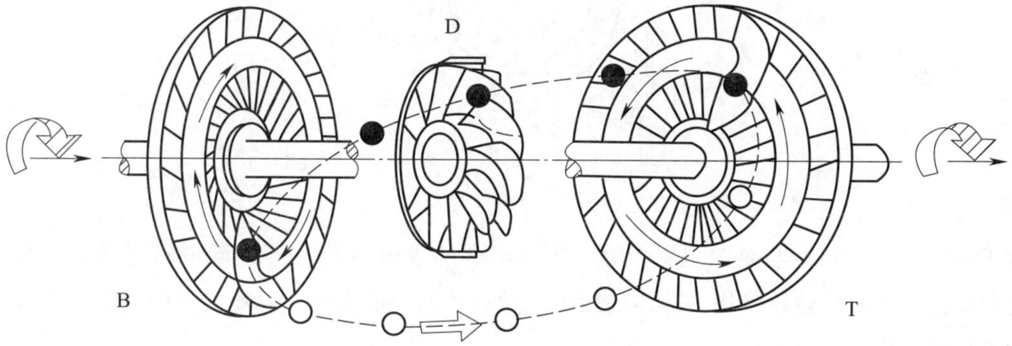

图 7—2 工作液在变矩器内的动作

传动装置的变矩器部分通过弹性板与发动机飞轮连接，随发动机的转动而转动，在变矩器内部充满了变矩器油。主动齿轮用两爪子和泵轮连接，以带动供油泵，将油供给变矩器和液力换挡变速器。涡轮用键连到涡轮轴上，动力通过涡轮轴传给动力换挡变速器。变矩器结构如图 7—3 所示。

3．液力变矩器的变矩原理

经过大量的实验和理论计算可以知道：液力变矩器的泵轮吸收发动机的扭矩 M_B，涡轮传递的输出扭矩 M_T，而导轮不产生扭矩，但可反作用给液体一个与液体冲击导轮作用在导轮上的扭矩大小相等、方向相反的扭矩 M_D。三个扭矩之间的关系代数式可表示如下：

$$M_T=M_B+M_D$$

由于导轮反作用于液体的扭矩的方向与液体冲击导轮的速度有关，也就是与涡轮的转速有关。当涡轮转速最低时，从涡轮流出的液体冲击导轮的凹面，导轮反作用液体的扭矩为正值，流回泵轮后与泵轮上所获得的扭矩叠加在一起传送给涡轮，于是涡轮的扭矩增大；当涡轮转速增大到一定值时，从涡轮流出的液体冲击导轮的凸面，导轮的扭矩逐步减少到零，再从泵轮流出时所具有的扭矩也逐步减少，于是涡轮的输出扭矩也减少；当 M_D

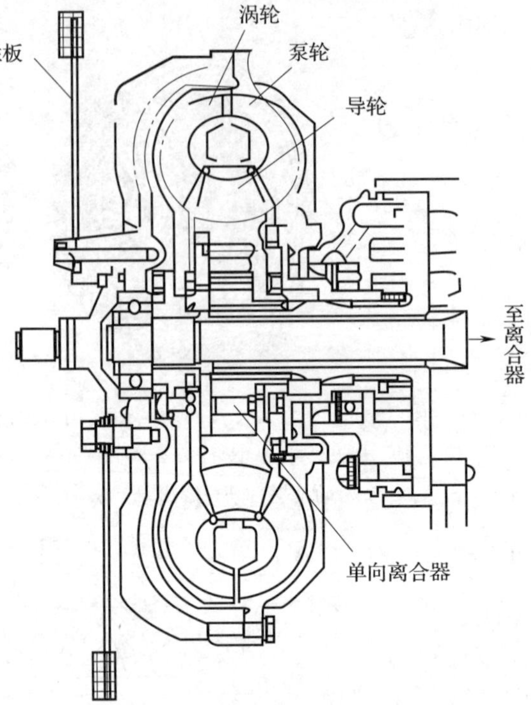

图 7—3　变矩器

等于零时，涡轮扭矩与泵轮扭矩相等（相当于耦合器状态）。由于涡轮的转速随外负载变化而变化，因此导轮反作用于液体的扭矩也随负载变化而变化，涡轮输出的扭矩也就自动随外负载变化而变化。

4．液力变矩器的分类

（1）正转变矩器和反转变矩器。液力变矩器的泵轮、涡轮和导轮的流道相互连接，构成一个封闭的环形空间，液力变矩器的工作液体就在中间流动。这个封闭的环形空间称为变矩器的循环腔（或工作腔），循环腔的轴截面称为循环圆，它是工作轮的内外旋转曲面与轴面的交线，如图 7—4a 所示。

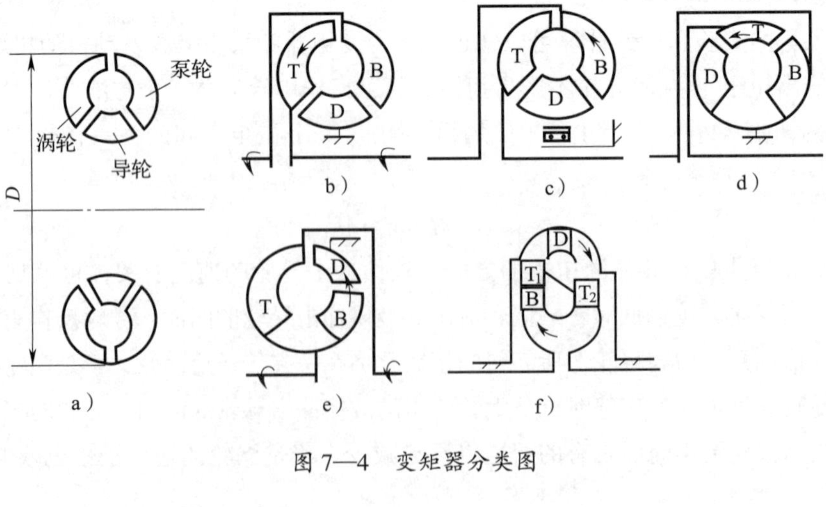

图 7—4　变矩器分类图

变矩器的循环圆工作液最大的直径称为变矩器的有效直径，用符号 *D* 来表示。它是变矩器的一个重要特性尺寸。若工作液在循环圆内流动的顺序为泵轮→涡轮→导轮→泵轮，则称为正转变矩器，如图 7—4b、c 所示；若工作液在循环圆内流动的顺序为泵轮→导轮→涡轮→泵轮，则称为反转变矩器，如图 7—4d、e 所示。

（2）单级变矩器和多级变矩器。液力变矩器按照插在泵轮与导轮、导轮与涡轮之间的涡轮叶栅的列数（叶栅是指按照一定规律排列在一起的一组叶片），分为涡轮只有一列叶栅的单级变矩器和由两个以上叶栅串联组成的二级、三级液力变矩器，如图 7—4f 所示。

（3）单相变矩器和多相变矩器。液力变矩器按照其工作状况可分为单相变矩器和多向变矩器。只有一个工作状况即一个变矩工作状况的变矩器称为单相变矩器。有一个变矩工况和一个耦合工况的变矩器称为两相变矩器或综合式变矩器。具有两个变矩工况和一个耦合工况的变矩器称为三相变矩器。

5．液力变矩器的冷却

液力变矩器在工作时存在三种形式的能量损失：油液在循环圆内流动引起液力损失；由于间隙和密封处泄漏所引起的容积损失；在轴承、密封、圆盘摩擦等处所造成的机械损失。这些能量损失会引起油液发热，其发热量与它的传动功率和效率有关。在低速传动时，效率尤其低，发热量大，其后果是引起变矩器工作油变坏，密封元件的密封性能变坏，严重影响变矩器的正常工作。为保证液力变矩器能正常工作，需要对变矩器的工作油进行强制性的冷却处理。当变矩器出口油温高于 115℃时要进行冷却，将冷油从变矩器进口处压入循环圆内，将热油从变矩器循环圆内排出。

6．变矩器的液压油路

变矩器油路系统如图 7—5 所示。

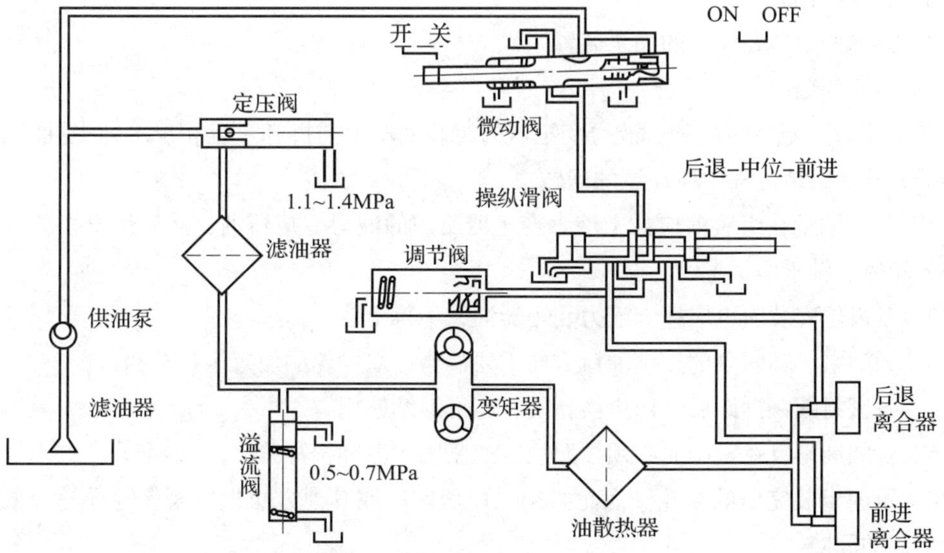

图 7—5　变矩器油路系统

当发动机启动后，供油泵经滤油箱（即变速壳底）中吸出油，流经控制阀，在阀中将压力油分成两部分，一部分供液力离合器用，另一部分对变矩器供油。

液力离合器操作所必需的油流进定压阀（此阀压力调到 1.1 ~ 1.4 MPa），由定压阀流出的油一方面又进一步流向微动阀和操纵滑阀，另一方面通过溢流阀（压力调到 0.5 ~ 0.7 MPa）将油供给变矩器叶轮内，从变矩器出来的油通过油散热器加以冷却，然后润滑液力离合器，再返回油箱。

空挡时，从操纵滑阀到离合器的油路是封闭的，这时定压阀打开，使油全部通过溢流阀输给变矩器。当操纵滑阀位于前进或倒退位置时，从滑阀到前进离合器的油路连通起来使各离合器分别动作。当一个离合器作用时，另一个离合器中的隔片和摩擦片处在分离状态，并由冷却油润滑和将热量带走，当微动踏板操作微动阀时，导入离合器的油一部分或大部分通过微动阀杆推杆排到油箱。此时变矩器油路循环与空挡时相同。

7. 液力变矩器的拆装

（1）液力变矩器的拆卸。现以大连叉车总厂制造的 CPCD5（6）叉车使用的变矩器为例，讲述变矩器的拆装工艺。目前多数进口叉车的变矩器是封闭式的，不能拆卸，只能整体更换。

1）从车体上拆卸变矩器。排净冷却液，排净变矩器油泵驱动装置内部与机油交换器中的液力传动油。分离蓄电池电缆、护顶架线束接头、发动机、液力变矩器变速箱上的电线接头、护顶架的固定螺栓。将护顶架从叉车体上吊离，分离司机座、发动机罩、工具箱、蓄电池罩。拆除变矩器油泵管路、变速箱、流量控制阀、机油热交换器上的油管。

2）用吊车吊住变矩器的吊耳，拆卸变矩器与发动机的飞轮壳的连接螺栓。用吊车平稳地将变矩器向后移动，与发动机分离。将变矩器油泵装置移至坚固的支架上，并在变矩器的下面放好盛油盘（盒）。

3）拆卸变矩器壳体上的油泵装置。

4）拆卸变矩器。

（2）液力变矩器的组装。液力变矩器的组装基本上与拆卸过程相反，即先拆的后装，后拆的先装。组装过程中应注意的问题：

1）各类轴承在组装前应抹上液力变矩器所用的液力变矩器油，然后用干净的铜棒轻轻敲入箱体、轴承座。

2）各齿轮安装前也应抹上液力变矩器油，不得干装。

3）大油泵、转向泵的进出油口方向不要搞错，双导轮的位置不得搞错。

4）各密封圈在拆卸后全部更换新的，不得继续使用。

5）各圆周螺钉在紧固时必须按照规定的紧固顺序和扭矩紧固。

6）重新组装完毕的泵轮、涡轮必须采用压印法或其他方法检验泵轮与导轮、泵轮与涡轮之间的间隙。

8．液力变矩器常见故障的诊断与排除（见表7—1）

表7—1　　液力变矩器常见故障的诊断与排除

故障现象	故障原因	诊断与排除
变矩器在车辆起步时工作正常，显示“有力”，起步以后正常挂挡后就显得无力	导轮的单向离合器不能自由分离	1．检查油温可发现油温上升较快，变矩器油中含有水分、铁锈，油液变色。拆检变矩器后就可发现导轮的单向离合器因生锈而失去自由轮的作用，使导轮在涡轮转速上升至一定转速后不能自由转动，失去耦合工况，只有变矩工况，因此效率降低 2．拆下变矩器，将导轮、单向离合器全部拆下清洗。锈蚀损坏严重的单向离合器应该更换。变矩器油也要更换
变矩器轴承过早损坏，变矩器与发动机连接器齿型损坏严重	发动机与变矩器的同轴度偏差过大	拆换轴承和连接器，重新调整发动机与变矩器的同轴度
变矩器漏油	变矩器的冷却系统故障、调压阀失灵、背压阀不能开启	对症修理，彻底清洗冷却系统、各个压力阀

二、液力变速器

液力变速器是内燃叉车传动系统的主要部件之一，它一端与飞轮壳相连，另一端与驱动桥相连。在叉车运行中，变速器与发动机配合工作，以保证车辆有良好的动力性能与经济性能。

1．液力变速器功用

（1）减速、增大转矩。可根据叉车行驶阻力的大小，随时改变驱动车轮上的转速和转矩。

（2）切断、接合动力。在叉车正常行驶情况下，可切断、接合发动机与驱动车轮的动力联系。

（3）实现倒车。在不改变叉车发动机曲轴转动方向的情况下，可使汽车倒车行驶。

2．液力变速器的类型

液力变速器一般可分为无级变速器和有级变速器两大类。

（1）无级变速器。它可在一定范围内根据阻力的变化，自动、无级地改变传动比和转矩。如北京依格曼物流公司生产的CPCD30A型叉车采用的是无级变速器。

（2）有级变速器。它是具有若干个定值的传动比可供选择的变速器。有级变速器根据操纵形式可分为机械换挡变速器和动力换挡变速器。有级变速器如合肥叉车公司生产的合力Z8六吨叉车的液力变速器。

3．液力变速器的构造和工作原理

（1）液力变速器的构造。液力变速器由供油泵、前进离合器组件、后退离合器组件、输出轴组件、制动组件以及T/M控制阀构成。如图7—6所示为动力换挡式变速器。

图7—6　动力换挡式变速器

1）供油泵。供油泵的构造如图 7—7 所示，由主动齿轮、被动齿轮、壳体及盖组成，安装在变矩器壳体上。主动齿轮由变矩器的泵轮、空转齿轮以及泵驱动齿轮进行驱动，将变速器下部的油供向变速器的各部。

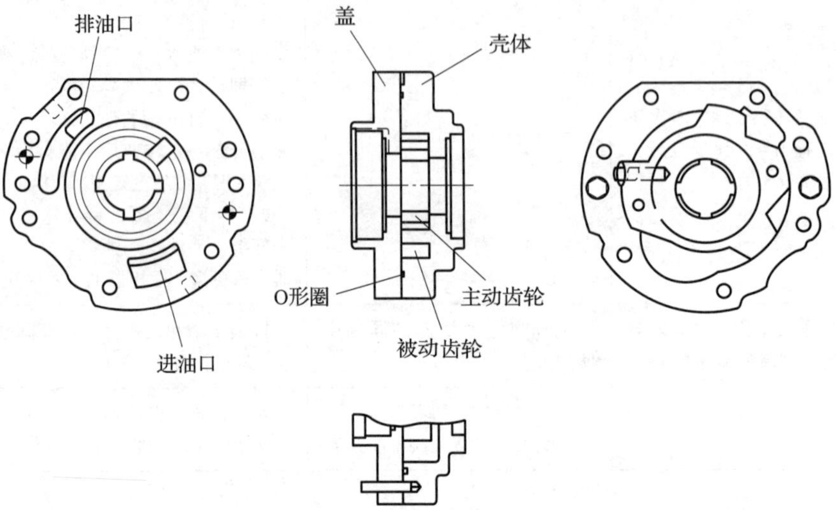

图 7—7　供油泵

2）离合器组件。如图 7—8 所示，离合器组件由前进用和后退用共 2 组油压离合器构成。油压离合器由活塞、回位弹簧、摩擦片以及隔片构成。通常，活塞在弹簧弹力的作用下，压在离合器壳的底部。而当油压作用时，活塞便将摩擦片和隔片压在一起。

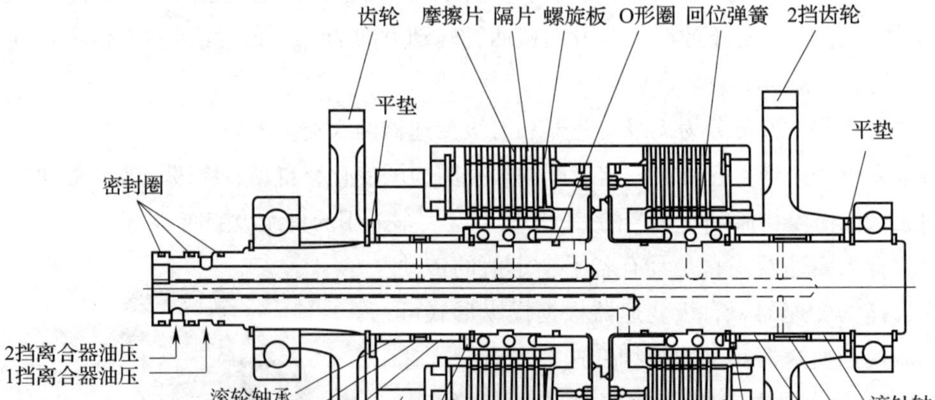

图 7—8　离合器组件

油压离合器用的油由轴端部的沟槽供给，润滑油由轴端部的孔供给。

如图 7—9 所示是走行系统各零部件位置图。

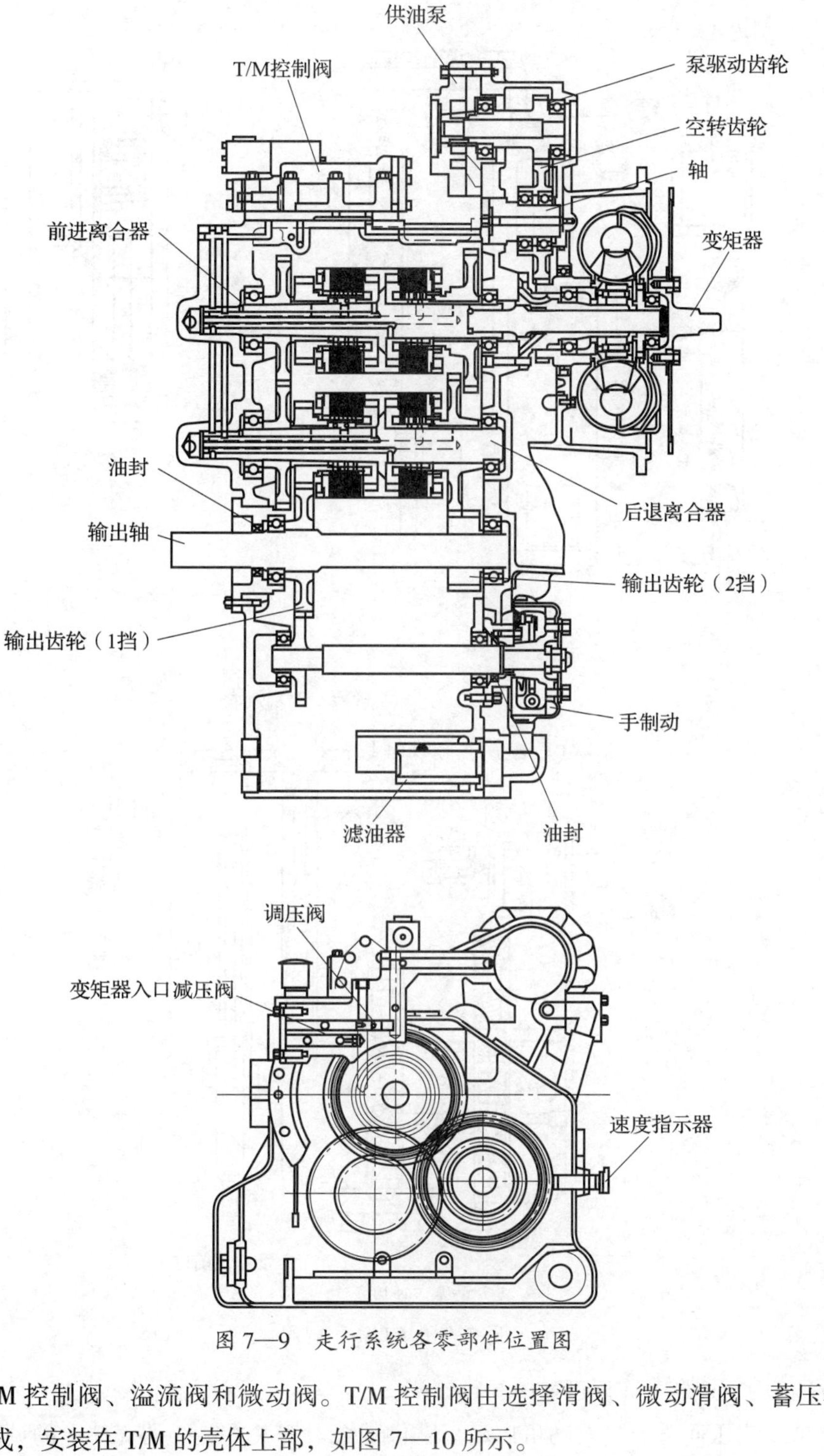

图 7—9　走行系统各零部件位置图

3）T/M 控制阀、溢流阀和微动阀。T/M 控制阀由选择滑阀、微动滑阀、蓄压器和调节阀所组成，安装在 T/M 的壳体上部，如图 7—10 所示。

选择滑阀有换向用和换速用两种，由各自的电磁阀来操作。

调节阀在离合器切换时动作，通过蓄压器的动作使离合器油压在达到最高压力时所花费的时间稍稍延长。

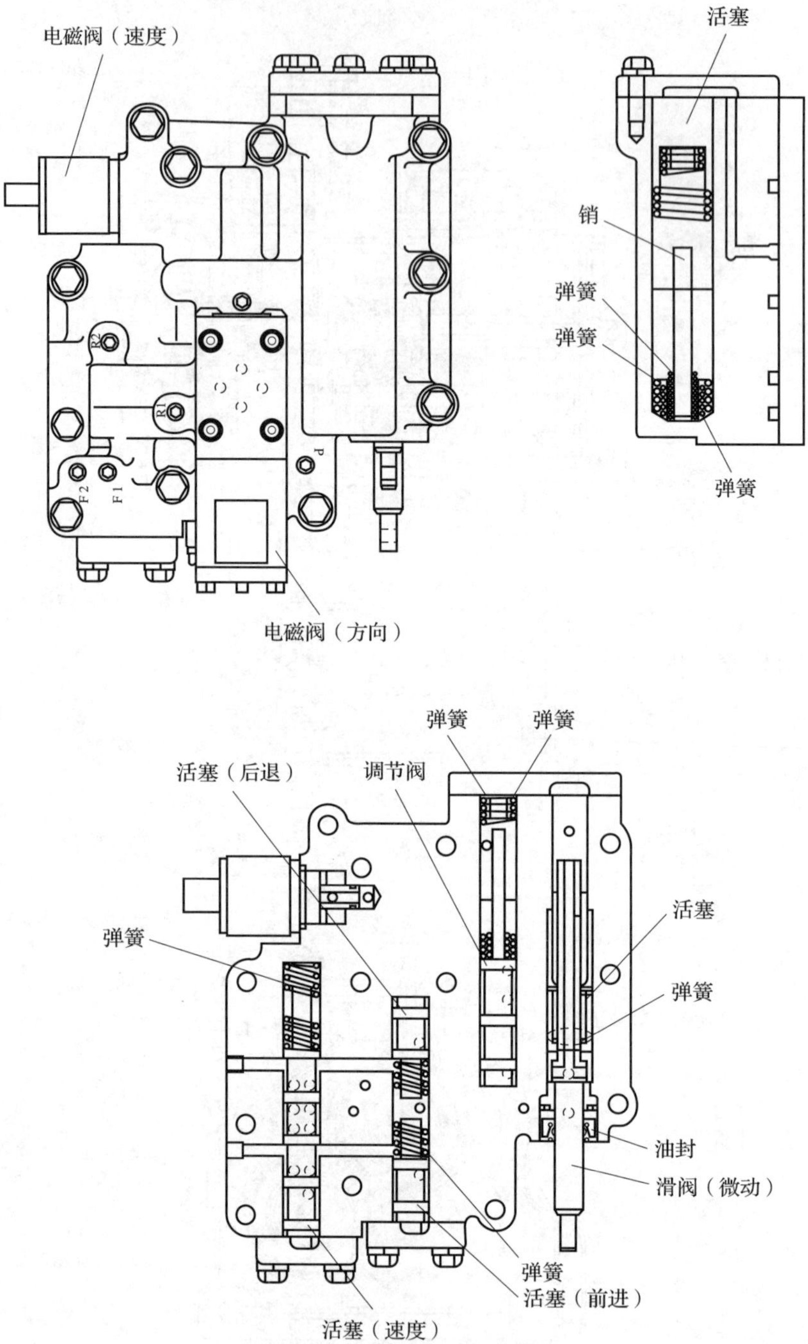

图 7—10　T/M 控制阀

（2）液力变速器工作原理

1）T/M 液压回路。当发动机启动后，供油泵对安装在变矩器壳体上的调压阀供油，同时调压阀将油压调定在 1.1 ~ 1.5 MPa。

调压阀所溢流的油通过变矩器溢流阀向变矩器供油。变矩器溢流阀将变矩器进口油压调定在 0.5 ~ 0.7 MPa。

从变矩器流出的油经油冷却器冷却，经滤油器滤去杂质后，对各部分进行润滑或进行冷却后返回 T/M 箱体，如图 7—11 所示。

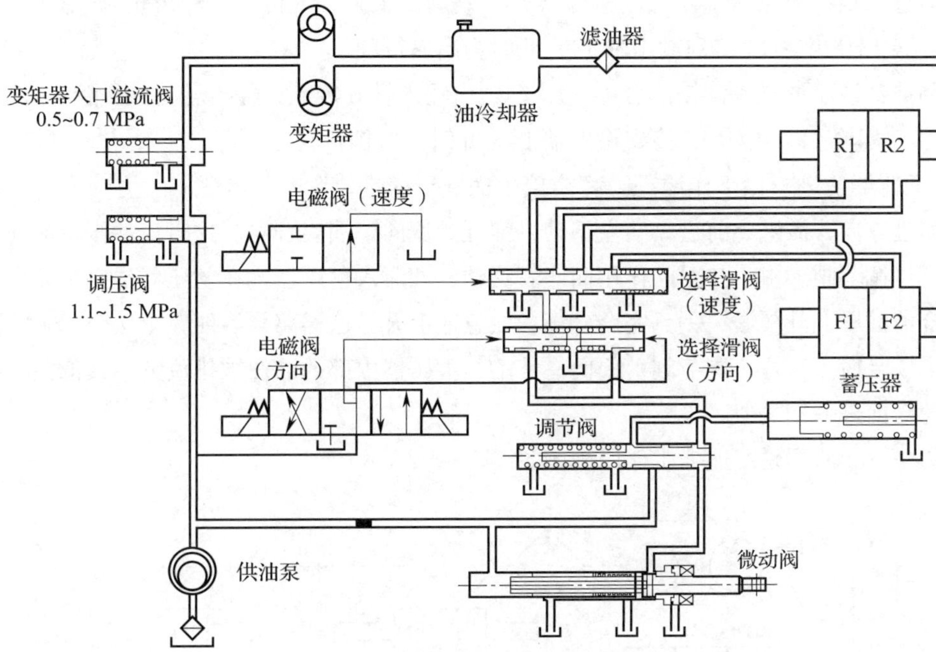

图 7—11　挡位中位

2）动力传递过程。动力传递过程如下：换挡操纵阀安装在变速器箱体上部，操纵阀杆与换挡手柄中间由连杆相连。换挡手柄安装在转向盘右下方，换挡时扳动手柄，使操纵阀动作，换挡油进入变速器换挡离合器液压缸中推动活塞，使内外摩擦片接合，因而叉车实现前进、后退或换挡，如图 7—12 所示。

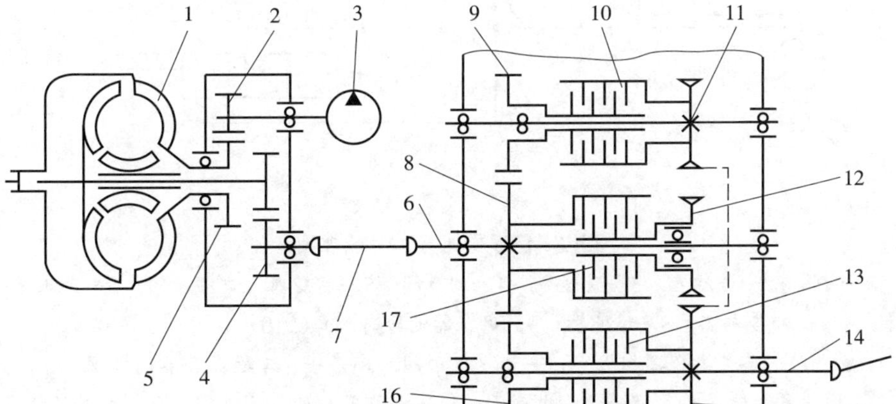

图 7—12　动力换挡变速器工作原理图

1—变矩器　2、4、5、8、9、11、12、15、16—齿轮　3—油泵　6—输入轴
7—传动轴　10—倒挡离合器　13—二挡离合器　14—输出轴　17—一挡离合器

①前进一挡：液压油进入一挡离合器 17，动力由输入轴 6 经齿轮 8、一挡离合器 17、齿轮 12、齿轮 15 到输出轴 14，此时为低速行驶。

②前进二挡：液压油进入二挡离合器 13，动力由输入轴 6 传入，经齿轮 8、齿轮 16、二挡离合器 13、齿轮 15 传到输出轴 14，此时为高速行驶。

③倒挡：液压油进入倒挡离合器 10，动力由输入轴 6 传入，经齿轮 8、齿轮 9、倒挡离合器 10、齿轮 11、齿轮 15 传到输出轴 14，此时为倒挡行驶。

3）变速器前进一挡工作原理。将换挡手柄置于前进位置时，电磁阀（方向变换）就切换为前进方向，活塞（前进）向左移动，油开始流向一挡离合器。这时，油压急速地下降，活塞（调节阀）由于弹簧的作用而向右移动，油流入蓄压器。在蓄压器油完全充满之前，离合器油压上升缓慢，一旦完全充满，便急速上升，这样离合器便完全接合起来。离合器完全接合后，活塞（调节阀）便向左移动，蓄压器内部的油便被排放完。其他挡位的工作原理与前进一挡类似。

如图 7—13 所示是变速器工作原理图。

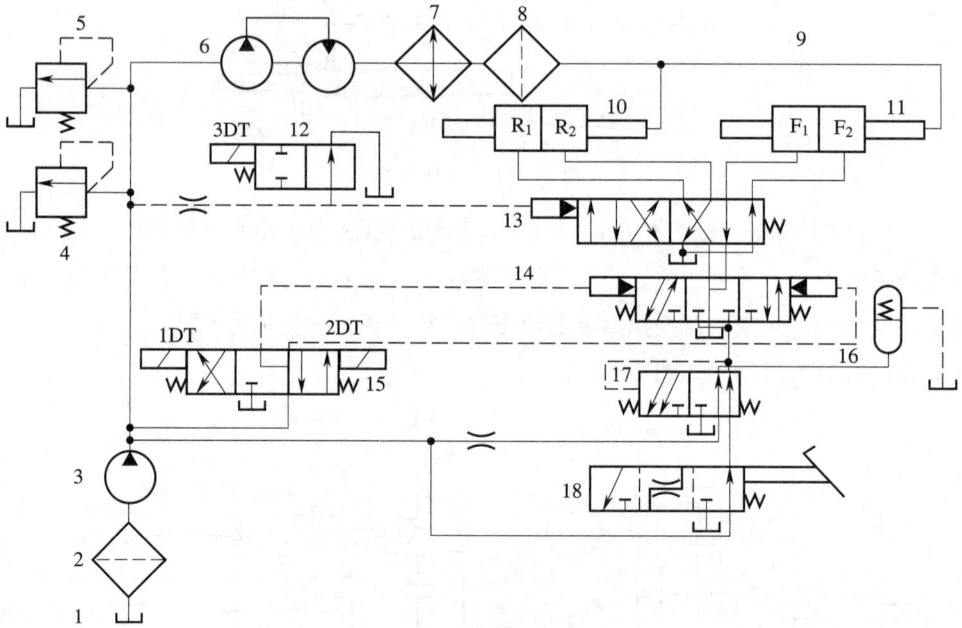

图 7—13　变速器工作原理图

1—油箱　2—过滤器　3—变速泵　4—调节阀　5—变矩器入口溢流阀　6—变矩器
7—油冷却器　8—过滤器　9—离合器油冷却入口　10—后退离合器组件
11—前进离合器组件　12—速度电磁阀　13—一、二挡离合器选择阀
14—方向选择阀　15—方向电磁阀　16—蓄能器　17—调节阀　18—微动阀

4）变矩器和变速器油压检查控制点。图 7—14 是变矩器压力和变速器压力的检测点。

①油压测定。确定油压测定前的油温为 75 ~ 85℃。油温低时不能得到正确的测定结果。使用测定范围在 2.5 ~ 5 MPa 的油压表。

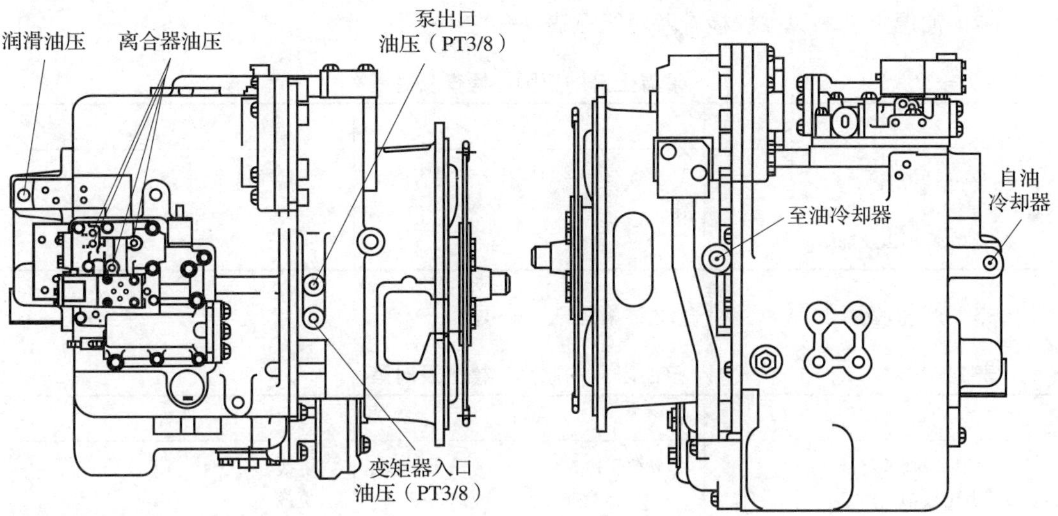

图 7—14　变矩器压力和变速器压力的检测点

②测定要领

a．关闭发动机。

b．拆下测定处的螺塞，并安上油压表。

c．启动发动机，让转速保持在 2 000 ~ 2 200 r/min。

d．读取油压表的数值并记录。

e．让发动机的转速回到怠速状态后，关闭发动机。

f．拆下油压表，正确地装好螺塞。

③变矩器和变速器的压力。变矩器的进口压力一般为 0.5 ~ 0.7 MPa，出口压力一般为 0.2 MPa 左右。变速器的供油泵的压力一般为 0.5 ~ 1.1 MPa。变速器的回油压力一般在 0.2 ~ 0.5 MPa。变速器的润滑油压一般在 0.1 ~ 0.2 MPa。

4．液力变速器的故障维修

（1）输出动力不足的原因、检查及对策见表 7—2。

表 7—2　　输出动力不足的原因、检查及对策

原因	检查	对策
1．管路漏油或者吸入空气		
（1）吸进了空气	检查	排除空气
（2）管路漏油	检查各接头和管子	更换
（3）变矩器内部的油压低，在内部产生气泡	测量入口处油压	更换入口溢流阀
2．离合器打滑		
(1) 油压低	测量压力	更换调压阀
（2）密封圈磨损	分解、检查、测量	更换
（3）离合器活塞环磨损	分解、检查	更换
（4）离合器盘烧损以及板变形	检查前、后行驶能否进行或在中挡处车辆能否运动	更换

（2）油温上升的原因、检查及对策见表 7—3。

表 7—3　　油温上升的原因、检查及对策

原因	检查	对策
1. 离合器不能啮合	检查车辆在中挡状态下是否能动作	更换摩擦片
2. 轴承磨损以及烧结	分解、检查	更换

（3）产生噪声的原因、检查及对策见表 7—4。

表 7—4　　产生噪声的原因、检查及对策

原因	检查	对策
1. 轴承磨损或烧结	分解、检查	更换
2. 齿轮破损	分解、检查	更换
3. 花键磨损	分解、检查	更换
4. 螺栓松动	分解、检查	拧紧或更换

（4）不能传递动力的原因、点检方法及对策见表 7—5。

表 7—5　　不能传递动力的原因、检查及对策

原因	检查	对策
1. 油量不足	检查油面	补充油
2. 密封圈不良	分解、检查	更换
3. 离合器板烧损	检查离合器油压	更换
4. 轴的磨损	分解、检查	更换
5. 轴的键槽磨耗	分解、检查	更换

三、驱动桥的构造与修理

1．驱动桥概述

（1）驱动桥的作用。驱动桥的基本作用是将发动机发出的扭矩传递到驱动车轮。

（2）驱动桥的组成。如图 7—15 所示为驱动桥的典型构造。驱动桥一般由主减速器、差速器、半轴和驱动桥壳组成。港口内燃装卸机械中大量采用了轮边减速器，以增大减速比，提高驱动能力，适应港口装卸作业工况的需要。如日本 3TD45 牵引车、大连叉车、美国的 CAT 装载机等港口装卸生产中常用机型，均装有轮边减速器。

（3）驱动桥的基本功能。驱动桥具有合适的传动比（减速比），使机车具有良好的动力性和经济性；具有差速作用，以保证机车转向或在凹凸不平的道路上行驶时，轮胎不产生滑动摩擦现象；具有较大的离地间隙，以保证机车具有良好的通过性；尽可能地减轻重量以减轻机车的自重。在一些专用机车上驱动桥还具有防止侧滑自锁装置。

（4）驱动桥的基本类型。驱动桥分为整体式和断开式两大类。港口内燃装卸机械的驱动桥基本为整体式（见图 7—16）。一般运输车上使用断开式较多（见图 7—17）。

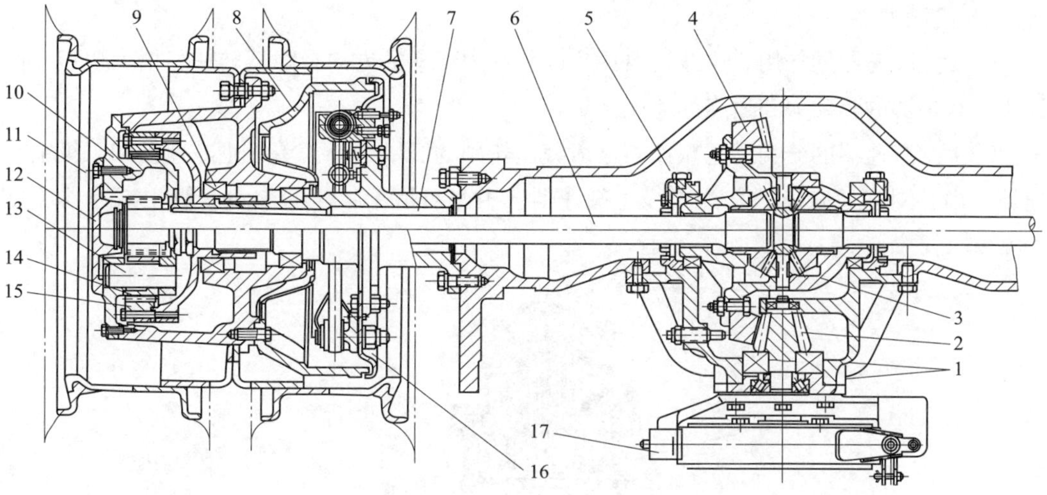

图 7—15　叉车驱动桥构造

1、5、9—轴承　2—主动锥齿轮　3—差速器壳　4—被动锥齿轮　6—半轴　7—半轴套管　8—轮毂　10—行星架　11—太阳齿轮　12—盖　13—行星齿轮轴　14—行星齿轮　15—内齿圈　16—脚制动器总成　17—手制动器总成

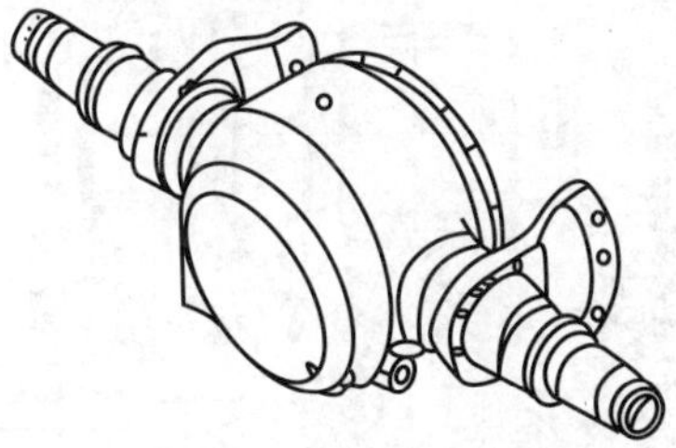

图 7—16　整体式桥壳

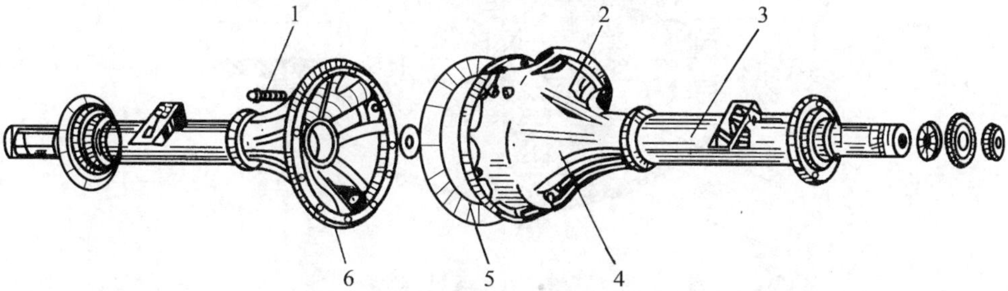

图 7—17　断开式桥壳

1—螺栓　2—主减速器颈部　3—半轴套管　4—右桥壳体　5—垫片　6—左桥壳体

（5）驱动桥壳构造。作为行走支承系统的主要组成元件，驱动桥仅指它的桥壳（梁），装在桥壳内的主减速器、差速器、半轴等传动件，则属于传动系统。

驱动桥壳是一根空心的梁，以便在其中安装传动系统零件并保护这些零件。驱动桥壳是承载构件，要求具有足够的强度和刚度，结构上应考虑制造工艺尽量简单、减少加工面、提高材料利用率、降低成本等，同时还应保证主减速器的调整、拆装、修理和保养方便。

2．主减速器

（1）主减速器的作用。主减速器用来改变动力传递的方向，降低转速，增大扭矩，保证机械有足够的驱动力和适当的速度。

（2）主减速器的分类。主减速器按减速齿轮副的级数可分为单级主减速器和双级主减速器。由一对齿轮减速的称为单级主减速器，由两对齿轮减速的称为双级主减速器（见图 7—18）。

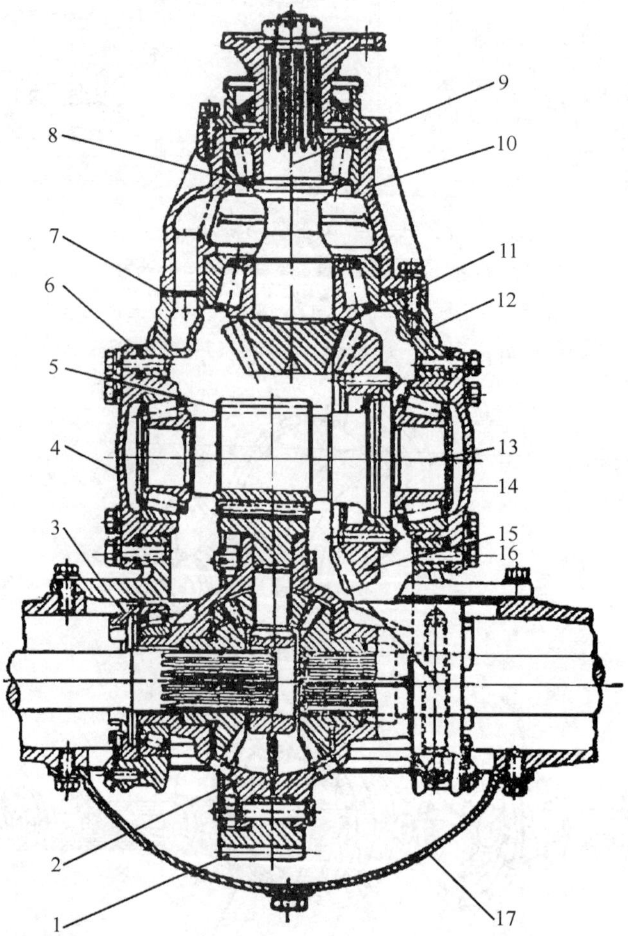

图 7—18　双级主减速器

1—第二级从动齿轮　2—差速器壳　3—调整螺母　4、15—轴承盖　5—第二级主动齿轮　6、7、8、13—调整垫片　9—主动轴　10—轴承座　11—第一级主动齿轮　12—主减速器壳　14—中间轴　16—第一级从动齿轮　17—后盖

（3）主减速器的构造与工作原理。由传动轴传来的动力经一级减速轴传递给从动齿轮，由于差速器的壳与从动齿轮是用螺栓连接在一起的，因此动力传给了差速器壳、行星齿轮、十字轴等，通过与差速器内的齿轮连接的半轴将动力传给轮边减速器驱动车轮转动。

3．差速器

（1）差速器的功用。港口内燃装卸机械在行驶作业中，由于转弯或路面高低不平，在同一时间内左右驱动车轮所走过的距离是不相等的。如果轮胎充气气压不等或磨损程度不同，则两侧车轮的滚动半径就不相等，因此，即使车辆直线行驶，且道路情况完全相同的条件下，在同一时间内两侧车轮中心要移动相同的距离时，两侧车轮的转数也不会相等。显然在上述情况下，如果用一根整轴将两侧驱动轮刚性地连接起来，则两侧车轮对地面必然存在着两种运动状态，即车轮沿路面的滚动和滑动。车轮的滑动将加速轮胎的磨损，增加转向阻力，以及增加动力的消耗。为了使车轮相对路面的滑动磨损尽可能地减少，在同一驱动桥上，两侧的驱动轮不是刚性地装在同一根轴上，而是分别装在左右两根半轴上，其间用差速器相连。差速器的功用就是保证将发动机传来的扭矩同时传给左右两根半轴，且能保证左右两侧驱动轮能以不同的角速度旋转，使驱动轮在任何情况下相对路面的运动总是接近于纯滚动。

（2）差速器的工作原理。主减速器传给差速器壳的扭矩经十字轴传给行星齿轮，即差速器壳通过十字轴对行星齿轮中心施加一个作用力 P。而行星齿轮与左右半轴齿轮相互啮合，因此行星齿轮两侧作用着来自左右半轴的反力 P_1 和 P_2，行星齿轮加入一个等臂杠杆。

如果车辆直线行驶，两侧驱动轮受力情况相同，则两半轴齿轮的反力$P_1 = P_2 = \frac{1}{2P}$。这时行星齿轮受力平衡，无自转，差速器不起作用，两侧的驱动轮就像装在一根刚性轴上那样做相同的运动。

当车辆转弯时，运动方向改变，车架偏转。车架的偏转对驱动轮产生水平面内的转向力矩 M。因此，内外驱动轮与地面接触必然产生方向相反的附加切向反力，左右两侧驱动轮上的切向反力发生变化，内侧轮上的切向反力增加，外侧轮上的切向反力则减小。而两半轴齿轮作用在行星齿轮上的力，则一侧增大，另一侧减小，即一侧反力增大，另一侧反力减小，于是产生一企图转动行星齿轮的力矩。若此力矩足以克服行星齿轮自转的摩擦力矩，则行星齿轮产生自转，产生差速作用。

4．轮边减速器

（1）轮边减速器的作用与特点。轮边减速器是传动系统中最后一级减速增扭装置。它多安装在驱动桥两末端的驱动轮毂上。采用了轮边减速器后，可满足传动系统获得大传动比的设计要求，或在总传动比相同的条件下，可使变速器、传动轴、主减速器、差速器、半轴等零部件的载荷减小、尺寸减小，以及使驱动桥中部产生较大离地间隙。但轮边减速器需要在驱动轮上各装一套。且轮边减速器的构造比较复杂，制造成本也较高。

轮边减速器广泛采用行星式减速器，它的最大优点是以较小的轮廓尺寸获得较大的传动比，而且可以布置在车轮毂内而不增加车辆的外形尺寸。

（2）轮边减速器的构造及工作原理。行星齿轮式轮边减速器是以行星架为从动件输出的。太阳轮为主动件，它与半轴用花键连接。行星架为从动件，它与车轮毂用螺栓连接。3 个行星轮同时与太阳轮及齿圈啮合，内齿圈固定不动，它与半轴套管用花键连接，动力从半轴经太阳轮输入，经行星轮到行星架将动力传给车轮使驱动轮转动。

5．主、从动锥齿轮轴承松紧度的调整

主、从动锥齿轮的轴承，安装时都应具有一定的预紧力，以消除轴承多余的轴向间隙，平衡一部分前后轴承轴向负荷，这对主、从动锥齿轮工作时保持正确的啮合和前后轴承获得比较均匀的磨损，都是必要的。

（1）主动锥齿轮轴承松紧度的调整。各种车型的该项调整基本都是按预紧力矩来检查，而其装配与调整方法也大致相同。装配时应严格按照各零件装配顺序进行，旋紧螺母时应一面转动轴承座，一面旋转螺母，以免轴承在座上歪斜。注意各车型规定的扭紧力矩。

检查时，将轴承座夹在虎钳上，用弹簧秤沿凸缘的切向测量转动轴所需的拉力。如过大，应增加前轴承内座圈端面上的调整垫片，反之则减少。注意测量时，轴承必须润滑，并在顺一个方向转动不少于 5 圈后进行。如无弹簧秤，也可凭经验检查，用手转动凸缘应灵活无阻滞，沿轴向推拉凸缘没有感觉到轴向间隙，即为合适。

有的车型在其使用说明书中明文规定须用量具测量的方法来调整主动锥齿轮轴承的松紧度。

（2）从动锥齿轮轴承松紧度的调整。从动锥齿轮轴承松紧度的调整应根据主减速器的结构形式不同而有区别。主要是通过改变中间轴承盖下的两边调整垫片的厚度来调整。

在检查调整时，用手转动从动锥齿轮应能灵活转动，如用百分表时，应将百分表固定在主减速器壳上，触头抵住从动锥齿轮背面，用撬棒左右撬动时表上指示的轴向移动量应小于 0.05 mm，如不用百分表，则撬动时应感觉无轴向移动。

6．主、从动锥齿轮啮合的调整

目前主减速器所用的齿轮，大多数为螺旋锥齿轮，齿型曲面为圆弧。为了使齿轮副能正常工作，两齿轮必须有正确的齿面接触区和齿侧间隙，而两者之中，尤以齿面接触区更为重要。一般规定沿齿长方向接触 1/2 ~ 2/3，以及接触区偏向于小端。

检验齿轮啮合位置是否正确，一般用齿面的接触印迹来判断，正确的啮合印迹如图 7—19 所示。在齿面上涂抹薄层红铅油或氧化铝与机油的混合物，然后转动齿轮，使其啮合数次后，观察齿面上所压的红色印迹是否正确。若不正确应进行调整。调整方法如下：

当接触印迹在从动齿轮大端时，如图 7—20a 所示，应将从动齿轮向主动齿轮靠拢，假如因此而使齿隙过小，可将主动齿轮向外移动。

当接触印迹在从动齿轮小端时，如图 7—20b 所示，应将从动齿轮移离主动齿轮，假如因此而使齿隙过大，可将主动齿轮向内移动。

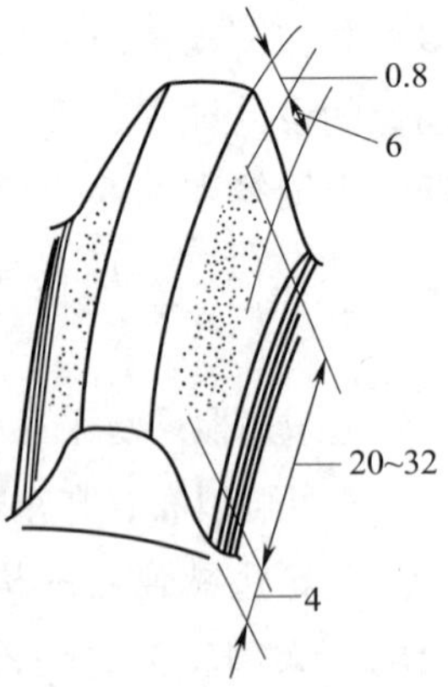

图 7—19　主减速器齿轮的正确啮合印迹

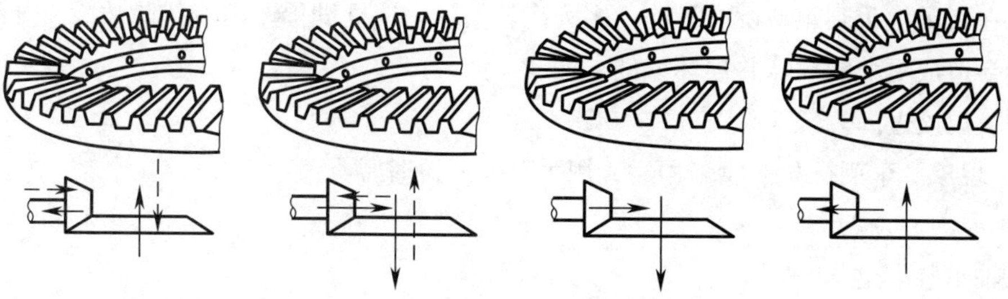

图 7—20　主减速器锥齿轮啮合的齿隙调整示意图

当接触印迹在从动齿轮齿顶端时，如图 7—20c 所示，应将主动齿轮向从动齿轮靠拢，假如因此而使齿隙过小，可将从动齿轮向外移动。

当接触印迹在从动齿轮齿根部时，如图 7—20d 所示，应将主动齿轮移离从动齿轮，假如因此而使间隙过大，可将从动齿轮向内移动。

上述调整方法简化为口诀：大进从，小出从；顶进主，根出主。

如果在调整中印迹变动规律不符合上述 4 种情况，其原因是齿轮齿形或轴线位置不正确，可修磨齿面，若不能修正，则应重新选配齿轮重新调整。

7．驱动桥的常见故障

驱动桥在工作时，因工况复杂要承受较大的变动载荷（例如，紧急制动时、传递最大牵引力时、通过不平路面时、侧滑等状况下，受力极为复杂），致使技术状况逐渐变坏，出现异常响声、发热、漏油等故障。

（1）驱动桥异响

1）现象。当高速行驶时，听到驱动桥部位发出一种异常的响声，且车速越高，响声越大，重载时响声变大，而当滑行或较低速度运行时响声减小或消失。

2）原因

①齿轮或轴承严重损坏或破坏。

②主、从动齿轮配合间隙过大。

③从动齿轮铆钉或螺栓松动。

④差速齿轮、半轴内端或半轴齿轮键槽磨损松旷。

3）诊断

①发现驱动桥有异响时，可将驱动轮架起，启动发动机挂上排挡，然后急剧改变车速，听驱动桥异响来源，以判断故障部位。随即熄火，放入空挡，在传动轴停止转动后，用手转动主动齿轮凸缘。若齿轮啮合间隙过大，则有旷量感觉；如没有活动量，则说明啮合间隙过小。间隙不当应予以调整（此现象一般发生在新装配的驱动桥中）。

②在行驶中，如车速越高响声越大，而滑行时减小或消失，一般是因轴承磨损松旷或齿轮间隙失常；如急剧改变车速或上坡时发响，则为齿轮啮合间隙过大，应予以调整。

③如机车在转弯时发响，多是差速器行星齿轮啮合间隙过大或半轴齿轮及键槽磨损。严重时应拆开修理。

④在行驶中听到驱动桥有异响，多为齿轮损坏。应立即停车检查排除故障。如继续行驶可能会造成更大的故障并损坏零件。

（2）温度过高

1）现象。车辆行驶一段路程后，用手触摸后桥时感觉烫手。

2）原因

①轴承装配过紧。

②齿轮啮合间隙过小，调整配合不当。

③螺栓紧固力矩不符合标准。

④缺少润滑油，或油料黏度过小不合格。

3）诊断。应结合发热部位，逐项检查予以排除。一般过热现象常伴有起步困难、行驶中车辆发沉、滑行不良等。温度过高时常有异味出现。

第二节　转 向 系 统

转向系统的功用是在驾驶员的操作下，控制叉车的行驶方向。它由转向盘、转向轴、转向器以及液压缸、转向节等组成。转向性能的好坏是保证港口机械的安全行驶、减轻驾驶员疲劳强度和提高作业效率的重要因素之一。

转向系统按转向动力源的不同可分为机械转向系统和动力转向系统。其中，动力转向系统又可分为液压助力转向系统和全液压转向系统两种类型。这里主要介绍动力转向系统。

动力转向系统是兼用驾驶员体力和发动机动力为转向动力源的转向系统。动力转向系统是在机械转向系统基础上加设一套转向动力装置而形成的。在正常情况下，动力转向所需能量，只有一小部分由驾驶员提供，而大部分是由其他动力装置提供的，能实现重载情况下转向操作灵活、平稳，是目前港口装卸机械转向系统中应用最多的一种。

一、液压助力转向系统

如图 7—21 所示为液压助力转向系统的组成示意图。液压助力转向系统与机械转向系统相比，在转向垂臂和转向三联板之间增设了一个液压转向助力器及相应的液压系统。

转向时，驾驶员转动转向盘操纵转向器 1，使转向垂臂 2 摆动，通过拨杆 3 拨动控制阀阀芯，控制液压回路中的压力油进出助力油缸的前后油腔，使缸体向前或向后移动，从而带动纵拉杆 5、转向三联板 8、左右横拉杆 9 和 10、左右梯形臂 7 和 13，使左右转向节和转向轮偏转。当转向盘停止在某一位置，拨杆 3 与阀芯也不再移动，由于阀体的随动作用，阀芯重新获得新的平衡，阀芯处于阀体的中间位置，助力油缸的前后油腔被封死，因此车轮保持在所偏转的位置。由图 7—21 中可以看出，驾驶员转动转向盘只需控制阀芯的移动，驱动车轮偏转的动力来自液压系统的油压，因此转向轻便。

如图 7—22 所示，当装卸机械不转向时，分配阀 4 处于中位。液压油从油箱 9 经过滤后被油泵 8 吸入送往单向溢流卸荷阀 7，蓄能器 5 内油压力尚未达到 10 MPa 时，便先推开阀 7 中单向阀流入蓄能器中，直到压力升至 10 MPa 时，阀 7 中的溢流阀开启卸荷，此时阀 7 中的单向阀在压力差的作用下关闭，液压油经溢流阀流回油箱。转向油缸 1 无液压油作用，保持原有的工作状态。

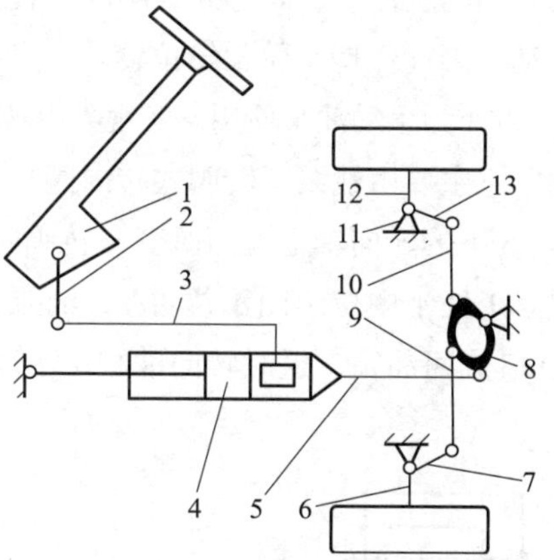

图 7—21　液压助力转向系统组成示意图

1—转向器　2—转向垂臂　3—控制阀拨杆

4—转向助力器　5—纵拉杆　6、12—转向节

7、13—梯形臂　8—转向三联板

9、10—横拉杆　11—转向梁

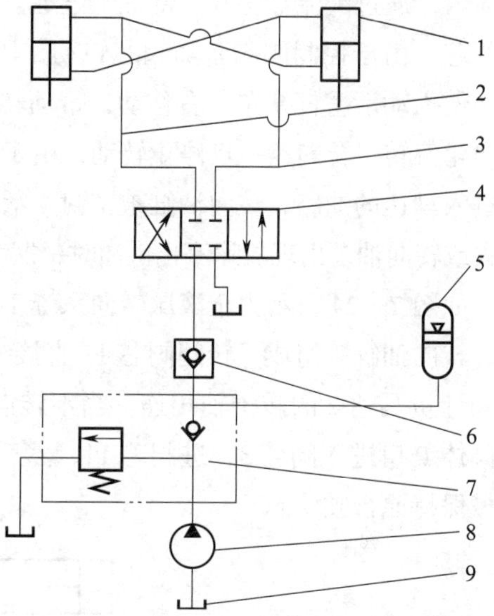

图 7—22　液力转向助力液压系统工作原理图

1—转向油缸　2、3—外管路　4—分配阀

5—蓄能器　6—单向阀　7—单向溢流卸荷阀

8—油泵　9—油箱

向右转时，分配阀 4 处于右位，蓄能器首先供油，单向阀 6 开启，油流入转向阀。此后，油泵供油，推开阀 7 中的单向阀与蓄能器供油汇合。油泵供油，经过分配阀的液压油由管路 2 分别流向左转向油缸的无杆腔和右转向油缸的有杆腔；两油缸的回油管路 3、分配阀 4 从另一油路流回油箱。这样就使左转向油缸伸长，右转向油缸缩短，装卸机械向右偏转。

向左转时，分配阀 4 处于左位，液压油流入分配阀后的流向和油缸伸缩情况与右转向时相反。

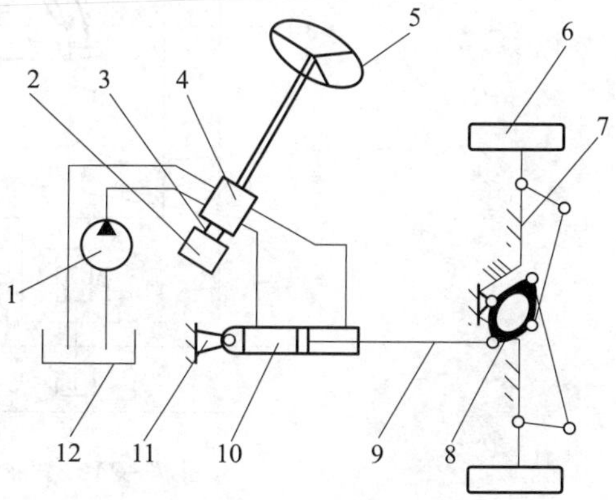

图 7—23　全液压转向系统组成示意图

1—转向油泵　2—摆线马达　3—配流盘

4—控制阀　5—转向盘　6—转向轮

7—转向梁　8—转向三联板　9—活塞杆

10—转向油缸　11—车架　12—油箱

二、全液压转向系统

如图 7—23 所示是全液压转向系统的组成示意图。全液压转向系统采用全液压转向器，

转向油泵 1 输出的不是机械运行而是压力油，在转向器和转向三联板之间完全用液压元件代替机械连接。

一般常用的摆线式全液压转向器由控制阀 4 和摆线马达 2 组成，它们同装在一个转向壳体内，通过配流盘将其内部油道连通。当驾驶员需转向时，通过转向盘 5 转动控制阀 4 的阀芯，由于控制阀阀套随阀芯转动，压力油经配流盘流向转向油缸 10，液压油缸内的活塞便推动活塞杆 9 左、右移动，带动转向三联板 8、左右横拉杆、梯形臂和转向节，使转向轮偏转。转向盘一旦停止转动，由于转子和阀套的同步作用，阀芯处于中间位置，关闭进入马达的油路，转向油缸被密封，活塞杆不移动，因此保持车轮偏转位置。在发动机熄火或转向油泵出现故障停止供油时，摆线马达还可以作为手动油泵使用，实现人力转向。

如图 7—24 所示为全液压转向系统工作原理图。它主要由油泵、转阀式转向阀、计量泵、转向油缸等组成。转阀阀芯 11 直接装在转向盘 8 下的转向轴上，而阀套（转阀阀套）则和计量马达 2 的转子轴相连。当不转向时，阀芯 11 处于中位（图示位置），油泵来油从阀体 P 口进入阀套 3，进阀芯 11，然后由阀体 O 口流回油箱，这时转向油缸 1 不动作，机械保持原行驶状态。

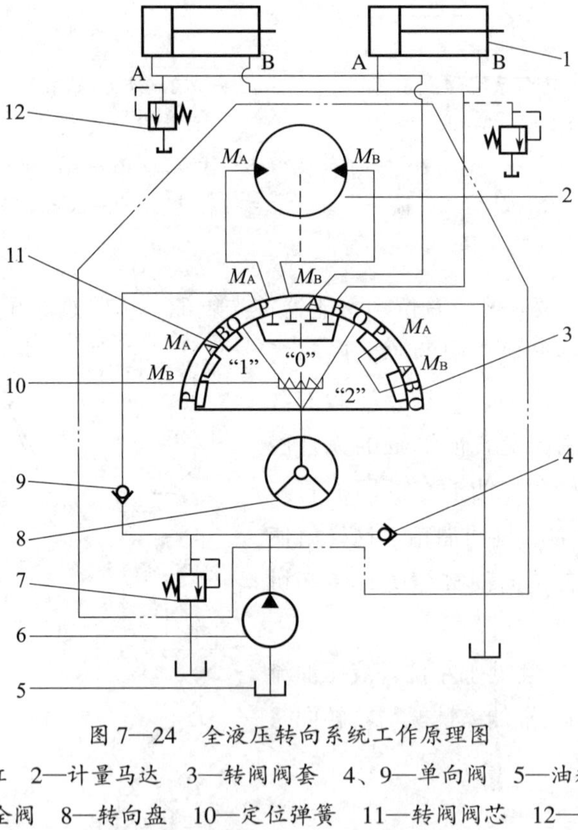

图 7—24　全液压转向系统工作原理图

1—转向油缸　2—计量马达　3—转阀阀套　4、9—单向阀　5—油箱　6—油泵　7—安全阀　8—转向盘　10—定位弹簧　11—转阀阀芯　12—缓冲阀

向右转向时，转向盘 8 向右转，并带动阀芯 11 一起转动，而阀套 3 不动，阀被接通左边油路。这时油泵来的油进入阀体 P 口经阀芯通道 M_A 口，进入液压计量马达，并经 M_B 口及阀芯通道进入转向油缸一腔，而转向油缸另一腔经 B、O 口流回油箱，通过转向

油缸的伸缩运动使机械偏转。

向左转向时，转向盘 8 向左转动，工作原理与向右转时相同。

液压计量马达在系统中有两个作用：一是油泵来油在进入转向油缸之前先经过计量马达，使马达转子转动，同时也带动转阀阀套 3 转动，且转动的方向与转向盘转动的方向一致，因此阀套与阀芯重新处于相对的中位，油不再流入液压计量马达，车轮停止偏转，即液压计量马达产生的反馈信号保证了转向油缸的运动始终随转向盘的转动要求。二是当油泵不能供油时，转动转向盘使阀芯转到一定的位置后，再继续转动转向盘就可以使阀芯、阀套一起转动，即可带动液压计量马达转子转动使其变为油泵，它可将转向油缸一腔的油液自单向阀吸入，经增压后送入转向油缸另一腔，从而实现人力转向。

全液压转向系统在发动机或液压供油系统出现故障时，能用人力继续维持方向操纵来应急。

三、液压转向系统的故障诊断与排除

转向装置常见故障主要有液压转向器故障、行驶跑偏、转向沉重等。

1. 故障表现及原因

液压转向器的故障一般表现为：转向力不足或不均匀；在发动机各种转速下均无转向助力作用；转向器内或油泵处有异响。

液压转向器的故障主要有以下原因：

（1）油泵驱动带过松，油泵油箱内液面过低。

（2）转向助力器内有空气或水，转向齿轮啮合过松或过紧。

（3）转向螺杆止推轴承螺母松动，油泵内有故障，油泵旁通阀卡住或油泵保险阀座松脱。

（4）集流管拱曲或衬垫损坏。

2. 故障判断与排除

（1）检查油泵驱动带是否过松，再检查油箱内存油情况及油液是否混浊和有无泡沫，检查各接头与集流管紧固螺钉是否松动，必要时应更换油液和油封。

（2）转动转向盘沉重，可检查调整螺钉是否调整不当或转向齿轮是否啮合过紧。必要时分解转向器，检查密封环是否磨损或折断，转向螺杆止推轴承螺母是否松动。

（3）分解油泵，检查旁通阀是否阻塞，保险阀是否松脱，定子和叶片是否磨损，槽内有无污物。

（4）一人用手来回转动转向盘，另一人用手紧握摇臂轴，如感到旷量过大，则为转向齿轮啮合间隙过大，应重新调整。

第三节 制 动 系 统

港口内燃装卸机械在行驶中，根据作业、路面条件和工作区域内状况不同，其行驶速度和运行状态是在不断变化的，制动系统是用来对行驶中的装卸机械设备施加制动力，使

其行驶速度降低或使其保持长时间不会自行移动的静止状态。产生港口装卸机械制动力的一系列装置，称为制动系统。用以使行驶中的港口装卸机械降低速度甚至停车的制动系统称为行车制动系统；用来使已停驶的车辆驻留原地不动的装置则称为驻车制动系统。这两个制动系统是内燃装卸机械设备所必须具备的。

一、行车制动系统

1．行车制动系统基本组成和工作原理

行车制动装置由车轮制动器和制动驱动机构组成。现以如图 7—25 所示的简单的液压制动装置为例说明行车制动装置的组成和工作原理。

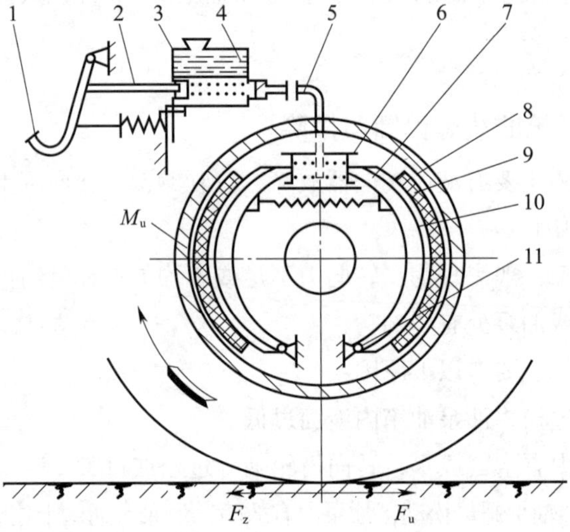

图 7—25　制动系统工作原理

1—制动踏板　2—推杆　3—制动总泵活塞　4—制动总泵　5—油管　6—制动分泵　7—制动蹄复位弹簧　8—制动鼓　9—摩擦片　10—制动蹄　11—支承销

制动系统由两部分组成：一部分为直接产生制动力矩的制动器，包括制动蹄 10、制动鼓 8、摩擦片 9 等；另一部分为将动力源产生的制动力传给制动器的传递机构，包括制动踏板 1、总泵 4、分泵 6 等。

制动鼓 8 固定在车轮轮毂上，随车轮一起转动。有两个支承销 11，固定于车桥上不转动的制动底板上，支承着制动蹄 10 的下端，制动蹄 10 的外圆面上装有摩擦片 9。制动底板上还装有液压制动分泵 6（又称制动缸），用油管 5 与装在车架上的液压制动总泵 4（又称制动总缸）相连通。总泵中的活塞 3 由驾驶员通过制动踏板 1 来操纵。

不制动时，两个制动蹄在复位弹簧 7 的作用下上端收拢，上端紧压靠在制动分泵的活塞上，使制动摩擦片与制动鼓内圆面之间有一定的间隙，车轮和制动鼓可以自由转动。

当制动时，驾驶员踩下制动踏板 1，通过推杆 2 推动总泵活塞 3，使总泵 4 中的制动液压力升高，经油管 5 流向分泵 6 中，分泵两活塞推动两制动蹄 10 绕支承销 11 转动，使摩擦片紧压在制动鼓内圆面上。这样不转动的制动蹄就对旋转的制动鼓产生一个摩擦力矩 M_u，其方向与车轮转动方向相反。制动鼓把该力矩传给车轮，由于车轮与地面间有附着力的作用，车轮对地面作用着一个向前的周缘力 F_u，同时地面也对车轮作用着一个向后的反作用力，即制动力 F_z。制动力 F_z 由车轮经车桥传给车架，迫使整个机械产生减速。当驾驶员松开制动踏板时，总泵和分泵的油压下降，复位弹簧将两个制动蹄收拢，摩擦力矩 M_u 和制动力 F_z 消失，制动作用解除。

2．行车制动系统驱动机构典型元件

制动系统驱动机构的功用是将驾驶员或来自其他能源的作用力传给制动系统，用以控制制动器的工作时间和制动力矩。

为了保证行车安全，制动驱动机构必须工作可靠，产生制动和解除制动的动作都应当尽可能地快。为了减轻驾驶员的工作强度，制动驱动机构的操纵应当轻便省力。为了控制制动力矩，驾驶员踩下踏板的力和踩下踏板后的行程量应当与制动力矩有一定的比例关系。

只靠驾驶员施加于操纵机构的力作为制动力源的制动驱动机构属于简单制动驱动机构，它分为液压式、气压式和机械式，机械式只用于驻车制动。利用内燃机动力作为制动力源，驾驶员通过操纵机构加以控制的都属于动力制动驱动机构，其中有液压式和气压式，主要用在中小型港口装卸机械上作行车制动，在大中型港口装卸机械上采用比较多的是气—液复合式制动驱动机构。

按管路布置不同可分为单管路系统和双管路系统。单管路系统，就是采用一套驱动机构来控制 4 个车轮上的制动器。双管路系统则有两套管路，前后轮具有独立的驱动机构来控制，当一套驱动机构因故障而失效时，另一套驱动机构仍能保证有两个车轮制动，从而提高了行驶安全性。

（1）液压式制动驱动机构。如图 7—26 所示为简单液压制动驱动机构的基本组成和回路。工作过程为：驾驶员踩下制动踏板 6，通过主缸推杆 10 推动总泵活塞 9 移动，制动总泵内部的油压升高，制动液经油管 5、8、11 进入前后轮制动器中的制动分泵。制动分泵活塞 4 在油压作用下，向外移动克服复位弹簧 1 的张力迫使制动蹄 2 张开，并压紧在制动鼓上实现制动。在蹄、鼓间隙消除之前，管路中的油压较低，仅用来克服制动蹄复位弹簧的张力和制动液在管路中的流动阻力。当制动间隙消除后，制动液的压力和制动力矩随制动踏板力成比例增大。松开制动踏板，制动蹄和轮缸活塞在复位弹簧作用下回位，把制动液压油压回总泵，制动解除。

简单液压式制动驱动机构结构简单紧凑，机械效率高，作用滞后时间短，整个管路系统中的压力相同，各制动分泵能同时起作用，制动时不易跑偏。但是这种结构是依靠人力作为制动动力源，只适用于中小吨位港口的内燃流动装卸机械。

（2）气压式制动驱动机构。该机构是以压缩空气作为制动动力源，驾驶员通过控制制动踏板踩踏力及行程来控制进入制动气室的压缩空气压力，以取得合适的制动力矩。因使用压缩空气作为动力，所以制动系统操纵轻便、省力。但有不足之处：一是工作压力低，

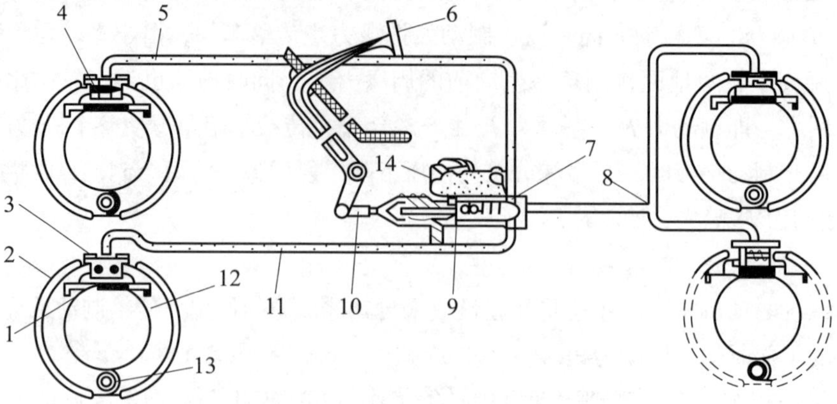

图 7—26　简单液压制动驱动机构

1—复位弹簧　2—制动蹄　3—制动分泵　4—分泵活塞　5、8、11—油管　6—制动踏板
7—制动总泵　9—总泵活塞　10—主缸推杆　12—摩擦衬片
13—支承销　14—储油室

使制动传动机构如制动气室等零部件的尺寸、质量增大，即增加了机械非悬挂部分的质量，影响机械的平稳性；二是因为气体的可收缩性，使产生的制动冲击大，解除制动速度不如液压式和机械式可靠性高。

如图 7—27 所示为一般港口装卸机械的单管路气压制动系统图。空气压缩机 8 由发动机驱动，产生的压缩空气经管路到油水分离器 7 和压力控制阀输入储气筒 15。储气筒内的气压由驾驶室内的气压表 5 来显示，该压力最高为 1.0 MPa。

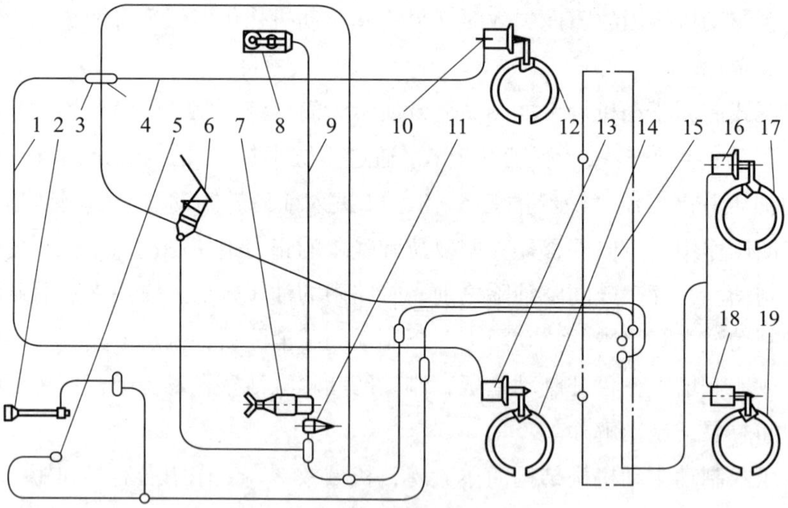

图 7—27　气压制动系统图

1、4—软管总成　2—气喇叭　3—气动转向操纵阀　5—气压表　6—制动控制阀
7—油水分离器　8—空气压缩机　9—钢管总成　10、13—前轮制动气室
11—压力控制阀　12、14—前轮制动器　15—储气筒
16、18—后轮制动气室　17、19—后轮制动器

当制动时，驾驶员通过踏板操纵制动控制阀 6。制动控制阀使前、后制动气室 10、13、16、18 与储气筒连通而与大气隔绝，储气筒内的压缩空气进入制动气室，通过推进杆推动凸轮转动使制动蹄板张开，从而产生制动力矩。不制动时，前、后制动气室与储气筒隔离而与大气相通，制动气室中的压缩空气排入大气，制动解除。

（3）气液综合式制动驱动机构。气液综合式制动驱动一般有气压助推油液式和真空增压助推油液式两种。由于气液综合式制动驱动机构综合了液压制动和气压制动的优点，使制动系统制动轻便可靠，因此被广泛应用于港口内燃装卸机械制动系统中。现对常采用的气压助推油液式制动系统加以说明。

气压助推油液式（俗称气推油）制动系统，是气液综合式制动驱动机构中常用的一种形式。空压机输出的压缩空气，通过气推油加力器（也称为加力器或助力器），将气压能转为液压能作为制动动力源。驾驶员按不同的制动强度要求，通过制动踏板操纵控制阀来控制加力器室中的空气压力和流动方向。这种制动系统使制动轻便可靠。

气液综合式制动系统可分为单管路和双管路两种。如图 7—28 所示为 ZL50 型装载机采用的气推油双管路式制动系统示意图。

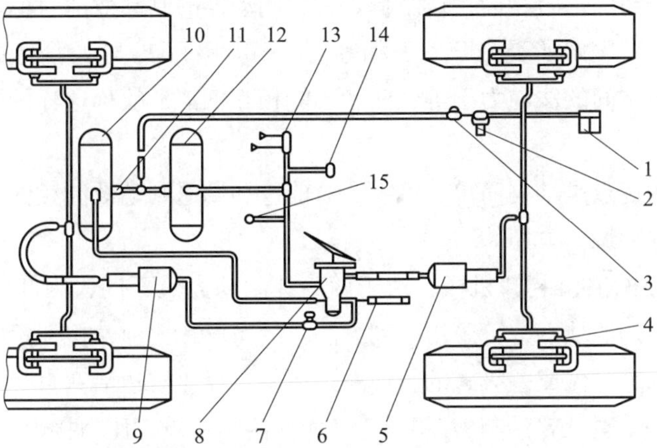

图 7—28　ZL50 型装载机气推油双管路式制动系统示意图

1—空压机　2—油水分离器　3—压力控制器　4—制动分泵　5—后气推油加力器
6—接变速阀软管　7—制动信号开关　8—双管路制动阀　9—前气推油加力器
10—前储气筒　11—单向阀　12—后储气筒　13—气喇叭　14—气水阀　15—压力表

空压机 1 产生的压缩空气，经油水分离器 2 后，通向前、后轮的储气筒 10 和 12，其内的压力由压力控制器 3 控制，保持在 68 ~ 70 kPa。储气筒的入口处分别装有单向阀 11，使两个储气筒互相隔绝，保证两管路系统的独立性。双管路制动阀 8 是双腔式的，由制动踏板直接操纵。踩下制动踏板，储气筒 12 和 10 中的压缩空气便分别经双管路制动阀的上腔和下腔充入各自的气推油加力器 5 和 9，使压力油推动前、后轮钳盘式制动器的分泵活塞，使车轮制动。当放松制动踏板时，气推油加力器中的空气经制动阀排入大气。

在制动阀上连有控制动力变挡变速器断流阀的气路软管道，以便在踩下踏板的同时，使动力换挡变速器的离合器分离。

3．行车制动器的构造

制动器是制动系统的重要组成部分，目前港口内燃流动装卸机械所采用的绝大多数是机械摩擦式制动器。摩擦式制动器中的蹄式制动器多用于行车制动，而盘式制动器在驻车制动及行车制动中都有采用，其中以驻车制动使用最为普遍。

（1）蹄式制动器

1）蹄式制动器的基本类型

①简单非平衡式制动器。如图 7—29 所示为简单非平衡式制动器。制动蹄由制动分泵活塞在液压作用下张开压紧在制动鼓内圆面上，由于活塞面积相等，故 F_1=F_2。当制动鼓按图中箭头方向旋转（前进）时，两制动蹄分别受法向力 N_1 和 N_2，以及相应的切向力（摩擦力的合力）T_1 和 T_2，如图中所示，假设把这些力都集中在摩擦衬片 5 的中央位置，则左蹄上的切向力 T_1 绕左支承销 7 的力矩和驱动力 F 是同向的，结果使左蹄在两个力的共同作用下进一步压紧在制动鼓上，制动效能增强，因而摩擦力 T_1 作用的结果是使左蹄 1 对制动鼓的压紧力增大，这一作用称为增势，左蹄为增势蹄（或称紧蹄），同理可得出右蹄 6 是减势蹄（或称松蹄）。倒车制动时左蹄变为减势蹄，右蹄变为增势蹄，但整个制动器的制动效能仍与前进时相同，这个特点称为制动器的制动效能对称。

由上可知，虽然两蹄所受张开力 F 相等，但因摩擦力 T_1 与 T_2 所起的作用相反，所以两制动蹄与制动鼓之间的法向力不等，两者不能相互抵消，故称这样的制动器为非平衡式制动器。

这种制动器的优点是结构简单、可靠，对前进和倒退制动效能相同，适用于往复循环作业的机械，磨损后调整方便。

对于连续作业的港口装卸机械，由于两蹄片制动力矩不同，因此左右摩擦片磨损不均。为补救磨损不均的缺点，可采用下列方法：后摩擦片比前摩擦片短些，使单位压力接近相等；或将制动分泵做成差级式的，使左边活塞直径比右边活塞直径小，如图 7—30 所示，故张开力 $F_1<F_2$，使 N_1 约与 N_2 相等，从而使两蹄片单位压力接近，衬片磨损均匀。

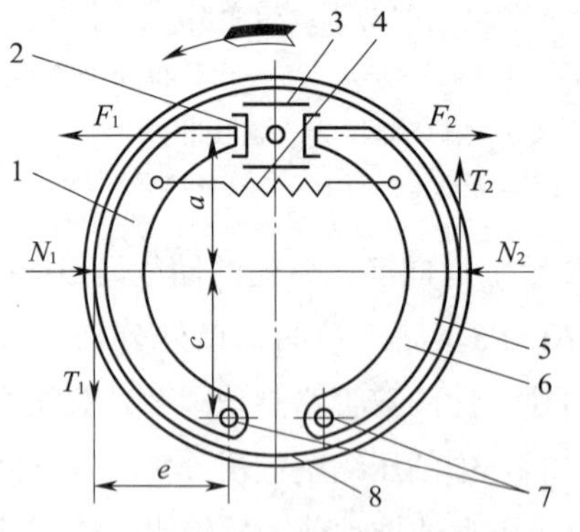

图 7—29　非平衡式制动器示意图

1—左制动蹄　2—制动分泵活塞　3—制动分泵体
4—复位弹簧　5—摩擦片　6—右制动蹄
7—支承销　8—制动鼓

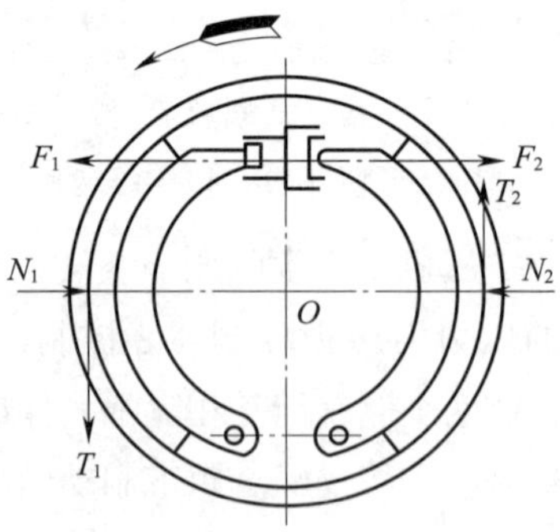

图 7—30　差级分泵式制动器示意图

②平衡式制动器。如图 7—31 所示为单向平衡式制动器。左蹄支点在下端，右蹄支点在上端，每个蹄各有自己的分泵（单向活塞），两分泵的结构相同。制动鼓按图中箭头所示旋转制动时，两蹄均为增势蹄，制动效能较高；若倒车制动时，两蹄都为减势蹄，制动效能较低。

如图 7—32 所示为双向（对称）平衡式制动器。两蹄两端都没有固定支点，依靠两弹簧 5 拉靠在分泵活塞外端的支座 2、3 上。制动鼓前进旋转（图中箭头方向）制动时，所有的分泵活塞都在液压作用下向外移动，将两制动蹄压靠在制动鼓上。在制动鼓的摩擦力矩作用下，两蹄都绕车轮中心 O 朝箭头方向移动，推动与两分泵的支座 3 相连的活塞，直到顶靠着分泵体为止，此时两分泵的支座 3 成为制动蹄的支点，两制动蹄都是增势蹄。同理，制动鼓反转制动时两制动蹄也都是增势蹄。这种制动器的正、反转制动效能都高，磨损均匀，但采用了两个分泵使结构复杂。

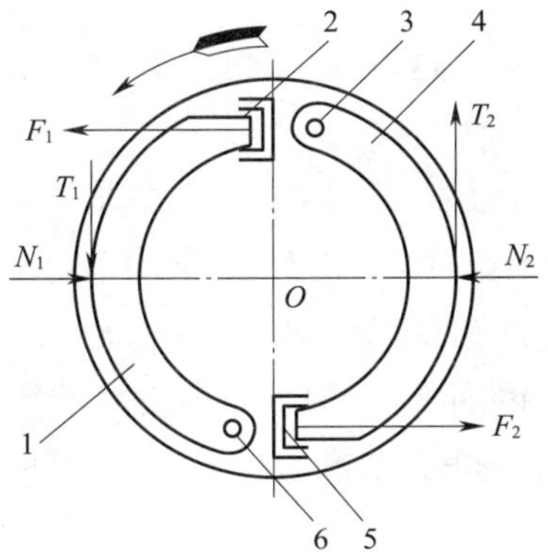

图 7—31　单向平衡式制动器

1—左蹄　2、5—分泵

3、6—支承销　4—右蹄

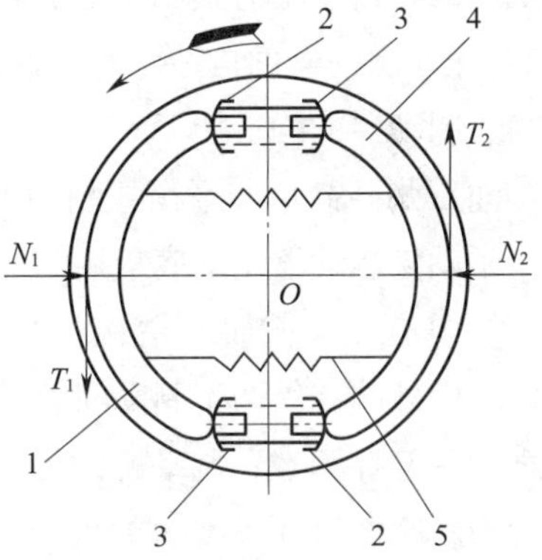

图 7—32　双向平衡式制动器

1—左蹄　2、3—分泵支座

4—右蹄　5—弹簧

③自动增力式制动器。自动增力式制动器的增力原理是将两蹄片用推杆浮动铰接，利用传动机件的张开力，使两蹄产生增势作用的同时还充分利用增势前蹄推动后蹄产生更大的摩擦力矩，此即为增力。

如图 7—33a 所示为单向自动增力式制动器。两蹄的下端分别顶靠在浮动顶杆 6 的两端。制动器只有一个支承销 4。不制动时，两蹄上端均借各自的复位弹簧拉靠在支承销上。制动鼓按图中箭头方向制动时，左蹄 1 上端被分泵压向制动鼓。同时制动鼓作用在左蹄上的摩擦力和法向力的一部分对推杆形成一个推力 F_2，作为右蹄的驱动力，显然 $F_2>F_1$，右蹄 2 成为增力式增势蹄，右蹄的制动效能比左蹄更高。当倒车制动时左蹄为增力减势蹄，右蹄为减势蹄，制动效能大大降低。

如图 7—33b 所示为双向自动增力式制动器。制动鼓正、反制动时，两蹄交替为增势蹄和增力增势蹄，制动效能比前述几种均高，但制动力矩随操纵力的增加而增加得过猛，使工作不平顺；制动力矩对摩擦因数的变化很敏感，因而对摩擦材料和摩擦因数的稳定性要求很高；两蹄磨损很不均匀。

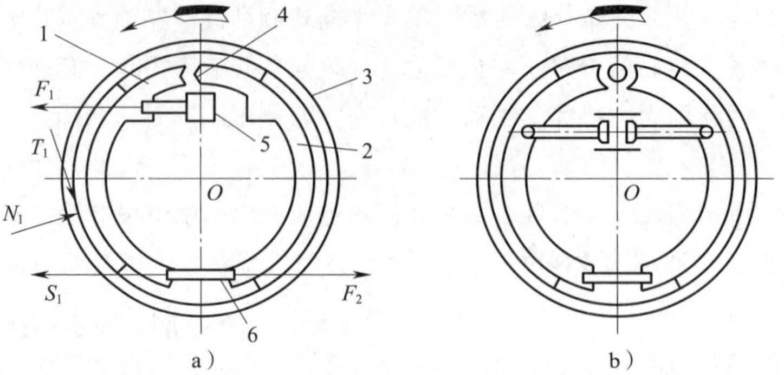

图 7—33　自动增力式制动器

a）单向自动增力式制动器　b）双向自动增力式制动器

1—左蹄　2—右蹄　3—轮毂　4—支承销　5—分泵　6—顶杆

上述两种自动增力式制动器仍属非平衡式制动器。

2）蹄式制动器的构造。蹄式制动器的结构类型很多，这里仅介绍港口机械上常用的典型蹄式制动器的构造。

①油压张开简单非平衡式制动器。如图 7—34 所示为 ZL35 型装载机简单非平衡式制动器。驱动轮制动器制动底板用螺栓与驱动桥壳上的凸缘连接，制动鼓固装在车轮轮毂的凸缘上。具有 T 形截面的左、右制动蹄 2 的下端，分别套在两个偏心支承销 6 上。偏心支承销 6 的外端有供调整制动间隙的可扳动扁头，头的端面刻有调整用的标记。为增大蹄与鼓之间的摩擦因数，制动蹄的外圆面上铆有铜丝与石棉制成的摩擦片 3。铆钉头顶端埋入深度为新摩擦衬片厚度的 1/2 ~ 2/3。

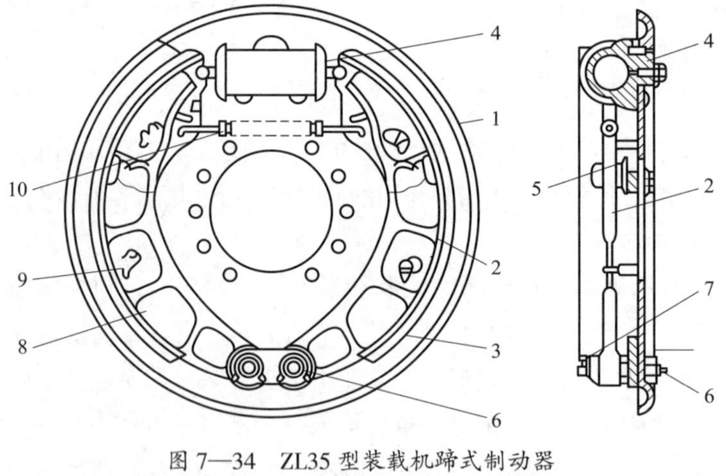

图 7—34　ZL35 型装载机蹄式制动器

1—制动器底板　2—制动蹄　3—摩擦片　4—制动分泵　5—蹄片调整凸轮

6—偏心支承销　7—卡圈　8—制动蹄　9—限位片　10—复位弹簧

制动分泵 4 用螺钉装在制动底板上，制动蹄上端与分泵两端的推杆铰接，推杆顶靠在分泵活塞上。复位弹簧 10 将两制动蹄拉拢，并靠在装于底板 1 上的调整凸轮 5 上。在调整凸轮轴的六角螺钉头下装有预先压紧的弹簧，靠弹簧预紧力产生的摩擦力使调整凸轮的角位移保持在某一调整好的位置。限位片 9 限制制动蹄在车轮轴线方向窜动。

制动时，两蹄在分泵活塞的作用下，各自绕其支承销向外旋转，紧压在制动鼓上。撤除液压力后，两蹄在复位弹簧的作用下复位，解除制动。

制动器在不工作时，其制动间隙一般为 0.25 ~ 0.5 mm。制动鼓腹板外缘处开有一个检查孔，以便将塞尺插入制动器间隙中检查。若发现间隙过大，可转动调整凸轮 5 进行局部调整。全面调整时，还要转动偏心支承销 6。

②油压张开式平衡制动器。如图 7—35 所示为 ZL50 型装载机双向平衡蹄式制动器。安装在底板 1 上的零件，如制动分泵 5、制动蹄 7、支承销 10、定位销 2、调整拨轮装置 8 及复位弹簧 9 等都两两按中心对称的形式布置。两制动蹄的任何一端都是浮式支承，依靠复位弹簧 9 的拉紧作用使其压在支承销 10 和调整拨轮装置的螺杆上，在制动分泵弹簧的作用下分泵活塞的球形凹面与推杆 3 的内端接触，推杆外端与制动蹄腹板端部通过凹槽相抵住。两制动蹄用定位销 2、支承销 10、调整拨轮装置 8 来防止轴向窜动。

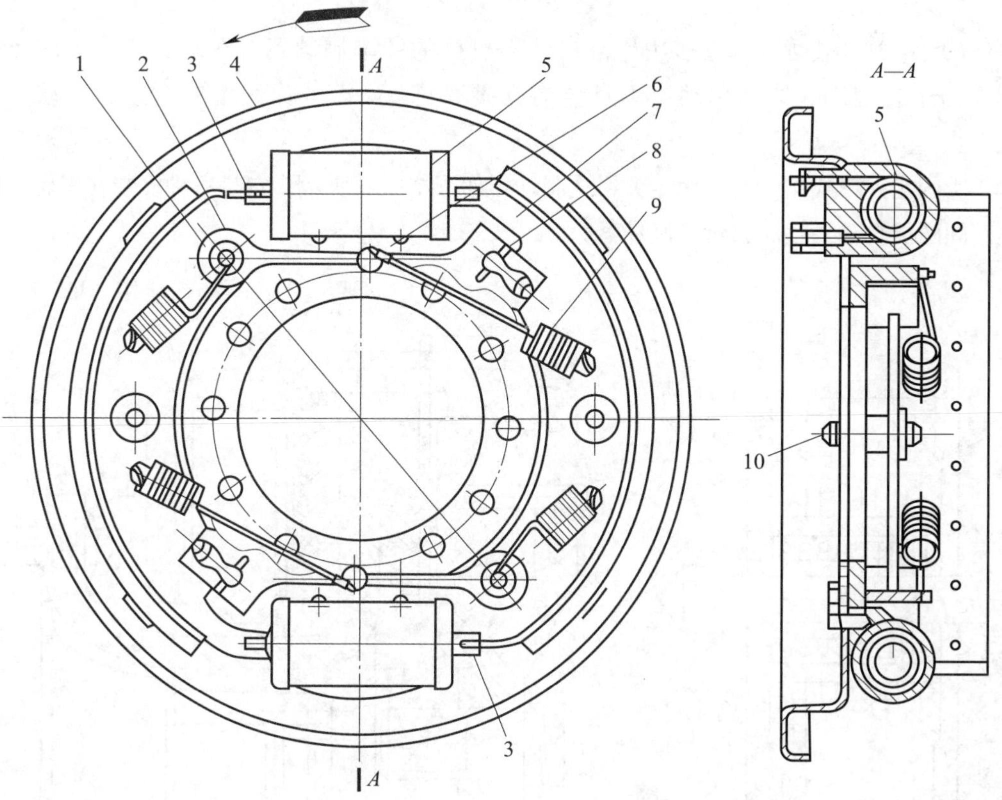

图 7—35 ZL50 型装载机制动器

1—座板 2—定位销 3—推杆 4—制动底板 5—制动分泵 6—弹簧座销
7—制动蹄 8—调整拨轮装置 9—复位弹簧 10—支承销

在前进行驶（图中箭头方向）中制动时，两分泵活塞在油压作用下向外移动，推动两蹄紧压到制动鼓上。由于旋转的制动鼓的摩擦作用，使两蹄也随制动鼓一起旋转（方向相同）直至顶靠于相应的调整螺杆为止。此时两调整螺杆便成为制动蹄的支点。随后，在油压与摩擦力的共同作用下，两蹄进一步压紧在制动鼓上，两蹄均为增势蹄。

倒车制动时，支点变为定位销 2，工作原理与前进时相同，制动效能也与前进时一样。

制动器的制动间隙调整是通过调整拨轮装置 8 来实现的。调整拨轮是拧在调整螺杆上的。调整拨轮不能轴向移动。当转动调整拨轮时，调整螺杆轴向移动，推动制动蹄腹板一起移动，从而达到调整制动间隙的目的。拨轮齿间有弹簧片，拨轮每转过一个齿，弹簧片便起落一次，其作用是防止调整后的拨轮发生松动。

（2）盘式制动器。盘式制动器按其结构可分为全盘式和钳盘式两种，其摩擦副中的旋转零件是以端面为工作表面的金属圆盘，称为制动盘。全盘式制动器中，不旋转零件是端面上铆有摩擦片的圆盘，而钳盘式制动器的不旋转零件则是一对或几对面积不大装有摩擦片的制动块，这些制动块及其驱动、压紧机构都装在夹钳形的支架上，统称为制动钳。

1）钳盘式制动器。它多用作港口装卸机械的驻车制动器，在装载机上被广泛采用作为车轮制动。按其制动钳本身结构位置不同，又可分为固定夹钳式和浮动夹钳式。

①固定夹钳式制动器。固定夹钳式制动器如图 7—36 所示，它是一种安装在车轮上的制动间隙能自动调整的钳盘式制动器。

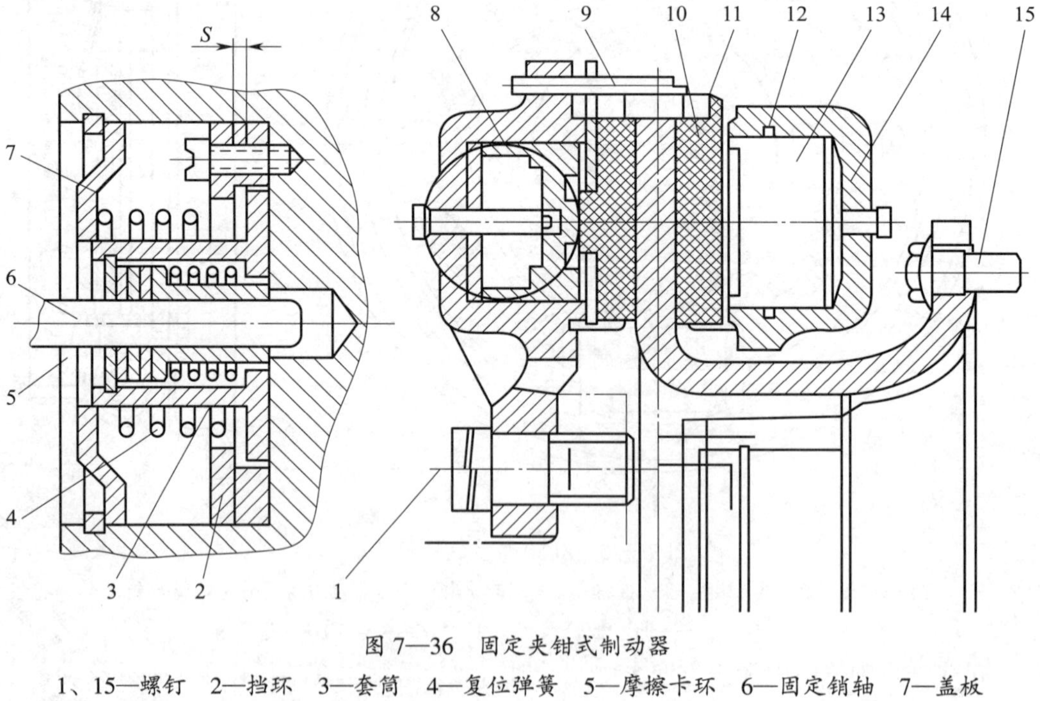

图 7—36　固定夹钳式制动器

1、15—螺钉　2—挡环　3—套筒　4—复位弹簧　5—摩擦卡环　6—固定销轴　7—盖板　8—内钳壳　9—导向销　10—摩擦块　11—底板　12—密封圈　13—活塞　14—外钳壳制动盘用螺钉 15 固定在轮毂上，其内钳壳 8 和外钳壳 14 用 4 根螺栓紧固成一整体制动钳壳，通过内钳壳用螺钉 1 固定在桥壳上。内、外制动摩擦块 10 用两根导向销 9 悬装在制动盘两侧，内外两侧的制动钳壳就是两个液压缸体（或泵体），其内有活塞 13，缸壁上梯形截面的环槽内装一橡胶密封圈 12，靠近摩擦块的小环槽内装有防尘罩。两个缸腔与位于壳体外面的油管相通。

活塞的内腔装有弹簧，弹簧起自动复位和自动调节间隙的作用。固定销轴 6 拧紧在钳体上，摩擦卡环 5 以一定的摩擦力装在固定销轴上，对套筒 3 起限位作用。复位弹簧 4 的一端支承在套筒的外凸缘上，另一端压在盖板 7 上，盖板用卡环定位。挡环与缸体用螺钉连接。

工作原理：当制动时，油液经过油管压入内、外钳壳体内，活塞在油压的作用下推动摩擦块夹紧制动盘，迫使制动盘与车轮一起减速或停止旋转，同时活塞上的卡环带动盖板压缩复位弹簧。当制动解除时，活塞又在复位弹簧的作用下自动复位 S 距离。

摩擦块磨损后，活塞的位移量便增加，当位移量大于挡环与套筒外凸缘之间的间隙量时，活塞将使挡环压紧套筒外凸缘，克服摩擦卡环与固定销轴之间的摩擦力，一起移动，推动摩擦块，消除其磨损量而压紧制动盘。制动解除后，活塞在复位弹簧的作用下，仍然复位 S 距离，此距离小于活塞的位移量，它们之间的差值就是摩擦块的磨损量，即为摩擦卡环相对固定销轴的位移量。这样使制动器的制动间隙总是保持正常值 S。

②浮动钳盘式制动器。浮动钳盘式制动器的制动钳体可以相对制动盘轴向移动，只是在制动盘的内侧钳体内设有分泵，而外侧钳体只安装了摩擦块，如图 7—37 所示。制动钳支架 7 固定在车桥上，其上端有带套筒 6 的螺钉销 5。内外钳体是一个整体制动钳体 1。制动钳体 1 通过其内外凸缘座孔分别支承在螺钉销 5 末端及套筒 6 上，与内制动摩擦块 9 一样能沿螺钉销 5 做轴向移动。在制动钳体的内侧有制动分泵，而外侧仅固定着外制动摩擦块 10。制动时，活塞 3 推动内制动摩擦块 9 压到制动盘 8 上，同时整个制动钳沿螺钉销 5 向内侧移动，使外制动摩擦块也压到制动盘 8 上，随着制动块对制动盘压力的增加，制动作用便增大。

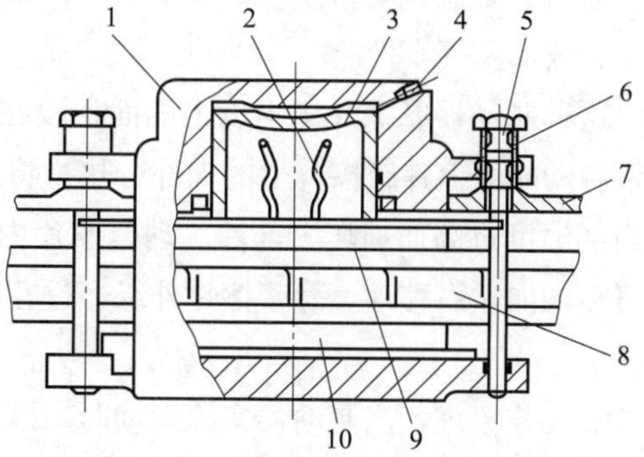

图 7—37　浮动钳盘式制动器

1—制动钳体　2—支承弹簧　3—活塞　4—进油口　5—螺钉销　6—套筒　7—制动钳支架　8—制动盘　9—内制动摩擦块　10—外制动摩擦块

2）全盘式制动器。为了获得大的制动力矩，在港口使用的某些重型装卸机械上采用了全盘式制动器。如图 7—38 所示为一种全盘式制动器，其结构原理与摩擦离合器相似。它的制动摩擦副由一组固定盘与一组旋转盘组成。

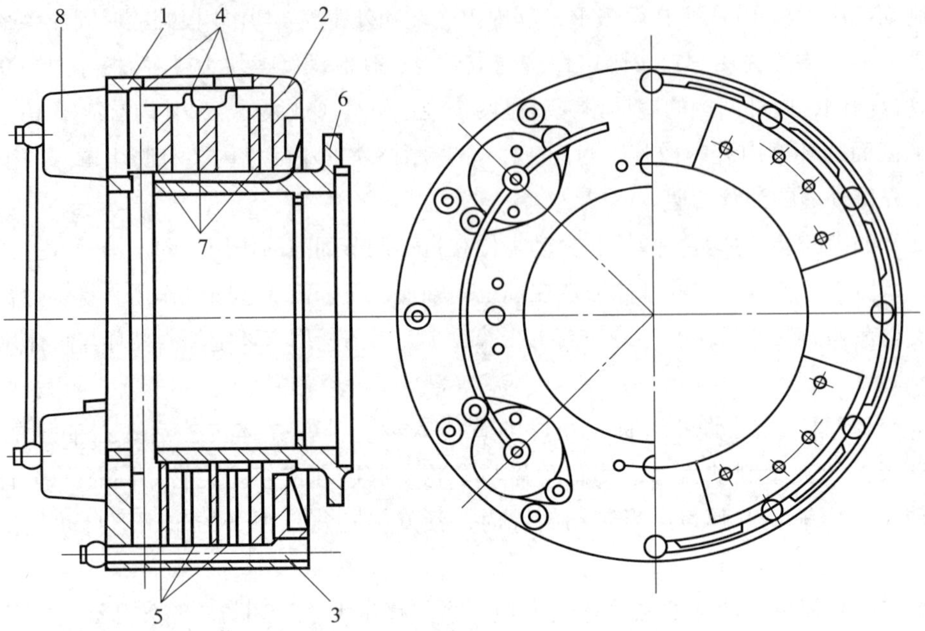

图 7—38　多片全盘式制动器

1—内盖　2—外盖　3—螺栓　4—固定盘　5—转动盘　6—轮毂花键套

7—摩擦面　8—制动分泵

制动器壳体是由盆状的外盖 2 与内盖 1 用 12 个螺栓 3 连成一体组成的，通过内盖 1 固定于车桥上。内外盖连接螺栓的杆部部分置于制动器固定盘 4 四周边缘的半圆槽中，这样固定盘只做轴向移动而不能转动。两面铆有摩擦片的转动盘 5 带内齿套，与旋转花键套 6 连接，花键毂则固定于车轮轮毂上，随车轮一起转动，则转动盘 5 既随车轮一起转动又能轴向移动。内盖上装有 4 个制动分泵 8，可单独取下，以便于维修。

3）湿式多盘制动器

① 结构。广泛使用的湿式多盘制动器的结构包括半轴、油封、锁母、轴承、动壳、浮动油封、压盖、动摩擦片、静摩擦片、透气塞、排气塞、静壳、活塞、螺栓、圆柱压缩弹簧、放油塞等零件。

这种制动器摩擦片一半以上的面积浸在润滑油中，同时摩擦片上开有许多螺旋沟槽，车辆制动时摩擦片摩擦产生的大部分热量将通过润滑油及壳体散发出去，使制动器不会因为内部温度过高而损坏零部件。动摩擦片内缘通过花键与动壳连接，可随动壳一起转动，并可沿轴向左右移动。静摩擦片外缘通过花键与静壳连接，不可转动，但可沿轴向左右移动。

②工作原理。当制动器实施制动时，踩下制动踏板，制动系统的高压油进入制动器的活塞腔中，在油压作用下，复位弹簧被压缩，活塞向左移动将动摩擦片和静摩擦片压紧，从而实施制动。当松开制动踏板后，活塞腔内的液压油回到液压油箱，活塞在复位弹簧的作用下回位，动摩擦片和静摩擦片分离，制动解除。

在车辆行驶过程中，需要减速或制动时，通过控制脚踏阀的行程，从而成比例地控制注入液压腔的油液量，获得所需的制动力。因为制动力可在一定范围内进行调控，从而保证了车辆运行的平稳性。

二、驻车制动装置

驻车制动装置的功用是防止停驻的车辆滑溜，便于在坡道上起步，配合行车制动器紧急制动。

多数车辆的驻车制动器安装在变速器的输出轴上或者主减速器的凸缘盘上，所以这类驻车制动器又称为中央制动器。中央制动器可以利用主减速器增大制动力矩，还可利用差速器平衡左右车轮的制动力矩。但是车辆行驶中不宜单独使用中央制动器作紧急制动，否则会造成传动轴和驱动桥严重超载，还可能因差速器壳被抱死而使左右驱动轮转向相反，致使车辆跑偏甚至掉头。小型叉车车身较短，多在车轮制动器中加装驻车制动机构。这里主要介绍中央制动器。

中央制动器有蹄鼓式、带鼓式、蹄盘式、钳盘式等多种。

1. 蹄鼓式中央制动器

蹄鼓式中央制动器的结构与原理均与蹄鼓式车轮制动器类似，因其外形尺寸小、易于调整、有良好的防泥沙性能且可以应用自动增力原理而得到广泛的使用。

（1）自动增力式中央制动器。自动增力式中央制动器及其传动机构的构造如图 7—39 所示。制动鼓 12 用螺栓 14 和埋头螺钉 22 与变速器输出轴凸缘盘 13 连接。制动底板 1 用螺栓 19 固定在变速器外壳上。拉簧 3 使两个制动蹄 2 的上端靠在支承销 11 上，压簧 7 使制动蹄轴向定位。制动臂 6 上端用销轴 5 与右制动蹄铰接，并通过推板 4 与左制动蹄靠接，下端通过钢丝绳 16、摇臂 30、钢丝绳 28、棘齿拉杆 27 与制动手柄 23 连接。

制动时，拉出制动手柄 23，带动制动臂 6 绕销轴 5 顺时针转动，一方面通过推板 4 将左制动蹄压向制动鼓，另一方面通过销轴 5 将右制动蹄压向制动鼓，产生制动作用。自增力的原理与自增力式车轮制动器相同。

当手柄被拉到制动位置后，棘爪 25 在扭簧作用下插入拉杆 27 的棘齿之间，把制动器锁定在制动状态。图示机构还装有驻车制动指示灯开关 34，只要将手柄拉到制动位置，仪表板上的驻车制动指示灯 35 即点亮，提醒驾驶员驻车制动未解除，不能起步。

解除制动时，先将手柄连同棘齿拉杆顺时针转一角度，使棘爪离开棘齿压在拉杆平滑的圆柱面上，即可把手柄推回不制动位置并转回同样角度，以便下次制动。

转动制动底板下方的调整棘轮 20 可以调整蹄、鼓间隙。棘轮将两蹄下端撑开，则间隙减小；反之则增大。

传动机构中的调整螺母 29 和 31 用来调整钢丝绳的松紧度。要求棘齿拉杆拉出 5 ~ 11 个齿即能产生有效的制动。

（2）凸轮张开式中央制动器。TCMFD60 叉车的凸轮张开式中央制动器及其传动机构如图 7—40 所示，其结构、原理与凸轮张开式车轮制动器相同，只是该制动器采用机械传动。

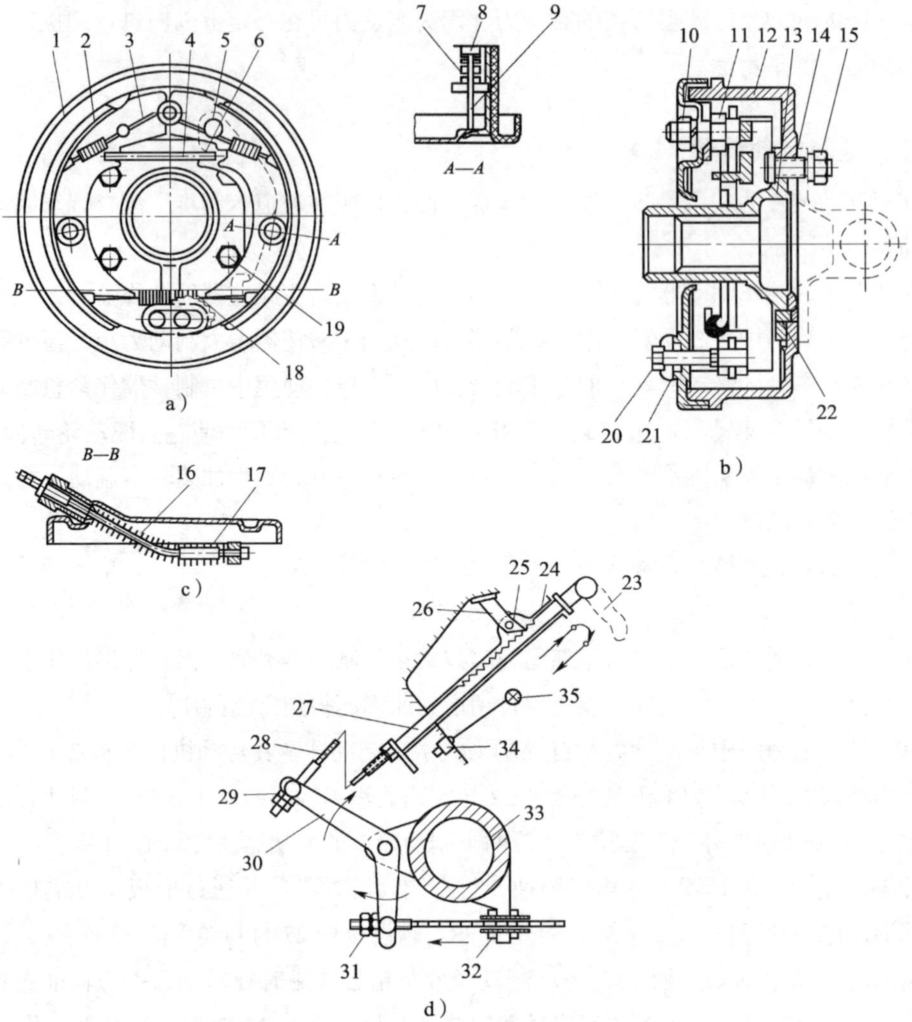

图 7—39　自动增力式中央制动器及其传动机构

1—制动底板　2—制动蹄　3、18—拉簧　4—推板　5—销轴　6—制动臂　7—压簧
8—压簧座　9—压簧拉杆　10、15—螺母　11—支承销　12—制动鼓
13—变速器输出轴凸缘盘　14、19—螺栓　16、28—钢丝绳　17—回位弹簧
20—调整棘轮　21—防尘套　22—埋头螺钉　23—制动手柄　24、32—导管
25—棘爪　26—支座　27—棘齿拉杆　29、31—调整螺母　30—摇臂
33—驱动桥　34—驻车制动指示灯开关　35—驻车制动指示灯

驻车制动杆 3 用销轴与固定在变速器壳上的齿扇 4 铰接。制动时，向后扳动制动杆，通过传动杆 6、摇臂 7、拉杆 13、摆臂 14 使凸轮轴 11 转动，制动蹄张开。制动杆下端装有棘爪 5，弹簧 2 通过制动杆中间的棘爪拉杆使棘爪嵌入齿扇棘齿之间，将制动器锁定。

解除制动时，稍稍向后扳动制动杆，减小棘爪对棘齿的压力，然后按下制动杆上端的按钮 1，通过棘爪拉杆使棘爪脱离棘齿，即可将制动杆推到最前端位置，制动蹄在回位弹簧作用下收拢。

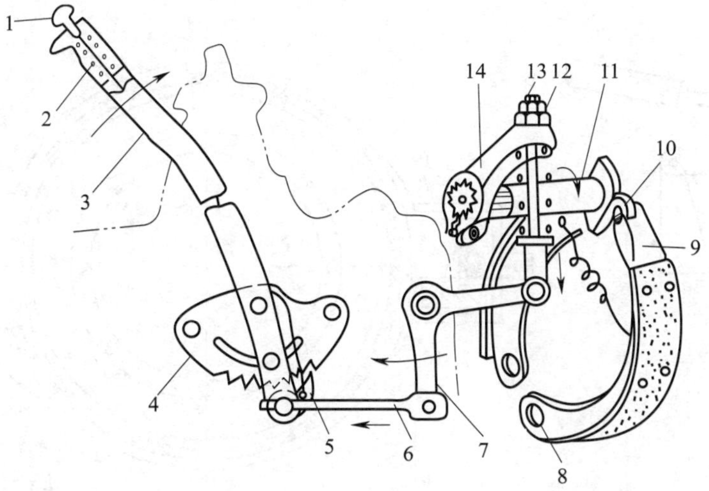

图 7—40　凸轮张开式中央制动器及其传动机构

1—按钮　2—拉杆弹簧　3—驻车制动杆　4—齿扇　5—锁止棘爪　6—传动杆　7—摇臂
8—偏心支承销　9—制动蹄　10—滚轮　11—凸轮轴　12—调整螺母　13—拉杆　14—摆臂

当从解除制动位置向后扳动制动杆时，其自由行程应使棘爪能滑过两个棘齿，发出两次声响，对应的蹄、鼓间隙为 0.2 ~ 0.4 mm。听到第三声响应有制动的感觉，至第五声响应能在规定的坡度停住。当自由行程增大到不能满足规定的制动要求时，须及时进行调整。调整时，制动杆向前放松到解除制动的位置，旋动拉杆 13 上的调整螺母 12 即可改变凸轮的初始位置。旋入螺母 12，则蹄、鼓间隙和自由行程减小。若仍觉自由行程偏大，则需调整摆臂 14 与凸轮轴的相对位置：拆下摆臂端部的夹紧螺栓，取下摆臂，逆时针方向错开一个或数个齿重新装上，再用螺母 12 调整。

2. 带鼓式中央制动器

带鼓式中央制动器的构造如图 7—41 所示。

制动鼓 1 的断面呈 T 形，固定在主减速器输入轴的凸缘上。钢质制动带 2 的内表面铆有摩擦衬带 3，中部铆有 U 形架 18。驱动桥壳上的支架 19 伸入 U 形架，起支承作用。弹簧 17 使制动带中部支靠于调整螺钉 16 的端面。制动带两端铆有 L 形架 8 和 13，固定在驱动桥壳上的支架 11 位于 L 形架 8 和 13 之间。压杆 9 穿过这三个支架，上端与凸轮 4 和连接板 21 铰接，下端有调整螺母 15，杆外套有三个弹簧 14。连接板 21 的另一端与支架 11 铰接。凸轮 4 的上端通过连接叉 5、拉杆 20 与驻车制动杆下端铰接。

制动时，扳动制动杆，通过拉杆 20 带动凸轮 4 顺时针转一角度，使 L 形架 8 下移，压杆 9 和 L 形架 13 上移，制动带 2 箍紧制动鼓 1。

解除制动时，把制动杆推回最前端位置，凸轮 4 回位，制动带在上面两个回位弹簧 14 的作用下松开。

解除制动后，制动带与制动鼓之间应有适当的、均匀的间隙。CPCD50 型叉车规定此间隙为 2.5 mm。旋动压杆 9 上的调整螺母 15 可调整间隙大小，旋动螺杆 12 上的调整螺母 10 可调整上下间隙均匀，旋动螺钉 16 可调整左右间隙均匀。

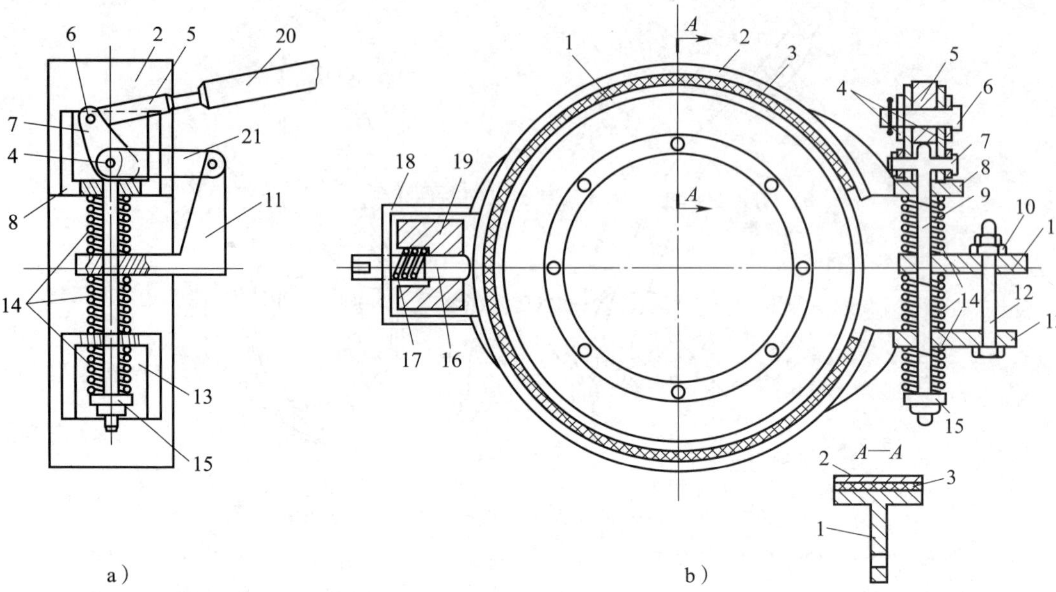

图 7—41　带鼓式中央制动器

1—制动鼓　2—制动带　3—摩擦衬带　4—凸轮　5—拉杆连接叉　6—连接叉销轴
7—压杆连接销轴　8、13—L 形架　9—压杆　10、15—调整螺母　11、19—支架
12—调整螺杆　14、17—弹簧　16—调整螺钉　18—U 形架　20—拉杆　21—连接板

带鼓式中央制动器结构简单、质量轻、易调整，但因制动带刚度差，带、鼓之间需保持较大的间隙，而且衬带磨损不均匀、制动不平稳。带鼓式中央制动器的散热和防污性能均较差。

3．蹄盘式中央制动器

蹄盘式中央制动器装在变速器后方，其构造如图 7—42 所示。制动器支架 28 固定于变速器壳后壁。制动盘 19 与变速器输出轴凸缘盘固定连接，制动盘中间制有通风道以利于散热，制动盘两侧各装一块端面铆有摩擦片的扇形制动蹄 12 和 22。制动蹄中部分别用制动蹄销 24 与前制动蹄臂 15、后制动蹄臂 21 的中部铰接。两个制动蹄臂上端分别用销轴 25 与支架 28 铰接。两个制动蹄的下端用弹簧 18 拉紧，使得上端抵靠在调整螺钉 27 的端部。拉杆 16 穿过两个制动蹄臂下端的通孔与拉臂 11 铰接。拉臂下端与前制动蹄臂下端铰接，套在拉杆上的弹簧 17 使两个制动蹄臂及制动蹄在不制动时分开，蹄、盘之间保持一定间隙。传动杆 9 两端分别与制动杆 3 及拉臂 11 铰接。

制动时，向后扳动制动杆 3，通过传动杆 9 带动拉臂 11，销轴 13 和 14 互为支点，使两个制动蹄臂互相靠拢，带动制动蹄夹紧制动盘。棘爪 8 嵌入棘齿，把制动器锁定在制动位置。

解除制动时，按下制动杆上端的按钮 1，把制动杆推回最前端位置。制动蹄臂在弹簧 17 的作用下复位，制动蹄与制动盘脱离接触。解除制动后，制动蹄与制动盘应保持适当、均匀的间隙。调整及锁紧螺母 20 可调整间隙的大小，调整螺钉 27 可调整上下间隙均匀。蹄盘式中央制动器散热性能好，摩擦片更换方便。

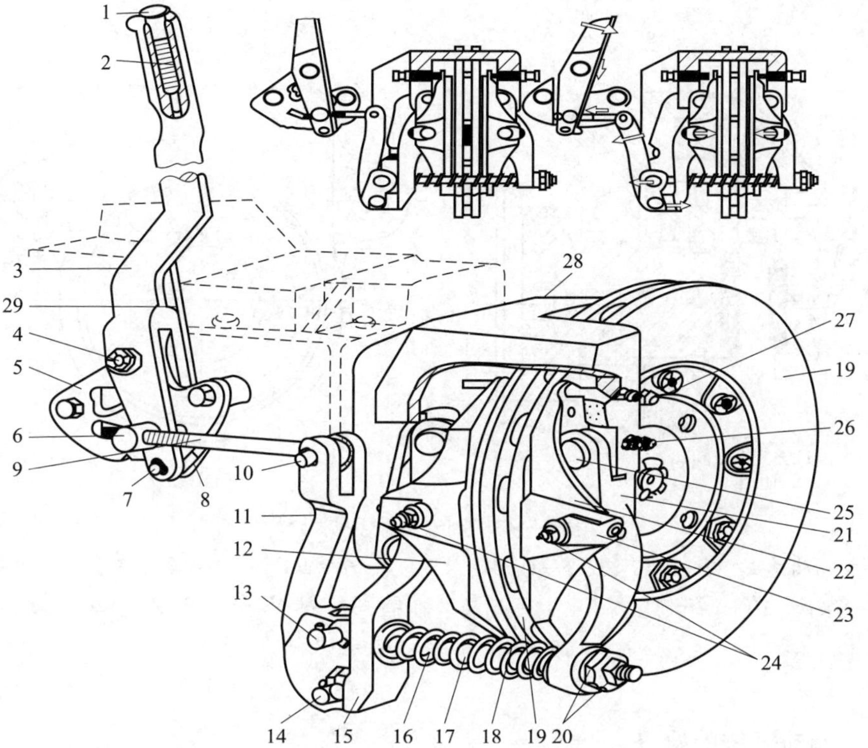

图 7—42 蹄盘式中央制动器

1—棘爪拉杆按钮 2—拉杆弹簧 3—制动杆 4—制动杆销轴 5—齿扇 6、10—传动杆销轴 7—棘爪销轴 8—锁止棘爪 9—传动杆 11—拉臂 12、22—制动蹄 13—拉杆销轴 14—拉臂销轴 15、21—制动蹄臂 16—拉杆 17—拉杆弹簧 18—制动蹄拉紧弹簧 19—制动盘 20—调整及锁紧螺母 23—制动蹄销锁片 24—制动蹄销 25—制动蹄臂销轴 26—制动蹄臂销锁止螺钉 27—制动蹄调整螺钉 28—支架 29—棘爪拉杆

4．钳盘式中央制动器

Kalmar LMV 型叉车的钳盘式中央制动器的构造如图 7—43 所示。

制动盘与主减速器输入轴连接凸缘固接，制动钳总成 1 通过安装轴 16 装在驱动桥壳上，制动钳在安装轴上轴向浮动。制动钳油缸内装有活塞 2。制动钳钳部和活塞外端分别装有制动摩擦片 11。活塞中部套有三片碟形弹簧 9 并旋上固定螺母 10。

制动时，通过驻车操纵杆释放油缸内的压力油，弹簧的弹力通过固定螺母作用在活塞上，使制动摩擦片压紧制动盘。

解除制动时，通过驻车操纵杆使压力油充入油缸，推动活塞克服弹簧的弹力，使制动摩擦片与制动盘分离。

该驻车制动器也可配合车轮制动器用于紧急制动，但这会使制动摩擦片严重磨损。一般作为紧急制动使用过两次就须更换摩擦片。

更换摩擦片必须先敲出安装轴，拆下制动钳总成。更换后检查弹簧固定螺母的位置，应使活塞端部露出 3 ~ 4 mm，以保证解除制动时摩擦片与制动盘有合适的间隙。

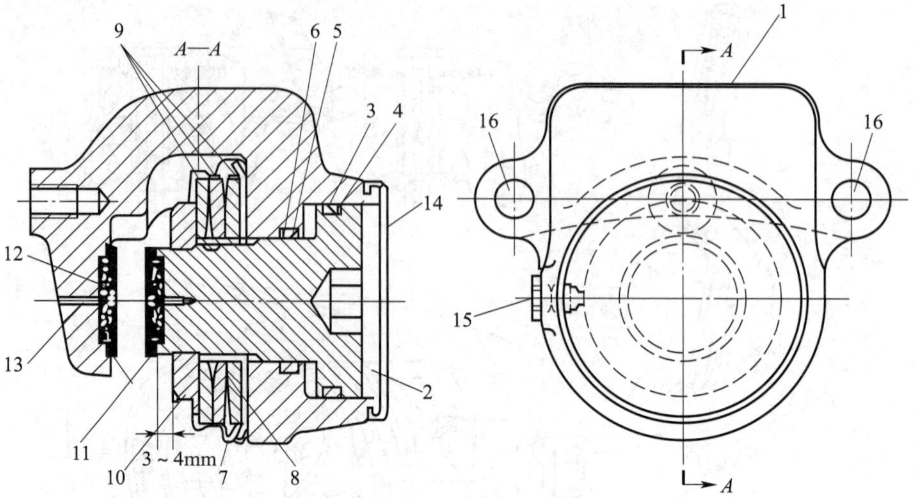

图 7—43　钳盘式中央制动器

1—制动钳总成　2—活塞　3、5—O 形密封圈　4、6—油封圈　7—弹簧护盖　8—弹簧座　9—弹簧　10—弹簧固定螺母　11—制动摩擦片　12—卡簧　13—螺栓　14—活塞护盖　15—油管接头　16—安装轴

三、制动系统的检修

为了保证港口内燃装卸机械的正常工作及行车安全，日常管理与使用中应对制动系统进行严格检查和及时保养。

1．蹄式制动器的修理

（1）制动鼓的损伤、检验及修理。由于蹄片与鼓的互相摩擦，引起制动鼓表面磨损，产生圆度和圆柱度误差；在制动时制动鼓会产生高温，使制动鼓强度下降，并可能导致制动鼓产生裂纹；过硬的摩擦片或铆钉外露，会加剧制动鼓的磨损或刮伤。上述损伤都会使制动效能降低，制动跑偏，产生异响和振抖。

制动鼓的检查主要是测量磨损后的最大直径和圆度、圆柱度，可用游标卡尺或弓形内径规测量。

制动鼓的圆度误差超过 0.125 mm 或工作面拉有深而宽的沟槽，以及制动鼓工作表面与轮毂轴线同轴度误差大于 0.10 mm 时，应镗削制动鼓。修复后，圆度误差和同轴度误差应不大于 0.025 mm，圆柱度误差应不大于 0.05 mm，同轴两制动鼓直径差应不大于 1 mm。

镗削制动鼓可在车床或专用镗鼓机上进行。镗削时应以轮毂轴承座孔为定位基准，以保证同轴度要求。镗削后内径增大，为保证强度，设计时已考虑修理时有 2 ~ 4 次（4 ~ 6 mm）的镗削量，对内径加大超过 2 mm 的制动鼓应配用加厚的摩擦片。

（2）制动蹄的修理。制动摩擦片在使用过程中因长期剧烈摩擦而磨损，当磨损严重（一般指铆钉埋进深度减少至 0.5 mm 以下）以及油污过甚、烧焦变质等，使摩擦因数下降、制动效能降低时，应更换新片。

制动摩擦片的铆合与铆离合器片的要求相同。为防止在使用过程中摩擦片断裂和保持散热良好，铆合时蹄片与摩擦片必须贴紧，摩擦片与蹄片之间不允许有大于 0.12 mm 的间隙。为此，所选摩擦片的曲率应与制动蹄片相同。铆接时应用专用的夹具夹紧，从中间向两端依次铆固。同一车辆，特别是同一车桥的两侧车轮制动摩擦片，应选用相同的材料，以保证制动效能一致。

采用黏接法时，应将摩擦片与制动蹄的相贴合面彻底除去油污，并将摩擦片按蹄片的曲率切削加工，在两者贴合面上涂以黏结剂，用夹钳夹紧放入烘箱加温固化。

用黏结剂除可以黏接新片外，还可以将废旧片黏接在已磨损的蹄片上。黏接时需将蹄片先加工为正确的几何形状（铆钉不能露出），再按照该圆弧加工欲黏旧片的内弧面。在加工好的清洁的两贴合面上涂胶。

采用铆接时，蹄片上铆钉孔与铆钉须密合，若发现铆钉孔磨损，可焊补后重新钻孔或扩孔后换加大的铆钉。

铆接或黏接的摩擦片外圆应根据制动鼓的实际内径，用制动蹄片磨削机或制动蹄片车削机进行加工。理论分析和使用实践表明，蹄片圆弧半径比制动鼓圆弧半径大 0.3 ~ 0.6 mm 时制动效果最好。如无上述设备，也可用专用夹具在车床上加工。加工后摩擦表面应清洁、平整、光滑，因为毛糙突出部分会剥落成粉末，降低制动效能。为避免制动时摩擦片两端与制动鼓有卡死现象，两端头要锉成坡形。蹄片与鼓靠合面积应大于摩擦片总面积的 50%，靠合印痕应两端重中间轻，两端靠合面长约各占摩擦片总长的 1/3。

制动蹄修复时，还应检查其支承销孔和与制动凸轮相接触表面的磨损情况。若支承销孔磨损过大，与销的配合间隙在 0.25 ~ 0.40 mm 时，应进行修复，可采用扩孔镶套或更换衬套的方法。支承销轴的工作面在直径方向磨损达 0.15 mm 时，应修复或更换。与制动凸轮相接触的平面磨损严重时可采用焊修，焊后加工修整。

（3）装配。装配前除摩擦片及制动鼓工作表面外，对其他零件应进行清洗。

装配气压式凸轮驱动蹄式制动器时，首先在后桥壳上或转向节上装制动凸轮轴支架、凸轮轴、调整臂和气室，然后在制动底板上装制动蹄固定销轴、制动蹄及复位弹簧，最后安装轮毂并按要求调整好轴承间隙。为便于制动鼓的安装，应调整凸轮，使蹄片处于最小张开位置，蹄片轴标记应转在相对靠近位置。蹄片装到轴上时，蹄片轴的工作表面应涂上一薄层 2 号锂基脂，多余的应除掉。选配一套凸轮调整垫片，使其装入后，保证凸轮能自由转动，且轴向间隙不大于 1 mm。

液压驱动蹄式制动器装配过程与气压式相类似，蹄片长短不一时“长作紧边，短作松边”。

2．盘式制动器的修理

（1）全盘式制动器的检修。大型装卸机械由于制动力较大，而采用了全盘式制动器，如部分大型自卸汽车、装载机等。下面以 20 t TCM 叉车制动器为例介绍其检修过程。

当车辆行驶一定里程后，应检查管接头、制动分泵和放气螺钉等处有无漏油现象，制动器里、外盖上通风口是否被尘土堵塞，以避免积水使内部零件锈蚀。盘式制动器零件的主要问题是：摩擦片磨损、制动盘变形；固定盘和转动盘花键卡住；分泵活塞和油缸工作表面磨损，活塞皮碗密封不严；分泵自动调整间隙复位机构失灵等。检查摩擦片的磨损量时，可在外盖上的检查孔中用深度尺来测量，如图 7—44 所示。

图 7—44　摩擦片磨损情况检验

在制动状态时，制动器外盖平面到第一片固定盘之间的距离，当制动盘为新摩擦片时约为 40 mm；当摩擦片磨损后，该距离增大到约为 65 mm 时，则应拆卸制动器，检查各组摩擦片的实际磨损情况。如摩擦片磨损到接近于铆钉头时，应予更换。

检查制动器分离是否彻底，可将后桥顶起，放松制动器，在车轮自由转动过程中观察制动器分离是否彻底或是否有卡死现象。如有应拆卸，仔细检查有关零件。

转动盘表面平整光滑，变形量不大时，可继续使用；摆差大于 0.05 mm 时应车磨修整。

（2）钳盘式制动器的维修。钳盘式制动器冷却好，烧蚀、变形小，制动力矩稳定，维修方便，故大部分轮式机械和汽车采用该种制动器。

钳盘式制动器维护：

1）清除制动钳和制动器护罩上的油污积垢，检查并按规定力矩拧紧制动钳紧固螺栓和导向销，支架不得歪斜。

2）检查制动分泵，不得有任何泄漏，制动后活塞能灵活复位，无卡滞，复位行程一般应达 0.10 ~ 1.15 mm；橡胶防尘罩应完好，不得有任何老化、破裂，否则更换。

3）检视制动盘，工作面不得有可见裂纹或明显拉痕起槽。若有阶梯形磨损，磨损量超过 0.50 mm、平行度超过 0.07 mm（或超过原厂规定）、端面跳动超过 0.12 mm（或原厂规定）时，应拆下制动盘修磨，如制动盘厚度减薄至使用极限以下时，则应更换新件。

4）检视摩擦片，两端定位卡簧应安装完好，无折断、脱落，有下列情况之一时，应更换摩擦片：摩擦片磨损量超过原厂规定极限，或黏结型摩擦片剩余厚度在 2 mm 以下，有铆钉的铆钉头埋进深度 1 mm 以下；制动效能不足、下降，检查后发现摩擦片表面析出胶质生成胶膜，析出石墨形成硬膜。

5）检查调整轮毂轴向间隙应符合所属车型规定。踩下制动踏板随即放松，车轮制动器应在 0 ~ 8 s 内解除制动，用 5 ~ 10 N 的力应能转动制动盘。

四、制动系统的故障诊断与排除

1. 制动不灵

制动不灵主要表现为制动减速小，使制动距离过长，这是由于制动器内摩擦力矩下降或不足所致，而摩擦力矩不足则是因为压力不足和摩擦因数下降。主要原因如下：

（1）压力减小造成制动失灵

1）随着行驶里程的增加，制动蹄片与鼓磨损，蹄片间隙逐渐变大或调整不当，蹄片间隙过大，将引起制动迟缓及制动力的不足，使制动效能降低。

2）踏板自由行程过大，使有效行程变小，造成制动力不足，制动距离增大。

（2）气压不足造成制动失灵

1）空气压缩机故障（传动带松弛或打滑，气缸、活塞与活塞环磨损过多或缸垫、缸盖及气门等漏气）。

2）管路故障（如漏、堵、弯、折、断）。

3）控制器故障（漏气，最大工作气压调整过低，平衡弹簧预紧力过小）。

4）制动气室的故障（漏气、推杆歪斜或过长等）。

（3）液压不足造成制动失灵

1）液压管路中有空气，制动时空气吸收一部分力量被压缩，使作用在蹄片上的推力减小。

2）总泵缺油或气孔堵塞。

3）总泵和分泵皮碗破损和老化变质。

（4）制动鼓与制动蹄摩擦片摩擦因数降低，使摩擦力矩下降，造成制动失灵

1）制动鼓失圆，工作面沟槽严重。

2）制动蹄摩擦片磨损严重使铆钉外露。

3）制动蹄片上沾有油污或表面烧蚀硬化等。

2. 制动跑偏

制动跑偏表现为制动时汽车不能沿直线减速或停车，实质是同轴两侧车轮上的制动力矩不一致。主要原因有：

（1）同轴两侧车轮的制动蹄片接触情况不一，磨损情况不一，个别车轮制动蹄片变形，或材料不一，或铆钉外露。

（2）同轴两侧车轮制动蹄片和制动鼓间隙不一致。

（3）同轴两侧车轮制动器技术状况不一致，如个别制动鼓失圆、气室推杆弯曲或歪斜、气室膜片破裂、制动臂凸轮卡滞及个别车轮分泵活塞卡滞等。

（4）同轴两侧车轮轮毂轴承松紧度不一致，轮胎气压不一致等。

3. 制动拖滞

制动拖滞表现为汽车行驶阻力很大，制动鼓发热，其实质是制动器摩擦力矩不能随制动解除而消失。其影响因素有：

（1）制动蹄片间隙过小或无间隙。

（2）制动蹄回位弹簧过软。

（3）制动蹄支承销变位或锈住。

（4）制动凸轮轴有污物滞住，或凸轮支架与制动盘上的轴架不同心而阻滞。

（5）控制器排气门间隙不当，使气阀开启不足，造成排气困难。

（6）制动总泵皮碗、皮圈发胀及回位弹簧减弱。

（7）分泵皮碗发胀或活塞卡滞。

4．制动不平稳

制动不平稳表现为汽车制动时车轮发生跳动或抖动，主要是制动器内摩擦力矩不均造成的。其影响因素有：

（1）制动鼓失圆，使制动蹄片与制动鼓间的摩擦力矩分布不均。

（2）制动蹄片端面无倒角。

（3）轮毂轴承紧度小、松旷，使车轮摆动。

（4）制动蹄片铆钉或螺栓松动。

5．真空增压装置增压后高压油压力不足

真空增压装置增压后高压油压力不足表现为踩下制动踏板时感到轻松，反作用力不大，制动效果差，没有制动拖印。旋开任何一个车轮的放气螺塞，喷出来的制动液不足。其主要原因如下：

（1）辅助缸皮碗发胀变形或磨损过甚，失去密封作用。单向阀座生锈、腐蚀麻点过大而造成密封不严。

（2）辅助缸活塞磨损过甚，配合松旷，或活塞运动有卡滞。

（3）制动主缸连接处漏油，或油道有阻塞。

（4）加力推杆双口密封圈损坏，低压油被吸入真空腔。

第八章　常用港口装卸搬运机械介绍

港口装卸搬运车辆属于装卸搬运机械，一般自带动力装置和承载属具，可以人工操纵行驶，在港口规定的范围内活动，实现货物的水平搬运和装卸，以搬运功能为主，无轨运行，由轮胎或履带支承，主要有牵引车、挂车、叉式装卸车、单斗车、集装箱正面吊运机、空箱堆高机、集装箱跨运车等。

装卸搬运车辆根据动力系统的不同可以分为人力、内燃机、电动等，按照工作方式不同可分为装卸为主和搬运为主的车辆。装卸为主的车辆有叉车、装载机、堆垛机等；搬运为主的车辆有牵引车、挂车、平板车等。

装卸搬运车辆具有下列特点：

1．车辆依靠自身的行走实现对货物的水平搬运。有的装卸搬运车辆专门用于完成货物的水平搬运；有的在对货物进行装卸、堆垛的过程中，伴随有货物的水平搬运，这种水平搬运是依靠装卸搬运车辆的行走完成的，其行走机构是经常工作性机构。

2．车辆一般带有适合货物装卸的专用工属具，比如货叉、托盘、铲斗、木夹等，针对性很强。车辆的货物装卸属具是可以更换的，以适应不同的货物。

3．车辆一般只在特定的区域内工作，例如在港区内、仓库内或船舱内工作等，因此它们的行走距离较短，活动范围有限，其工作条件受到工作环境的制约。

根据上述特点，可以将装卸搬运车辆与其他具有轮胎式行走机构的机械区分开。例如轮胎式起重机和汽车起重机，它们的轮胎式行走机构是调整性的，即用来改变起重机的工作位置，汽车起重机不允许带货行走，轮胎式起重机虽可轻载带货行走，但不是经常性的。它们经常是使用回转机构和变幅机构来实现对货物的水平搬运，所以不属于装卸搬运车辆范畴。

再例如载货汽车，具有经常工作性轮胎式行走机构，能完成货物的水平搬运，但汽车是以长距离运输为主的车辆，没有装卸功能，在某些特定的区域内是无法工作的。而装卸搬运车辆是按在特定的有限区域内工作设计的，它们的性能参数适合对货物进行装卸，而载货汽车一般不具备这一功能。装卸搬运车辆与机动工业车辆基本属于同一范畴，但装卸搬运车辆包括的车辆类型更广泛一些。

第一节　叉式装卸车

一、概述

叉式装卸车简称为叉车，是一种能把水平运输和垂直升降有效结合起来的装卸机械，具有装卸、起重及运输等方面的综合功能。它具有工作效率高、操作使用方便、机动灵活等优点，其标准化和通用性也很高，被广泛应用于物流系统的各个节点，对成件、成箱或散装货物进行装卸、堆垛以及短途搬运、牵引和吊装工作。叉车有内燃式、电动式、手动式等。目前，最大起重量已达到 80 t，而最小的起重量仅为 0.25 t。随着托盘、集装箱的广泛使用，叉车属具也趋于多样化，叉车的使用范围将更加广泛。

二、平衡重式叉车

平衡重式叉车（见图 8—1）是叉车的一种最普通形式。现以该类叉车为例，讨论各部分的组成。

1．叉车的动力系统

叉车动力装置的作用是供给叉车工作装置装卸货物和轮胎底盘运行所需的动力，一般装于叉车的后部，又起平衡配重的作用。

叉车的动力形式分为内燃机和蓄电池—电动机两大类，如图 8—1 所示。根据燃料的不同，内燃机又分为柴油机、汽油机和液化石油气机三种。选择叉车的动力形式，主要从性能、使用维护、公害和经济性四方面权衡比较，但首先必须满足叉车工作的要求。上述的蓄电池—电动机、柴油机、汽油机、液化石油气机这四种动力形式都具有独立的能源，符合叉车对动力装置的要求，其他方面则各有优缺点。

电动叉车的动力装置是蓄电池和直流串励电动机，它的驱动特性最接近恒功率软特性的要求，其牵引力性能优于内燃机。此外，运转平稳无噪声，不排废气，检修方便，操纵简单；营运费用较低，整车的使用年限较长。缺点是：需要充电设备，基本投资高，充电时间较长（一般 7 ~ 8 h，快充 2 ~ 3 h），一次充电后的连续工作时间短，蓄电池怕冲击振动，对路面要求高，由于蓄电池容量的限制，电动机功率小，车速和爬坡能力较低。因此，蓄电池叉车主要用于通道较窄、搬运距离不长、路面好、起重量较小、车速要求不快的工况。

内燃机的机械特性不符合叉车原动机恒功率软特性的要求，它的输出功率随着转速的增加而增大。因此，内燃机必须配装增大输出转矩的机械变速器、液力变矩器或液压传动装置等以后才能使用。

内燃机叉车和蓄电池叉车相比，它的主要优点是：不需要充电设备，作业持续时间长，功率大，爬坡能力强，对路面要求低，基本投资少。如果采用合适的传动方式，能获得理想的牵引性能。缺点是：运转时有噪声和振动，排废气，检修次数多，营运费用较

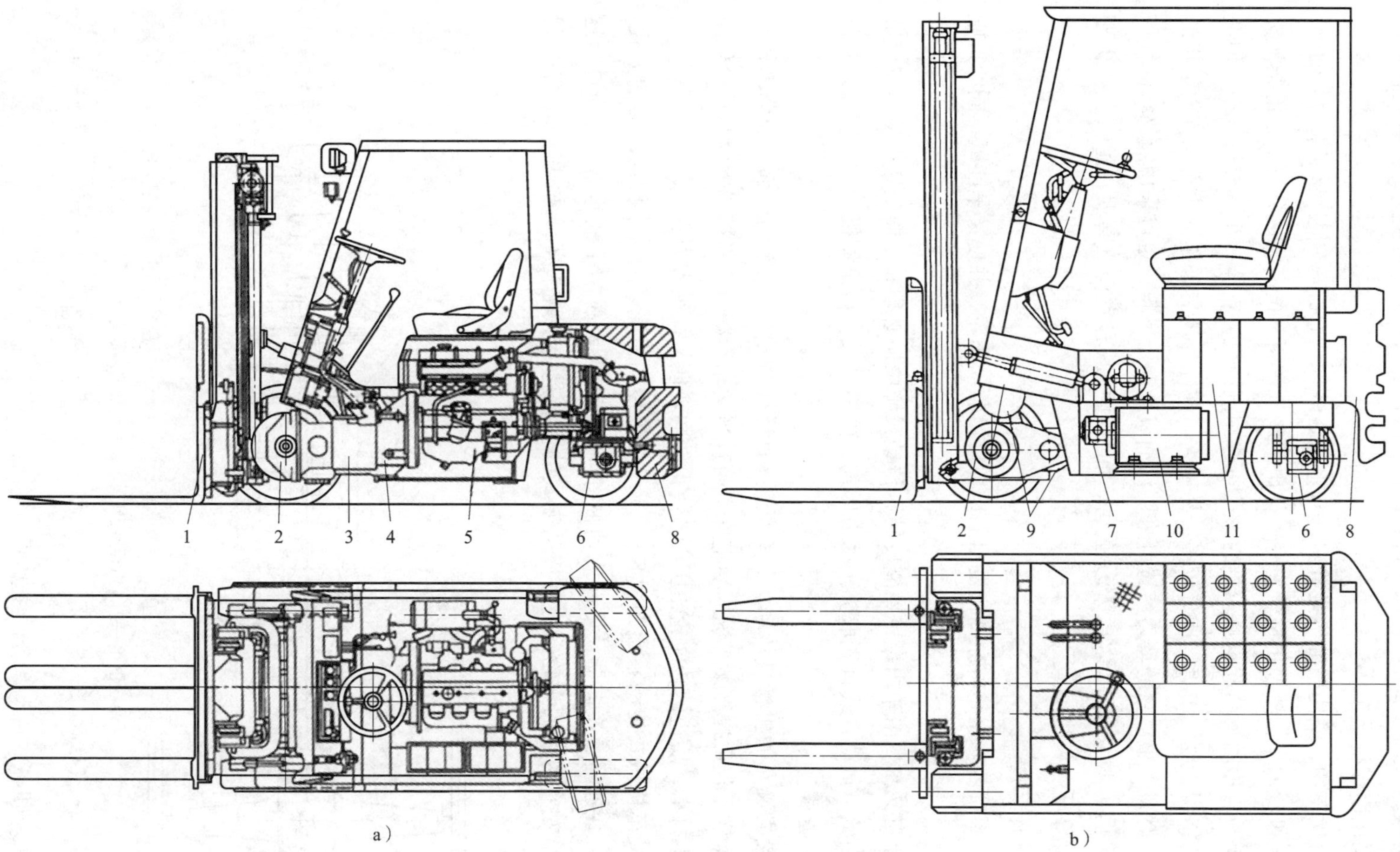

图 8—1　平衡重式叉车

a）内燃平衡重式叉车　b）蓄电池平衡重式叉车

1—工作装置　2—驱动桥　3—变速器　4—离合器　5—发动机　6—转向桥　7—工作液压泵

8—平衡重　9—牵引电动机　10—工作液压泵电动机　11—牵引蓄电池组

高，整车的使用年限较短。因此，内燃机叉车适于室外作业。在路面不平或爬坡度较大以及作业繁忙、搬运距离较长的场合，内燃机叉车比较适合。一般起重量在中等吨位以上时，宜优先采用内燃机叉车。

在内燃机叉车中，采用柴油机最普遍，起重量 3 t 以上的叉车基本上全都采用柴油机。这是由于柴油机耗油少，柴油价格较便宜，排出的废气中所含的有害成分较少，但柴油机比较笨重，噪声、振动大。起重量较小的叉车可选用汽油机，它体积小、质量较小，但耗油多，汽油价格贵，废气中有害成分较多，易着火。在国外还有采用液化石油气发动机的叉车，多为双燃料叉车，它的动力装置可采用汽油或柴油作燃料，也可采用液化石油气作燃料，这样不但可避免空气污染，减少公害，而且还可减轻发动机磨损，延长发动机寿命，同时还可降低燃料费用。

2. 叉车的传动系统

叉车传动系统的作用是将原动机发出的动力传给驱动车轮，并使叉车能以不同的行驶速度前进或后退。

对于内燃机叉车，由于内燃机不能反转，传动系统中还必须有换向装置以使叉车能够倒退行驶。因此，传动方式首先取决于动力形式。内燃机叉车可采用机械式、液力式和静压式三种传动方式。

（1）内燃机叉车的机械式传动。叉车的发动机纵向安装在叉车的后部，而驱动桥布置在前方，这样不仅可提高叉车纵向稳定性，而且当叉车承载时，靠近货物的驱动轮轮压大，不易发生打滑，后边的转向轮轮压小，使得转向轻便，操纵省力。

内燃机叉车机械式传动系统如图 8—2 所示。该传动系统采用集中传递动力的方式，通过离合器、变速器、换向器、万向传动轴将动力传至驱动桥的主减速器，并通过差速器和半轴传给左右两侧的车轮。这种传动方式的优点是传动效率高、结构简单、工作可靠。

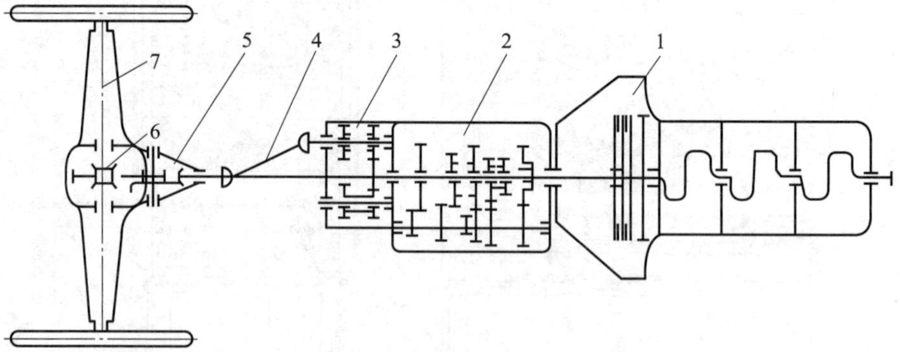

图 8—2　内燃机叉车机械式传动系统

1—离合器　2—变速器　3—换向器　4—万向传动轴　5—主减速器　6—差速器　7—半轴

内燃机叉车机械式传动系统的主要部件包括：

1）离合器。离合器是装在发动机与变速器之间，用来使两者分开或接合并传递转矩的部件。由于内燃机不能带负荷启动，因此在发动机启动时，必须踩下离合器，使发动机与传动装置脱开，启动后再将离合器接合。

要改变叉车的运行速度，靠驾驶员操纵齿轮变速器的挡位即换挡来实现。换挡时为了减轻齿轮之间的冲击和齿面的磨损，并使操纵省力，需要靠离合器把内燃机与变速器暂时分开，中断动力传递。

2）变速器和换向器。变速器的主要功用是：改变发动机至驱动轮之间的传动比，使叉车获得其需要的牵引力和行驶速度，以适应各种道路条件下的起步、爬坡和高低速度的要求。

换向器的作用是改变叉车的行驶方向。由于叉车经常低速行驶和后退行驶，因此与汽车相比，需要增加倒退的排挡数。

在机械式传动中，采用具有几种不同传动比的齿轮箱来实现变速，并大多把变速器与换向器结合成一体，以使结构紧凑和操作简便。

3）驱动桥。叉车驱动桥处于传动系统的末端，包括主减速器、差速器、半轴、桥壳等零部件。对于大型叉车，除主减速器外，有的还装设轮边减速器，以增大传动系统的总传动比。

（2）内燃机叉车的液力式传动。这种传动方式，由于其优点突出，因而在港口内燃机叉车上获得极其广泛的应用。它与机械式传动在构造上的主要不同之处是：用液力变矩器代替机械式摩擦离合器；用装有挡位离合器的液压换挡变速器代替机械换挡变速器。

液力式传动的优点是：可根据运行阻力不同而自动无级地变速、变矩；可以在不切断动力的情况下靠拨动液压阀门换挡，不必踏离合器，简化了操作，有利于提高生产率并降低了对驾驶操作熟练程度的要求；液力传动可减少冲击，在外载荷突然增大时，可以保护发动机不过载、不熄火，有利于延长各部件的使用寿命。

液力式传动的缺点是：传动效率较机械式低，变矩器和液压换挡变速器制造较复杂，成本较高。

（3）内燃机叉车的静压式传动。叉车的静压式传动主要由液压泵和液压马达组成。根据不同液压泵和液压马达的组合，可以使叉车获得各种不同的牵引特性。如图 8—3 所示为内燃机叉车静压式传动系统的一种形式。该图中的发动机 7 带动变量液压泵 2，液压泵输出的压力油驱动两个液压马达 4，再经行星齿轮减速器 5，驱动车轮 6 旋转。

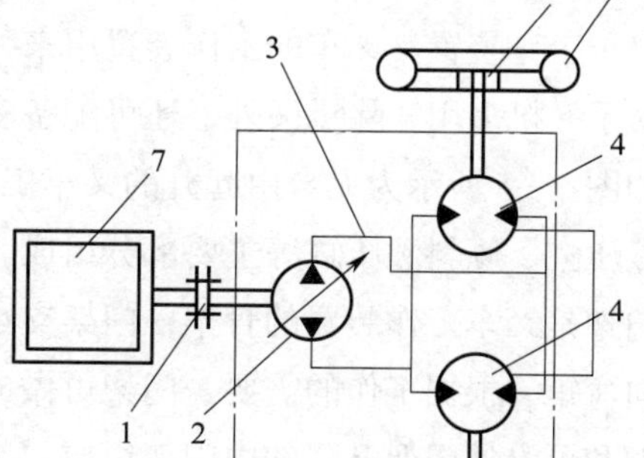

图 8—3　内燃机叉车静压式传动系统

1—联轴器　2—液压泵　3—油管　4—液压马达　5—行星齿轮减速器　6—车轮　7—发动机

静压式传动可使传动系统大为简化，它省去了机械式和液力式两种传动装置中的传动轴和差速器、变速器等，使机械零件大为减少。因而，可使传动系统体积小、质量轻，而且容易操纵，可在较大范围内无级变速，牵引性能好。缺点是传动效率较低，对制造和维修的精度要求高，价格较贵，寿命较短。

3．叉车的转向系统

叉车转向系统的作用是改变叉车的行驶方向或保持叉车直线行驶。

叉车是依靠转向轮的偏转来实现转向的。在叉车转弯时，为了使所有的车轮都在地面上滚动而不发生滑动，各个车轮的轴线必须通过叉车的瞬时转动中心。

叉车转向有机械式转向、液压助力转向和全液压转向三种方式。转向方式的选择取决于转向桥负荷的大小。转向桥负荷与叉车的起重量和自重有关。一般起重量在 1 t 以下的叉车都采用构造简单的机械式转向；起重量大于 2 t 的叉车，为了操纵轻便，多数采用液压助力转向或全液压转向。

4．叉车的制动系统

叉车制动系统的作用是使叉车在行驶过程中减速或停车，以及保证叉车在停车地点静止不动。

叉车制动系统由制动器和制动操纵装置组成。叉车一般都有两套制动系统。一套是行车制动系统，它是经常使用的，用来在行驶过程中降低速度或停车。行车制动系统采用车轮制动器，每个驱动车轮都装有车轮制动器，其操纵装置可为机械式、液压式和气压式。另一套是驻车制动系统，它是辅助性的，用于叉车停车后使叉车保持不动。驻车制动系统的制动器称为中央制动器，采用手柄和杠杆的机械式的操纵装置，且在手柄上装有锁住装置，使得在驾驶员的手离开手柄后，制动器仍处于制动状态。驻车制动系统还可在紧急制动时与行车制动系统同时应用，或当行车制动失灵时紧急使用。液压式制动装置如图 8—4 所示。

5．叉车的起重系统

叉车的起重部分由直接进行装卸作业的工作装置及操纵动作的液压传动系统组成。

（1）工作装置。叉车的工作装置用来叉取、卸放、升降、堆码货物，通常采用货叉取货。为了一机多用，除货叉外，还可配备多种取物工具。

如图 8—5 所示为无自由起升的叉车工作装置。它由货叉、叉架、门架、链条、链轮、起升液压缸、倾斜液压缸等主要部分组成。

门架是叉车工作装置的骨架，门架支承着起升液压缸，同时要承受货物的垂直作用力和纵向弯矩。根据工作的需要，门架可做成两节门架或三节门架。两节门架由不能升降的外门架和可沿外门架升降的内门架组成。叉车在未工作时，内门架和外门架的高度是一样的。当叉车进行堆码工作时，内门架沿着外门架上升。

叉架是一个垂直运动的承载小车，用来安装货叉或其他属具并带动货叉或其他属具沿内门架升降。货物的质量通过叉架传给起重链条，货物的质量产生的力矩也通过叉架传递给门架。根据结构的不同，叉架可分为挂钩式叉架和轴套式叉架。

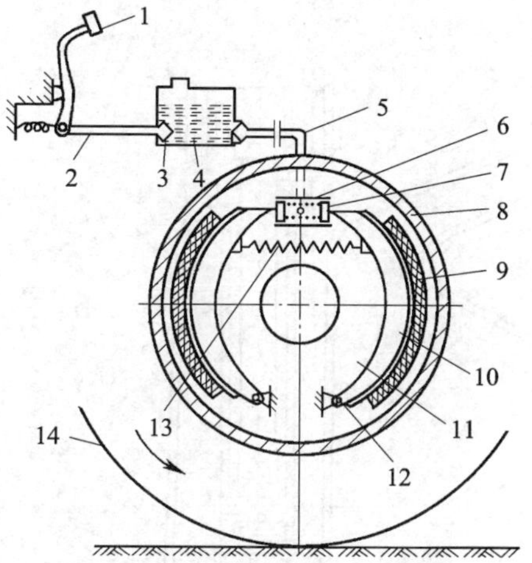

图 8—4　液压式制动装置示意图

1—制动踏板　2—推杆　3—主缸活塞
4—制动主缸　5—轴管　6—制动轮缸
7—轮缸活塞　8—制动鼓　9—摩擦片
10—制动蹄　11—制动底板　12—支承销
13—制动蹄复位弹簧　14—车轮

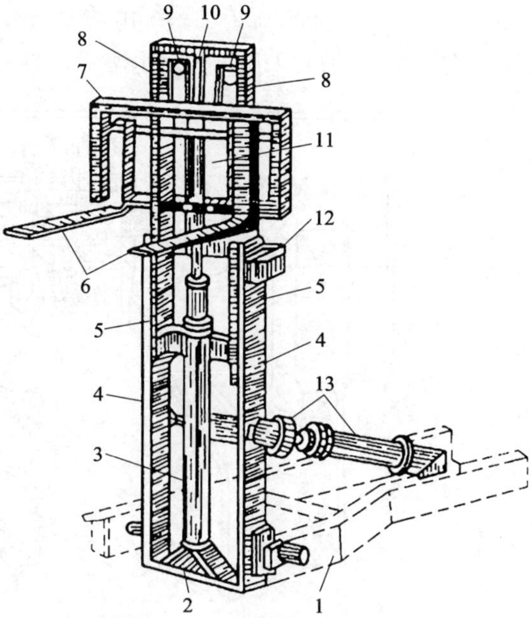

图 8—5　叉车的工作装置

1—车架　2—外门架下横梁　3—起升液压缸
4—外门架　5—内门架　6—货叉　7—叉架
8—链条　9—链轮　10—内门架上横梁
11—柱塞　12—外门架上横梁
13—倾斜液压缸

货叉是承载货物的装置，由水平段和垂直段两部分组成。垂直段与叉架连接，连接的方式有挂钩式和轴套式两种形式；水平段用于支承货物，水平段的前端做成叉形以利于插取货物。货叉是关系到作业安全的重要部件，从材料和制造工艺上均有特殊的要求。

滚轮是叉架与门架或门架与门架之间导向和传递力的部件，分为纵向滚轮、横向滚轮以及复合滚轮三种。

起升液压缸控制门架的起升。起升时，起升液压缸首先带动货叉升至极限位置，然后再带动内门架上升。倾斜液压缸的作用可使门架前倾或后倾一定的角度，带动货叉前俯或后仰，以便叉起或卸下货物。

链条带动滑架上升并承受滑架和货物及货叉的质量。叉车一般采用两套滑轮链条组。如果只安装一个起升液压缸，则在起升液压缸的两侧各布置一套滑轮链条组；如果采用两个起升液压缸，起升液压缸分别立于门架两侧的立柱后方，滑轮链条组也分两侧靠近立柱布置。

（2）液压传动系统

1）功用。叉车液压传动系统是利用工作液体传递能量的传动机构，主要用于门架的起升和倾斜机构的工作，具有结构紧凑、传递平稳、调节及换向方便等优点。

2）组成。叉车液压传动系统由动力机构、执行机构、操纵机构、辅助装置、传动介质等部分组成，通常采用结构表示法（见图 8–6）和职能符号表示法。

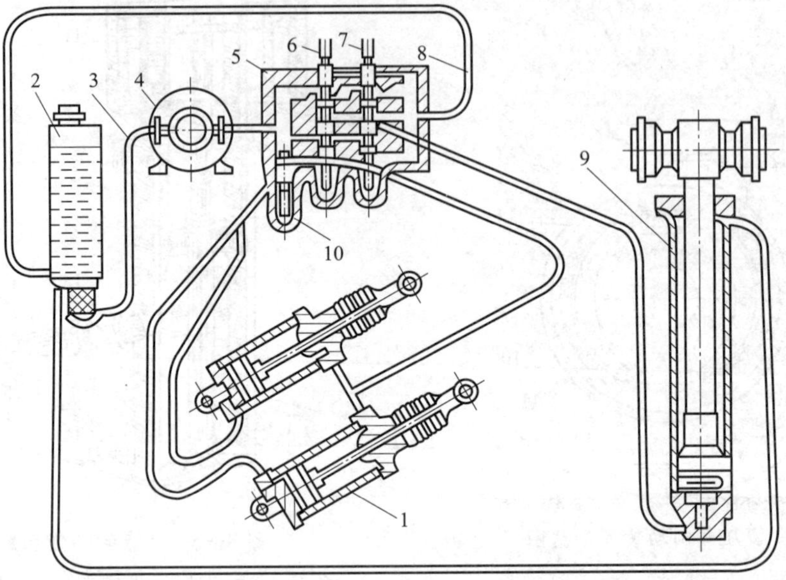

图 8—6　叉车液压传动系统结构

1—倾斜液压缸　2—油箱　3—油管　4—液压泵　5—液压分配器

6—倾斜液压缸操纵滑阀　7—起升液压缸操纵滑阀

8—溢流管　9—起升液压缸　10—安全阀

①动力机构指油泵，用以将机械能传给液体，形成液体压力。

②执行机构指液压缸（起升、倾斜液压缸）或液压马达，把液体的压力能转换为机械能，输出到工作装置。

③操纵机构又称控制调节机构，用来控制和调节液流的压力、流量（速度）及方向，满足叉车工作性能的要求，并实现各种不同的工作循环，主要有多路控制阀、分流阀、安全阀等部件。

④辅助装置主要有油管、油箱、滤油器等，其作用是储存、输送、过滤液压油，以及保温、冷却、沉淀杂质等。

⑤液压油充当能量传递的介质，并有冷却、沉淀杂质等作用。

3）原理。叉车液压传动系统就是利用密封容积内的液体不但能传递力，还可以传递运动的原理，通过油液把运动传给工作液压缸（起升液压缸、倾斜液压缸和转向液压缸），来实现装卸货物的目的。当液压泵被发动机带动旋转时，不断从油箱吸入工作油，产生高压油后沿高压油管送到多路换向阀，再由驾驶员操纵多路换向阀各阀杆，将工作油送入所需要的工作油缸，实现起升、降落、前倾、后倾等，如图 8 —7 所示。

4）叉车液压传动系统实例。如图 8—8 所示为 CPCD50 型叉车液压传动系统结构。

5）叉车液压传动系统的主要部件

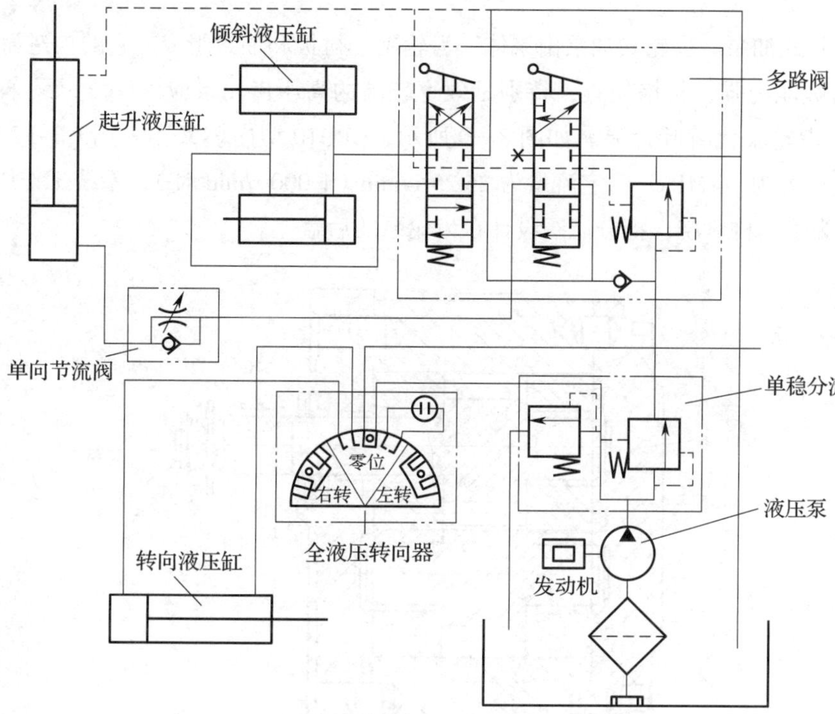

图 8—7　叉车液压传动系统职能符号原理图

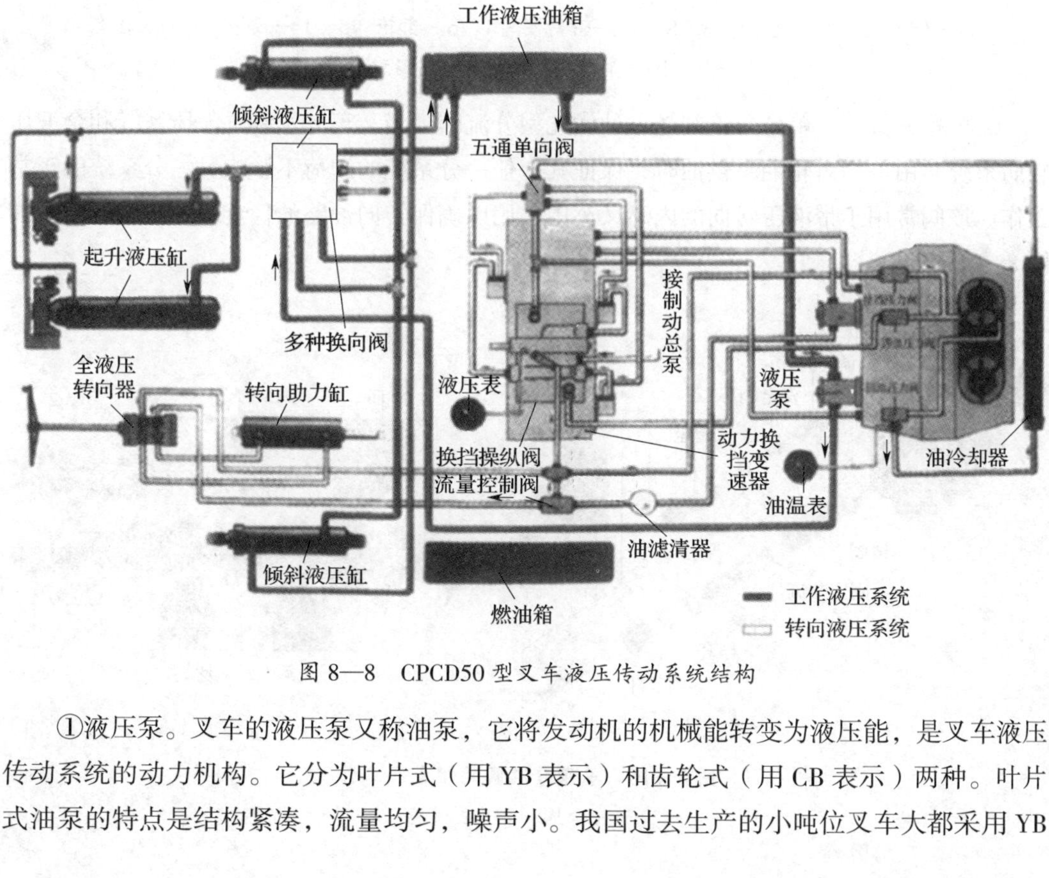

图 8—8　CPCD50 型叉车液压传动系统结构

①液压泵。叉车的液压泵又称油泵，它将发动机的机械能转变为液压能，是叉车液压传动系统的动力机构。它分为叶片式（用 YB 表示）和齿轮式（用 CB 表示）两种。叶片式油泵的特点是结构紧凑，流量均匀，噪声小。我国过去生产的小吨位叉车大都采用 YB

型双作用叶片式油泵。齿轮式油泵由泵体、齿轮副、衬板和油封组成，它的构造简单，可靠性高，自吸能力强，价格便宜，特别是效率较高的高压齿轮泵应用广泛，叉车大多采用这种高压齿轮泵代替叶片泵。如图 8—9 所示，CPQ10 型内燃叉车采用 CB-F25C 型齿轮泵，额定压力为 14 MPa，额定流量为 25.25 L/min（1 000 r/min 时），系统工作压力为 9 MPa。有时为了结构紧凑，把分流阀设计在齿轮泵的后盖上。

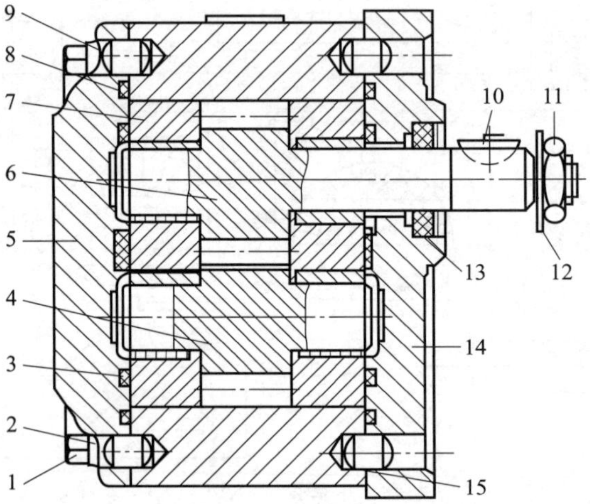

图 8—9　齿轮泵的结构

1—螺栓　2、12—垫圈　3、8、13—密封圈　4、6—齿轮　5、14—泵盖　7—轴承架

9—销　10—半圆键　11—螺母　15—泵体

②单稳分流阀。单稳分流阀是一种优先型分流阀，当叉车工作装置液压系统和全液压转向系统共用一个齿轮油泵供油时，保证其中任一分系统的卸荷不影响另一分系统的正常工作。该阀常用于带液压转向的内燃叉车中，用以确保转向油路的稳定供油。它的组成如图 8—10a 所示。

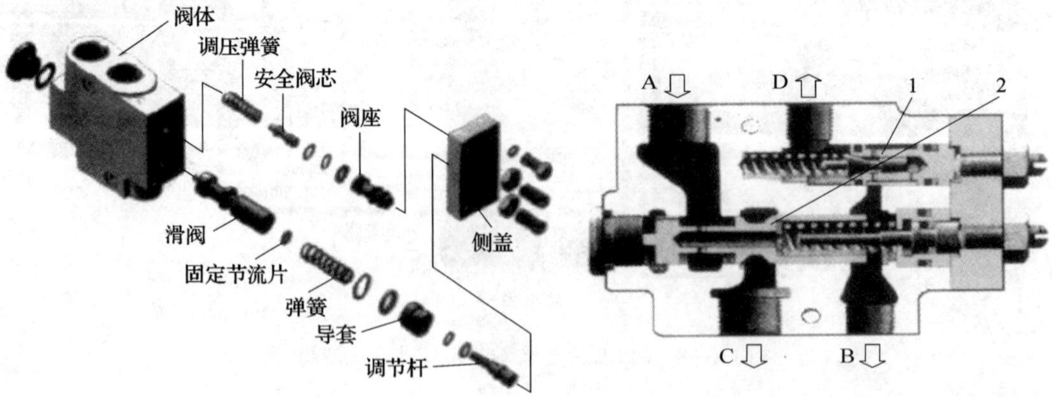

a）　　b）

图 8—10　单稳分流阀的组成及工作

1—安全阀　2—主阀芯

工作情况如图 8—10b 所示：A 口接液压泵的压力油，B 口接液压转向器，C 口接多路换向器，D 口接油箱回油。压力油从 A 口进入，通过主阀芯 2 内孔，由 B 流出，首先确保转向油路的供油；当液压泵的流量足够时，在 A 口产生的压力向右推动主阀芯，打开 C 口为多路换向阀供油，若油压过高，则安全阀 1 打开，压力油从 D 口溢流，对系统起到保护作用。

③多路换向阀。叉车上主要采用滑阀式分片多路阀，分为整体式（外壳铸成一体）和剖分式（数个单独阀体用螺栓连接组成）。在叉车用货叉工作时，只需要两片式多路换向阀分别控制起升和倾斜，有时也将两片式多路换向阀和溢流阀、分流阀做成一个整体。

多数叉车采用两片式多路剖分式换向阀，如图 8—11 所示。

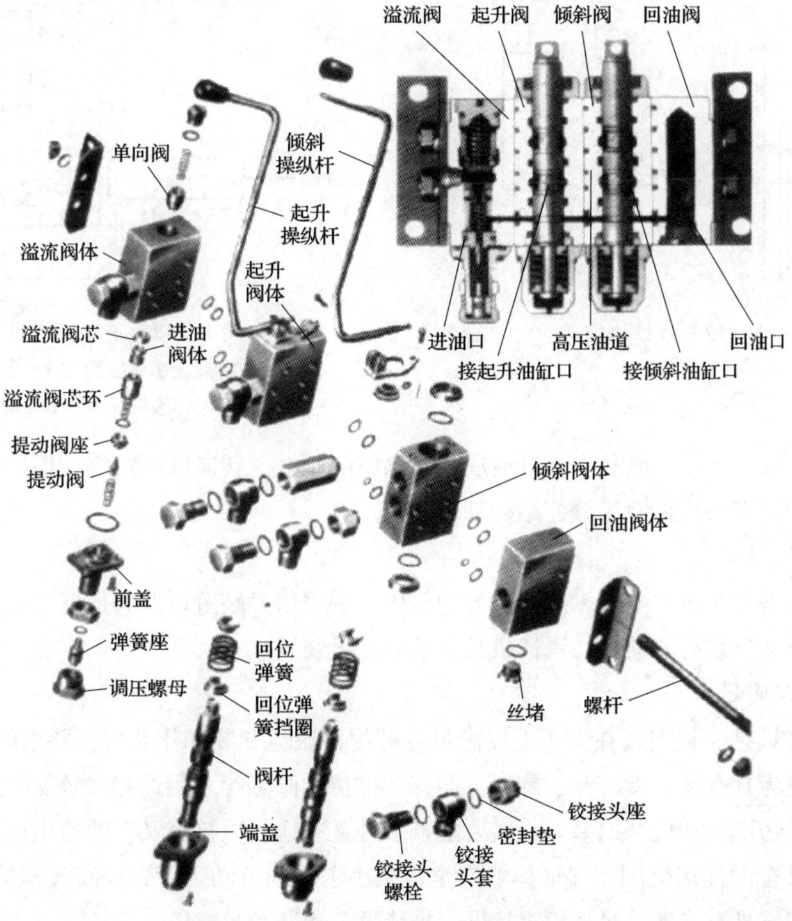

图 8—11　两片式多路剖分式换向阀

多路换向阀在使用中应注意：操纵换向阀手柄不可过快过猛，以免在液压系统内造成压力冲击或折断手柄；不可随意调整溢流阀调压弹簧的调节螺母；保持换向阀上防尘罩、防尘圈的完整性，以免灰尘、杂质进入阀内；定期检修、维护，保持多路换向阀的良好性能。

④液控止回阀。在控制倾斜片的阀杆中装有液控止回阀，如图 8—12 所示。只有向倾斜缸后腔充油并产生一定压力时，止回阀开启，液压缸前腔油才能流回油箱，产生前倾。

⑤下降调速阀。它用于限制正常工作时的最大下降速度（见图 8—13），也称单向节流阀。它在向起升液压缸充油时，油通过阀体 6 下部和上部圆周分布的孔进入液压缸，此时节流作用很小。油流反向流动时，由于阀内各腔压力变化，首先推动阀芯 4 向下移动，使阀体上的过流孔开度变小产生节流，控制流速。载荷越大，液压缸压力越高，阀芯下移量越大，节流作用也越强，从而实现负荷越大下降速度越慢的特性。

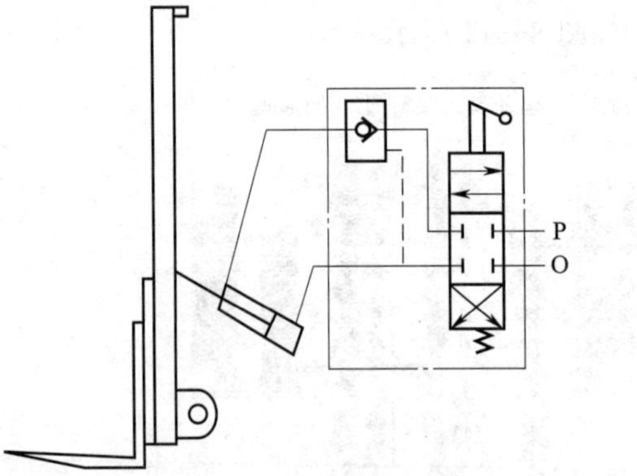

图 8—12　液控止回阀

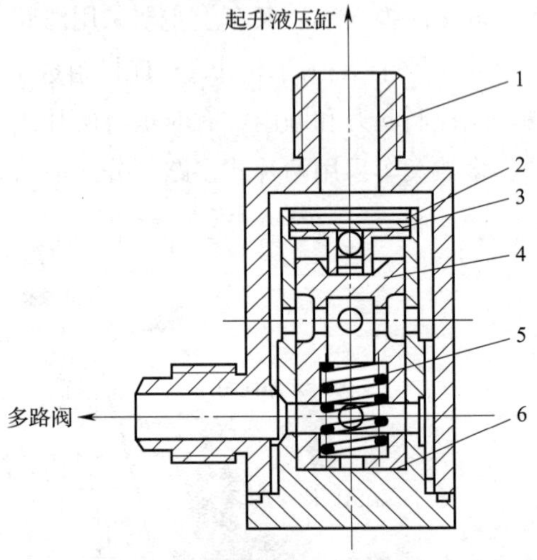

图 8—13　下降调速阀

1—阀座　2—挡圈　3—上盖

4—阀芯　5—弹簧　6—阀体

⑥液压缸。叉车一般装有起升液压缸、倾斜液压缸、转向液压缸等，根据需要还可以安装与功能相配的横移液压缸，结构基本相似。

6. 电气设备

电气设备主要由蓄电池，照明，各种警告、警报信号装置以及其他电气元件和线路组成。内燃机叉车装有起动机，汽油机叉车装有点火装置。

7. 叉车属具

叉车属具是一种安装在叉车上以满足各种物料搬运和装卸作业特殊要求的辅助机构，它使叉车成为具有叉、夹、升、旋转、侧移、推拉、倾翻等多用途和高效能的物料搬运工具。由于货物形状和尺寸的差异，需要配备多种叉车属具以提高叉车的通用性。叉车属具可以扩大叉车的使用范围，保证作业安全，减小工人的劳动强度，提高叉车的作业效率。常用的叉车属具有货叉、吊架、夹持器、推货器、集装箱吊具等。

（1）货叉。货叉是叉车最常用的属具，是叉车重要的承载构件，如图 8—14 所示。它呈 L 形，水平段用来叉取并承载货物。水平段的上表面平直、光滑，下表面前端略有斜度；叉尖较薄较窄，两侧带有圆弧。货叉水平段的长度一般是载荷中心距的两倍左右。如果需要搬运体积大、质量轻的大件货物，需换用加长货叉或在货叉上套装加长套。

（2）夹持器。夹持器是一种以夹持方式搬运货物的属具，如图 8—15 所示。搬运装卸密度较小、外形规则、不怕挤压的货物时常使用这种属具。

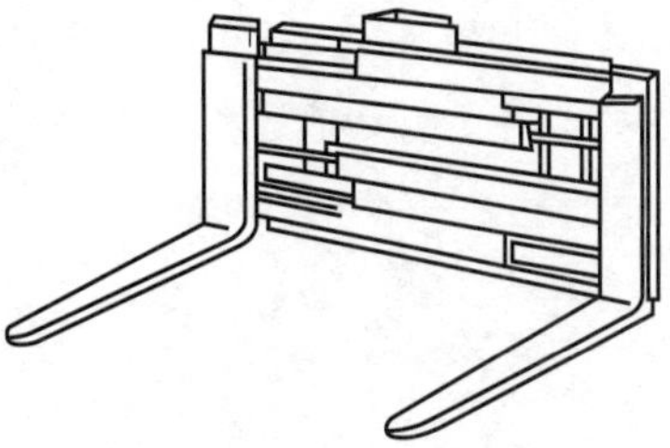

图 8—14　货叉

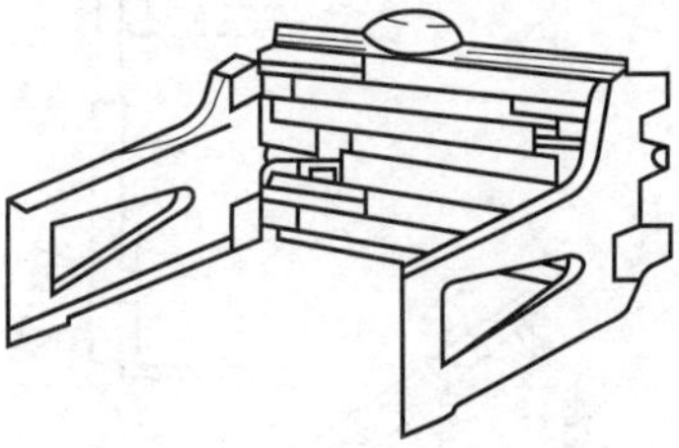

图 8—15　夹持器

夹持器形式很多，常用的有移动式夹持器和旋转式夹持器。旋转式夹持器一般在平行货叉架的平面内旋转。横向移动式夹持器主要由夹板、导轨副、液压缸等部件组成。当液压缸推动夹板相向移动时，夹板就对货物产生夹持力，依靠货物与夹板的摩擦力搬运货物。夹板可以两块同时进行等距离运动，也可以一块固定不动，另一块左右移动。

第二节　装　载　机

一、概述

装载机（见图 8—16）属于装卸搬运机械，是一种通过前端的铲斗类支承结构和连杆，进行装载或挖掘，以及提升、运输、卸载和平整作业的自行式轮胎或履带机械。它具有轻度挖掘，给运输车辆、输送机械装载散货的功能，换装不同的工作属具，还可以用于木料、托盘、件杂货的装载搬运。它广泛应用于公路、铁路、建筑、水电、港口、矿山等建设工程。装载机具有效率高、机动性好、操作轻便等优点，已成为工程建设、装卸搬运活动中散料施工的主要机种之一。

图 8—16　装载机

1．装载机的用途

装载机主要用于铲装土壤、砂石、石灰、煤炭等散状物料，也可对矿石、硬土等进行轻度铲挖作业。换装不同的辅助工作装置还可进行推土、起重和其他物料如木材的装卸作业，其可换工作装置如图 8—17 所示。在道路，特别是在高等级公路施工中，装载机用于路基工程的填挖、沥青混合料和水泥混凝土料场的集料与装料等作业。此外还可进行推运土壤、刮平地面和牵引其他机械等作业。

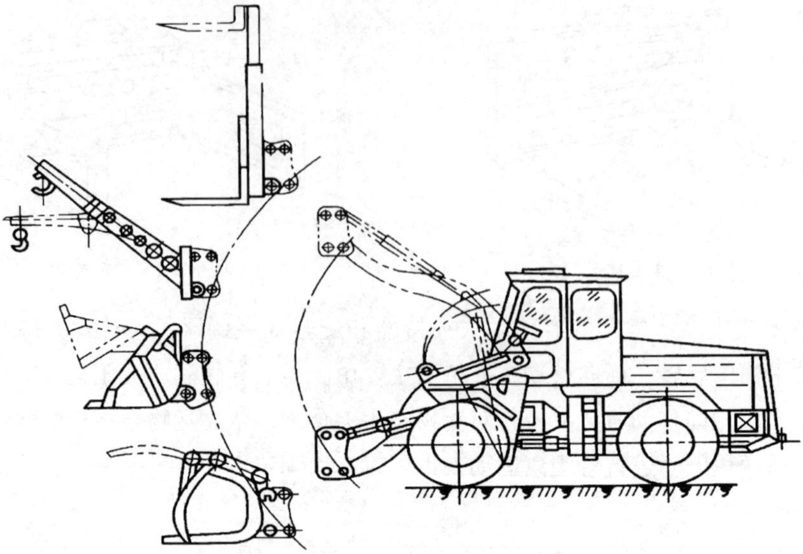

图 8—17　装载机的可换工作装置

2．装载机的分类

（1）按行走装置不同分类。按行走装置的不同，装载机可分为轮胎式和履带式两种。履带式装载机是以专用履带底盘为基础，装上工作装置及操纵系统而构成的。履带式装载机具有通过性好、重心低、稳定性好、附着力强、牵引力大等优点，但速度低、灵活性相对差、成本高、行走时易损坏路面。

轮胎式装载机以轮胎式专用底盘为基础，配置工作装置及其操纵系统，如图 8—18 所示。轮胎式装载机的优点是质量轻、速度快、机动灵活、效率高、行走时不破坏路面，特别是在工程量不大、作业点不集中、转运较频繁的情况下，生产率超过履带式装载机，在工程建设中被广泛使用。轮胎式装载机在我国装载机保有量中占 90% 以上，以下所指装载机均为轮胎式装载机。

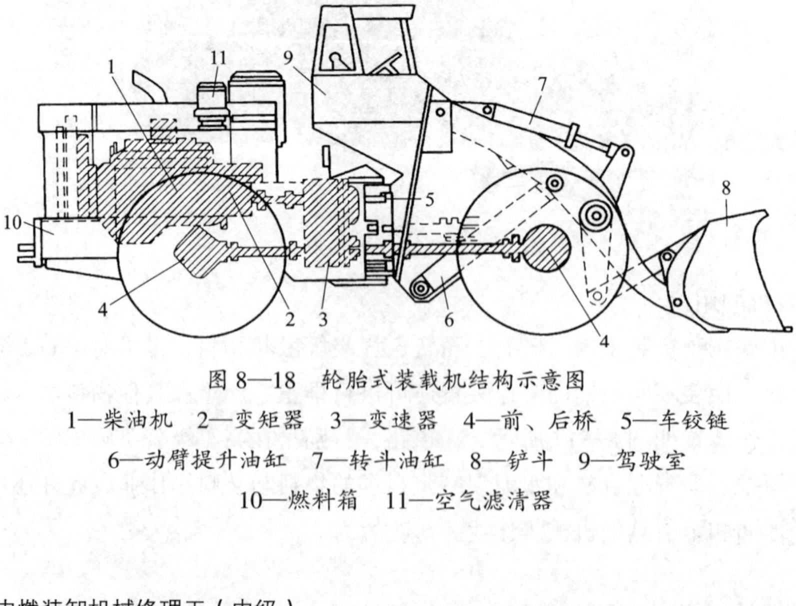

图 8—18　轮胎式装载机结构示意图

1—柴油机　2—变矩器　3—变速器　4—前、后桥　5—车铰链
6—动臂提升油缸　7—转斗油缸　8—铲斗　9—驾驶室
10—燃料箱　11—空气滤清器

（2）按使用场合不同分类。按使用场合不同可分为露天装载机（简称装载机）和地下装载机（又称地下铲运机、井下装载机）。地下装载机是在露天装载机的基础上发展起来的，是专门适用于地下采矿和隧道掘进作业的一种机械。它除了机身较矮，驾驶室横向布置，装有尾气净化装置，对发动机进行消声外，其原理和基本结构与露天装载机基本相同，如图 8—19 所示。

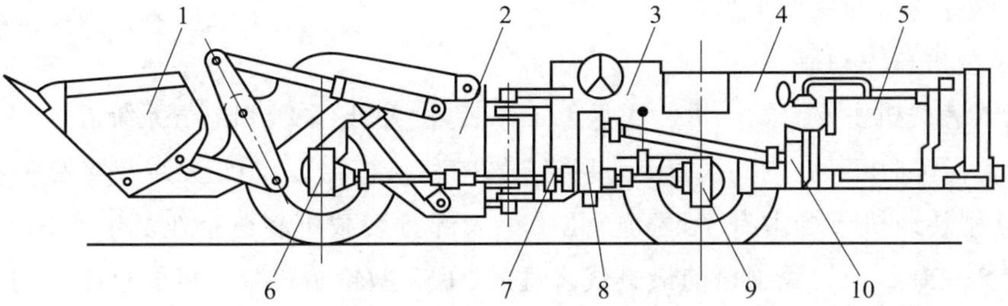

图 8—19　地下装载机简图

1—工作机构　2—前车架　3—驾驶室　4—后车架

5—柴油机（或电动机）　6—前驱动桥　7—传动轴

8—变速器　9—后驱动桥　10—变矩器

（3）按动力传动形式不同分类。按动力传动形式不同可分为机械传动、液力机械传动、全液压传动、电传动。

1）机械传动在国内仅仅用于斗容 0.5 m^3 以下的装载机。它一般直接采用汽车或拖拉机的传动装置，即离合器和变速器。它具有成本低、传动效率较高、可以拖动、维修方便等优点，缺点是操纵复杂、费力，冲击振动大，离合器和变速器寿命较短。

2）液力机械传动装载机目前在国内占主导地位。这是因为液力机械传动取消了机械传动中的主离合器而换用液力变矩器，取消了人力换挡变速器而换用动力换挡变速器。主要优点是装载机可平稳插入料堆，随外载荷自动调速，不会因超载而使发动机熄火，能缓和传动系统受到的冲击，操作方便、省力，工作可靠，传动件寿命长等。它的主要缺点是功率损失较大，传动效率较低，成本较高，结构复杂，维修不便。大中型装载机多采用这种传动形式。

3）全液压传动的装载机的动力传动系统是由液压泵、液压管路、液压控制阀及液压马达等组成的。这种传动方式省去了一系列的传动零件，简化了传动系统，减轻了整机质量，可在一定范围内实现无级变速，使传动更加平稳。目前我国仅在小功率装载机上采用全液压传动的结构形式。但随着液压技术的发展，液压元件质量不断提高和成本不断降低，在中小型轮式装载机上会越来越广泛地采用全液压传动。

4）电传动的装载机使用柴油机驱动的交流发电机作动力源，以此来驱动装在车轮上的直流电动机，然后通过轮边减速器带动车轮转动，可实现无级调速，工作可靠，维修简单，但设备质量大，费用高，一般在大型装载机上使用。

（4）按铲斗额定装载量分类

1）铲斗额定装载量小于 1 m^3 为小型装载机，其特点是小巧灵活，配上多种工作装置，可用于市政工程的多种作业。

2）铲斗额定装载量 1 ~ 5 m³ 为中型装载机，其特点是机动性能好，配有多种作业装置，能适应多种作业要求，可用于一般工程施工和装载作业。

3）铲斗额定装载量 5 ~ 10 m³ 为大型装载机，其特点是铲斗容量大，主要用于大型土石方工程。

4）铲斗额定装载量大于 10 m³ 为特大型装载机，主要用于露天矿山的采矿场，能完成矿砂、煤等物料的装车作业。

3．装载机总体构造

轮胎式装载机主要由发动机、底盘、工作装置、液压系统和电气系统五大部分组成。

底盘是指包括机架在内的动力传动系统、转向和制动系统、行走系统及驾驶室等。

ZL50 型装载机市场占有率最高，几乎绝大部分装载机制造企业都生产 ZL50 型装载机。如图 8—20 所示为我国目前最具代表性的 ZL50 型轮胎式装载机的总体结构，它主要由柴油机、传动系统、防滚翻及落物保护装置、驾驶室、空调系统、转向系统、液压系统、车架、工作装置、制动系统、电气仪表系统、覆盖件和操纵系统组成。轮胎式装载机的发动机布置在后部，驾驶室在中间，这样整机的重心位置比较合理，驾驶员视野良好，有利于提高作业质量和生产率。工作装置由动臂铰接在前车架上，动臂的升降和铲斗的翻转都是通过相应液压缸活塞杆的运动来实现的。

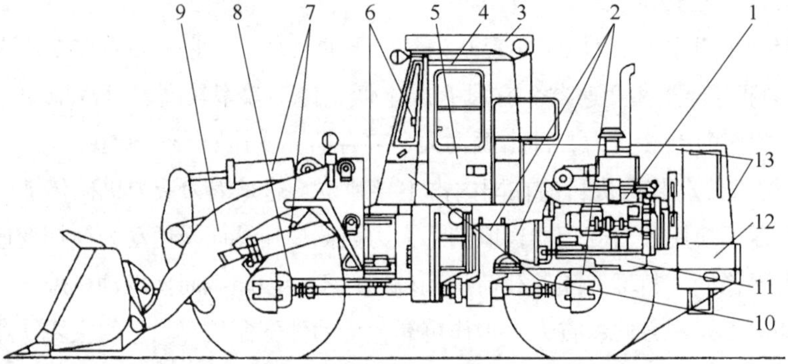

图 8—20　轮胎式装载机总体结构

1—柴油机　2—传动系统　3—防滚翻及落物保护装置　4—驾驶室　5—空调系统
6—转向系统　7—液压系统　8—前车架　9—工作装置　10—后车架
11—制动系统　12—电气仪表系统　13—覆盖件

二、装载机的工作装置

装载机工作装置的功用是对物料进行铲掘、装载等多种作业。它一般由铲斗、动臂、摇臂、连杆（拉杆）四大基本部件以及它们之间的铰销组成。对于中小型装载机，一般常配有可以快速更换的多种工作装置，以适应多种作业的要求。

装载机的铲掘和装卸物料作业是通过其工作装置的运动来实现的。

ZL50 型装载机的工作装置结构如图 8—21 所示，由铲斗 1、拉杆 2、摇臂 4、动臂 6 以及各部位铰销组成，这四大件都可以围绕相应的铰销灵活转动，整个工作装置铰接在车架上。

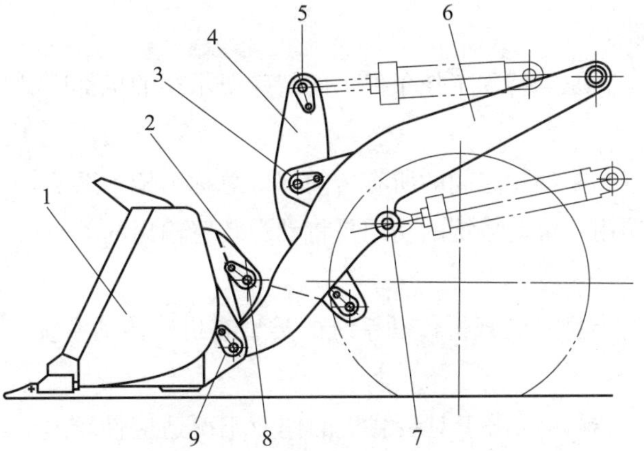

图 8—21 ZL50 型装载机工作装置结构

1—铲斗 2—拉杆 3—中摇臂销 4—摇臂 5—摇臂销 6—动臂

7—动臂缸销 8—铲斗上铰销 9—铲斗下铰销

铲斗通过拉杆和摇臂与铲斗油缸铰接，用以装卸物料。动臂与车架、动臂油缸铰接，用以升降铲斗。铲斗的翻转和动臂的升降采用液压操纵。

装载机作业时，工作装置应能保证铲斗的举升平移和自动放平。当铲斗液压缸闭锁，动臂液压缸举升或降落时，连杆机构使铲斗上下平动或接近平动。当动臂处于任意位置，铲斗绕动臂的铰点转动进行卸料时，铲斗卸载角不小于 45°，保证铲斗物料的完全卸下，卸料后动臂下降时，又能使铲斗自动放平。

三、装载机的组成系统

1. 动力系统

装载机的动力系统一般是指柴油机系统，柴油机为装载机的行走、作业等提供动力，保证其正常行驶和工作。装载机广泛采用柴油机作为动力，这是由于柴油机具有良好的经济性、适应性，动力强劲。

（1）装载机柴油机的分类。车用内燃机根据其将热能转变为机械能的主要构件的形式，可分为活塞式内燃机和燃气轮机两大类。前者又可按活塞运动方式分为往复活塞式内燃机和旋转活塞式（转子式）内燃机两种。装载机用的柴油机多为往复活塞式内燃机，按照不同的分类方法可以把柴油机分成不同的类型。

（2）装载机柴油机的特点。装载机上应用的柴油机多为往复式、四冲程、高速、水冷、多缸柴油机。柴油机经济性好，它的热效率一般为 30% ~ 40%，最高可达 46%，在热机中热效率是最高的。柴油机的适用范围较广，能满足多种用途的需要。柴油机结构紧凑，质量轻，体积小，因而特别适用于具有良好机动性的装载机。

装载机用的柴油机除了满足对一般车用柴油机的普遍要求外，由于工作条件的不同，通常还对其提出一些新的要求。如装载机工作冲击较大，要求柴油机具有更高的刚度和强度；工作负荷大，常出现短期超载现象，要求柴油机有足够的转矩储备系数；施工现场尘土大，要求柴油机空气、柴油、机油滤清可靠；装载机柴油机经常在变速下工作，要求其具有良好的调速性能。

此外，在严寒、高原等特殊工作条件下的特殊要求柴油机都应满足。

2. 传动系统

装载机动力装置和驱动轮之间的所有传动部件总称为传动系统。

（1）传动系统功用。传动系统的功用是将动力装置输出的动力按需要传给驱动轮和其他操纵机构。

（2）传动系统的类型。装载机传动系统的类型有机械传动系统、液力机械传动系统、液压传动系统。

1）机械传动。机械传动由于对装载机的作业工况适应性较差，20 世纪 50 年代出现液力变矩器后，很快就被液力机械传动所取代。目前在我国除了微型农用装载机还采用机械传动外，一般轮胎式装载机已停止使用。

2）液力机械传动。液力机械传动的变速器由液力变矩器和机械式变速器组成。由于变矩器的自动适应性，即随负荷的大小自动改变速度和转矩，特别适合装载机高速小转矩行驶、低速大转矩作业的工况。同时，如果匹配得当，装载机即使遇到很大阻力，速度降为零，发动机也不会熄火。因此，液力机械传动在装载机上得到广泛的应用。但液力机械传动与其他传动方式相比，存在传动效率低的缺点。

3）液压传动。采用变量泵、变量马达组成的全液压传动的传动效率显著优于液力机械传动，总体布置与操作性能也比较好，但它与液力机械传动相比有几个比较大的缺点：第一，成本比液力机械传动高，特别是功率越大，速度差越大，成本差距就更大。第二，自动调节速度和扭矩的范围比液力机械传动小，因此，作业适应性较差，对于小型装载机，这一缺点不太显著，但对功率大、速度转矩变化范围大的系统，需要较昂贵的低速大转矩马达，同时还要加上适当挡位的机械变速器，因此成本比液力机械传动高很多。第三，当外载荷变化时，其输出扭矩变化比液力机械传动时间延迟长，反应较慢。因此，目前在我国除了少量小型装载机上采用液压传动外，基本上仍采用液力机械传动。

从上述分析可见，我国的轮胎式装载机上广泛采用的是液力机械传动。

（3）传动系统的组成。装载机动力传动系统由变矩器、变速器、万向传动装置、前后传动轴、前后驱动桥等零部件组成。

如图 8—22 所示为轮胎式装载机液力机械式传动系统的组成。柴油机 9 输出的功率经过液力变矩器 8 传给变速器 4，由变速器经万向传动装置将动力传给前驱动桥 3 和后驱动桥 10，由驱动桥传给轮边减速器，最后把动力传给前、后驱动车轮。

由图中可以看到，变速器的动力是通过一对常啮合齿轮分别传给前、后驱动桥，这对常啮合齿轮及其所在壳体称为分动器，一般与变速器连成一体。在分动器中，可以根据需要把变速器动力传给前、后驱动桥。

（4）液力变矩器。液力变矩器装在发动机与变速器之间，它的主要功用是改变发动机供给的转矩值，改善装载机的动力性能，并使传动平稳。

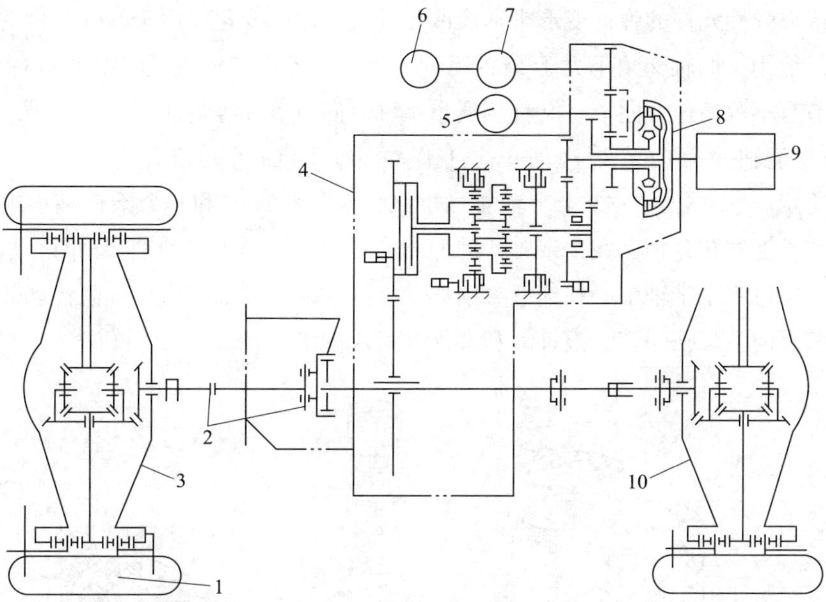

图 8—22 轮胎式装载机液力机械式传动系统

1—轮胎（轮边减速器） 2—行车制动器 3—前驱动桥 4—变速器 5—转向油泵
6—工作油泵 7—变速油泵 8—液力变矩器 9—柴油机 10—后驱动桥

3．变速器

（1）装载机对变速器的要求

1）具有足够的挡位和合适的传动比，以满足装载机的使用要求。

2）工作可靠，使用寿命长，传动效率高，结构简单，制造维修方便。

3）换挡轻便，接合平稳，不出现卡滞和跳挡现象。

（2）变速器的类型

1）按操纵方式的不同分类。按操纵方式的不同可以分为人力换挡变速器和动力换挡变速器两种。

2）按轮系形式的不同分类。按轮系形式的不同可以分为定轴轮系变速器和行星轮系变速器，其中定轴轮系变速器有单离合和双离合之分。

4．万向传动装置

装载机万向传动装置主要用于连接非同心轴线或在工作中有相对位置变化的两个部件之间的动力传递。它经常用于下列几种情况：

（1）装在变矩器输出轴与变速器输入轴之间。这种形式很少采用，这里不再详述。

（2）装在变速器输出轴与前、后桥动力输入轴之间。变速器的输出轴线与前、后桥输入轴线不在同一水平面内，且在水平面的投影也不在一条直线上，需要用万向传动装置进行传动。装载机前、后车架为铰接，在转向过程中，其相对位置会发生变化，因而装在车架上的变速器与装在前车架上的前桥在转向过程中位置也在不断发生变化。为了保证可靠地把动力从变速器传递到前后车桥也必须应用万向传动装置。

万向传动装置一般由万向节与传动轴、中间支承组成。万向节有弹性和刚性两种，弹性万向节依靠弹性元件的弹性变形来适应两传动轴交角的变化。由于弹性元件的弹性变形量有限，一般用于两轴交角不大于 5° 的万向传动中。轮式工程机械大都采用刚性万向节。刚性万向节有不等角速万向节（又称普通十字轴万向节）和等角速万向节两种。

普通十字轴式万向节结构简单，工作可靠，两轴间夹角允许为 15° ~ 20°，如图 8—23 所示。它一般由一个十字轴 4、两个万向节叉 2、6 和 4 个滚针轴承组成。两万向节叉 2 和 6 上的孔分别套在十字轴 4 的两对轴颈上。这样当主动轴转动时，从动轴既可随之转动，又可绕十字轴中心在任意方向摆动。为了减少摩擦损失，提高传动效率，在十字轴轴颈和万向节叉孔间装有滚针 8 和套筒 9 组成的滚针轴承。

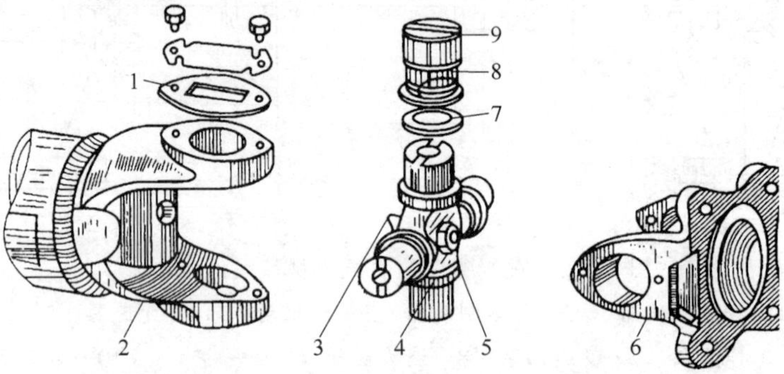

图 8—23　普通十字轴式万向节

1—轴承盖　2、6—万向节叉　3—油嘴　4—十字轴

5—安全阀　7—油封　8—滚针　9—套筒

当用两套十字轴式万向节串联并满足一定条件传动时（轴间角度相同），可以使前后轴转动速度相等。

等角速万向节一般有双联式、球叉式、三销式和球笼式等角速万向节。

5．驱动桥

（1）驱动桥的组成。国产 ZL50 和 ZL35、ZL90 型装载机的驱动桥基本相同，现以 ZL50 型装载机为例说明驱动桥的总体结构。ZL50 型轮胎式装载机驱动桥分前桥和后桥，其区别在于主传动中的螺旋锥齿轮副的螺旋方向不同。前桥的主动螺旋锥齿轮为左旋，后桥则为右旋，其余结构相同。ZL50 型轮胎式装载机驱动桥的结构如图 8—24 所示。

（2）驱动桥的说明。桥壳安装在车架上，承受车架传来的载荷并将其传递到车轮上。桥壳又是主减速器、半轴、轮边减速器的安装支承体。主减速器是一级螺旋锥齿轮减速器，传递由传动轴传来的转矩和运动。

差速器是由两个锥形的直齿半轴齿轮、十字轴及 4 个锥形直齿行星齿轮、左右差速器壳等组成的行星齿轮传动副。它对左、右两车轮的不同转速起差速作用，并将主传动器的转矩和运动传给半轴。左、右半轴为全浮式，将从主减速器通过差速器传来的转矩和运动传给轮边减速器。轮边减速器为一行星齿轮机构内齿圈经花键固定在桥壳两端头的轮边支承上，它是固定不动的。行星架和轮毂由轮毂螺栓固定成一体，因此轮毂和行星架一起转动，动力通过半轴、太阳轮再传到行星架上。

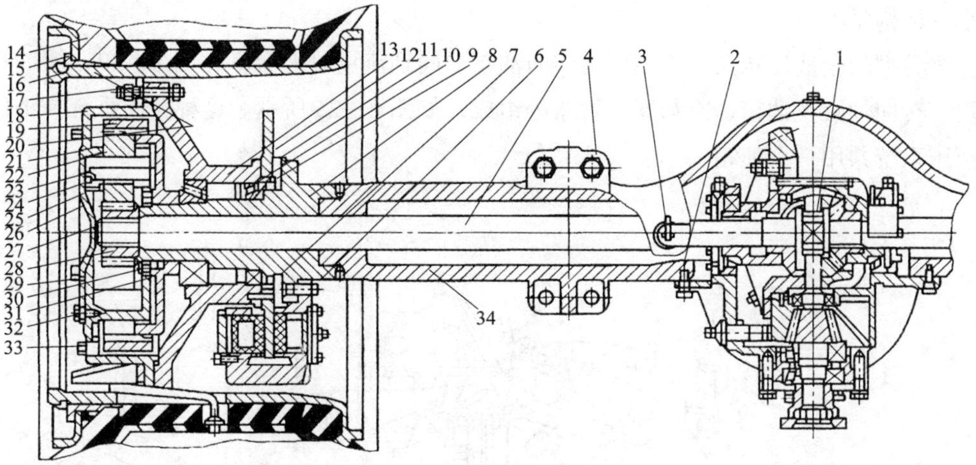

图 8—24　驱动桥总成

1—主减速器（包括差速器）　2、4、32—螺栓　3—透气管　5—半轴　6—盘式制动器　7—油封　8—轮边支承轴　9—卡环　10、31—轴承　11—防尘罩　12—制动盘　13—轮毂　14—轮胎　15—轮毂轮缘　16—锁环　17—轮毂螺栓　18—行星齿轮　19—内齿轮　20、27—挡圈　21—行星轮　22—垫片　23—行星齿轮轴　24—钢球　25—滚针轴承　26—盖　28—太阳轮　29—密封垫　30—圆螺母　33—螺塞　34—桥壳

6. 全液压转向系统

转向液压系统一般包括动力元件转向泵、流量控制元件单稳阀、转向控制元件转向器和转向执行元件转向缸。

装载机全液压转向系统主要有三种形式。

第一种是用一台小排量普通转向器，通过流量放大器来放大流量。这是最早开发的大排量转向系统，需要转向器、流量放大器两种元件组合，空间大，管路长，接口多，能量损失较大。

第二种是采用加长定子转子组件的普通型全液压转向器。系统中取消了流量放大器，结构相对简单，但液压油在转向器中流经的路径远，所以压力损失比较大。流量的增加是靠加长定子转子组件来实现的，轴向尺寸长，质量大，空间受到限制。

第三种是新型的同轴流量放大全液压转向器，具有体积小、质量轻、安装方便的特点，与优先流量控制阀组成负荷传感系统，有明显的节能特点。由同轴流量放大器和优先阀组成的普通全液压转向系统具有以下特点：

（1）无论负载压力大小、转向盘转速高低，优先阀分配的流量均能保证供油充足，使转向平稳可靠。

（2）油路输出的流量，除向转向油路分配其维持正常工作所必需的流量外，剩余部分可全部供给工作液压系统使用，从而消除了由于向转向油路供油过多而造成的功率损失，提高了系统效率。

（3）由于系统功率损失小，回油又通过冷却器冷却，因而系统热平衡温度低。元件尺寸小，结构紧凑。

该类型的全液压转向系统主要由转向油泵、同轴流量放大器、优先阀、单向缓冲补油阀块、转向油缸及油箱、冷却器、管路等组成，如图 8—25 所示。这种转向系统与工作装置液压系统共用一个油箱。

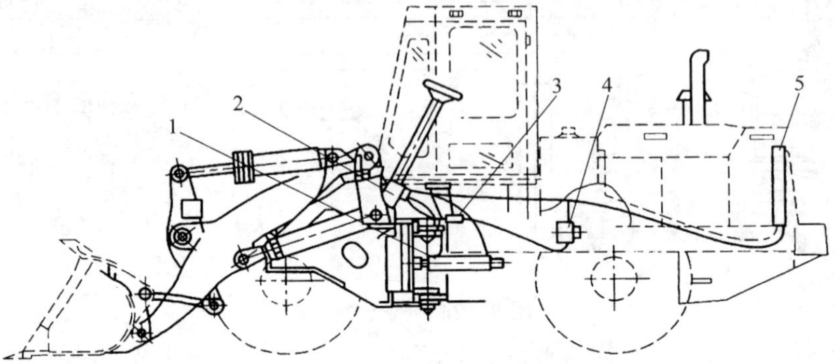

图 8—25　由同轴流量放大器和优先阀组成的全液压转向系统布置图

1—转向油缸　2—TLFI 型转向器　3—优先阀　4—转向油泵　5—冷却器

国产 ZL30 型以下的小型装载机，均采用全液压转向系统。这种转向系统采用 BZZ 摆线式计量马达作为机械内反馈的全液压转向器，转向盘转动通过转向器来控制液压缸的动作，操纵装载机的转向。全液压转向系统不需要反馈连杆，可排除不稳定性，部件通用性好。

7．行走系统

由于装载机经常在恶劣环境、松软或碎石场地行驶，在重负荷及极大的冲击负荷下作业，因此要求行走系统各部件要有很高的强度与刚度，其主要由车架、车桥、悬架与车轮等组成。

为了获得较大的牵引力，装载机一般采用四轮驱动。装载机在作业时，前后轮负荷变化很大，为了使机体不因此而造成较大的纵向摆动，以使装载机有较好的稳定性，前后桥均采用刚性桥，所有来自地面的冲击只能靠采用低压胎来缓冲。通常情况下，装载机前桥刚性地固定在车架上，后桥则通过摆动车架铰接在车架上，当在不平路面上行驶时，后桥绕装载机纵轴可以摆动一定的角度（7° ~ 10°），使车轮不离地。还有一种所谓三点铰接结构，也起着与摆动车架相同的作用，因此在装载机中也有采用。

8．液压系统

轮式装载机有两种基本形式：一种是整体式，前桥驱动，后轮转向；另一种是铰接式，普遍采用双桥驱动、八字式油缸、前后桥转向。后一种是目前大中型装载机的发展方向。目前大部分轮胎式装载机的行走机构都采用液力机械传动，但液压传动底盘在中小型装载机也有采用，并逐渐表现出它的优越性。一个完整的液压系统由 5 个部分组成，即动力元件、执行元件、控制元件、辅助元件和液压油。

目前港口装卸机械中广泛使用的国产 ZL 系列装载机中，ZL40、ZL50 两种型号装载机的结构基本相同，其转向系统、工作装置、变速器操纵等均采用液压传动。其他进口或者国产的装载机液压系统与这两种型号类似，具体以厂家说明书为准。下面以 ZL50 型装载机为例介绍液压系统。

ZL50 型装载机的发动机功率为 150 kW，工作装置液压系统的调定压力为 15 MPa，过载阀调定压力为 18 MPa，转向系统的调定压力为 10 MPa。如图 8—26 所示是 ZL50 型装载机液压系统原理图，由液压油源回路、工作装置回路及转向回路三部分构成。

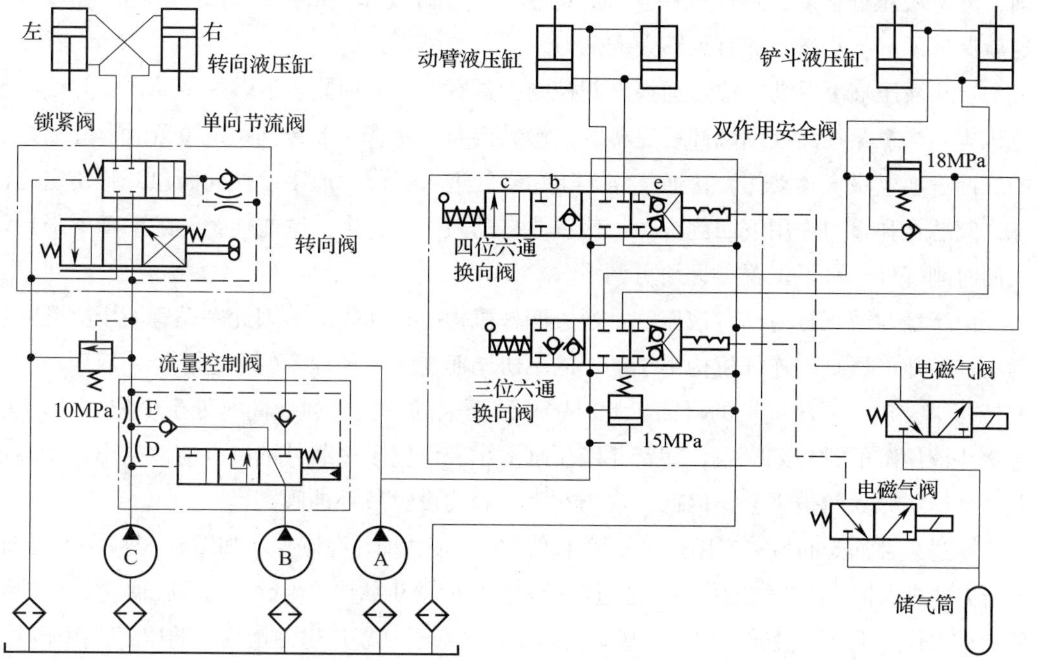

图 8—26　ZL50 型装载机液压系统原理图

A—主泵　B—辅助泵　C—转向泵　D、E—固定节流孔

（1）液压油源回路。该系统的液压油源由 3 台定量液压泵和 1 个流量控制阀构成。其中 A 泵为驱动工作装置的主泵，C 泵为转向泵，B 泵为辅助泵。B 泵既可以向工作装置供油，也可以向转向回路供油。

当发动机转速比较低时，转向泵 C 的流量降低，则节流孔 D、E 的压差较小，不足以克服流量控制阀主阀芯右侧的弹簧力，因而主阀芯处于右位工作，此时由 C 泵和 B 泵共同向转向回路供油，保证转向回路有足够的流量。

当发动机转速达到某一设计转速时，D、E 两节流孔的压差足以克服流量控制阀主阀芯右侧的弹簧预紧力，则主阀芯处于中位工作。这时辅助泵 B 同时向转向回路和工作装置回路供油，既保证一定的转向速度（但不使转向速度加快），又能提高工作装置的速度，以提高生产率。

当发动机转速进一步提高，达到某一设定的转速时，节流孔 D、E 的压差完全克服流量控制阀主阀芯右侧的弹簧力，将主阀芯推至左位工作。此时，转向回路仅由转向泵 C 供油，辅助泵 B 和主泵 A 合流向工作装置供油，以提高工作装置的生产率。

发动机转速超过此设定转速时，转向油路所需流量仅由转向泵 C 提供，但随着发动机转速的提高，C 泵流量增大，转向速度加快。但此工况较少出现，因为发动机高转速时转向很危险。

由于该系统的液压油源回路中采用了流量控制阀，使转向系统的流量受发动机转速变化的影响不大，保证了转向灵活、平稳的要求。该流量控制阀也称为双泵单路稳流阀。

（2）工作装置回路。ZL50 型装载机工作装置回路采用顺序单动回路，铲斗液压缸在前，动臂液压缸在后，构成顺序互锁，即铲斗液压缸动作完成后，动臂液压缸才能动作。这就保证了铲装及举升都有足够大的推力。

铲斗液压缸由手动三位六通换向阀控制，具有上转、锁紧、下转 3 个动作，并设有限位机构。当铲斗在高处倾翻卸料完毕后，操纵换向阀使铲斗上转到一定位置时，气动系统的二位三通电磁气阀动作，接通气路，压缩空气进入三位六通手动换向阀顶开弹跳定位钢球，阀芯在弹簧力作用下回到中位，使铲斗自动限位。这个位置能使铲斗随动臂下降到停机面时刚好处于水平位置，无须再调平。

由于铲斗液压缸与动臂液压缸是通过四杆机构配合动作的，因此在动臂液压缸升降过程中，铲斗液压缸的连杆机构由于动作的不协调而受到某种程度的牵连，铲斗液压缸的活塞杆有被拉出（或压进）的可能（此时铲斗液压缸的三位六通换向阀处于中位）。为了防止铲斗液压缸的过载或吸空，在铲斗液压缸的小腔设置了过载补油阀。应该指出，小腔过载（受压）则大腔被吸空，因此，应当在大小腔均设过载补油阀。

该过载补油阀的另一作用是可使铲斗液压缸实现“撞斗”动作，如图 8—27 所示。卸料时压力油进入铲斗液压缸的小腔，通过摇臂和推杆使铲斗翻转，当铲斗的重心越过铰支点后，便在重力作用下加速翻转，铲斗液压缸的运动速度会逐渐超过供油量控制的速度，由于补油阀能及时向铲斗液压缸的小腔补油，使铲斗可以快速下翻撞击限位挡块，以便将斗内的剩料振落。

动臂液压缸由手动四位六通换向阀控制，实现提升、锁紧、下降、浮动 4 种功能。当四位阀处于中位（图 8—27 所示位置）时，动臂缸被锁紧，而主泵卸荷。若将四位阀换向至工作位置，可实现动臂缸的升降，靠换向阀阀口开度来实现节流调速。当动臂上升到最高位置或最低位置时都能由电磁气阀实现自动限位。当四位阀换向至中位时，动臂缸处于浮动状态，以便空斗迅速下降，甚至在发动机熄火时，也能降下空斗。此外，在坚硬地面上铲取物料或刮平作业时也需要浮动工位。

（3）转向回路。转向液压系统可分为常流系统和常压系统。转向液压系统中供油流量不变的称为常流系统。在常流系统中如果液压泵输出的流量超过转向所需要的流量，则多余的油经溢流阀返回油箱，这时有功率损失。当转向阀处于中位时，液压泵输出的油通过转向阀的中位回流油箱卸荷。常流系统的特点是结构简单，成本低，如果设计合理可使功率损失减小，并能获得良好的转向性能，是工程机械上广泛采用的一种形式。

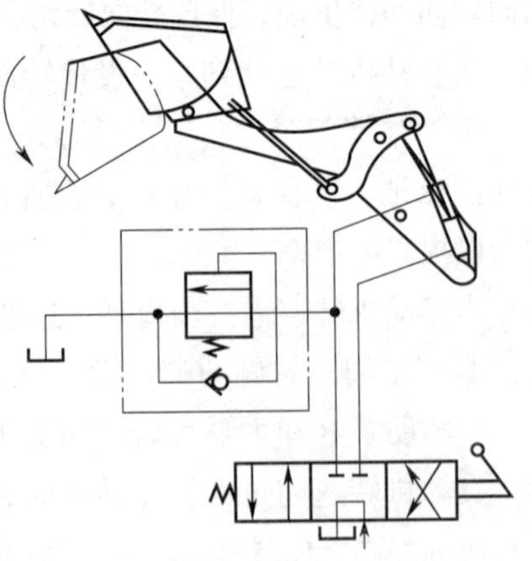

图 8—27　利用补油阀浮动回路

9. 电气系统和电气设备组成

（1）电气系统。装载机的电气系统一般由电源电路、启动电路和照明电路等组成。装载机的电气系统基本上都一样，如图 8—28 所示为 ZL50 型装载机电气系统。

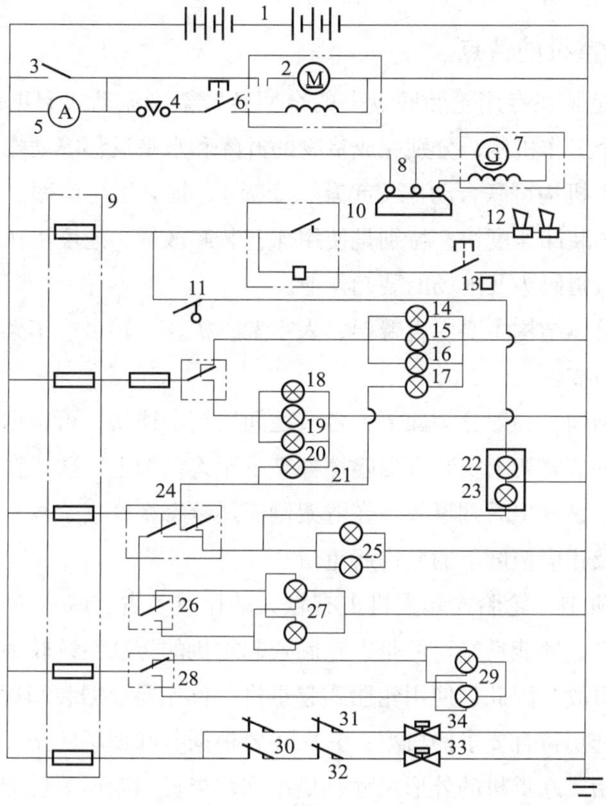

图 8—28　ZL50 型装载机电气系统

1—蓄电池　2—启动电动机　3—总开关　4—电锁　5—电流表　6—启动按钮　7—发电机　8—调节器　9—熔断器盒　10—喇叭继电器　11—液压制动开关　12—喇叭　13—喇叭按钮　14—右转向指示灯　15—前右转向灯　16—后右转向灯　17—右前近光灯　18—左转向指示灯　19—前左转向灯　20—后左转向灯　21—左前近光灯　22—液压制动灯　23—车牌灯　24—前灯、后灯、仪表灯、车牌灯开关　25—仪表灯　26—变光开关　27—左右前灯　28—倒车灯开关　29—左右倒车灯　30—手柄行程开关　31—铲斗行程开关　32—起升高度行程开关　33、34—电磁阀

整个电气系统可分为：充电系统，由硅整流发电机与电压调节器及蓄电池组成，其中发电机与蓄电池是并联的；启动电路，由预热启动开关、启动电动机、蓄电池等组成；照明电路，基本上是与启动电路并联的若干照明灯、信号灯、仪表及其他用电设备，这些用电设备均由各自的开关进行控制。

（2）电气设备组成。装载机的电气硬件设备主要包括蓄电池、启动电动机、发电机、发电机调节器、仪表、传感器，其中传感器包括温度传感器，压力传感器，燃油、液压油液位传感器，液体、气体压力传感器等。

第三节　轮胎式起重机

一、轮胎式起重机的特点

轮胎式起重机是装在专用轮胎底盘上的全回转臂架型流动式起重机。它有起升、运行、变幅和回转四个工作机构，分别完成货物的升降和水平运移等动作。各个机构不仅能独立操作，而且几个机构可联合动作（起升、变幅），提高了生产率。它的起升机构大多采用重力下降形式，装卸速度快，特别是使用抓斗装卸散货，速度更快。它符合装卸作业要求，被广泛用于散货码头及堆场的装卸作业。

轮胎式起重机总体结构主要由直臂架、人字架、机篷、转台、车架底盘、支腿、四大机构和动力装置等组成。

臂架采用桁架结构，一般分为四节，各节之间用销轴连接，可根据需要进行拆装变换臂架长度。在最后一节臂架上安装有保险撑杆支承于人字架上，防止在小幅度作业时，因突然卸载而使臂架回跳发生后翻事故。在臂架侧面还装有幅度指示器，可使司机直接看到臂架的工作幅度以及相应幅度下的允许起重量。

在流动式起重机中，轮胎式起重机占有较大的比重（占 30% ~ 40%），这是因为它行动灵活、适用面广、性能良好。但是，轮胎式起重机的传动系统较为复杂，如果管理使用不当，容易发生事故。因此，使用轮胎式起重机，首先要根据装卸货物的质量，所需提升的高度和幅度，选用符合要求的机型；其次还要根据装卸现场的条件，如道路宽度、码头结构等来考虑轮胎式起重机的外形尺寸、最小回转半径、轮压等性能参数。

二、起重机的基本参数

起重机的基本参数是表明起重机工作特性的主要指标，也是正确选择和使用起重机的技术数据。它主要包括起重量、幅度（或外伸距）、工作速度、轨距（或跨度、轮距）和基距（或轴距）、工作级别、外形尺寸、自重和轮压等。

1．额定起重量

起重机在正常作业时，允许提升货物的最大质量与可从起重机上取下的取物装置质量之和称为起重机的额定起重量。

2．起升高度

起升高度是指起重机运行轨道面或地面到取物装置上极限位置的高度（吊钩测量到吊钩中心，抓斗测量到最低点）。当取物装置可以降到地面或轨道顶面以下时，从地面或轨道顶面下放至下极限位置的距离称为下放深度。起升高度与下放深度之和称为总起升高度。

3．跨度或幅度

跨度是指桥类起重机大车运行两轨道中心线之间的距离。幅度是指臂架类起重机的旋转中心线至取物装置中心线之间的水平距离，以字母 R 表示，单位为 m。幅度可以是固定不变的，也可以是变化的，因而，有相应的最大幅度 R_{max} 和最小幅度 R_{min} 及有效幅度。

跨度和幅度是表示起重机工作范围大小的参数，幅度主要根据起重机的工作范围确定，跨度多由工作需要或场地确定。

4．工作速度

起重机工作速度主要是指起升速度、变幅速度、旋转速度和运行速度四种。

（1）起升速度。起升速度是指起重机械起升额定起重量时，货物匀速上升的速度。

（2）变幅速度。变幅速度是指起重机吊具从最大幅度变到最小幅度时沿水平方向运动的平均线速度。

（3）旋转速度。旋转速度是指回转式起重机的转动部分在匀速转动状态下每分钟回转的圈数。

（4）运行速度。运行速度一般是指起重机械或起重小车匀速运行时的速度，对无轨运行的起重机常称为行走速度。

5．起重机和机构的工作级别

工作级别又称工作类型，它是表明起重机及其机构工作繁忙程度和载荷状态的参数。根据起重机国家标准规定，按起重机工作的利用等级和载荷状态将起重机分为 A1、A2、A3、A4、A5、A6、A7、A8 共八种工作级别；按起重机各机构的利用等级和载荷状态将起重机机构分为 M1、M2、M3、M4、M5、M6、M7、M8 共八种工作级别。起重机及其构件的设计和安全标准都与工作级别有关，分级方法详见 GB/T 3811—2008《起重机设计规范》。

三、典型轮胎式起重机的介绍

D2LQ25 型港口轮胎式起重机外形如图 8—29 所示。

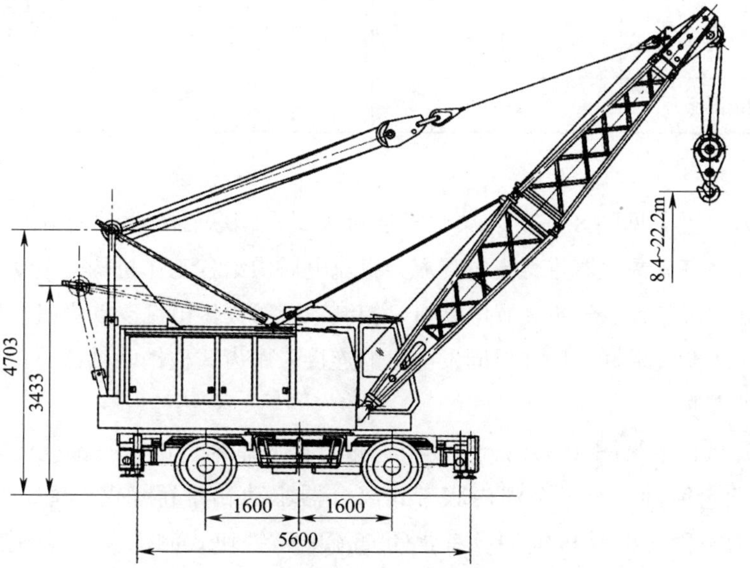

图 8—29　D2LQ25 型港口轮胎式起重机外形

1. 技术参数

技术参数见表 8—1。

表 8—1 **D2 LQ25 型港口轮胎式起重机技术参数**

项目	参数	项目	参数
最大起重量	25 t	尾部回转半径	3.3 m
起升速度（额定、单绳）	75 m/min	最小转弯半径	8 m
回转速度	5 r/min（最大） 2 r/min（支腿、额定）	最大爬坡度	12.2%
最高行驶速度	16 km/h	整机质量	31 500 kg（含 9 m 臂长）
变幅时间 （30° ~ 75° 基本臂长）	24 s	不带起重机臂整机外形尺寸 （长 × 宽 × 高）	6.437 m × 3.2 m × 4.91 m
臂架组合	9 m、12 m、15 m、18 m、 21 m、24 m	发动机	WD615 · 64D–15 138 kW/1 500 r/min
轮距	2.4 m（前、后桥）	发电机	UC1274F（交流） 120 kW/1 500 r/min
轴距	3.2 m	起升电动机	ZZG280–53Q 55 kW 750 r/min
外伸支腿横向间距	5.6 m	变幅电动机	ZZG225–43Q 30 kW 1 000 r/min
外伸支腿纵向间距	5.6 m	行驶电动机	ZZG280–53QA 55 kW 750 r/min
一个支腿的极限反力	250 kN	回转电动机	ZZG210–31Q 16 kW 860 r/min
一对轮胎的极限反力	180 kN		

2. 组成

（1）动力装置（见图 8—30）。柴油机通过齿式柱销联轴器驱动交流发电机输出交流电，通过全数字直流调速器将交流电整流为直流电后供给各工作机构的电动机。同时动力装置还为独立油泵装置、气泵装置电动机、控制系统等提供电源。动力机座采用工程机械专用减振器，防振效果好。柴油机同发电机的连接采用齿式柱销联轴器，工作可靠、使用寿命长、维护方便。

（2）起升机构（见图 8—31）。电动机通过万向联轴器、圆锥—圆柱齿轮减速器、齿式联轴器驱动卷筒轴，经过全浮内胀带式离合器驱动卷筒卷绕钢丝绳，实现吊载的动力提升与动力下降。电动机轴端设有常闭直流电磁铁块式制动器，卷筒上设有常开全浮带式制动器。全浮内胀带式离合器为常闭式，弹簧力上闸（贴合），气力松闸（脱开）。

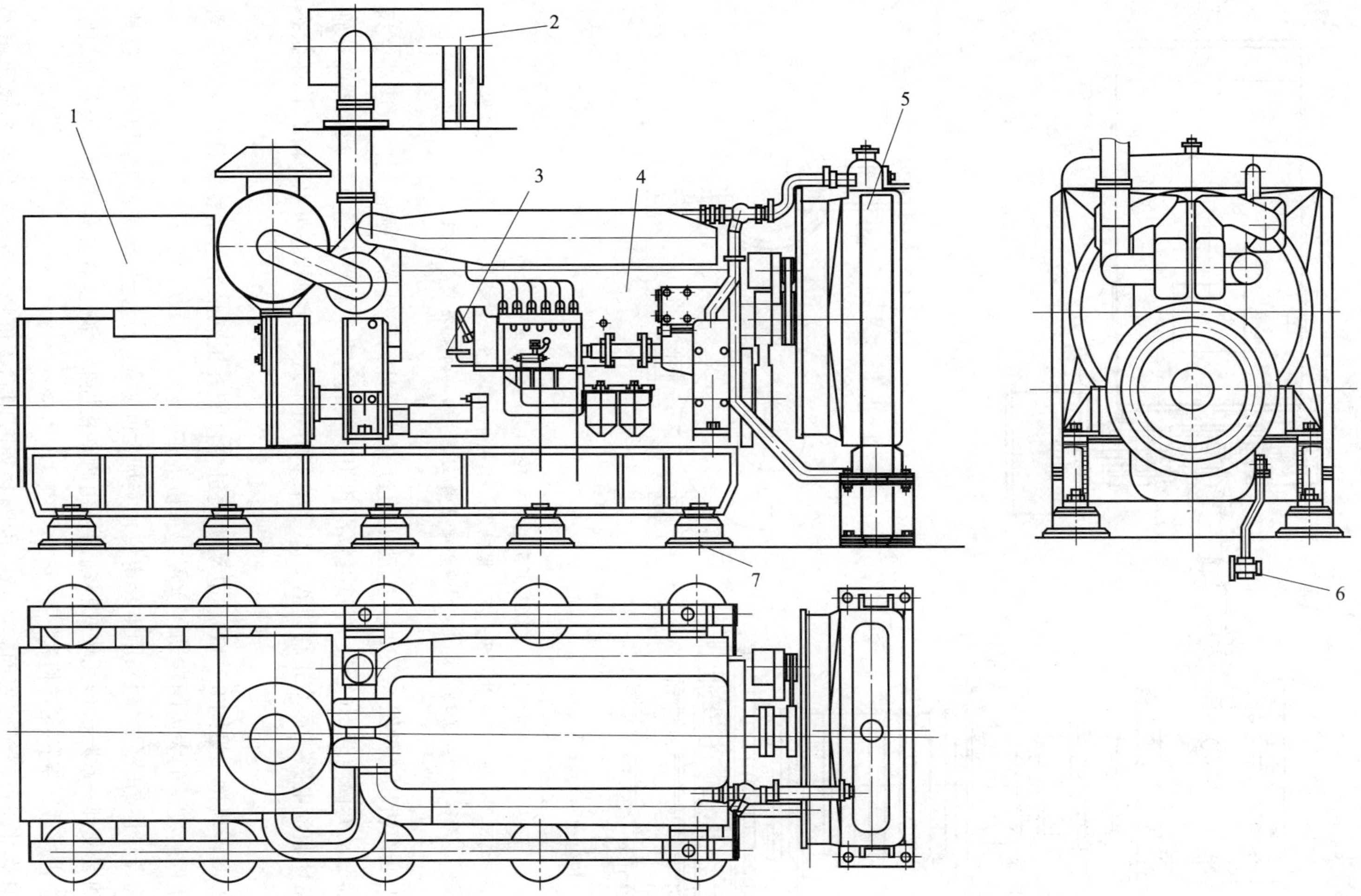

图 8—30　D2LQ25 型港口轮胎式起重机动力装置

1—交流发电机　2—排气装置　3—熄火装置　4—发动机　5—水箱　6—泄油装置　7—减振垫

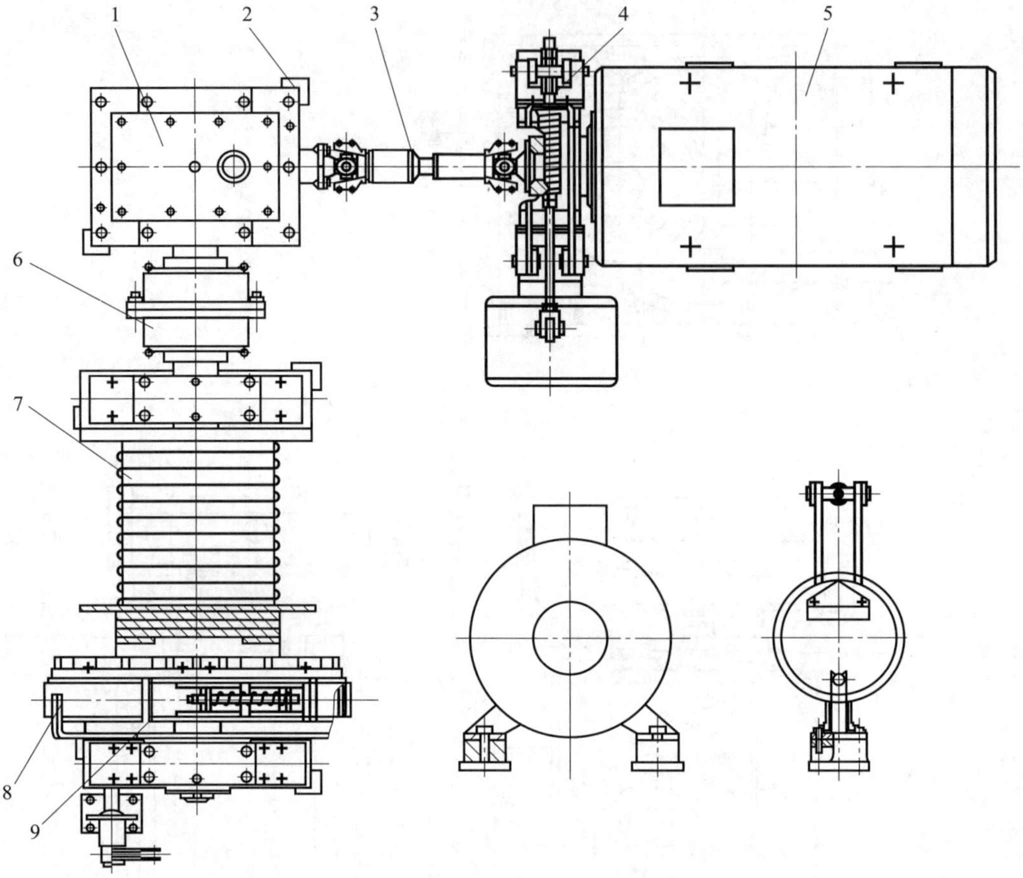

图 8—31　D2LQ25 型港口轮胎式起重机起升机构

1—减速器　2—定位块　3—万向联轴器　4—制动器　5—电动机　6—齿式联轴器　7—卷扬总成　8—外胀带式制动器　9—内胀带式离合器

（3）变幅机构（见图 8—32）。电动机通过弹性圈柱销联轴器、蜗轮蜗杆减速器、齿式联轴器驱动卷筒卷绕钢丝绳，经过变幅滑轮组实现起重臂的起臂和落臂。减速器高速轴端设有常闭直流电磁铁瓦块式制动器。人字架采用升降式，行驶状态可以下降，作业状态升起。

（4）回转机构（见图 8—33）。电动机通过弹性圈柱销联轴器、蜗轮蜗杆减速器带动小齿轮绕回转支承的大齿圈转动，实现起重机的正反转。

减速器箱体与转台之间采用锥套定位，实现无间隙配合，延长减速器使用寿命。减速器高速轴端设有一常开机械瓦块式制动器，由脚踏板控制。减速器设有摩擦型极限力矩联轴器，防止过载，保护回转机构。

采用单排四点接触球式回转支承，内圈和外圈用高强度螺栓分别与转台和底架相连接。

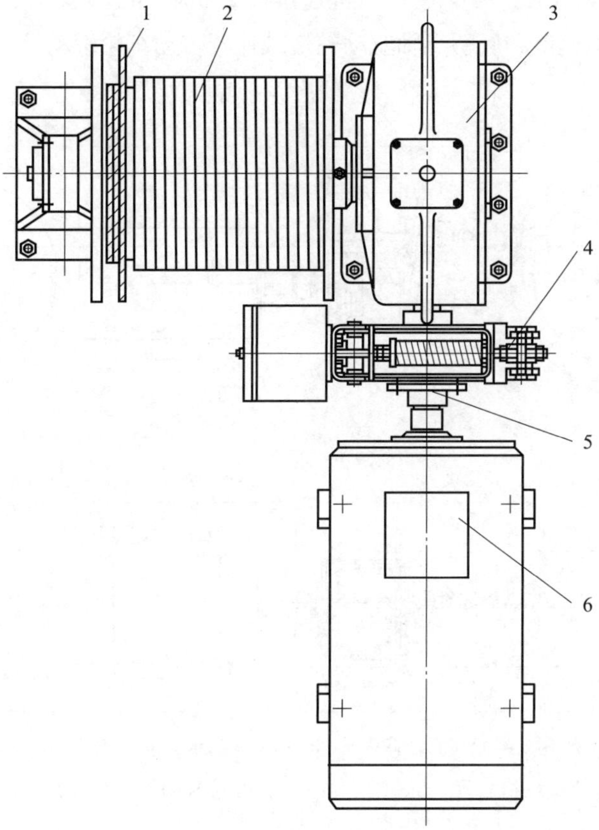

图 8—32　D2LQ25 型港口轮胎式起重机变幅机构

1—钢丝绳　2—卷扬总成　3—减速器　4—制动器　5—半联轴器　6—电动机

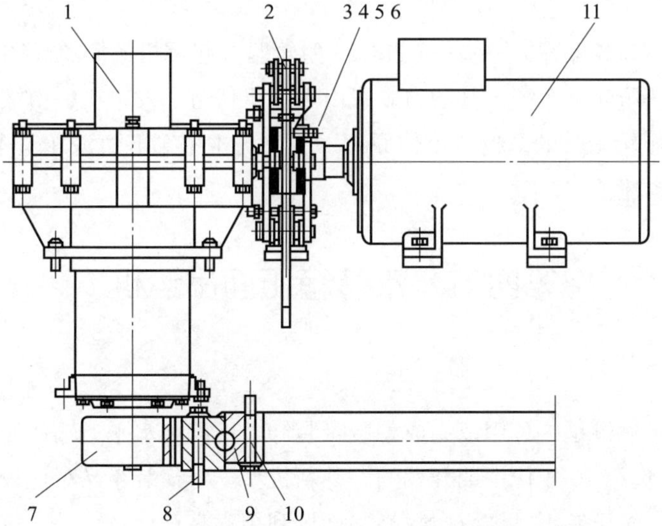

图 8—33　D2LQ25 型港口轮胎式起重机回转机构

1—减速器　2—制动器　3—制动轮、柱销　4—弹性圈　5—挡圈　6—半联轴器

7—小齿轮　8—螺栓　9—回转支承　10—螺栓　11—电动机

（5）运行机构（见图 8—34）。电动机通过齿式联轴器、变速器、万向联轴器驱动后桥主减速器，经过差速器和后桥半轴驱动轮边减速器带动车轮滚动。

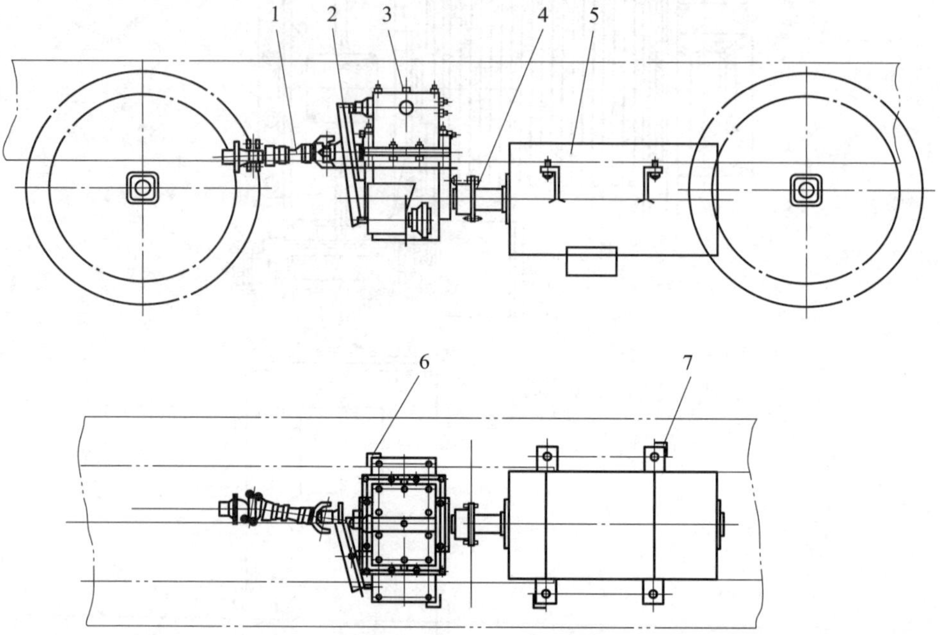

图 8—34　D2LQ25 型港口轮胎式起重机运行机构

1—万向联轴器　2—换挡装置　3—减速器　4—齿式联轴器　5—电动机　6、7—定位块

后桥车轮蹄式制动器由双腔储能弹簧制动气室控制，实现行车制动和驻车制动。

由转向盘控制全液压转向器分配压力油推动转向油缸活塞，驱动转向梯形机构完成转向动作。

以上只是对港口轮胎吊之一——D2LQ25 型轮胎式起重机的简单介绍。现在港口轮胎吊逐渐在实现全液压起重系统，其动力装置由发动机代替了发电机，由液压泵、马达代替了电动机。全液压轮胎吊的结构、工作原理、维修与本书第五章液压基本知识是一样的，在这里就不重复讲述了。

第四节　集装箱正面吊运机

一、概述

集装箱正面吊运机是一种用以完成集装箱装卸、堆码和水平运输作业的集装箱装卸搬运机械。它是 20 世纪 70 年代中期开发的一种新机型。与集装箱叉车比较，它具有机动性能好、稳定性好、轮压较小、堆码层数高和堆场利用率高等优点，是比较理想的货场装卸搬运机械，如图 8—35 所示。

集装箱正面吊运机主要由运行机构，臂架伸缩机构，臂架俯仰机构和可以回转、伸缩、横移的吊具等组成。运行机构包括发动机、液力变矩器、液力动力换挡变速器及传动轴等。前桥为驱动桥，后桥为转向桥。集装箱正面吊运机除行走部分外，臂架俯仰、伸缩，转向及吊具的各项动作均采用液压传动。

图 8—35 集装箱正面吊运机

二、集装箱正面吊运机特点

1. 适应货场作业

集装箱正面吊运机有可伸缩和左右回转 120° 的吊具，因此特别适合在货场作业。由于吊具可伸缩，能用于 20 ~ 45 ft 的集装箱装卸作业。由于吊具可左右回转，因此在吊装集装箱时，吊运机不一定要与集装箱垂直，即可以与箱子成夹角吊装。在吊起集装箱后，又可转动吊具，使箱与吊运机处在同一轴线上，以便通过比较狭窄的通道。同时，吊具可以左右各移动 800 mm，便于在吊装时对箱，从而提高生产效率，如图 8—36 所示。

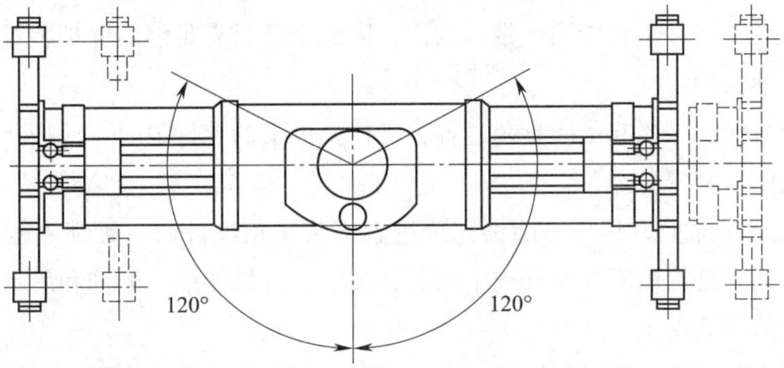

图 8—36 集装箱正面吊运机吊具回转、横移图

吊具悬挂在伸缩臂架上，可绕其轴线转动，当吊运的集装箱不水平时（如集装箱在半挂车上，而半挂车板面与地面不平），也可以正常操作。因此，集装箱正面吊运机几乎可以在任何条件下的集装箱堆场进行作业。

2. 有较高的效率

集装箱正面吊运机一般采用套筒式方型伸缩臂架，即有能带载俯仰的伸缩式臂架。集装箱的起降运动由臂架伸缩和俯仰来完成，它没有专门的起升机构。臂架的伸缩和俯仰同时进行，所以可获得较大的升降速度，并且整机可同时行走，从而具有较高的效率。

3. 能堆码多层集装箱及跨箱作业

由于集装箱正面吊运机在设计时吸取了叉车、跨运车等集装箱装卸搬运机械的优点，并考虑到了这些机械的不足，因此它能够完成其他机械所不能完成的作业。集装箱正面吊运机一般可吊装 4 个箱高，有的可达到 5 个箱高，而且可跨箱作业，这样就可以提高堆场的利用率，如图 8—37 所示。

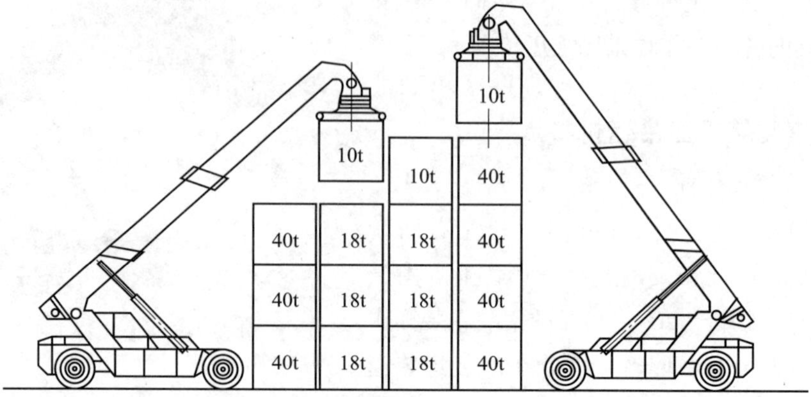

图 8—37　集装箱正面吊运机作业情况

4．作业安全

集装箱正面吊运机具有多种保护装置，能保证安全作业。由于集装箱正面吊运机是流动式机械，而且臂架可带载伸缩和带载俯仰，因此必须具有足够的保护装置来确保安全操作。它共有 6 种保护装置。

（1）防倾覆保护。当起吊质量超过各种工作幅度下的允许值时，保护装置即动作，并且有红色灯光信号警告。

（2）旋锁动作保护。其一是旋锁完全进入集装箱角配件内，旋锁才能动作，否则旋锁不能转动；其二是旋锁不在全开或全闭的状态下，臂架伸缩、俯仰和吊具回转都不能动作，同时也有信号灯指示。

（3）起吊集装箱后，整机不能用高速挡行驶，否则发动机自行停止运转。

（4）变速杆入挡后，发动机不能启动。

（5）臂架最大仰角有限位保护。

（6）变速杆入挡后再拉紧驻车制动，发动机即停车。

5．在吊具上安装吊爪后，可以连集装箱半挂车一起装卸，吊重可达 38 t，实现铁路公路联运。将集装箱吊具换装为吊钩后可吊装其他重大件货物。

6．采用集装箱正面吊运机，可提高装卸效率，与集装箱叉车相比，堆场利用率也可提高 80%。

7．集装箱正面吊运机带箱运行时，一般是将臂架升至最大仰角，这时货物重心移至前轴线内，因此后桥负荷比空载时增大，将造成后轮胎磨损加剧。

三、集装箱正面吊运机结构形式

集装箱正面吊运机按其结构形式可以分为单臂架和双臂架两大类。

1．单臂架集装箱正面吊运机

单臂架集装箱正面吊运机的起重臂为单箱式结构，用两根俯仰油缸支承，制造工艺简单。在吊运倾斜的集装箱时，利用吊具与臂架间的自由摆动进行对位。但是，由于吊具与臂架是单支点连接，因此吊运装载偏心的集装箱时所产生的倾斜，要通过横移吊具保持其平衡。而且吊运机行走时，由于路面不平，易导致摇摆。

此外，臂架俯仰是由双油缸驱动，由于各种原因，可能出现油缸工作不同步，使臂架受扭。

2．双臂架集装箱正面吊运机

双臂架集装箱正面吊运机为双起重臂，起重臂为箱形结构。它与单臂架正面吊运机的不同之处，是用两个小断面的臂架代替了一个大断面臂架。每个臂架都可以伸缩，并由两个俯仰油缸分别支承。两个臂架可以分别动作，也可同步动作，因此其结构和液压控制系统比较复杂。由于与吊具是双支承连接，吊具稳定性较好，即使遇到集装箱装载偏心或路面不平的情况，也不会引起吊具摆动。

双臂架集装箱正面吊运机受力比较简单，俯仰油缸不存在同步问题。同时，两臂架中间距离较大，驾驶室可放在中间，并可以适当提高其高度，使驾驶员视野较好。

由于是双臂架结构，为了使吊具能回转较大的角度，必须在平衡架下再安装吊具回转机构，因而整个吊具高度较大，从而降低了有效起升高度。

四、主要技术参数

1．起重量

集装箱正面吊运机的起重量根据额定起重量和吊具的质量来确定。额定起重量一般由所吊运的集装箱最大总质量决定，对于标准 40 ft（45 ft）集装箱的最大质量取 30 t。目前，各厂家生产的起吊 40 ft（45 ft）集装箱的正面吊运机，其吊具质量都约为 10 t。

2．起升高度

起升高度即堆码高度，一般为 4 层箱高，如按 8 ft 6 in（即 2.591 m）箱高考虑，需加上一定的安全间隙，故起升高度一般为 11 m 左右。如要求堆 5 层箱高时，起升高度应不小于 12.955 m，一般为 13 m。

3．工作幅度

集装箱正面吊运机一般能跨一排箱作业。一般要求在对第一排箱作业时，前轮外沿离集装箱的距离为 700 mm 左右，工作幅度最小应距前轮外沿 2 m。在对第二排箱作业时，前轮外沿离第一排集装箱的距离为 500 mm 左右，工作幅度最小应距离前轮外沿 4.1 m。

4．车身外形尺寸

集装箱正面吊运机主要用在货场作业，要求能适应狭小的场地条件，因此对通过性能要求较高，需要控制车身宽度和长度。另外，还要考虑整机的稳定性和车架受力情况。一般要求正面吊运机能在 7.5 m 左右的直角通道上转弯，在 9.5 m 左右的通道内能 90° 转向。因此要求其最小转弯半径在 8.5 m 左右，最大轴距为 5 500 mm 左右，车体不带臂架时长度为 7 500 ~ 8 000 mm，车身宽度一般为 3 500 ~ 4 000 mm。

5．工作速度

集装箱正面吊运机的工作速度包括行走速度、臂架俯仰和伸缩速度及吊具的工作速度。

（1）行走速度。集装箱正面吊运机的运行距离一般在 40 ~ 50 m 较为合理。如距离太远，则应在前沿机械与堆场间用拖挂车来做水平运输。集装箱正面吊运机在满载时只允许低速行驶，因集装箱正面吊运机自重较大，在吊运 40 t 时，整机总质量达 100 t，如行驶速度过快，则对制动、爬坡、整机稳定性以及发动机功率都有较大影响，故满载时最大速度一般不超过 10 km/h。空载时可高速行驶，一般为 25k m/h 左右。

（2）臂架俯仰和伸缩速度。由于集装箱正面吊运机没有专门的起升机构，装卸时集装箱的起升和下降是通过臂架的俯仰和伸缩来实现的。

臂架由最小角度上仰到最大角度的时间约为 1 min。由于是液压俯仰，因此臂架下俯有两种速度：空载时较慢；满载时的臂架下降速度比空载时快一倍。

臂架的伸缩速度一般为 12 m/min 左右。由于最大伸缩距离只有 6 m 左右，全伸或全缩时间约为 30 s。

（3）吊具的工作速度。吊具的工作速度有以下三种：

1）吊具伸缩速度。在吊运集装箱时，多是连续吊运同规格集装箱，20 ft 和 40 ft（或 45 ft）集装箱交叉作业情况较少，因此吊具伸缩速度一般取 12 m/min 左右。

2）吊具左右平移速度。吊具左右平移主要用于对位。左右平移距离各 800 mm，吊具左右平移速度一般取 6 m/min 左右。

3）吊具回转速度。吊具回转主要用于对位，而且所转动的角度一般不大于 15°，因此转动速度不宜过大，一般取 540° /min 左右。

6．点动性能

集装箱正面吊运机多数有点动功能，以保证微动对位，提高工作效率。集装箱正面吊运机的臂架伸出、缩回、仰起、俯下，吊具左移、右移、左回转、右回转这 8 个动作都有点动机构。

五、臂架伸缩机构及俯仰机构

集装箱正面吊运机作业时，臂架伸缩和俯仰频繁。采用液压驱动，可使整机操作灵活、平稳。

1．臂架伸缩机构

为了提高装卸效率，集装箱正面吊运机采用伸缩式箱形臂架，并能在重载工况下俯仰，其臂架伸缩和俯仰机构如图 8—38 所示。集装箱正面吊运机臂架的伸缩用液压油缸推动。伸

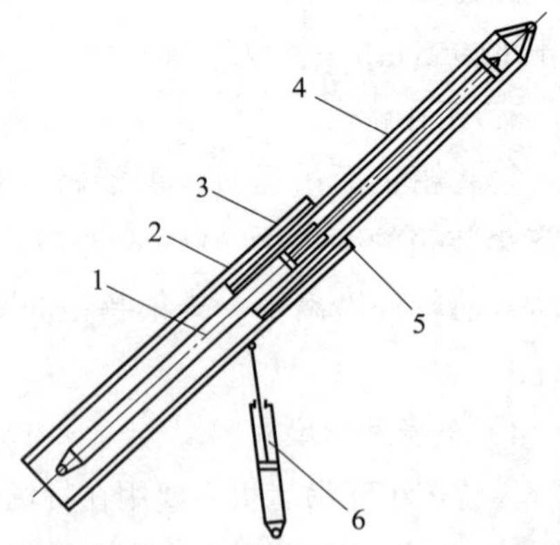

图 8—38 集装箱正面吊运机臂架伸缩和俯仰机构

1—伸缩油缸 2、5—支承装置 3—基本段 4—伸缩段 6—俯仰油缸

缩段 4 与基本段 3 之间的相对运动是由伸缩油缸 1 驱动的。臂架轴向力由伸缩油缸 1 来承受，力矩则由支承装置 2、5 组成的反力矩来平衡。

重载伸缩的集装箱正面吊运机的内外臂架间采用托辊式支承装置，其伸缩阻力较小，JD40 型集装箱吊运机的托辊组支承装置结构如图 8—39 所示。托辊组支承装置由 4 个托辊及托辊轴、3 组楔形滑块和托盘等组成。楔形滑块的作用是当 4 个托辊受力不均时，在水平分力差的作用下，滑块做横向移动，使受力较小的托辊上升，从而达到各托辊受力均匀的目的。

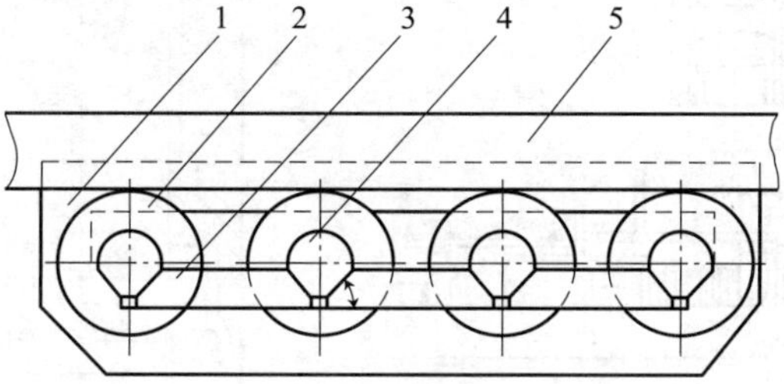

图 8—39　托辊组支承装置

1—托盘　2—托辊　3—楔形滑块　4—托辊轴　5—臂架伸缩段油缸

2．臂架俯仰机构

臂架俯仰机构采用两个油缸直接推动臂架基本段，从而实现俯仰。左右两侧俯仰油缸采用并联方式。由于臂架基本段的刚度较大，俯仰油缸采用三通接头直接通油。如由于多种原因造成两侧油缸外载不同时，液压系统中油压自然平衡。这样，油缸伸缩即使不同步，臂架及俯仰机构仍能正常工作。

六、吊具

为了满足吊运和堆码集装箱的要求，集装箱正面吊运机的吊具应能左右回转 120°，横移 1 600 mm（左、右各 800 mm），收缩能吊运 20 ft 箱，伸出能吊运 40 ft（45 ft）箱，具有旋锁回转机构（90° 转角），绕吊运机前行轴线摆动（无动力）。另外，吊具还必须装设安全保护装置，以保证吊具未与集装箱连接妥当时，不能起吊集装箱。

集装箱正面吊运机的吊具安装结构如图 8—40 所示。

1．吊具的回转机构

目前采用较多的是油缸驱动。这种吊具回转机构结构简单。油缸固定在某一位置，便于对位和操作，机构也稳定。

JD40 型吊运机吊具的回转机构结构如图 8—41 所示。回转油缸安装在回转支承 3 上。回转支承通过吊具人字架与臂架伸缩段连接。当回转油缸通油后，推动转轴上的连杆，使转轴 2 转动，转轴 2 通过横轴 4 带着吊具上架 5 一起转动。

2．吊具横移和伸缩机构

吊具横移机构一般用油缸驱动。横移油缸一端固定在吊具上架上，另一端与吊具底架固定。在吊具上架上安装有 4 个滚轮，吊具底架的支承梁就悬挂在这 4 个滚轮上。当横移

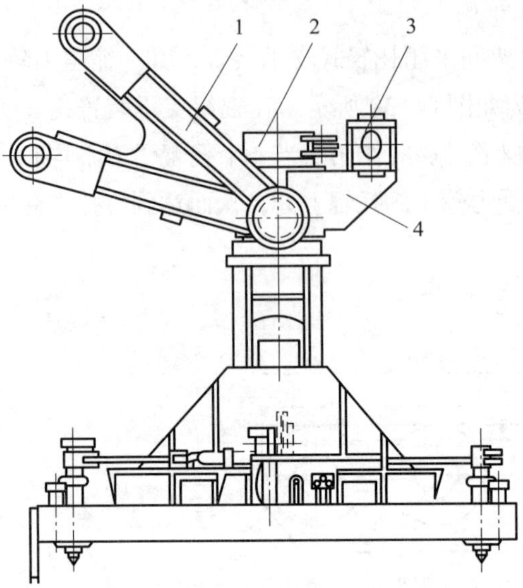

图 8—40　集装箱正面吊运机吊具安装结构

1—人字架　2—转轴　3—回转驱动装置

4—回转支承

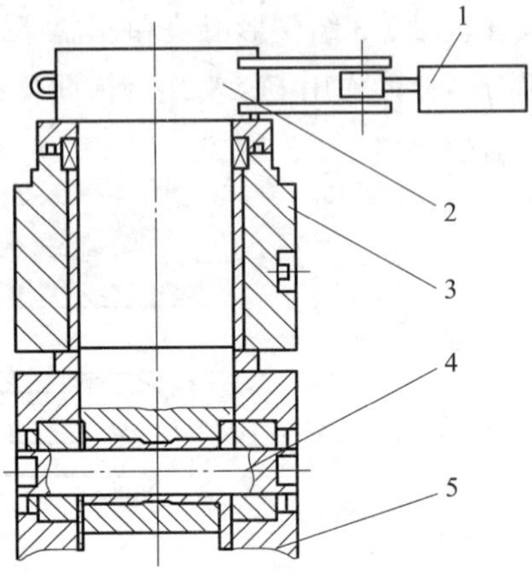

图 8—41　集装箱正面吊运机吊具回转机构

1—回转油缸　2—转轴　3—回转支承

4—横轴　5—吊具上架

油缸伸缩时，吊具底架在吊具上架的 4 个滚轮上左右移动，带动集装箱左右横移，一般可左右横移 800 mm。

吊具伸缩机构采用两套油缸驱动，并采用并联形式，使两套油缸同时动作。

吊具的回转、横移和伸缩油缸，全部采用同一规格，以便更换和维修。

第五节　履带式挖掘机

挖掘机（见图 8—42）是目前各种工程建设施工的一种主要工程机械，它是用铲斗上的斗齿切削土壤并装入斗内，装满土后提升铲斗并回转到卸土地点卸土，然后再使转台回转、铲斗下降到挖掘面，进行下一次挖掘。挖掘机在建筑、筑路、水利、电力、采矿、石油、天然气管道铺设和军事工程中被广泛使用。据统计，我国 70% 以上的土石方开挖离不开挖掘机。一般来说，单斗挖掘机可以用来开挖堑壕，对碎石、煤等松散物料进行装载作业及进行矿石的剥离和挖掘，更换工作装置后还可进行起重、安装、抓取、打桩、夯土及破碎钻孔等多种作业。

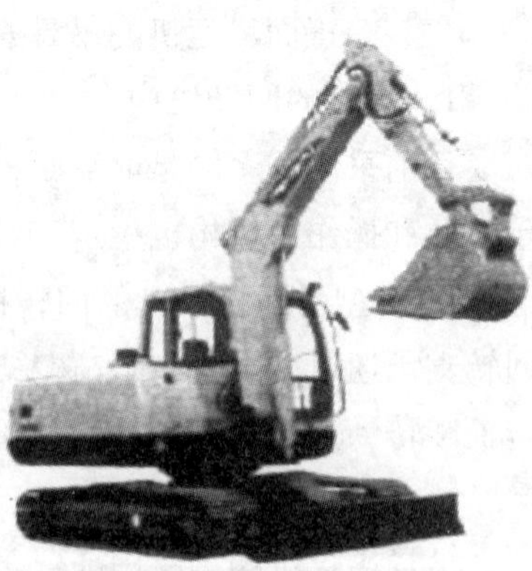

图 8—42　履带式反铲挖掘机

按其作业特点，挖掘机可分为周期性作业式和连续性作业式两种，前者为单斗挖掘机，后者为多斗挖掘机。单斗挖掘机是土木工程施工中普遍采用的一种挖掘机械，可以挖掘Ⅵ级以下的土层和爆破后的岩石。

为了提高劳动生产率，缩短周期，降低生产成本，必须合理选择机械化作业的方案。目前，在露天采矿、建筑、铁路、公路、水利等工程中，挖掘机的主要配套运输设备是自卸汽车。

液压挖掘机主要由发动机、机架、传动系统、回转装置、行走装置、工作装置、液压传动控制系统和电气控制等部分组成。发动机是液压挖掘机的动力源，大多采用柴油机，在供电方便的场地，也可改用电动机。机架支承在行走装置上，是整机的骨架，除行走装置外，发动机及工作装置等零部件均安装在机架上。传动系统将发动机的动力传递给工作装置、回转装置和行走装置。传动系统可分为机械传动和液压传动，机械传动广泛应用于老式挖掘机，而现代挖掘机主要采用液压传动传递动力。工作装置是直接完成挖掘任务的装置，可以根据施工要求和作业对象的不同进行更换。

如图 8—43 所示为单斗液压挖掘机的总体结构，其工作装置主要由动臂 8、斗杆 4、铲斗 1、连杆 2、摇杆 3、动臂油缸 7、斗杆油缸 6 和铲斗油缸 5 组成，各构件之间的连接以及工作装置与回转平台的连接全部采用铰接。通过 3 个油缸的伸缩配合，实现挖掘机的挖掘、提升、卸土等作业过程。下面对单斗液压挖掘机中的几个主要组成部分进行介绍。

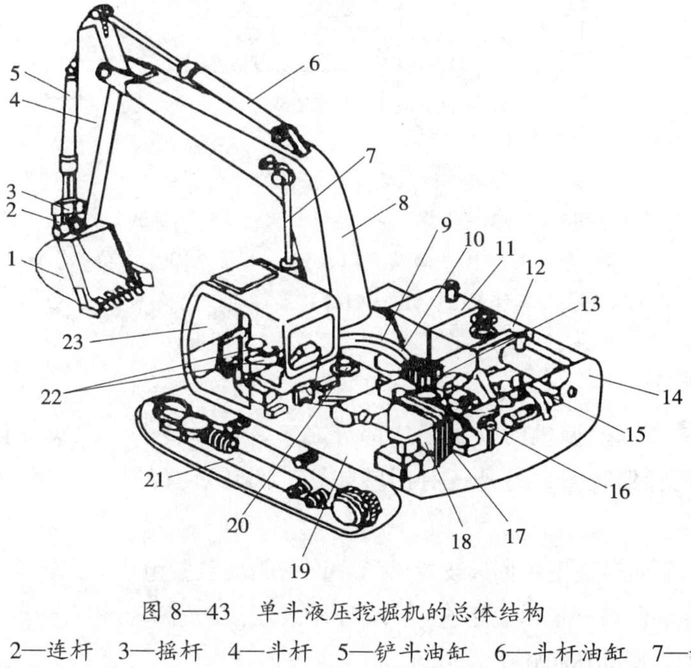

图 8—43　单斗液压挖掘机的总体结构

1—铲斗　2—连杆　3—摇杆　4—斗杆　5—铲斗油缸　6—斗杆油缸　7—动臂油缸
8—动臂　9—回转支承　10—回转驱动装置　11—燃油箱　12—液压油箱
13—控制阀　14—配重　15—液压泵　16—发动机　17—水箱
18—液压油冷却器　19—回转平台　20—中央回转接头
21—行走装置　22—操作系统　23—驾驶室

一、传动系统

单斗液压挖掘机的传动系统由液压泵、液压马达、液压油缸、控制阀以及液压管路等液压元件组成。如图 8—44 所示为一种单斗挖掘机液压传动。柴油机驱动两个油泵 11、12 把压力油输送到两个分配阀中。操纵分配阀将压力油再送往相关液压执行元件，这样就可驱动相应的机构工作，以完成相应的动作。

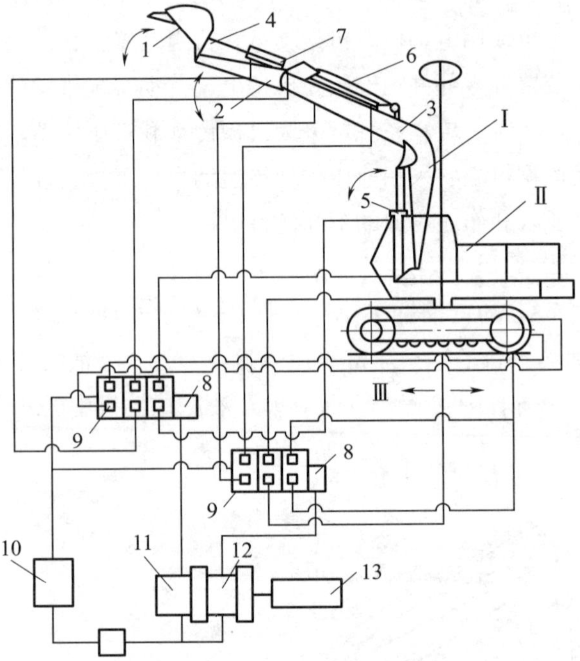

图 8—44　单斗挖掘机液压传动

1—铲斗　2—斗杆　3—动臂　4—连杆　5 ~ 7—液压油缸　8—安全阀

9—分配阀　10—油箱　11、12—油泵　13—发动机

Ⅰ—工作装置　Ⅱ—回转装置　Ⅲ—行走装置

二、回转装置

回转平台是液压挖掘机的重要组成部分之一，在回转平台上安装有发动机、液压系统、操纵系统和驾驶室，另外还有回转装置。回转装置是用来使回转平台旋转的装置。

液压挖掘机的回转装置由回转支承装置和回转驱动装置组成。回转支承装置起到支承的作用，使回转平台与行走装置相连；回转驱动装置使回转平台相对于行走装置做回转运动，并带动工作装置绕其回转中心转动。

如图 8—45 所示为液压挖掘机的回转装置。回转支承装置采用滚动轴承式回转支承，为单排滚动体结构。这种回转支承主要由内圈 4、外圈 3、隔离体 6、滚动体 5 和上下密封圈 7 组成。滚动体之间由隔离体隔开，内圈固定在行走架上，外圈与回转平台固连。回转驱动装置1与回转平台固连，一般由回转液压马达、行星减速器和回转驱动小齿轮组成。通过驱动小齿轮与内齿圈的啮合传动，回转驱动装置在自转的同时绕内齿圈做公转，从而带动平台做360°转动。

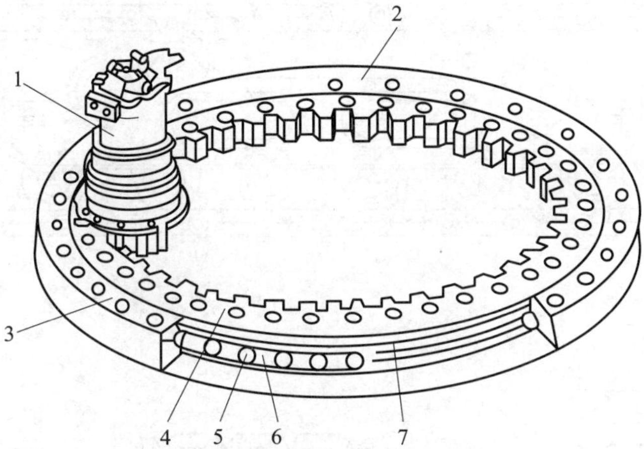

图8—45 液压挖掘机的回转装置

1—回转驱动装置 2—回转支承 3—外圈 4—内圈 5—滚动体 6—隔离体 7—上下密封圈

三、行走装置

行走装置是挖掘机的支承部分，它承载整机质量和工作荷载并完成行走任务，一般有履带式和轮胎式两种。常用的是履带式行走底盘。单斗液压挖掘机的履带式行走装置都采用液压传动，且基本构造大致相同。履带式行走装置的主要特点是：附着力大，适用于道路凹凸不平的场地，如浅滩、沟等；具有一定的机动性，能通过陡坡、急转弯而不需要太多时间。不足之处是：运行和转弯功耗大，效率低；构造复杂，造价高；零件易磨损，常需要更换。

履带式行走装置是挖掘机上部质量的支承基础。如图8—46所示为目前挖掘机履带式行走装置的一种典型形式。这种行走装置主要由行走驱动装置、驱动轮、引导轮、履带及张紧装置等组成。行走驱动装置将动力传给驱动轮，驱动轮沿着履带铺设的轨道滚动，驱动整台机器前进或后退。

驱动轮的作用是把动力传给履带；引导轮用来引导履带正确绕转，防止跑偏和脱轨。行走驱动多数采用高速小转矩或低速大转矩液压马达，左右两条履带分别由两个液压马达驱动，独立传动。如图8—47所示为液压挖掘机的行走驱动装置，液压马达1经一级齿轮减速，带动驱动链轮3。当左、右两侧的两个液压马达旋转方向相同时，挖掘机直线行驶；当一侧液压马达转动而同时制动另一侧马达时，挖掘机绕制动履带的接地中心转向；若使左、右两侧液压马达以相反方向转动，则挖掘机可实现绕整机接地中心原地转向。

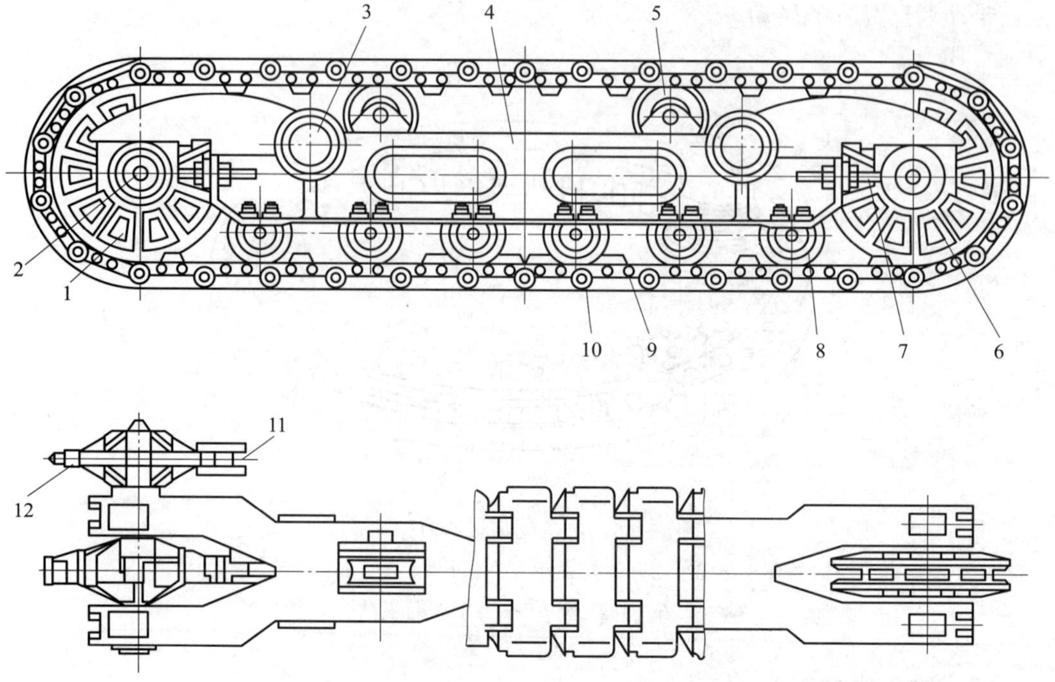

图 8—46　履带式行走装置

1—驱动轮　2—驱动轮轴　3—下支承架轴　4—履带架　5—托带轮　6—引导轮
7—张紧螺杆　8—承重轮　9—履带　10—履带销　11—链条　12—链轮

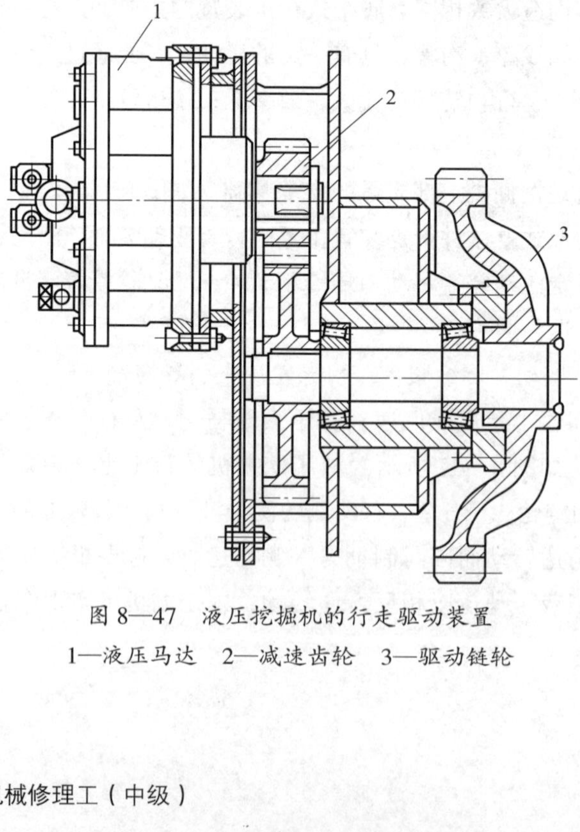

图 8—47　液压挖掘机的行走驱动装置

1—液压马达　2—减速齿轮　3—驱动链轮

四、工作装置

工作装置铰接在回转平台的前端。单斗挖掘机的工作装置主要有正铲、反铲、拉铲、抓斗等类型，如图 8—48 所示。正铲挖掘机在矿山使用较多，因为在挖掘时有较大的推压力，可挖掘坚实的硬土和装载经爆破的矿岩。反铲挖掘机主要用于挖掘停机面以下的土，如挖掘基坑及沟槽等。拉铲挖掘机适宜挖掘停机面以下的土，特别适宜于开挖河道等工程，由于拉铲靠铲斗自重切土进行挖掘，因此只适宜挖掘一般土料和沙砾等。抓斗挖掘机的工作装置是一种带两瓣或多瓣的蚌形抓斗，适宜挖掘停机面以上和以下的土，卸料时无论是卸在车辆上或弃土堆上都很方便，特别适用于挖掘垂直而狭窄的桥基桩孔、陡峭的深坑以及水下土方等作业。与拉铲挖掘机一样，因受抓斗自重的限制，抓斗挖掘机只能挖取一般土料、砾石和松散料。

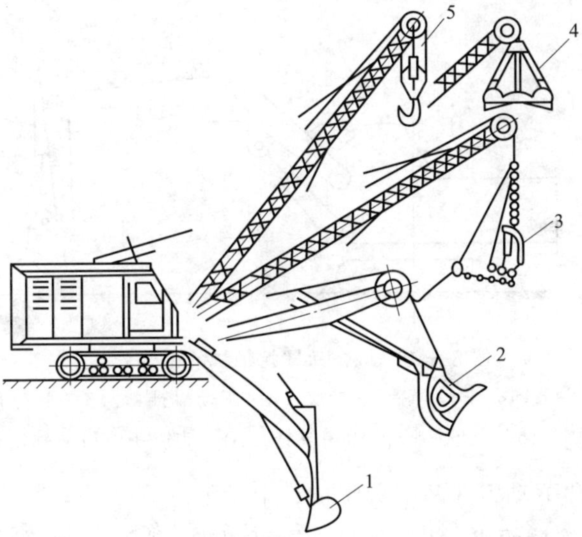

图 8—48　单斗挖掘机工作装置的类型

1—反铲　2—正铲　3—拉铲　4—抓斗　5—起重

最常用的液压挖掘机工作装置是反铲和正铲，也可以更换抓斗和拉铲工作装置。在中小型液压挖掘机中，正铲装置与反铲装置往往可以通用，它们之间的区别仅仅在于铲斗的安装方向。因此这里只对反铲工作装置进行介绍。

单斗液压挖掘机最常用的铰接式反铲工作装置如图 8—49 所示，主要由动臂 2、斗杆 11、连杆 8、铲斗 5 等组成。动臂、斗杆、铲斗等主要部件彼此铰接，在动臂油缸、斗杆油缸和铲斗油缸的驱动下，各部件绕铰接点摆动，完成挖掘、提升、卸料等作业过程。3 个油缸配合工作可使铲斗在不同的位置挖掘，组成许多铲斗挖掘位置。

1. 动臂

动臂是反铲的主要部件，其结构有整体式和组合式两种。整体式动臂（见图 8—49）多用于长期作业条件相似的挖掘机。其优点是结构简单，质量轻而刚度大；缺点是可更换的工作装置少，通用性较差。如图 8—50 所示的液压反铲挖掘机中的动臂结构为组合动臂。

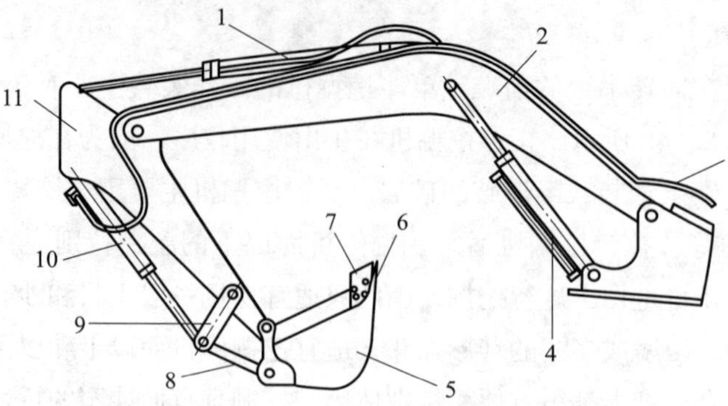

图 8—49 铰接式反铲工作装置

1—斗杆油缸 2—动臂 3—油管 4—动臂油缸 5—铲斗 6—斗齿

7—侧齿 8—连杆 9—摇杆 10—铲斗油缸 11—斗杆

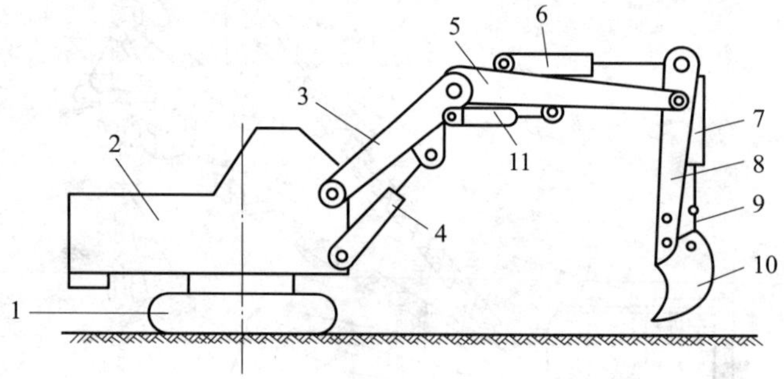

图 8—50 组合动臂挖掘机的工作装置

1—行走装置 2—上部分平台 3—下动臂 4—下动臂油缸 5—上动臂 6—斗杆油缸

7—铲斗油缸 8—斗杆 9—连杆 10—反铲斗 11—辅助油缸

该动臂由上动臂 5 和下动臂 3 两部分组成，上、下动臂用辅助油缸 11 连接而成，通过辅助油缸可调节上、下动臂之间的夹角，从而改变铲斗的相对工作位置，提高挖掘机的作业性能。此外，它的互换工作装置多，可满足多种作业的需要。它的缺点是质量大，制造成本高，一般用于中小型挖掘机。

2. 反铲斗

如图 8—51 所示为反铲常用铲斗的结构。铲斗的尺寸与其作业对象有关，在同一台挖掘机上可以装配不同结构的铲斗。

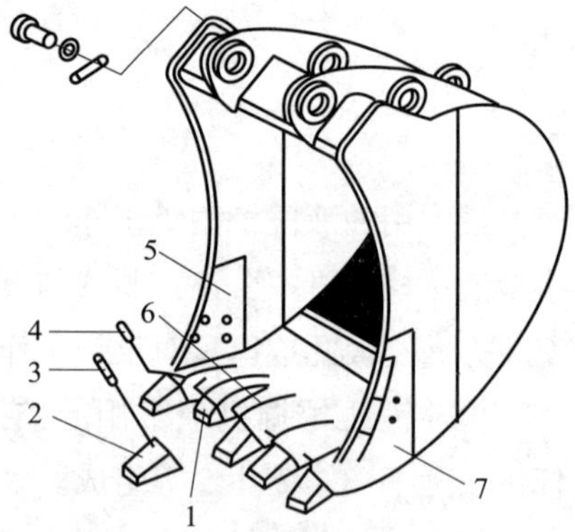

图 8—51 反铲常用铲斗结构

1—齿座 2—斗齿 3—橡胶卡销

4—卡销 5 ~ 7—斗齿板

第九章　非正常情况处理及安全防护

第一节　非正常情况处理

一、柴油机发生“飞车”的原因及紧急处理措施

1. 故障现象

在调速器的控制下，柴油机在某工况运转时，转速是稳定的。即使当工作机械突卸全部负荷时，柴油机的转速也不会太高，一般不超过卸载前转速的 8%。发生“飞车”是指柴油机失去控制，转速迅速增高，大大超过标定转速。此时还伴随着以下现象：

（1）声音异常。由于转速突升，出现柴油机燃烧噪声、空气噪声和机械噪声。

（2）振动异常。由于转速突升，柴油机内部零部件的不平衡大大增加，因此使柴油机振动急剧增加。

（3）往往伴随着机件损坏。

2. 原因分析

造成飞车，一是由于燃油系统故障，使调速控制系统无法对其进行控制；二是调速控制系统失灵。概括起来，柴油机飞车的原因如图 9—1 所示。

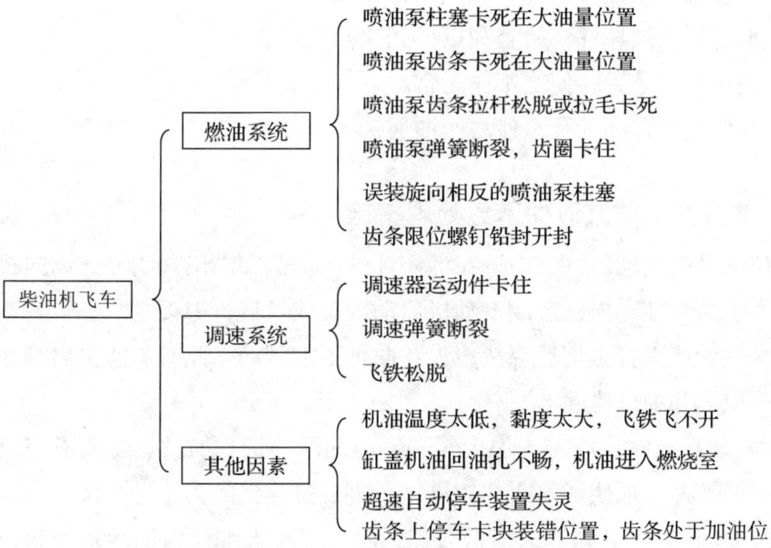

图 9—1　柴油机飞车原因

柴油机运转中发生飞车是供油量太大，因此不发生飞车的基本条件是柴油机油量不在最大位置，即使在最大位置，在调速器的作用下也能迅速将油门拉回到供油量小的位置。

3．诊断方法

对于柴油机飞车现象的诊断，只需根据转速和声音变化情况便可判断，即转速迅速升高，排气声连成一片，甚至成啸叫声。

4．排除措施

当发生柴油机飞车时，首先要采取紧急措施，使柴油机停车。然后再针对引起柴油机飞车的原因，予以排除。

（1）紧急停车的措施。紧急停车的措施有以下几种：

1）拉动齿条，减小油门，紧急停车。

2）关闭进气系统中的防爆门，切断气路。

3）切断油路。当拉动齿条、切断油路无效时，首先关闭柴油进油阀门，关闭柴油滤清器的三通阀，将三通阀旋转 180°，使其由⊤状态变为⊥状态，或者用扳手松开高压油管接头和喷油泵进油管接头。

4）用衣物包住空气滤清器进口，切断气路。

5）加大负荷，迫使柴油机降速停车。

（2）排除故障。当柴油机停车后，针对诊断出的原因和故障部位，逐项予以排除。

1）修复或更换卡滞的喷油泵柱塞和齿条，使之运动灵活。

2）修复或更换喷油泵弹簧齿圈等有关零件。

3）重新连接两喷油泵齿条的拉杆，并调节使两个喷油泵油量均匀一致。

4）对错装的喷油泵柱塞或停车卡块，重新按规定要求装配或更换，使之符合要求。

5）检查和修复调速器运动件，使之工作灵活。

6）更换调速器的损坏件，检查和更换调速器内机油。

7）修复超速停车装置，使之工作正常。

8）检查和修复缸盖回油孔，使之回油通畅。

二、柴油机发生拉缸时的紧急处理措施

柴油机拉缸是指发动机气缸内壁在活塞环的运动范围内出现明显的纵向机械划痕和刮伤，严重时发生熔着性磨损，造成发动机启动困难或者自行熄灭。

特征：排气管严重冒黑烟后突然熄火，曲轴不能转动。此时不能再启动柴油机进行工作，而应查明原因并加以排除。

1．早期发现拉缸时，应首先加大气缸润滑油注油量。如过热现象没有改变，可采取单缸停油、降低转速、加快活塞冷却等措施，直到过热消除为止。

2．当发现拉缸时，必须迅速降低转速，然后停车。继续增加活塞冷却，同时进行盘车。所谓“盘车”是指发动机自身工作前在起动机的带动下被动式转动的现象，即发动机

的启动过程。

3. 如因活塞咬死而不能盘车时，可待活塞冷却一段时间后，再盘车使之活动。

4. 当活塞咬死的情况比较严重时，可向气缸内注入煤油，待活塞冷却后撬动飞轮或盘车。

5. 吊缸检查时，应将活塞与气缸套表面上的拉缸痕迹用油石仔细磨平。损坏的活塞环必须予以更换。若活塞和气缸套损坏严重，应予以更换。

6. 活塞装复时，必须仔细检查气缸上的各注油孔注油是否正常。若活塞和气缸套均换新，则在装复后应进行磨合，磨合时应从低负荷开始逐渐地加负荷并连续运转。

三、预防蓄电池爆炸及爆炸后的应急处理

1. 预防蓄电池爆炸

（1）控制充电量、不过充，以减少气体析出量。充电室内严禁明火，保持通风。

（2）使用较好的充电设备，使快速充电过程析气量小，温度低，充电时间快。

（3）充电中，接线点要牢固，避免因松动产生火花。

（4）蓄电池的通气孔必须保持畅通。

（5）预防蓄电池外壳裂痕、电解液渗漏、遇明火发生爆炸。

（6）应及时修复蓄电池内部短路。

（7）发电机调节器的电压应调节合适。

（8）不要短接正负极柱。

（9）检修车辆时应先将蓄电池内部的易燃气体排除。

2. 爆炸后的应急处理

将爆炸后的蓄电池内电解液用 10 ~ 20 倍的水稀释后排入下水道或者用一定的石灰对爆炸的蓄电池进行喷洒，以中和硫酸的酸度，使其达标。

四、设备发生倾覆的紧急处理

1. 当设备发生倾覆时，立即将现场人员迅速撤离，通知应急救援小组，组织人员科学、合理地对安全隐患进行处理。

2. 发生设备倾覆后，应立即报告事故发生的时间、地点、单位，事故的简要情况、伤亡人数，初步估计的直接经济损失和已采取的应急措施。同时，迅速联系 119、120 处理事故现场。

3. 立即启动应急救援预案，成立现场救援组，实施现场救援工作和调查处理。事故发生地的有关单位必须严格保护事故现场，并采取必要措施抢救人员和财产，防止事故扩大和损失加重，确因抢险需要移动现场物件时，必须做出标志、拍照、详细记录和绘制现场图，并妥善保存现场主要痕迹、物证等。

第二节 安全防护

一、安全防护装置

1. 安全防护装置的种类

防护装置有单独使用的防护装置（只有当防护装置处于关闭状态才能起防护作用）和与连锁装置联合使用的防护装置（无论防护装置处于何种状态都能起到防护作用）。按使用方式可分为固定式和活动式两种。

（1）固定式防护装置。它是保持在所需位置关闭或固定不动的防护装置，不用工具不可能将其打开或拆除。常见形式有封闭式、固定间距式和固定距离式。

1）封闭式：将危险区全部封闭，人员从任何地方都无法进入危险区。

2）固定间距式和固定距离式：不完全封闭危险区，凭借其物理尺寸和离危险区的安全距离来防止或减少人员进入危险区的机会。

（2）活动式防护装置。它是通过机械方法（如铁链、滑道等）与机器的构架或邻近的固定组件相连接，不用工具就可以打开的防护装置。常见的有可调式和连锁式防护装置。

1）可调式防护装置。整个装置可调或装置的某组成部分可调，在特定操作期间调整件保持固定不动。

2）连锁式防护装置。防护装置的开闭状态直接与防护的危险状态相连锁，只要防护装置不关闭，被其“抑制”的危险机器功能就不能执行；只有当防护装置关闭时，被其“抑制”的危险机器功能才有可能执行。在危险机器功能执行过程中，只要防护装置被打开，就给出停机指令。

2. 安全防护装置及防护要求

通常采用壳、罩、屏、门、盖、栅栏、封闭式装置等将人与危险隔离。例如，用金属铸造或金属板焊接的防护箱罩，一般用于齿轮传动或传输距离不大的传动装置的防护；金属骨架和金属网制成的防护网，常用于带传动装置的防护；栅栏式防护适用于防护范围比较大的场合或作为移动机械临时作业的现场防护。

（1）防止人体任何部位进入机械的危险区触及各种运动零部件。

（2）防止飞出物的打击、高压液体的意外喷射或防止人体灼烫、腐蚀伤害等。

（3）容纳回收可能由机械抛出、掉下、发射的零件及其破坏后的碎片等。

在有特殊要求的场合，防护装置还应对电、高温、火、易爆物、振动、放射物、粉尘、烟雾、噪声等具有阻挡、隔绝、密封、吸收或屏蔽作用。

3. 安全防护装置调整的技术要求和原则

（1）技术要求

1）固定式防护装置应该用永久固定（通过焊接等）方式或借助紧固件（螺钉、螺栓、螺母等）固定的方式，将其固定在所需的地方，若不用工具就不能使其移动或打开。

2）进出料的开口部分尽可能地小，应满足安全距离的要求，使人不可能从开口处接触危险。

3）活动式防护装置或防护装置的活动体打开时，尽可能与防护的机械借助铰链或导链保持连接，防止挪开的防护装置或活动体丢失或难以复原。

4）活动防护装置出现丧失安全功能的故障时，被其"抑制"的危险机器功能不可能执行或停止执行；连锁装置失效不得导致意外启动。

5）防护装置应是进入危险区的唯一通道。

6）防护装置应能有效地防止飞出物危险。

在机械设备的传动带、明齿轮，接近于地面、高度在 2 m 以下的联轴器、带轮、转动轴、飞轮、砂轮和电锯等传动部分，都要装设防护装置。

（2）原则

1）防护装置尽可能成为机器的组成部分。

2）除无法避免的情况（如砂轮机）外，尽可能使用全封闭式防护罩。

3）防护装置尽可能靠近危险部位，将其封闭。

4）防护装置不应妨碍生产。

5）防护装置应考虑维修工作能在危险最小的情况下进行。

6）防护装置除特殊情况使用木材外，一般应使用金属材料、特制塑料板和玻璃。

二、轮胎的报废标准

1. 轮胎磨损至极限标志时必须停止使用（即胎面花纹深度低于 1.6 mm）。

2. 轮胎老化。

3. 胎面变形或胎圈损伤的轮胎、缺气行驶造成胎侧被碾压受损的轮胎、被化学品腐蚀的轮胎不得继续使用。

4. 鼓包轮胎不得继续使用。

5. 其他受损若影响轮胎使用安全也不能继续使用。

三、钢丝绳的安全连接方式及要求

常用的连接和固定方式有以下几种（见图 9—2）：

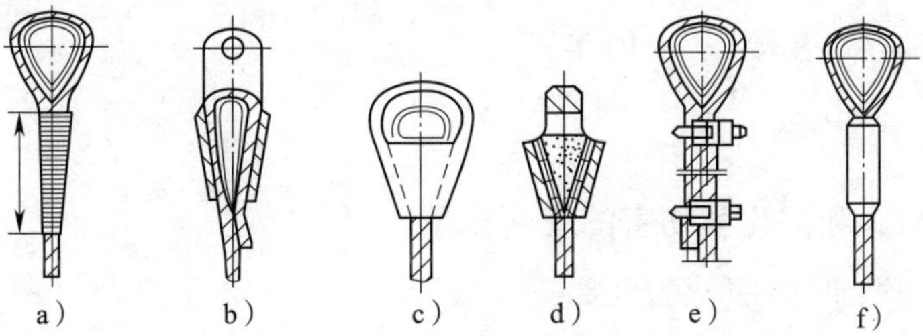

图 9—2　钢丝绳固接

1．编结连接（见图 9—2a）

编结长度不应小于钢丝绳直径的 15 倍，且不应小于 300 mm；连接强度不小于钢丝绳破断拉力的 75%。

2．楔块、楔套连接（见图 9—2b、c）

钢丝绳一端绕过楔块，利用楔块在套筒内的锁紧作用使钢丝绳固定。固定处的强度为钢丝绳自身强度的 75% ~ 85%。楔套应该用钢材制造，连接强度不小于钢丝绳破断拉力的 75%。

3．钢丝绳卡连接（见图 9—2d、e）

钢丝绳卡连接简单、可靠，得到广泛的应用。用绳卡固定时，应注意绳卡数量、绳卡间距、绳卡的方向和固定处的强度。钢丝绳卡连接应满足表 9—1 的要求，同时应保证连接强度不得小于钢丝绳破断拉力的 85%。

表 9—1　钢丝绳卡连接的安全要求

钢丝绳直径 /mm	7 ~ 16	19 ~ 27	28 ~ 37	38 ~ 45
绳卡数量 / 个	3	4	5	6

注：钢丝绳卡压板应在钢丝绳长头一边，绳卡间距不应小于钢丝绳直径的 6 倍。

4．锥形套浇铸法和铝合金套压缩法的连接（见图 9—2f）

钢丝绳末端穿过锥形套筒后松散钢丝，将头部钢丝弯成小钩，浇入金属液凝固而成。其连接应满足相应的工艺要求，固定处的强度与钢丝绳自身的强度大致相同。

四、消防器的使用期限

通常所说的消防器，多指灭火器。灭火器的使用期限有两个概念：一是所有灭火器每年都需要经过消防部门检测，需要充装的要重新充装，达到报废年限的要进行报废，检验合格的由检验单位出具检测合格证以及检测报告；二是所有灭火器在达到规定使用年限后，必须强制报废。下面是各类灭火器的强制报废年限：

1．手提式化学泡沫灭火器——5 年。

2．手提式酸碱灭火器——5 年。

3．手提式清水灭火器——6 年。

4．手提式干粉灭火器——8 年。

5．手提式储存式灭火器——10 年。

6．手提式二氧化碳灭火器——12 年。

五、车辆防火和防化学伤害的安全要求

1．车辆加注燃油时的防火安全要求

（1）工作人员的工作服必须穿着整齐，不准戴手套，周围禁止烟火。

（2）车辆加注燃油时，必须将发动机熄火。

（3）加注燃油时，不准检修和调试发动机，不准在注油容器附近进行锤击和磨削作业。

（4）应用扳手旋拧油桶螺塞，不允许用铁器敲击和刮擦汽油容器。

（5）禁止在雷雨天气及高压电源线下加注燃油。

（6）严禁使用各种容器或其他自流方式向发动机加注燃油。

2. 车辆检修时的防火和防化学伤害安全要求

（1）搬运和安装蓄电池应避免电解液溅出。

（2）严禁在气缸外随意试火。

（3）严禁用高压线“燃缸”。

（4）禁止用划火法检查蓄电池电压的高低。

（5）禁止用短路法进行划火来检查电路导线通断情况。

（6）不准用火柴、打火机等明火作照明来检查油箱油量及燃油渗漏的管路，在车辆周围应尽量少用或不用各种火源。

（7）当发动机上的化油器发生回火时，应立即停车检查调整，故障排除之前不得开机。

（8）严禁使用汽油等易燃物品擦拭车辆、清洗零部件。清洗后的废油不准随意乱倒，应倒入指定回收点。

（9）清洗发动机时，必须切断蓄电池线路。

（10）发现油路管道或油箱渗漏的车辆，在紧急情况下可以用锡焊暂时补漏，一般情况下应把油箱或油管拆下，在清除残余燃油后进行焊接。

（11）严禁将各种盛装燃油的容器放入驾驶室内。

（12）坚持三级动火制度。

（13）机油滤清器要紧固，防止脱落时机油洒在排气管处引起火灾。

（14）车辆各种导线要保持横平竖直，卡子化，不得随意拉线，以免绝缘破损引起着火。

（15）车辆电器设备用线，要采用标准规格的合格产品线，防止导线过细或其他质量问题造成导线过热引起着火。

（16）发生车辆事故时，在抢救被困在车内人员的同时，要及时采取有效措施切断蓄电池电源以免产生火花引起车辆着火。

3. 防静电的安全要求

（1）严禁用丝绸和毛毯等过滤油料。

（2）车辆行驶时和加注燃油时尽量减少油料的冲击和摩擦。

（3）往油罐汽车装油时，输油管应插入油面以下或按到油罐底部。

第 3 部分

理论知识考试模拟试卷

理论知识考试模拟试卷（一）

一、判断题（下列判断正确的打“√”，错误的打“×”。每题 0.5 分，共 20 分）

1. 切削加工过程中，在工件上通常会有两种变化着的加工表面，即待加工表面和已加工表面。（　）
2. 极限偏差主要反映公差带位置，影响配合松紧程度，也反映公差带大小，影响配合精度。（　）
3. 进给量是工件或刀具转动一周（或每往复一次），两者沿进给运动方向上的相对位移量。（　）
4. 指引线一般由带有箭头的指引线（简称箭头线）组成。（　）
5. CO_2 气体保护焊焊缝中由于扩散的氢含量少，在焊接低合金高强钢时，出现冷裂纹的倾向较小。（　）
6. 铸造过程中进行型腔浇注时，为防止转角处的型砂脱落以及铸件冷却时转角处因应力集中而产生裂纹，铸造零件的转角处一般需做成倒角。（　）
7. 在车床上加工轴表面时，为了能在机床上固定毛坯，一般需在轴端预先加工出凹坑。（　）
8. 为了便于读图，轴、套类零件的视图表达一般按轴线水平放置，将非圆视图的剖视图作为主视图，并使用左视图表达零件的外形和槽、孔等结构的分布。（　）
9. 制作钻孔的钻头顶部有 118° 的锥角，所以加工盲孔时需在孔的末端近似画成锥度为 118° 的锥角。（　）
10. 标题栏是标注零件的名称、数量、比例、材料、图号，以及绘图和审校者签名、日期等项内容的表格。（　）
11. 完工零件上允许保留中心孔。（　）
12. 按照焊接过程中金属所处的状态不同，可以把焊接方法分为三种类型，分别是熔化焊、电焊和压焊。（　）
13. 铆接是利用铆钉把两个以上的被铆件连接在一起的不可拆连接。（　）
14. 标准职能符号可以表示元件本身的具体结构、性能参数、尺寸及元件在设备中的具体安装位置。（　）
15. 一般情况下，液压系统图中的元件符号均以静止位置或零位置表示。（　）
16. 对一些小型液压设备或为了节省占地面积或为了批量生产，常将液压泵－电动机装置及液压控制阀安装在分离式油箱的顶部组成一体，称为液压站。（　）
17. 齿轮泵根据啮合形式不同分为外啮合齿轮泵和内啮合齿轮泵，其中内啮合齿轮泵

应用最广。 ( )

18. 轴向柱塞泵的性能稳定，耐冲击性能好，但其径向尺寸大，自吸能力差，且受到不平衡液压力的作用，容易磨损。 ( )

19. Y 形密封圈安装使用时，应注意使其边缘部分面对压力油。 ( )

20. 液压控制阀按功能不同可分为滑阀、转阀、座阀以及射流管阀。 ( )

21. 三位换向阀处于中位时，各通口的连通形式称为换向阀的中位机能。 ( )

22. 液压传动系统中常用作控制方向的阀是减压阀、顺序阀、溢流阀。 ( )

23. 从工作原理上来讲，液压马达与液压泵都是靠工作腔密封容积的大小变化工作的，它们在结构上并无明显差异，一般可以通用。 ( )

24. 径向柱塞马达的体积和质量较小，转矩脉动较小。 ( )

25. 气缸盖的功用是封闭气缸上部，并与活塞顶部和气缸等构成燃烧室。 ( )

26. 组合式油环的刮油性能优于普通油环。 ( )

27. 柴油机的压缩比越大，其动力性和经济性越好。 ( )

28. 曲柄连杆机构的主要零件可以分为三组，即缸体曲轴箱组、活塞连杆组和曲轴飞轮组。 ( )

29. 气缸体上部用来安装曲轴的部分称为曲轴箱。其上部安装固定曲轴，称为上曲轴箱，下部储存机油，称为下曲轴箱，俗称油底壳。 ( )

30. 拧紧连杆螺栓螺母时，要用力矩扳手分 2 ~ 3 次交替均匀地拧紧到规定的力矩，拧紧后还应可靠地锁紧。 ( )

31. 检查活塞环侧隙、背隙的经验方法是：将活塞环装入活塞环槽内，并能转动自如，无松旷感觉，环低于槽岸为合适。 ( )

32. 在进行曲轴径向间隙的检查时，应将塑料间隙规（或软金属丝）放置在曲轴轴颈上，并盖好油孔盖。 ( )

33. 排气门头部直径大于进气门头部直径。 ( )

34. 柴油机发生飞车故障的最好解决方法是快速切断柴油油路或气路。 ( )

35. 采用下置凸轮轴式配气机构，可使发动机转速提高，因此它适用于高速发动机。 ( )

36. 排出高压油管空气时应在热发动机上放气，以避免柴油溅到高温排气管上而产生火焰。 ( )

37. 蜡式阀门节温器在常温时，冷却液不能进入散热器，只能进入水泵进行小循环；当水温升高时，冷却液只进行大循环。 ( )

38. 当柴油机出现烟色异常时，冒白烟将造成功率下降，燃油消耗增加。 ( )

39. 蹄片式制动器由于两制动蹄与制动鼓之间的法向力相等，故称为平衡式制动器。 ( )

40. 单向平衡式制动器在倒车制动时，两蹄片都为增势蹄，制动效能较高。 ( )

二、单项选择题（下列每题的选项中，只有 1 个是正确的，请将其代号填在横线空白处。每题 0.5 分，共 80 分）

1. 机械加工是指通过机械设备对工件的外形尺寸或性能进行改变的过程。按加工方式的差别可分为________和压力加工。

A．切削加工　　B．磨削加工

C．钻削加工　　D．热力加工

2. 按照焊接过程中金属所处的状态不同，可以把焊接方法分为三种类型，其中不包括________。

A．熔化焊　　B．电焊

C．压焊　　D．钎焊

3. 角接接头两焊件端面间夹角的范围是________。

A．30° ~ 45°　　B．30° ~ 90°

C．30° ~ 135°　　D．30° ~ 180°

4. 双作用叶片泵每转一转，每个工作腔完成吸油和压油各________，且作用于转子上的液压力是________。

A．一次　平衡的　　B．一次　不平衡的

C．两次　平衡的　　D．两次　不平衡的

5. 对制作过程中使用砂轮磨削加工的表面，常先在被加工面的轴肩处加工出________，以保证被磨削表面加工完整。

A．砂轮越程槽　　B．退刀槽

C．倒角　　D．倒圆

6. 在车床上加工轴表面时，为了能在机床上固定毛坯，一般需在轴端预先加工出________。

A．中心孔　　B．凹坑

C．凸台　　D．圆角

7. 公差带中将靠近零线的那个极限偏差称为________。

A．标准公差　　B．尺寸偏差

C．上极限偏差　　D．基本偏差

8. ________是指基本尺寸相同的、相互结合的孔和轴公差带之间的关系。

A．配合　　B．间隙

C．缝隙　　D．公差

9. 如下图所示，________的代号用拉丁字母表示，大写字母代表孔，小写字母代表轴，共有 28 个代号。

A．基孔制、基轴制　　B．基本偏差

C．上极限偏差　　D．下极限偏差

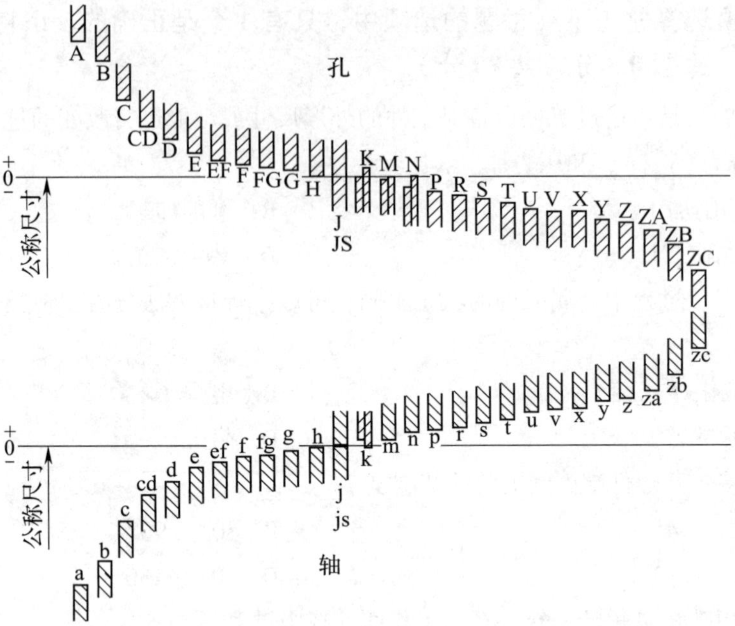

10. 粗镗后一般留单边________mm 作为半精镗和精镗的余量。对于精密的箱体类工件，一般粗镗后还应安排回火或时效处理，以消除粗镗时所产生的内应力，最后再进行精镗。

A. 0.5 ~ 1　　B. 1 ~ 2　　C. 2 ~ 3　　D. 3 ~ 5

11. 对于螺纹紧固件及实心的球、钩子、键、销、轴、手柄、连杆等零件，当剖切平面通过其对称平面或轴线时，零件均按________绘制，如需特别表明这些零件中的某些构造，如凹槽、键槽、销孔等，则可用局部剖视表示。

A. 全剖　　B. 半剖　　C. 不剖　　D. 其他

12. 叉车常用的液压缸包括起升液压缸、转向液压缸和________。

A. 调速液压缸　　B. 限位液压缸　　C. 倾斜液压缸　　D. 其他

13. 下列焊接方法中，属于熔化极气体保护焊的是________。

A. 氩弧焊　　B. 氢氧焊　　C. 电渣焊　　D. 其他

14. 半精镗是精镗的预备工序，主要是加工粗镗时残留下来的余量不均部分。半精镗后一般留精镗余量为________mm（单边）。对精度要求不高的孔，粗镗后可直接进行精镗，不必设半精镗工序。

A. 0.1 ~ 0.2　　B. 0.2 ~ 0.3

C. 0.3 ~ 0.4　　D. 0.4 ~ 0.5

15. 因为公差和偏差的数值与公称尺寸的数值相比差别很大，不便于使用同一比例尺表示，所以采用________表示。

A. 公差带大小　　B. 公差带位置　　C. 公差带　　D. 公差带图

16. 精镗是在粗镗和半精镗的基础上，用较高的切削速度、较小的进给量切去粗镗或半精镗留下的较少余量，准确地达到图样规定的内孔表面要求。通常精镗背吃刀量大于 0.01 mm，进给量大于________mm/r。

A．0.01　　B．0.02　　C．0.05　　D．0.1

17．在装配图中，零件的工艺结构如圆角、倒角、退刀槽等的表达方式为________。

A．必须画出至少一个　　B．可以省略不画出

C．需要画出全部　　D．其他

18．平板分为检验平板、划线平板和研磨平板，其中研磨平板有________个精度级别。

A．4　　B．5　　C．6　　D．7

19．在金属切削过程中，________是切削时各种参数的总称，包括切削速度、进给量和背吃刀量（切削深度），又称切削三要素。

A．切削用量　　B．切削质量　　C．切削程度　　D．其他

20．下列几何公差中，不属于形状公差的是________。

A．圆度　　B．同轴度　　C．直线度　　D．平面度

21．对于________液压缸，其额定压力小于 16 MPa，应用于体积要求小、质量轻、出力大的建筑车辆和飞机用液压缸。

A．低压　　B．中低压　　C．中高压　　D．高压

22．________是利用气体火焰的热能将工件切口处预热到燃烧温度后，喷出高速切割氧流，使其燃烧并放出热量实施切割的方法。

A．氧熔剂切割　　B．气割

C．电弧—氧切割　　D．其他

23．________检查是一个综合指标，它反映机床主轴精度、刀具精度以及刀具与机床的连接精度。

A．径向跳动　　B．动态跳动　　C．轴向跳动　　D．其他

24．装配图中，当需要表达本部件与相邻部件的装配关系时，可用________画出相邻部分的轮廓线。

A．细点画线　　B．细双点画线　　C．细虚线　　D．细实线

25．钻孔用的钻头顶部有 118° 的锥角，所以加工盲孔时需将孔的末端近似画成锥度为________的锥角。

A．110°　　B．115°　　C．118°　　D．120°

26．几何误差是指零件表面的实际形状和实际位置与零件理想形状和理想位置的误差，其中位置公差有________种。

A．6　　B．8　　C．10　　D．12

27．焊接接头在焊接结构中的作用主要有工作接头、联系接头和密封接头，其中________虽然也参与力的传递，但主要作用是用焊接的办法使更多的焊件连接成一个整体，主要起连接作用，这类接头通常不作强度计算。

A．工作接头　　B．联系接头　　C．密封接头　　D．都不是

28．刀具安装后应进行动态跳动检查，这个精度如果超过被加工孔要求的精度的________就不能进行加工，需找出原因并消除后才能进行，否则加工出来的孔不符合要求。

A．1/2　　B．2/3　　C．1/2 或 2/3　　D．无所谓

29．切削运动就是刀具与工件之间的相对运动，即表面成形运动，可分为主运动和________。

A．横向运行　　B．相对运动　　C．进给运动　　D．纵向运动

30．相互结合的孔和轴公差带之间的关系中不包括________。

A．间隙配合　　B．正常配合　　C．过盈配合　　D．过渡配合

31．CO_2气体保护焊的优点不包括________。

A．生产效率大大提高　　B．对油锈不敏感

C．焊接变形小　　D．冷裂倾向大

32．在装配体中，为减小零件上接触面的加工面积，常将接触面处设计成________结构。

A．凹坑和凸台　　B．阶梯

C．钻孔　　D．以上都不正确

33．零件图尺寸标注的基本要点是________。

A．满足设计要求　　B．满足加工工序的要求

C．在装配过程中确定位置　　D．以上选项均正确

34．几何误差是指零件表面的实际形状和实际位置与零件理想形状和理想位置的误差，下列不是形状公差的是________。

A．直线度　　B．平行度　　C．圆度　　D．圆柱度

35．依据装配图的作用，装配图中只需标注出几类必要尺寸，包括________。

A．性能尺寸和装配尺寸　　B．外形尺寸和安装尺寸

C．其他重要尺寸　　D．以上选项均正确

36．在金属结构及其他机械产品的制造中，需将两个或两个以上零件连接在一起，下图所示的连接方法为________。

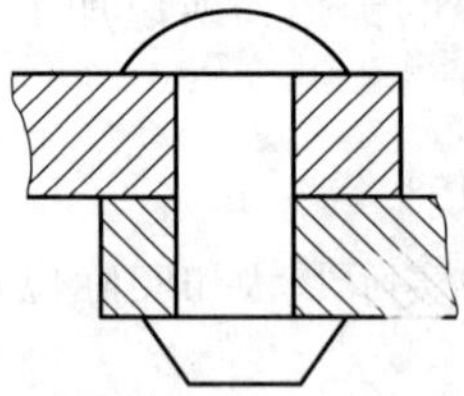

A．螺栓连接　　B．铆钉连接　　C．焊接　　D．均不是

37．焊接接头是由两个或两个以上零件用焊接方法连接的，一个焊接结构通常由若干个焊接接头所组成，右图所示焊接接头为________。

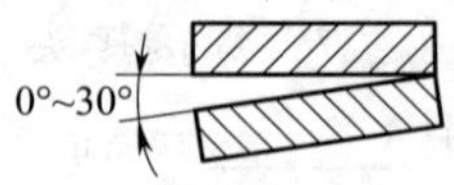

A．对接接头　　B．搭接接头　　C．端接接头　　D．均不是

38．在粘接时，使用LORD 406（洛德）胶黏剂，按LORD 406：固化剂17=10：1或者LORD 406：固化剂19=________的比例混合，涂布于粘接面并装配好零件。混合后胶黏剂即开始迅速固化。

A．3：1　　B．5：3　　C．10：1　　D．10：3

39．在金属切削过程中，________是不断把被切削层材料投入切削过程中，以便形成全部已加工表面的运动。

A．主运动　　B．合成切削运动　　C．进给运动　　D．其他

40．按照所产生的物理现象，热切割可以分成三种类型，其中不包括________。

A．燃烧切割　　B．熔化切割　　C．气化切割　　D．升华切割

41．焊接过程中，制作焊接坡口应遵循的原则不包括________。

A．焊接坡口应便于焊接操作

B．焊接坡口尽可能减小焊后焊件的变形

C．尽可能增大坡口尺寸，以节省焊接材料，提高生产效率

D．坡口的形状应易于加工

42．铸造过程中进行型腔浇注时，为防止转角处的型砂脱落以及铸件冷却时转角处因应力集中而产生裂纹，铸造零件的转角处一般需做成________。

A．圆角　　B．倒角　　C．直角　　D．30°角

43．零件图中常用________表示砂轮越程槽的结构。

A．左视图　　B．断面图　　C．局部放大图　　D．剖视图

44．零件表面上由较小间距和峰谷组成的微观几何形状特征称为________。

A．表面粗糙度　　B．公差　　C．误差　　D．偏差

45．基本偏差确定公差带相对于零线的位置，当公差带在零线上方时，基本偏差为________。

A．上极限偏差　　B．零线上极限偏差

C．下极限偏差　　D．零线下极限偏差

46．孔的尺寸减去相配合的轴的尺寸所得的代数差为正值时的配合称为________。

A．过盈配合　　B．过渡配合　　C．间隙配合　　D．其他

47．CO_2气体保护焊的缺点不包括________。

A．焊接过程中气体保护区的抗风能力弱

B．焊接过程中合金元素容易被烧损

C．焊接过程中的飞溅大

D．拉丝式焊枪比手工电弧焊的焊钳重

48．国家标准中规定了视图、剖视等表示方法，采用一组图形对零件结构进行清晰、完整的表达，是制图的目的。在选择图形过程中，基本视图是重要的视图。基本视图不包括________。

A．主视图、俯视图　　B．剖视图

C．俯视图、后视图　　　　　　　D．左视图、右视图

49．下列关于零件图标注尺寸的步骤的相关介绍中全面的是________。

A．分析及了解零件的形状、结构、工作位置、功能以及各部分的加工要求

B．确定零件各方向的尺寸基准

C．先标注重要尺寸，再按加工顺序标注出其他的定形、定位和总体尺寸

D．以上选项均正确

50．几何误差是指零件表面的实际形状和实际位置与零件理想形状和理想位置的误差，下列不是方向公差的是________。

A．垂直度　　B．平行度　　C．倾斜度　　D．平面度

51．下列关于装配图的零件明细栏的相关规定中错误的是________。

A．明细栏应排放在标题栏上方，并与标题栏相连。当地方不够时，可将明细栏的一部分移到标题栏左边

B．明细栏中零件序号应自下而上顺次填写，当有漏编零件或需增加零件时，以便向上添加

C．齿轮的模数和弹簧的型材直径、节距、有效圈数等参数，均应填写在零件明细栏内

D．标准件应填写规定标记

52．在金属结构及其他机械产品的制造中，需将两个或两个以上零件连接在一起，右图所示连接方法为________。

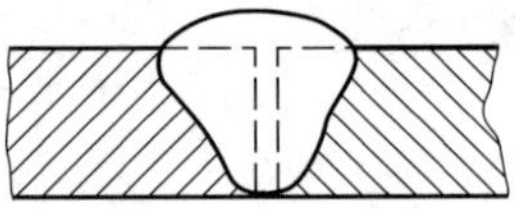

A．螺栓连接　　B．焊接　　C．铆钉连接　　D．铰接

53．以下关于焊接过程中对接接头的描述错误的是________。

A．受力状况好　　　　　　　B．应力集中程度小

C．焊接变形较小　　　　　　D．焊接材料消耗较多

54．在粘接时，使用MA830胶黏剂时，手工混合，按________的比例混合，涂布于粘接面并装配好零件。

A．10∶1　　B．5∶1　　C．2∶1　　D．15∶1

55．叉车的液压泵又称油泵，它将发动机的机械能转变为液压能，是叉车液压系统的动力机构。它同发动机机油泵相似，分为叶片式和________两种。

A．活塞式　　B．高压柱塞式　　C．齿轮式　　D．凸轮式

56．焊接接头是由两个或两个以上零件用焊接方法连接的，一个焊接结构通常由若干个焊接接头组成。焊接接头按接头的结构形式可分为五大类，即T形接头、搭接接头、角接接头、端接接头和________接头。

A．单边V形　　B．对接　　C．K形　　D．双U形

57．平板分为检验平板、划线平板和研磨平板，其中检验平板有________个精度级别。

A．6　　B．5　　C．4　　D．7

58．装配图的滚动轴承允许采用简化画法或示意画法，在同一轴上相同型号的轴承，

在不致引起误解时，可至少画出________个。

A．3　　B．2　　C．1　　D．全部

59．在焊缝符号中，指引线和________为基本要素。

A．基本符号的位置　　B．基本符号

C．基准线的位置　　D．箭头线的位置

60．切削用量是切削时各种参数的总称，包括________、进给量和背吃刀量，又称切削三要素。

A．切削深度　　B．切削速率　　C．切削速度　　D．相对位移

61．叉车液压传动系统就是利用密封容积内的液体不但能传递力，还可以传递运动的原理，通过油液把运动传给________，以实现装卸货物的目的。

A．起升液压缸　　B．倾斜液压缸

C．液压缸　　D．转向液压缸

62．液压传动的动力部分的作用是将机械能转变成液体的________。

A．热能　　B．电能　　C．压力能　　D．势能

63．推土机的液压系统工作时，如果液压缸的活塞杆伸缩到极限位置，液压泵的压力将会________，安全阀将________，从而保证液压泵及油管等元件的安全。

A．急剧下降　开启　　B．急剧上升　开启

C．急剧下降　关闭　　D．急剧上升　关闭

64．液压泵的输入功率与输出功率________。

A．相同　　B．不同　　C．相同或成比例　　D．以上均不对

65．流量控制阀是靠改变________来控制、调节油液通过阀口的流量，而使执行机构产生相应的运动速度。

A．液体压力大小　　B．液体流速大小

C．通道开口的大小　　D．以上均不对

66．单位时间内通过某断面的液压流体的体积，称为________。

A．流量　　B．排量　　C．容量　　D．容积

67．换向阀利用阀芯在阀体间的________来变换油液流动的方向。

A．跳动　　B．转动　　C．相对移动　　D．配合

68．________是将发动机输入的机械能转换为液体的压力能的装置。

A．齿轮泵　　B．液压泵　　C．叶片泵　　D．柱塞泵

69．液压泵是靠“容积变化”将机械能转换成压力能来进行工作的，其容积由小变大时________，由大变小时________。

A．吸油　压油　　B．压油　吸油　　C．吸油　吸油　　D．压油　压油

70．中压液压泵的压力范围为________。

A．0.25 ~ 8 MPa　　B．8 ~ 16 MPa

C．16 ~ 32 MPa　　D．32 MPa 以上

71. ________有渐开线齿轮泵和摆线齿轮泵（又名转子泵）两种。

A. 外啮合齿轮泵　　B. 内啮合齿轮泵

C. A、B 均正确　　D. A、B 均不对

72. 相比之下，________无困油现象，流量脉动小，噪声低，工作效率高。

A. 外啮合齿轮泵　　B. 内啮合齿轮泵

C. 外啮合齿轮泵和内啮合齿轮泵　　D. 以上均不对

73. 叶片泵是一种常见的液压泵，可以分为单作用叶片泵和双作用叶片泵两种。其中________用作变量泵。

A. 双作用叶片泵　　B. 单作用叶片泵

C. 二者均可　　D. 二者均不可

74. 双作用叶片泵的定子曲线圆弧段圆心角β________配流窗口的间距角γ________叶片夹角α。

A. > >　　B. ⩾ ⩾　　C. ⩽ ⩽　　D. < <

75. 换向阀的功能主要由其________及________所决定。

A. 控制的通路数　工作位置　　B. 控制的通路数　定位方式

C. 定位方式　工作位置　　D. 操作方式　工作位置

76. 液压马达是液压系统中的________元件。

A. 控制　　B. 动力　　C. 辅助　　D. 执行

77. 液压缸是液压传动系统中的________部分。

A. 控制　　B. 执行　　C. 辅助　　D. 动力

78. 对于机床类机械一般采用________液压缸，其额定压力为 2.5 ~ 6.3 MPa。

A. 低压　　B. 中低压　　C. 中高压　　D. 高压

79. 当活塞和活塞杆组件采用________的形式时，高压时必须加防松装置。

A. 螺纹连接　　B. 半环连接　　C. 螺栓连接　　D. 闭环连接

80. ________缓冲装置，起始缓冲效果大，后来缓冲效果差，制动行程长；缓冲腔中的冲击压力大，缓冲性能受油温影响。

A. 节流口变化式　　B. 节流口可调式

C. 溢流口变化式　　D. 溢流口可调式

81. ________类液压缸的额定压力小于 31.5 MPa，主要应用于油压类机械。

A. 低压　　B. 中低压　　C. 中高压　　D. 高压

82. 液压系统的蓄能器是储存和释放________的装置。

A. 液体压力能　　B. 液体热能　　C. 电能　　D. 势能

83. 液压油箱是液压系统中的________元件。

A. 控制　　B. 执行　　C. 辅助　　D. 动力

84. 刀具进行预调的，其尺寸精度、完好状态必须符合要求。预调的尺寸必须精确，要调在公差的________，并考虑温度的因素，以进行修正、补偿。

A．中上限　　B．中下限　　C．下限　　D．上限

85．下列装置中，不属于辅助装置的是________。

A．油箱　　B．油管　　C．滤油器　　D．开停阀

86．下列不属于曲柄连杆机构的缸体曲轴箱组的是________。

A．气缸体　　B．连杆轴承　　C．曲轴箱　　D．气缸垫

87．下列不属于曲柄连杆机构的活塞连杆组的是________。

A．活塞　　B．连杆轴承　　C．连杆　　D．气缸垫

88．下列不属于曲柄连杆机构的曲轴飞轮组的是________。

A．曲轴　　B．飞轮　　C．连杆轴承　　D．曲轴轴承

89．下列不属于安全防护装置调整原则的是________。

A．防护装置尽可能靠近危险部位，将其封闭

B．防护装置尽可能与机器分离，不作为其组成部分

C．防护装置不应妨碍生产

D．除无法避免的情况（如砂轮机）外，尽可能使用全封闭式防护罩

90．下列不属于气缸体的运动部件的是________。

A．活塞　　B．凸轮轴　　C．连杆　　D．曲轴

91．下列属于气缸体的传动部件的是________。

A．活塞　　B．凸轮轴　　C．连杆　　D．曲轴

92．气缸垫按所用材料不同可分为三类，下列不属于这三类的是________。

A．金属—石棉衬垫　　B．金属—复合材料衬垫

C．全复合材料衬垫　　D．全金属衬垫

93．________的特点是气缸套装入气缸体后，其外壁不直接与冷却液接触，而是和气缸体的壁面直接接触。

A．干式气缸套　　B．湿式气缸套

C．可调式气缸套　　D．以上三项均对

94．曲轴轴颈的磨损在径向和轴向都是不均匀的，其主要表现是________磨成椭圆形，________磨成锥形。

A．轴向　径向　　B．径向　轴向　　C．横向　纵向　　D．纵向　横向

95．________径向磨损的最大部位是在各轴颈的内侧面上，即靠曲轴中心线一侧。

A．连杆轴颈　　B．主轴颈

C．曲轴轴颈　　D．以上三项均对

96．________磨损后主要是呈椭圆形，它的最大部位是在靠近连杆轴颈的一侧。

A．连杆轴颈　　B．主轴颈

C．曲轴轴颈　　D．以上三项均对

97．检验________磨损情况，主要是用外径千分尺测量轴颈的圆度和圆柱度偏差。

A．曲轴轴颈　　B．连杆轴颈

C．主轴颈　　D．以上三项均对

98．下列不属于配气机构的组成部分的是________。

A．凸轮轴　　B．推杆　　C．气门弹簧　　D．连杆

99．配气机构进行工作时，当挺柱与凸轮在型面顶端接触时，气门弹簧压缩量达到________值，气门开度________。

A．最小　最大　　B．最小　最小

C．最大　最大　　D．最大　最小

100．四行程发动机每完成一个工作循环，曲轴转________，而各缸气门只进、排气一次，此时凸轮轴转________。

A．两圈　一圈　　B．两圈　两圈

C．一圈　一圈　　D．一圈　两圈

101．将凸轮轴位置移到气缸体的上部，由凸轮轴经过挺杆直接驱动摇臂，而省去推杆，这种结构称为________配气机构。

A．中置凸轮轴式　　B．下置凸轮轴式

C．上置凸轮轴式　　D．以上均不是

102．下列不属于柴油发动机燃油供给系统基本功能的是________。

A．能调节喷油时刻，使燃油燃烧彻底

B．通过加压机构使燃油变成高压

C．不可调节喷油量，输出功率恒定

D．以上均不是

103．下列不属于柴油发动机燃油供给系统的是________。

A．传统供油系统　　B．双体泵系统

C．柴油共轨系统　　D．泵喷嘴系统

104．下列柴油发动机供油系统为直列柱塞式喷油泵供油系统的是________。

A．传统供油系统　　B．单体泵系统

C．柴油共轨系统　　D．泵喷嘴系统

105．下列不属于柴油发动机燃油供油系统的组成部件的是________。

A．喷油器　　B．调速器　　C．燃油滤清器　　D．飞轮

106．用于分解喷油器的专用工具是________。

A．台虎钳　　B．挺柱顶持器　　C．铜锥体拉器　　D．尖嘴钳

107．喷油器在清洗过程中，应用________清除外部积炭。

A．专用通针　　B．铜丝刷　　C．柴油洗净　　D．汽油洗净

108．喷油器在装复前，应清洗所有零件，然后使喷油器进油口端________夹于垫有铜片的台虎钳上。

A．朝下　　B．朝上

C．朝侧面　　D．以上三个方向均可

109. 喷油器的调试应在喷油器试验器上进行，下列不属于喷油器调试试验内容的是________。

A. 密封性试验　B. 喷射质量检验　C. 调整喷油压力　D. 平衡试验

110. 曲轴主轴承、连杆轴承及凸轮轴轴承等承受的载荷大且相对运动速度较快的部位，需要采用________方能形成油膜。

A. 压力润滑　B. 飞溅润滑

C. 脂润滑　D. 以上三项均可

111. 裸露在外面且承受载荷较轻的气缸壁及相对滑动速度较小的活塞销、正时同步齿轮、凸轮表面及挺柱等处的润滑一般采用________。

A. 压力润滑　B. 飞溅润滑

C. 脂润滑　D. 以上三项均可

112. 推杆的润滑是靠摇臂侧面上的________，挺杆、凸轮及缸筒靠________，正时同步齿轮靠机油泵的斜齿轮带起的机油润滑。

A. 机油润滑　飞溅润滑　B. 机油润滑　压力润滑

C. 孔喷油润滑　飞溅润滑　D. 孔喷油润滑　压力润滑

113. 下列不属于齿轮泵组成部件的是________。

A. 主动轴　B. 内转子　C. 从动齿轮　D. 壳体

114. 在润滑系统故障诊断与排除中，下列不属于造成机油压力过高的故障原因的是________。

A. 限压阀调整不当或卡死　B. 油道堵塞

C. 机油黏度低　D. 机油滤清器堵塞且旁通阀打不开

115. 在润滑系统故障诊断与排除中，下列不属于造成机油变质的故障原因的是________。

A. 机油使用时间过长　B. 活塞与缸壁间隙过小

C. 曲轴箱通风不良，燃油混入机油　D. 滤清器堵塞，机油未经滤清

116. 在润滑系统故障诊断与排除中，下列不属于造成机油消耗超标的故障原因的是________。

A. 气门与导管间隙过小　B. 气门油封损坏

C. 机油从外部泄漏　D. 活塞环损坏或安装有错

117. 在润滑系统故障诊断与排除中，下列不属于造成机油压力过低的故障原因的是________。

A. 集滤器滤网堵塞　B. 机油不足

C. 机油泵磨损或损坏　D. 机油黏度过大

118. 下列不属于发动机冷却系统的组成部件的是________。

A. 散热器　B. 水泵　C. 飞轮　D. 节温器

119. 下列不属于发动机冷却系统中的冷却温度调节装置的是________。

A．百叶窗　　B．节温器　　C．风扇离合器　　D．水箱

120．在冷却系统故障诊断与排除中，下列不属于导致发动机升温缓慢的故障原因的是________。

A．温控风扇损坏　　B．节温器不能正常工作

C．冷却液不足　　D．水温表或温度传感器损坏

121．在发动机常见故障诊断与排除中，下列不属于导致爆燃现象的故障原因的是________。

A．积炭聚集过多　　B．发动机过热

C．点火角过于延后　　D．发动机曲柄室漏气

122．当柴油机启动时，柴油没有进入气缸的故障表现为________。

A．启动时听不到爆发声音，排气管没有烟排出，不能启动

B．启动时可听到不连续的爆发声音，排气管有少量排烟或大量排白烟，但不能启动

C．启动时可听到爆发声音，排气管没有烟排出，不能启动

D．启动时听不到不连续的爆发声音，排气管有少量排烟或大量排白烟，但不能启动

123．当柴油机启动时，柴油已经进入气缸，但未能正常燃烧的故障表现为________。

A．启动时听不到爆发声音，排气管没有烟排出，不能启动

B．启动时可听到不连续的爆发声音，排气管有少量排烟或大量排白烟，但不能启动

C．启动时听得到爆发声音，排气管没有烟排出，不能启动

D．启动时听不到不连续的爆发声音，排气管有少量排烟或大量排白烟，但不能启动

124．在发动机常见故障诊断与排除中，下列不属于导致柴油不进气缸的故障原因的是________。

A．熄火拉钮没有退回　　B．柴油滤清器滤芯脏堵

C．柴油牌号不对　　D．供油量太小

125．真空增压制动系统与普通液压制动系统相比增加了________。

A．制动阀　　B．空压机　　C．真空增压器　　D．分泵

126．液压制动传动机构制动踏板的最大行程应不超过________mm。

A．300　　B．400　　C．270　　D．180

127．用曲轴转角表示的进、排气门开闭时刻和开启持续时间，称为________。

A．气门重叠角　　B．配气相位　　C．气门间隙　　D．提前角

128．下列不属于液力传动装置的优点的是________。

A．改进摩擦时的耐磨性　　B．改善动力传动效率

C．延长变矩器的寿命　　D．仅可在高速时实现微动操作

129. 底盘传动系统的离合器类型有摩擦式离合器和液力传动离合器两种，港口常用装卸机械多采用________。

A. 摩擦式离合器　　B. 液力传动离合器

C. 自锁式离合器　　D. 均可以

130. 下列不属于变矩器的组成部件的是________。

A. 飞轮　　B. 泵轮　　C. 涡轮　　D. 导轮

131. 与耦合器相比较，液力变矩器比耦合器多的部件是________。

A. 飞轮　　B. 泵轮　　C. 涡轮　　D. 导轮

132. 液力变矩器工作过程中，当涡轮转速最低时，从涡轮流出的液体冲击导轮的________，导轮反作用液体的扭矩为________。

A. 凸面　正值　　B. 凸面　负值

C. 凹面　正值　　D. 凹面　负值

133. 正转变矩器的工作液在循环圆内流动的顺序为________。

A. 涡轮→泵轮→导轮→涡轮　　B. 涡轮→导轮→泵轮→涡轮

C. 泵轮→导轮→涡轮→泵轮　　D. 泵轮→涡轮→导轮→泵轮

134. 液力变矩器按照插在泵轮与导轮、导轮与涡轮之间的涡轮叶栅的________可分为单级和多级变矩器。

A. 列数　　B. 行数

C. 个数　　D. 以上三项均对

135. 下列不属于驱动桥的基本功能的是________。

A. 具有合适的传动比（减速比）　　B. 具有较大的离地间隙

C. 具有加速作用　　D. 具有防止侧滑自锁装置

136. 下列不属于轮边减速器的基本功能的是________。

A. 以较小的轮廓尺寸获得较大的传动比

B. 在总传动比相同的条件下，减小变速器、传动轴等零部件的载荷

C. 使驱动桥中部产生较小离地间隙

D. 布置在车轮毂内而不增加车辆的外形尺寸

137. 下列不属于导致驱动桥异响的故障原因的是________。

A. 主、从动齿轮配合间隙过小

B. 齿轮或轴承严重损坏或破坏

C. 从动齿轮铆钉或螺栓松动

D. 差速齿轮、半轴内端或半轴齿轮键槽磨损松旷

138. 新型叉车大都采用________转向系统。

A. 机械式　　B. 转向助力式

C. 全液压式　　D. 机械及液压式

139. 下列不属于导致液压转向器故障的故障原因的是________。

A．油泵油箱内液面过高　　　　　　　　B．油泵驱动带过松

C．转向螺杆止推轴承螺母松动　　　　　D．集流管拱曲或衬垫损坏

140．下列不属于将动力源产生的制动力传给制动器的传递机构的是________。

A．制动蹄　　　　B．制动踏板　　　　C．制动总泵　　　　D．制动分泵

141．下列不属于动力制动驱动机构的是________。

A．液压式　　　　　　　　　　　　　B．气力式

C．机械式　　　　　　　　　　　　　D．以上三项均属于

142．为了适应各种孔径和孔深的需要并减少镗刀的品种规格，人们将镗杆和刀头设计成系列化的基本件——________。使用时可根据工件的要求选用，拼合成各种镗刀，从而简化了刀具的设计和制造。

A．量块　　　　B．模块　　　　C．标准块　　　　D．其他

143．制动器是制动系统的重要组成部分，其中，________制动器在驻车及行车制动中都有采用，其中以驻车制动使用最为普遍。

A．摩擦式　　　　　　　　　　　　　B．盘式

C．压力式　　　　　　　　　　　　　D．以上三项均对

144．下列不属于平衡制动器的是________。

A．单向平衡式制动器　　　　　　　　B．双向（对称）平衡式制动器

C．自动增力式制动器　　　　　　　　D．以上三项均不属于

145．叉车液压传动系统的动力机构是________，用以将机械能传给液体，形成液体压力。

A．液压马达　　　B．油泵　　　　C．油箱　　　　D．滤油器

146．叉车液压传动系统的执行机构是________，用以把液体的压力能转换为机械能，输出到取物装置上去。

A．油泵　　　　B．液压马达　　　C．油箱　　　　D．滤油器

147．当发生“飞车”时，柴油机失去控制，转速迅速升高，大大超过标定转速，同时还伴随着声音异常、振动异常等现象。下列不属于导致“飞车”的故障原因的是________。

A．喷油泵柱塞卡死在小油量位置　　　B．喷油泵弹簧断裂，齿圈卡住

C．调速器运动件卡住　　　　　　　　D．超速自动停车装置失灵

148．下列不属于紧急停车时可采取的措施的是________。

A．拉动齿条，减小油门

B．关闭进气系统中的防爆门，切断气路

C．切断油路

D．减小负荷，迫使柴油机降速停车

149．下列不属于事故应急救援应遵循的基本原则的是________。

A．快速反应原则　　　　　　　　　　B．保护现场原则

C．人员集中原则　　D．观察与记录原则

150．________是事故应急处置中的首要原则。

A．快速反应原则　　B．保护现场原则

C．人员集中原则　　D．观察与记录原则

151．当发现拉缸时，必须迅速降低转速，然后________。继续增加活塞冷却，同时________。

A．停车　盘车　　B．盘车　停车

C．停车　停车　　D．盘车　盘车

152．________是保持在所需位置关闭或固定不动的防护装置，不用工具不可能将其打开或拆除。

A．活动式防护装置　　B．固定式防护装置

C．活动式防护装置和固定式防护装置　　D．以上三项均不是

153．________是通过机械方法（如铁链、滑道等）与机器的构架或邻近的固定组件相连接，不用工具就可以打开的防护装置。

A．活动式防护装置　　B．固定式防护装置

C．活动式防护装置和固定式防护装置　　D．以上三项均不对

154．下列不属于固定式防护装置的是________。

A．封闭式　　B．固定间距式

C．固定距离式　　D．连锁防护装置

155．半精镗是精镗的预备工序，主要是解决粗镗时残留下来的余量不均部分。对精度要求高的孔，半精镗一般分________次进行：第一次主要是去掉粗镗时留下的余量不均匀的部分；第二次是镗削余下的余量，以提高孔的尺寸精度、形状精度及减小表面粗糙度。

A．1　　B．2　　C．3　　D．4

156．下列焊接方法中，属于非熔化焊的是________。

A．螺柱焊　　B．氢原子焊　　C．点焊　　D．其他

157．在发动机常见故障诊断与排除中，可先将喷油泵上的放气螺塞旋松，用手油泵泵油。若放气螺孔不流油或流出泡沫柴油则表明________故障。

A．低压油路　　B．高压油路

C．低压油路和高压油路　　D．无

158．当变矩器出现漏油的现象时，进行诊断和排查的方法是________。

A．将导轮、单向离合器全部拆下清洗

B．更换单向离合器

C．重新调整发动机与变矩器的同轴度

D．彻底清洗冷却系统、各个压力阀

159．下列不属于变速器的功用的是________。

A．切断、接合动力　　B．实现倒车

C．外动力输出　　D．恒定驱动车轮上的转速和转矩

160．液力变速器（湿式多片）装在液力变矩器的________上，通过控制阀将压力油分配给前进或后退离合器，实现前进、后退换挡。

A．输出轴　　B．输入轴　　C．均可以　　D．均不可以

理论知识考试模拟试卷（二）

一、判断题（下列判断正确的打“√”，错误的打“×”。每题0.5分，共20分）

1. 焊条是由焊芯（金属芯）和药皮（涂层）组成的焊接用的熔化电极。在焊条电弧焊过程中，焊条一方面起传导电流和引燃电弧的作用，另一方面又作为填充金属，与熔化的母材形成焊缝。（　　）
2. 偏差可以是正值、负值或者是零，但公差一定是正值。（　　）
3. 背吃刀量是刀具切削刃与工件的接触长度在同时垂直于主运动和进给运动的方向上的投影值。（　　）
4. 为了能在图样上确切地表示焊缝的位置，特将基本符号相对基准线的位置作如下规定：基本符号在实线侧时，表示焊缝在非箭头侧。（　　）
5. 在铸件冷却过程中，因冷却速度不同往往会造成壁厚较厚位置处形成缩孔。（　　）
6. 完工零件上是否保留中心孔的要求有三种：不允许保留中心孔，可以保留中心孔，保留中心孔。（　　）
7. 为了便于读图，轮、盘类零件的视图表达一般按轴线水平放置，通常采用局部剖、局部放大、断面图等方法表达零件上的孔、槽等结构。（　　）
8. CO_2气体保护焊采用整盘焊丝，焊接过程中不必更换焊丝，因此减少了停弧更换焊条的时间，既节省了填充金属（没有焊条头的丢失），又减少了引燃电弧的次数，大大降低了因停弧产生焊接缺陷的可能性。（　　）
9. 完工零件上是不允许保留中心孔的。（　　）
10. 焊接是利用两个物体原子间产生的结合作用来实现连接的，连接后不能再拆卸，成为永久性连接。（　　）
11. 焊接接头是由两个或两个以上零件用焊接方法连接的，一个焊接结构通常由若干个焊接接头所组成。（　　）
12. 焊接过程中，不焊透的T形接头承受力和力矩的能力较大，所以可以应用在非常重要的焊接结构中。（　　）
13. 铆接是通过铆头与工件的挤压产生所需的变形，其挤压过程与普通的冲压、滚压过程没有区别。（　　）
14. 扁平头、扁圆头铆钉主要用于金属薄板或皮革、帆布、木料等非金属材料的铆接场合。（　　）
15. 各种胶黏剂使用前需做好劳动保护，戴好口鼻罩、手套等。（　　）

16. 用标准职能符号组成的液压系统原理图能使整个液压传动系统原理图的绘制简便，因此在各种资料、教材中都采用这种绘图方法。（　）
17. 液压传动是以液体作为工作介质，利用液体的压力来传递动力和进行控制的一种传动方式。（　）
18. 液压传动和液力传动都是用液体的压力能来传递动力。（　）
19. 限压式变量叶片泵根据自动调节后泵的压力和流量特性，可分为限压式、恒流量式和恒压式三类。（　）
20. 各种液压油性能都差不多，因此可任意混合使用。（　）
21. 容积泵正常工作的必备条件是：具有密封的容腔；密封容腔的容积大小能交替变化；具有配流装置；油箱必须与大气相通。（　）
22. 换向阀按照其阀体连通的主油路数可分为二位、三位、四位等。（　）
23. 液压马达是一种液压执行机构，它将液压系统的压力能转化为机械能，以旋转的形式输出转矩和角速度。（　）
24. 液压缸是将压力能转变为机械能的、做直线往复运动（或摆动运动）的液压辅助元件。（　）
25. 镶套修复法适用于发动机的气缸套、气门座圈、气门导管、飞轮齿圈以及各种铜套的修理。（　）
26. 气缸垫的功用是保持气缸密封不漏气，保持由气缸体流向气缸盖的冷却液和润滑油不泄漏。（　）
27. 全支承曲轴的主轴颈比连杆轴颈多 1 个。（　）
28. 内燃发动机目前广泛采用的活塞材料是铝合金，其构造可分顶部、头部和裙部三部分。（　）
29. 连杆螺栓损坏后应及时使用其他螺栓来代替。（　）
30. 主轴承的结构与连杆轴承不同，设有机油槽。（　）
31. 单体泵系统工作方式跟泵喷嘴不同，它是一种模块式结构的高压喷射系统。（　）
32. 从曲轴箱抽出的气体导入发动机的进气管，吸入气缸再燃烧，这种通风方式称为自然通风。（　）
33. 节温器关闭不严会造成发动机水温升温慢。（　）
34. 在进行柴油机故障诊断时，应首先判断故障是出在柴油供给系统的低压油路还是高压油路。（　）
35. 在发动机常见故障诊断与排除中，若喷油器有故障，应直接将喷油器接到高压油管上，用旋具撬动喷油泵柱塞弹簧座，做泵油动作。（　）
36. 若柴油机冒黑烟，可用一张硬纸对准排气口，让其喷到白纸上，根据白纸上的液珠，判断是水汽引起的还是燃油系统引起的。（　）
37. 欧洲排放标准将汽车分为两类，其中轻型车不管是汽油机车还是柴油机车，都用

所装发动机在发动机台架上进行试验。 (   )

38. 现场控制的基本方法包括警戒线控制法、区域控制法、遮盖控制法、以物围圈控制法以及定位控制法。 (   )

39. 高压齿轮泵的特点是结构紧凑、流量均匀、噪声小，叉车大多采用这种高压齿轮泵代替叶片泵。 (   )

40. 气压助推油液式（俗称气推油）制动系统，通过气推油加力器（也称为加力器或助力器），将气压能转为液压能作为制动力。 (   )

二、单项选择题（下列每题的选项中，只有 1 个是正确的，请将其代号填在横线空白处。每题 0.5 分，共 80 分）

1. 下列各类灭火器的强制报废年限最短的为________。

A. 手提式化学泡沫灭火器　　B. 手提式清水灭火器

C. 手提式干粉灭火器　　D. 手提式二氧化碳灭火器

2. 按照所产生的物理现象，热切割可以分成三种类型，其中不包括________。

A. 燃烧切割　　B. 熔化切割　　C. 升华切割　　D. 气化切割

3. 焊接过程中，制作焊接坡口应遵循的原则不包括________。

A. 焊接坡口应便于焊接操作

B. 坡口的形状应易于加工

C. 尽可能增大坡口尺寸，以节省焊接材料，提高生产效率

D. 焊接坡口尽可能减小焊后焊件的变形

4. 铸造过程中进行型腔浇注时，为防止转角处的型砂脱落以及铸件冷却时转角处因应力集中而产生裂纹，铸造零件的转角处一般需做成________。

A. 倒角　　B. 圆角　　C. 直角　　D. 30° 角

5. 零件图中常用________表示砂轮越程槽的结构。

A. 局部放大图　　B. 剖面图　　C. 左视图　　D. 剖视图

6. 零件表面上由较小间距和峰谷组成的微观几何形状特征称为________。

A. 偏差　　B. 公差　　C. 误差　　D. 表面粗糙度

7. 当公差带在零线上方时，基本偏差为________。

A. 上偏差　　B. 下偏差　　C. 零线上偏差　　D. 零线下偏差

8. 孔的尺寸减去相配合的轴的尺寸所得的代数差为正值时的配合称为________。

A. 过盈配合　　B. 间隙配合　　C. 过渡配合　　D. 其他

9. 叉车液压传动系统由________、执行机构、操纵机构、辅助装置、传动介质等部分组成。

A. 动力机构　　B. 起升机构　　C. 旋转机构　　D. 其他

10. 半精镗是精镗的预备工序，主要是解决粗镗时残留下来的余量不均部分。对精度要求高的孔，半精镗一般分________次进行：第一次主要是去掉粗镗时留下的余量不均匀

的部分；第二次是镗削余下的余量，以提高孔的尺寸精度、形状精度及减小表面粗糙度。

A．1　　B．2　　C．3　　D．4

11．对于公差和偏差应注意，偏差的值________。

A．为正值　　B．为负值

C．可以是正值、负值或零　　D．其他

12．对于公差和偏差应注意，________。

A．偏差不反映加工难易程度，公差反映加工难易程度

B．偏差不反映加工难易程度，公差也不反映加工难易程度

C．偏差反映加工难易程度，公差不反映加工难易程度

D．偏差反映加工难易程度，公差也反映加工难易程度

13．叉车液压传动系统的________是液压缸（起升、倾斜液压缸）或液压马达，把液体的压力能转换为机械能，输出到取物装置。

A．执行机构　　B．动力机构　　C．操纵机构　　D．辅助装置

14．精镗是在粗镗和半精镗的基础上，用较高的切削速度、较小的进给量，切去粗镗或半精镗留下的较少余量，准确地达到图样规定的内孔表面。通常精镗背吃刀量大于________mm，进给量大于等于 0.05 mm/r。

A．0.01　　B．0.02　　C．0.05　　D．0.1

15．基孔制的孔为基准孔，其下偏差为零。基准孔的代号为________。

A．“h”　　B．“H”　　C．“K”　　D．“k”

16．下列焊接方法中，属于电阻焊的是________。

A．摩擦焊　　B．缝焊　　C．钎焊　　D．其他

17．下列焊接方法中，属于非熔化焊的是________。

A．螺柱焊　　B．氢原子焊　　C．点焊　　D．其他

18．________是加工中心的主要加工内容之一，是对锻出、铸出或钻出孔的进一步加工，可扩大孔径，精确地保证孔系的尺寸精度和几何精度，减小表面粗糙度，还可以较好地纠正原来孔轴线的偏斜。

A．镗孔　　B．扩孔　　C．铰孔　　D．钻孔

19．热切割方法按照物理现象可分为燃烧切割、熔化切割和________。

A．火焰气割　　B．升华切割　　C．火焰穿孔　　D．其他

20．装配图中，当需要表示某些零件的运动范围和极限位置时，可用________画出该运动零件在极限位置的外形图。

A．点画线　　B．细双点画线　　C．虚线　　D．实线

21．装配图的滚动轴承允许采用简化画法或示意画法，在同一轴上相同型号的轴承，在不致引起误解时，可至少画出________。

A．0 个　　B．1 个　　C．2 个　　D．2 个以上

22．为了表示传动机构的传动路线和零件间的装配关系，可假想按传动顺序沿轴线剖

切，然后依次展开，使剖切平面摊平与选定的投影面平行再画出其剖视图，这种画法称为________。

A．简化画法　　B．夸大画法　　C．假想画法　　D．展开画法

23．下列几何公差中，不属于形状公差的是________。

A．平面度　　B．圆度　　C．直线度　　D．倾斜度

24．为了适应各种孔径和孔深的需要并减少镗刀的品种规格，人们将镗杆和刀头设计成系列化的基本件——________。使用时可根据工件的要求选用，拼合成各种镗刀，从而简化了刀具的设计和制造。

A．量块　　B．模块　　C．标准块　　D．其他

25．________是评定零件表面质量的一项重要指标，是影响零件寿命以及零件间的配合的重要因素。

A．表面粗糙度　　B．公差　　C．误差　　D．偏差

26．国家标准对配合规定了两种基准制，分别是________和基轴制。

A．表面制　　B．中心制　　C．过渡制　　D．基孔制

27．焊条按照药皮熔化后的熔渣性质，可分为酸性焊条和碱性焊条，一般金属材料的焊接主要选用________。

A．酸性焊条　　B．碱性焊条　　C．均可以　　D．其他

28．机械加工是指通过一种机械设备对工件的外形尺寸或性能进行改变的过程。按被加工的工件处于的温度状态，分为________和热加工。

A．压力加工　　B．冷加工　　C．低温加工　　D．切削加工

29．热切割是利用热能将材料分离的方法，按照加热能源的不同，以下不属于金属热切割的是________。

A．气体火焰的热切割　　B．金属粉末的火焰切割

C．气体放电的热切割　　D．高能束流的热切割

30．孔的镗削加工往往要经过一些工序，其中不包含________工序。

A．预处理　　B．粗镗　　C．半精镗　　D．精镗

31．CO_2气体保护焊的缺点不包括________。

A．焊接过程中的飞溅大

B．焊接过程中合金元素容易被烧损

C．焊接过程中气体保护区的抗风能力弱

D．拉丝式焊枪比手工电弧焊的焊钳重

32．国家标准中规定了视图、剖视等表示方法，采用一组图形对零件结构进行清晰、完整的表达，是制图的目的。在选择图形的过程中，基本视图是重要的视图。基本视图不包括________。

A．主视图、俯视图　　B．左视图、右视图

C．俯视图、后视图　　D．剖视图

33．下列关于零件图的标注尺寸的步骤的相关介绍中全面的是________。

A．分析了解零件的形状结构、工作位置、功能以及各部分的加工要求

B．确定零件各方向的尺寸基准

C．先标注重要尺寸，再按加工顺序标注出其他的定形、定位和总体尺寸

D．以上均正确

34．几何误差是指零件表面的实际形状和实际位置与零件理想形状和理想位置的误差，不属于方向公差的是________。

A．垂直度　　B．平行度　　C．平面度　　D．同轴度

35．下列关于装配图的零件明细栏的相关规定中错误的是________。

A．明细栏应排放在标题栏上方，并与标题相连。当地方不够时，可将明细栏的一部分移动到标题栏左边

B．明细栏中零件序号应自下而上顺次填写，当有漏编零件或需增加零件时，以便向上添加

C．标准件应填写规定标记

D．齿轮的模数和弹簧的型材直径、节距、有效圈数等参数，均应填写在零件明细栏内

36．在金属结构及其他机械产品的制造中，需将两个或两个以上零件连接在一起，右图所示的连接方法是________。

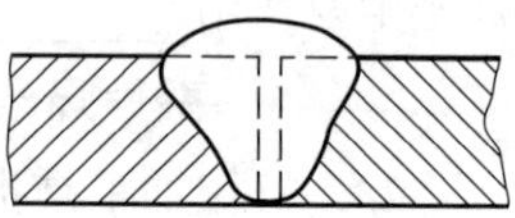

A．螺栓连接　　B．铆钉连接　　C．焊接　　D．粘接

37．以下关于焊接过程中对接接头的描述错误的是________。

A．受力状况好　　B．应力集中程度小

C．焊接材料消耗较多　　D．焊接变形较小

38．在粘接时，使用 MA830 胶黏剂时，手工混合，按________的比例混合，涂布于粘接面并装配好零件。

A．2∶1　　B．5∶1　　C．10∶1　　D．15∶1

39．机械加工是指通过一种机械设备对工件的外形尺寸或性能进行改变的过程。按加工方式的差别可分为________和压力加工。

A．钻削加工　　B．磨削加工　　C．切削加工　　D．热力加工

40．按照焊接过程中金属所处的状态不同，可以把焊接方法分为三种类型，其中不包括________。

A．电焊　　B．熔化焊　　C．压焊　　D．钎焊

41．角接接头两焊件端面间夹角范围是________。

A．30° ~ 135°　　B．30° ~ 90°

C．30° ~ 45°　　D．30° ~ 180°

42．在粘接时，使用 LORD 406（洛德）胶黏剂，按 LORD 406：固化剂 17=________或者 LORD 406：固化剂 19=10∶3 比例混合，涂布于粘接面并装配好零件。混合

后胶黏剂即开始迅速固化。

A．2∶1　　B．5∶1　　C．5∶2　　D．10∶1

43．对制作过程中使用砂轮磨削加工的表面，常在被加工面的轴肩处先加工出砂轮________，以保证被磨削表面加工完整。

A．退刀槽　　B．越程槽　　C．倒角　　D．倒圆

44．在车床上加工轴表面时，为了能在机床上固定毛坯，一般需在轴端预先加工出________。

A．凹坑　　B．中心孔　　C．凸台　　D．倒圆

45．公差带中将靠近零线的那个极限偏差称为________，它确定公差带相对零线的位置。

A．标准公差　　B．尺寸偏差　　C．基本偏差　　D．上偏差

46．________是指基本尺寸相同的、相互结合的孔和轴公差带之间的关系。

A．缝隙　　B．间隙　　C．配合　　D．公差

47．下列焊接方法中，属于钎焊的是________。

A．锻焊　　B．感应焊　　C．扩散焊　　D．其他

48．切削用量是切削时各种参数的总称，包括切削速度、进给量和________，又称切削三要素。

A．背吃刀量　　B．切削深度　　C．切削速率　　D．相对位移

49．下列几何公差中，不属于位置公差的是________。

A．平面度　　B．同轴度　　C．位置度　　D．对称度

50．刀具进行预调时，其尺寸精度、完好状态必须符合要求。预调的尺寸必须精确，要调在公差的________，并考虑温度的因素，以进行修正、补偿。

A．中上限　　B．中下限　　C．下限　　D．上限

51．依据装配图的作用，装配图中主要标注出几类必要尺寸，包括性能尺寸、装配尺寸、________、安装尺寸。

A．极限尺寸　　B．外形尺寸　　C．运动尺寸　　D．其他

52．为了避免轴肩处因应力集中而断裂，可在零件轴端和孔口处均加工出________。

A．倒圆　　B．棱角　　C．倒角　　D．圆弧

53．液压传动的工作部分的作用是将液压能转换成________。

A．机械能　　B．原子能　　C．光能　　D．核能

54．液压传动是以液体作为工作介质，利用液体的________来传递动力和进行控制的一种传动方式。

A．压力　　B．动力　　C．温度　　D．动能

55．液压泵是液压系统中________部分的元件。

A．控制　　B．执行　　C．辅助　　D．动力

56．换向阀是液压系统中的________元件。

A．动力　　B．执行　　C．辅助　　D．控制

57．溢流阀是一种________控制阀。

A．压力　　B．方向　　C．流量　　D．温度

58．单向阀是一种________控制阀。

A．压力　　B．方向　　C．流量　　D．温度

59．内啮合齿轮泵工作时，轮齿脱开啮合的一侧密闭容积增大，为________。

A．吸油腔　　B．压油腔　　C．吸油腔和压油腔　　D．两者均不是

60．叶片泵是一种常见的液压泵，可以分为单作用叶片泵和双作用叶片泵两种。其中________用作变量泵。

A．单作用叶片泵　　B．双作用叶片泵

C．两者均是　　D．两者均不是

61．双作用叶片泵每转一转，每个工作腔完成吸油和压油各________，且作用于转子上的液压力是________。

A．一次　平衡的　　B．一次　不平衡的

C．两次　平衡的　　D．两次　不平衡的

62．双作用叶片泵配流盘的两个吸油窗口和两个压油窗口________布置，轴承承受的径向力________，寿命长。

A．对称　小　　B．不对称　小

C．对称　大　　D．不对称　大

63．双作用叶片泵的定子曲线圆弧段圆心角β________配流窗口的间距角γ________叶片夹角α。

A．$\geqslant$　$\geqslant$　　B．$>$　$>$　　C．$\leqslant$　$\leqslant$　　D．$<$　$<$

64．在换向阀的符号表示中，一个方框的上、下边与外部连接的接口数有几个，就表示几“________”。

A．位　　B．通　　C．室　　D．房

65．下列不属于压力控制阀的是________。

A．溢流阀　　B．减压阀　　C．换向阀　　D．顺序阀

66．限压式变量叶片泵的工作原理为：若泵的压力随负载增大，定子将向偏心________的方向移动，泵的输出流量________。

A．减小　减小　　B．增大　减小

C．减小　增大　　D．增大　增大

67．下列不属于方向控制阀的是________。

A．单向阀　　B．顺序阀　　C．换向阀　　D．梭阀

68．普通单向阀要求________液流通过时压力损失小，________截止时密封性能好。

A．反向　正向　　B．反向　反向

C．正向　反向　　D．正向　正向

69. 换向阀的功能主要由其________及________所决定。

A. 定位方式　工作位置　　B. 控制的通路数　定位方式

C. 控制的通路数　工作位置　　D. 操作方式　工作位置

70. 液压系统中的压力大小取决于________。

A. 外负荷　　B. 安全阀调整压力

C. 油液的流量　　D. 液压泵输出压力

71. 下列装置中，不属于控制调节装置的是________。

A. 溢流阀　　B. 滤油器　　C. 换向阀　　D. 开停阀

72. 液压泵是靠“容积变化”将机械能转换成压力能来进行工作的，其容积由小变大时________，由大变小时________。

A. 压油　压油　　B. 吸油　吸油　　C. 吸油　压油　　D. 压油　吸油

73. 液压缸按液压作用性质，可分为________式液压缸和双作用式液压缸。

A. 直线往复式　　B. 摆动式　　C. 单作用式　　D. 柱塞式

74. 下列不属于高速液压马达的是________。

A. 齿轮马达　　B. 叶片马达

C. 轴向柱塞马达　　D. 径向柱塞马达

75. ________液压缸的额定压力小于 16 MPa，应用于体积要求小、质量轻、出力大的建筑车辆和飞机用液压缸。

A. 低压　　B. 中低压　　C. 中高压　　D. 高压

76. 对于尺寸较小、压力较低、相对运动速度较高的情况，活塞与活塞杆多采用________的密封形式。

A. 间隙密封　　B. 摩擦环密封　　C. 密封圈密封　　D. 填充密封

77. 齿轮液压马达密封性差、容积效率________、输入油压力不能过高、不能产生较大转矩，因此齿轮液压马达仅适合于________的场合。

A. 较低　高速小转矩　　B. 较低　低速大转矩

C. 较高　高速小转矩　　D. 较高　低速大转矩

78. 下列不属于双作用缸的是________。

A. 伸缩液压缸　　B. 柱塞式液压缸

C. 单活塞杆液压缸　　D. 双活塞杆液压缸

79. ________液压缸的额定压力小于 31.5 MPa，主要应用于油压类机械。

A. 低压　　B. 高压　　C. 中高压　　D. 中低压

80. 真空增压制动系统与普通液压制动系统相比增加了________。

A. 真空增压器　　B. 制动阀　　C. 空压机　　D. 分泵

81. 下列选项中，不属于辅助装置的是________。

A. 油箱　　B. 开停阀　　C. 滤油器　　D. 油管

82. 把机械能转换成油液液压能的装置是________。

A．控制调节装置　　B．执行装置
C．能源装置　　D．辅助装置

83．液压系统中大多数采用________油箱。
A．分离式　　B．整体式　　C．合并式　　D．组合式

84．下列不属于曲轴箱的作用的是________。
A．上曲轴箱固定曲轴　　B．上曲轴箱主要用于存储机油
C．对存储的机油进行散热　　D．吸附金属屑

85．下列不属于活塞的作用的是________。
A．活塞是组成燃烧室的一部分
B．将气体压力传给曲柄连杆机构，实现能量转换
C．活塞筒承受侧推力，起单向运动的导向作用
D．十字式活塞控制进、排气口的开闭

86．下列不属于活塞环的油环作用的是________。
A．密封燃烧室　　B．给活塞传递热量，加热
C．对活塞中心布置进行定位支承　　D．使润滑油布满气缸

87．________连接的特点是活塞销中部与连杆小头采用过盈配合，活塞销只能在两端销座内做自由转动，而和连杆小头没有相对运动。
A．全浮式　　B．半浮式　　C．分体式　　D．组合式

88．下列不属于连杆的作用的是________。
A．将活塞与曲轴连接成曲柄连杆机构
B．把活塞的往复运动转变为连杆的回转运动
C．将作用在活塞上的气体压力、惯性力传递给曲轴
D．以上选项均不正确

89．下列不是斜分连杆盖与连杆常用的定位方法的是________。
A．锯齿定位　　B．套筒定位　　C．连杆螺栓　　D．止口定位

90．下列不属于曲轴的作用的是________。
A．活塞的单向运动通过曲轴变成往复运动
B．将各气缸所做的功汇集起来向外输出
C．带动附属设备正常工作，如喷油泵、进气阀、排气阀等
D．将活塞的往复运动通过连杆变成回转运动

91．全支承曲轴的主轴颈数比连杆轴颈数多________，非全支承曲轴的主轴颈数________连杆轴颈数。
A．2个　≥　　B．2个　≤　　C．1个　≥　　D．1个　≤

92．下列不属于曲柄连杆机构的缸体曲轴箱组的是________。
A．气缸体　　B．曲轴箱　　C．连杆轴承　　D．气缸垫

93．下列不属于曲柄连杆机构的活塞连杆组的是________。

A．活塞　　B．气缸垫　　C．连杆　　D．连杆轴承

94．下列不属于曲柄连杆机构的曲轴飞轮组的是________。

A．连杆轴承　　B．飞轮　　C．曲轴　　D．曲轴轴承

95．________的特点是，气门通过挺杆、推杆、摇臂传递运动力，所以它不适于在高速发动机上使用。

A．下置凸轮轴式　　B．中置凸轮轴式

C．上置凸轮轴式　　D．偏置凸轮轴式

96．将凸轮轴位置移到气缸体的上部，由凸轮轴经过挺杆直接驱动摇臂，而省去推杆，这种结构称为________配气机构。

A．下置凸轮轴式　　B．中置凸轮轴式

C．上置凸轮轴式　　D．偏置凸轮轴式

97．________配气机构的凸轮轴布置在气缸盖上，凸轮轴直接驱动进、排气门摇臂，使进、排气门定时开闭，适用于高速发动机。

A．下置凸轮轴式　　B．中置凸轮轴式

C．上置凸轮轴式　　D．偏置凸轮轴式

98．下列不属于气门的常见耗损的是________。

A．气门杆部磨损　　B．气门工作锥面磨损

C．硬化层脱落　　D．气门杆弯曲变形

99．对燃油进行加压、计量，并按照一定的次序将燃油供入各个气缸所对应的喷油器中的部件是________。

A．喷油器　　B．喷油泵　　C．调速器　　D．输油泵

100．将燃油箱的燃油吸出来，送到喷油泵的低压腔的部件是________。

A．喷油器　　B．喷油泵　　C．调速器　　D．输油泵

101．将燃油中的杂物滤去，保证喷油器正常工作的部件是________。

A．燃油滤清器　　B．喷油泵　　C．调速器　　D．输油泵

102．________是由凹形活塞顶、气缸垫间隙与气缸盖底面所包围的单一内腔，几乎全部容积都在活塞顶面上。汽车用柴油发动机多采用这种燃烧室。

A．统一式燃烧室　　B．分隔式燃烧室

C．分体式燃烧室　　D．组合式燃烧室

103．下列不属于柴油发动机燃油供给系统的基本功能的是________。

A．能调节喷油时刻，使燃油燃烧彻底

B．不可调节喷油量，以恒定输出功率

C．通过加压机构使燃油变成高压

D．以上选项均不正确

104．下列不属于柴油发动机燃油供给系统的是________。

A．传统供油系统　　B．柴油共轨系统

C．双体泵系统　　　　D．泵喷嘴系统

105．下列柴油发动机供油系统为直列柱塞式喷油泵供油系统的是________。

A．柴油共轨系统　　　　B．单体泵系统

C．传统供油系统　　　　D．泵喷嘴系统

106．下列不属于转子式机油泵的组成部件的是________。

A．主动轴　　B．内转子　　C．泵盖　　D．壳体

107．由于转子式机油泵的内转子的凸齿数比外转子的凹齿数________一齿，使得内、外转子________不同步地旋转。

A．少　同向　　B．少　反向　　C．多　同向　　D．多　反向

108．一般润滑系统中装有几个不同滤清能力的滤清器，下列不属于此范畴的是________。

A．集滤器　　B．粗滤器　　C．燃油滤清器　　D．细滤器

109．在一般的润滑系统中，________的作用是防止较大的机械杂质进入机油泵。

A．集滤器　　B．粗滤器　　C．燃油滤清器　　D．细滤器

110．推杆的润滑是靠摇臂侧面上的________，挺杆、凸轮及缸筒靠________，正时同步齿轮靠机油泵的斜齿轮带起的机油润滑。

A．机油润滑　飞溅润滑　　　　B．孔喷油润滑　飞溅润滑

C．机油润滑　压力润滑　　　　D．孔喷油润滑　压力润滑

111．下列不属于齿轮泵的组成部件的是________。

A．主动轴　　B．从动齿轮　　C．内转子　　D．壳体

112．发动机冷却系统工作时，当冷却液温度低于76℃时，冷却液流经的路线为________；当冷却液温度高于86℃时，发动机只进行________。

A．小循环　小循环　　　　B．小循环　大循环

C．大循环　小循环　　　　D．大循环　大循环

113．发动机冷却系统中的风扇工作时，若发动机负荷大，流经散热器的空气流量________；若发动机负荷小，风扇转速________。

A．多　低　　B．多　高　　C．少　低　　D．少　高

114．下列不属于发动机冷却系统中的冷却温度调节装置的是________。

A．百叶窗　　B．节温器　　C．水箱　　D．风扇离合器

115．在冷却系统故障诊断与排除中，下列不属于导致冷却液消耗多的故障原因的是________。

A．散热器盖及密封垫损坏　　　　B．缸体、缸盖变形或损坏

C．缸盖螺纹松动　　　　D．节温器不能正常工作

116．在冷却系统故障诊断与排除中，下列不属于导致发动机过热的故障原因的是________。

A．冷却液不足　　　　B．节温器不能正常工作

C．温控风扇工作不正常　　D．燃烧室积炭不足

117．在冷却系统故障诊断与排除中，下列不属于导致发动机升温缓慢的故障原因的是________。

A．冷却液不足　　B．节温器不能正常工作

C．温控风扇损坏　　D．水温表或温度传感器损坏

118．在发动机常见故障诊断与排除中，下列不属于导致柴油进入气缸内，不能正常燃烧的故障原因的是________。

A．喷油器不喷油　　B．供油压力不足

C．供油时间过迟　　D．供油量太小

119．在发动机常见故障诊断与排除中，可先将喷油泵上的放气螺塞旋松，用手油泵泵油。若放气螺孔不流油或流出泡沫柴油，则表明________故障。

A．低压油路　　B．高压油路　　C．中压油路　　D．全部油路

120．在发动机常见故障诊断与排除中，可先将喷油泵上的放气螺塞旋松，用手油泵泵油。若放气螺孔处流油正常且无气泡出现，但各缸喷油器无油喷出，则表明________故障。

A．低压油路　　B．高压油路　　C．中压油路　　D．全部油路

121．当柴油机工作时，若因柴油机废气中有水或燃油蒸气而出现烟色异常时，冒________烟。

A．黑　　B．白　　C．蓝　　D．灰

122．当柴油机工作时，若因柴油机不完全燃烧而出现烟色异常，冒________烟。

A．黑　　B．白　　C．蓝　　D．灰

123．下列不属于造成柴油机冒黑烟的原因的是________。

A．空滤器污堵　　B．柴油机超负荷

C．供油提前角过早或过晚　　D．柴油机中含有水分

124．当柴油机启动时，柴油没有进入气缸的故障表现为________。

A．启动时可听到不连续的爆发声音，排气管有少量排烟或大量排白烟，但不能启动

B．启动时听不到爆发声音，排气管没有烟排出，不能启动

C．启动时可听到不连续的爆发声音，排气管没有烟排出，不能启动

D．启动时听不到爆发声音，排气管有大量排白烟，不能启动

125．当柴油机启动时，柴油已经进入气缸，但未能正常燃烧的故障表现为________。

A．启动时听不到爆发声音，排气管没有烟排出，不能启动

B．启动时可听到不连续的爆发声音，排气管有少量排烟或大量排白烟，但不能启动

C．启动时听不到爆发声音，排气管有大量烟排出，不能启动

D．动时可听到不连续的爆发声音，排气管没有烟排出，不能启动

126．液力变矩器按照其________可分为单相和多相变矩器。

A．工作液流向　B．工作状况　C．叶栅组数　D．方向

127．液力变矩器在工作时油液在循环圆内流动引起的损失为________。

A．液力损失　B．容积损失　C．机械损失　D．能量损失

128．液力变矩器在工作时由于间隙和密封处泄漏所引起的损失为________。

A．液力损失　B．容积损失　C．机械损失　D．能量损失

129．液力变矩器在工作时在轴承、密封和圆盘摩擦等处所造成的损失为________。

A．液力损失　B．容积损失　C．机械损失　D．能量损失

130．当变矩器出口油温高于115℃时要进行冷却，将________从变矩器进口处压入循环圆内，将________从变矩器循环圆内排出。

A．冷油　热油　B．热油　冷油

C．冷水　热水　D．热水　冷水

131．当变矩器出现在车辆起步时工作正常，也能显出“有力”，起步以后正常挂挡后就显得无力的现象时，可能引起该故障的原因是________。

A．导轮的单向离合器不能自由分离

B．发动机与变矩器的同轴度偏差过大

C．变矩器的冷却系统故障

D．调压阀失灵，背压阀不能开启

132．当变矩器出现变矩器轴承过早损坏，变矩器与发动机连接器齿型损坏严重的现象时，可能引起该故障的原因是________。

A．导轮的单向离合器不能自由分离

B．发动机与变矩器的同轴度偏差过大

C．变矩器的冷却系统故障

D．调压阀失灵、背压阀不能开启

133．下列不属于变矩器的组成部件的是________。

A．涡轮　B．泵轮

C．飞轮　D．导轮

134．底盘传动系统的离合器类型有摩擦式离合器和液力传动离合器两种，港口常用装卸机械多采用________。

A．液力传动离合器　B．摩擦式离合器

C．干式离合器　D．踏板式离合器

135．与耦合器相比，液力变矩器比耦合器多的部件是________。

A．飞轮　B．导轮　C．涡轮　D．泵轮

136．液力变矩器工作过程中，当涡轮转速最低时，从涡轮流出的液体冲击导轮的________，导轮反作用液体的扭矩为________。

A．凹面　正值　B．凸面　负值

C. 凸面　正值　　D. 凹面　负值

137. 下列不属于动力转向系统的是________。

A. 机械转向系统　　B. 液压助力转向系统

C. 全液压转向系统　　D. 以上选项均不属于

138. 新型叉车大都采用________转向系统。

A. 机械式　　B. 转向助力式　　C. 机械及液压式　　D. 全液压式

139. 制动器是制动系统的重要组成部分，其中，________制动器在驻车及行车制动都有采用，其中以驻车制动使用最为普遍。

A. 盘式　　B. 摩擦式

C. 压力式　　D. 以上三项均对

140. 下列不属于平衡制动器的是________。

A. 单向平衡式制动器　　B. 自动增力式制动器

C. 双向（对称）平衡式制动器　　D. 以上选项均不属于

141. 下列不属于导致制动鼓损伤的常见原因的是________。

A. 蹄片与鼓的长期互相摩擦　　B. 制动鼓强度下降

C. 过硬的摩擦片或铆钉外露　　D. 制动鼓表面过于光滑

142. 在制动系统的故障诊断与排除中，下列不属于导致气压不足的故障原因的是________。

A. 空气压缩机故障　　B. 蹄片间隙过大

C. 管路故障　　D. 制动气室的故障

143. 在制动系统的故障诊断与排除中，下列不属于导致液压不足的故障原因的是________。

A. 总泵缺油或气孔堵塞　　B. 蹄片间隙过大

C. 制动鼓失圆，工作面沟槽严重　　D. 制动蹄摩擦片磨损严重使铆钉外露

144. 叉车液压传动系统的动力机构是________，用以将机械能传给液体，形成液体压力。

A. 油泵　　B. 液压马达　　C. 油箱　　D. 滤油器

145. 叉车液压传动系统的执行机构是________，用以把液体的压力能转换为机械能，输出到取物装置上去。

A. 油泵　　B. 液压马达　　C. 油箱　　D. 滤油器

146. 早期发现拉缸时应首先加大气缸润滑油注油量。如过热现象没有改变，可消除过热现象的措施是________。

A. 单缸注油　　B. 增加转速　　C. 加快活塞冷却　　D. 升温

147. 当活塞咬死的情况比较严重时，可向气缸内注入________，待活塞冷却后撬动飞轮或盘车。

A. 汽油　　B. 煤油　　C. 机油　　D. 水

148. 下列不属于预防蓄电池爆炸的合理操作的是________。

A. 发电机调节器的电压应调节合适

B. 蓄电池的通气孔必须经常保持畅通

C. 充电中，接线点要牢固，避免因松动产生火花

D. 充分延长充电时间

149. 发生设备倾覆后，下列不属于电话联系范围的是________。

A. 119　　B. 120

C. 110　　D. 以上三项均属于

150. 下列不属于轮胎的报废标准的是________。

A. 胎面花纹深度高于 1.6 mm　　B. 轮胎老化

C. 胎面变形或胎圈损伤　　D. 轮胎鼓包

151. 下列连接方式属于编结连接的是________。

A. 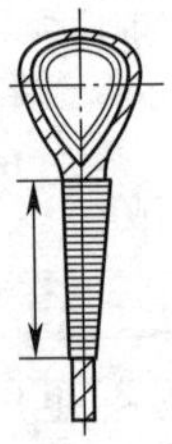

B. 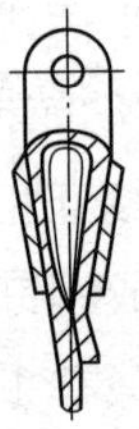

C. 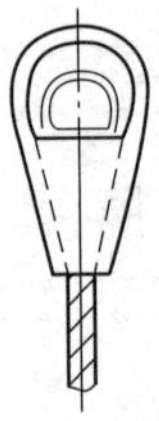

D. 以上选项均是

152. 当钢丝绳直径为 19 ～ 27 mm 时，绳卡的数量应为________个。

A. 3　　B. 4　　C. 5　　D. 6

153. 下列各类灭火器的强制报废年限超过 10 年的为________。

A. 手提式化学泡沫灭火器　　B. 手提式清水灭火器

C. 手提式干粉灭火器　　D. 手提式二氧化碳灭火器

154. 零件图的标题栏一般不标注零件的________。

A. 名称　　B. 数量　　C. 尺寸　　D. 比例

155. 尺寸基准是加工和测量零件时确定位置的依据。在标注零件尺寸的过程中，一般在三个方向分别确定一个主要尺寸基准，并从尺寸基准出发，确定零件中各结构的相对位置尺寸，这三个方向不包括________。

A. 长　　B. 宽　　C. 高　　D. 中心

156. 下面关于零件尺寸变动量的相关名词，介绍全面的是________。

A. 公称尺寸　　B. 实际尺寸、极限尺寸

C. 极限偏差、尺寸公差　　D. 以上选项均正确

157. 先导阀的主阀芯上有一阻尼孔，且上腔作用面积略________下腔作用面积，其弹簧只在阀口________时起复位作用。

A. 小于　关闭　　B. 小于　开启
C. 大于　开启　　D. 大于　关闭

158. 换向阀利用阀芯在阀体间的________来变换油液流动的方向。

A. 相对移动　　B. 转动　　C. 跳动　　D. 配合

159. 单向阀是一种________控制阀。

A. 压力　　B. 温度　　C. 流量　　D. 方向

160. 曲轴轴向定位通常是在________结构上采取限位措施，大致可分为前部定位、中部定位、后部定位三种。

A. 连杆轴承　　B. 主轴承　　C. 辅助机构轴承　　D. 以上均是

理论知识考试模拟试卷（三）

一、判断题（下列判断正确的打“√”，错误的打“×”。每题0.5分，共20分）

1. 利用自动送丝机构向熔池送丝，焊丝与工件间形成电弧，在CO_2气体保护下的熔化极气体保护焊接方法，称为CO_2气体保护焊。（ ）
2. 在切削过程中，既有主运动又有旋转运动，二者的合成运动称为合成切削运动。（ ）
3. 焊接就是通过加热或加压，或两者并用，并且用或不用填充材料，使工件达到结合的一种方法。（ ）
4. 螺纹加工过程中，为保证螺纹末端完整及便于退出刀具，常在待加工面的端部预先加工出倒角。（ ）
5. CO_2气体保护焊采用的是自动送丝机构，操作简单，容易掌握，在手工电弧焊操作技术的基础上，经过短期的培训即可进行CO_2气体保护焊焊接。（ ）
6. 零件图中常用剖视图表示砂轮越程槽的结构。（ ）
7. 机械加工是指通过一种机械设备对工件的外形尺寸或性能进行改变的过程。按加工方式上的差别可分为切削加工和压力加工。（ ）
8. 铆接机（也称为铆钉机、旋铆机、铆合机、碾铆机等）是依据冷碾原理研制而成的一种新型铆接设备。该设备结构紧凑、性能稳定、操作方便安全。（ ）
9. 在粘接时，使用3M 7240环氧封边胶时，按照质量比A∶B=3∶1各取适量胶液搅拌混合均匀（以A、B两种胶液颜色混合均匀为判断依据），然后将搅拌均匀的胶体用刮刀在所需封边的板材上按图样要求涂覆、刮平、抹平。（ ）
10. 胶黏剂配比只要在一定范围内即可，不会对粘接力产生过大的影响。（ ）
11. 液压传动系统的功率大小与系统的流量和压力的大小无关。（ ）
12. 液压泵密闭容积增大到极限时，先要转为排油，然后才与吸油腔隔开。（ ）
13. 柱塞泵一般分为径向柱塞泵和轴向柱塞泵。其中，径向柱塞泵可分为斜盘式和斜轴式两种。（ ）
14. 换向阀按照其结构形式可分为滑阀式、转阀式、球阀式三种。（ ）
15. 低速大转矩马达排量大、体积大、转速低，因此可直接与工作机构连接，不需要减速装置。（ ）
16. 非增压柴油机进气终了时，气缸内的气体压力等于大气压。（ ）
17. 选取活塞环时应进行活塞环的弹力检验、漏光检验、环的端面翘曲检验及环与槽配合间隙的检验。（ ）

18. 曲轴轴承和连杆轴承都是采用硬度很高的合金制成的。 (　　)
19. 气缸垫的功用是保持气缸密封不漏气，保持由气缸体流向气缸盖的冷却液和润滑油不泄漏。 (　　)
20. 在发动机工作过程中，曲轴各连杆轴颈的转动有时比飞轮转得快，有时比飞轮转得慢，这种现象称为曲轴的扭转振动。当振动强烈时甚至会扭断曲轴。(　　)
21. 四冲程发动机每完成一个工作循环，曲轴转速与凸轮轴转速之比（传动比）为 2∶1。 (　　)
22. 机油冷却装置是润滑系统的组成部件之一。 (　　)
23. 柴油发动机的配气机构是发动机组件中的核心部件，配气机构的工作性能好坏对发动机有重要的影响。 (　　)
24. 柴油发动机燃油供油系统的喷油器是一个自动阀，可以设定其开阀压力，而喷油器的结构决定其关闭压力。 (　　)
25. 在拆下 A 型喷油泵后，应转动曲轴，在装复喷油泵前找出一缸供油时的活塞位置。 (　　)
26. 喷油器在装复时，取下喷油器后，上下移动应听不到针阀活动的响声，否则应重新清洗喷油嘴后装复。 (　　)
27. 带有散热器型柴油发动机润滑系统的机油泵采用转子式结构，通过惰轮由曲轴带动。 (　　)
28. 离心式细滤器是利用离心力的作用原理，将机油中的机械杂质分离出来。(　　)
29. 自然通风可以将窜入曲轴箱内的混合气回收使用，有利于提高发动机的经济性，同时也可降低对环境的污染。 (　　)
30. 在发动机运转时，散热器温度高于 93℃，风扇不转动，也是正常的。 (　　)
31. 在发动机常见故障诊断与排除中，可先将喷油泵上的放气螺塞旋松，用手油泵泵油。若放气螺孔不流油或流出泡沫柴油，则表明高压油路故障。 (　　)
32. 当柴油机出现烟色异常时，造成冒黑烟的原因主要为燃油、燃烧系统的故障和进排气系统故障。 (　　)
33. 同轴度属于位置公差。 (　　)
34. 蹄片式制动器由于两制动蹄与制动鼓之间的法向力相等，因此称为平衡式制动器。 (　　)
35. 叉车空压机在修理过程中，活塞环与活塞装配前应检查其端隙、背隙、侧隙是否符合技术要求。背隙一般为 0.15 ~ 0.35 mm。 (　　)
36. 全液压转向系统在发动机熄火或转向油泵出现故障停止供油时，摆线马达可以作为手动油泵使用，实现人力转向。 (　　)
37. 行星齿轮式轮边减速器是以行星轮为从动件输出的。动力从半轴经太阳轮输入，经行星轮到行星架将动力传给车轮使驱动轮转动。 (　　)
38. 为了防止液力变矩器内部发生空穴和汽蚀现象，要求送往变矩器工作循环圆内的

工作油液具有一定压力即补偿压力，且补偿压力的值是固定的。（ ）

39．动力转向系统是完全应用发动机动力为转向能源的转向系统。（ ）

40．制动系统驱动机构的功用是将驾驶员或来自其他能源的作用力传给制动器，用以控制制动器的工作时间和制动力矩。（ ）

二、单项选择题（下列每题的选项中，只有 1 个是正确的，请将其代号填在横线空白处。每题 0.5 分，共 80 分）

1．切削加工过程中，在工件上通常会有三种变化着的加工表面，其中不包括________。

A．待加工表面　B．已加工表面　C．过渡表面　D．切削面

2．下列几何公差中，不属于方向公差的是________。

A．平面度　B．平行度　C．垂直度　D．倾斜度

3．下列铆接加工的分类中，不正确的是________。

A．强固铆接　B．贴合铆接　C．紧密铆接　D．强密铆接

4．在铸件冷却过程中，因冷却速度不同往往会造成壁厚较________位置处形成缩孔。

A．厚　B．薄　C．不均匀　D．均匀

5．为了避免轴肩处因应力集中而断裂，可将零件的轴肩处加工成________。

A．倒圆　B．棱角　C．尖角　D．倒角

6．零件表面上由较小间距和峰谷组成的微观几何形状特征称为________。

A．偏差　B．公差

C．误差　D．表面粗糙度

7．公差带中将靠近零线的那个极限偏差称为基本偏差，它确定公差带相对零线的位置，当公差带在零线上方时，基本偏差为________。

A．上偏差　B．下偏差

C．零线上偏差　D．零线下偏差

8．孔的尺寸减去相配合的轴的尺寸所得的代数差为正值时的配合称为________。

A．过盈配合　B．间隙配合　C．过渡配合　D．其他

9．叉车液压传动系统由________、执行机构、操纵机构、辅助装置、传动介质等部分组成。

A．动力机构　B．起升机构　C．旋转机构　D．其他

10．半精镗是精镗的预备工序，主要是解决粗镗时残留下来的余量不均部分。对精度要求高的孔，半精镗一般分________次进行。

A．1　B．2　C．3　D．4

11．对于公差和偏差应注意，偏差的值________。

A．为正值　B．为负值

C．可以是正值、负值或零　D．其他

12．对于公差和偏差应注意，________。

A．偏差不反映加工难易程度，公差反映加工难易程度

B．偏差不反映加工难易程度，公差也不反映加工难易程度

C．偏差反映加工难易程度，公差不反映加工难易程度

D．偏差反映加工难易程度，公差也反映加工难易程度

13．下列不属于车辆防静电的安全要求的是________。

A．严禁用丝绸和毛毯等物过滤油料

B．车辆行驶时和加注燃油时尽量减少油料冲击和摩擦

C．坚持三级动火制度

D．往油罐汽车装油时，输油管应插入油面以下或按到油罐底部

14．精镗是在粗镗和半精镗的基础上，用较高的切削速度、较小的进给量，切去粗镗或半精镗留下的较小余量，准确地达到图样规定的内孔表面。通常精镗背吃刀量大于________mm，进给量大于等于 0.05 mm/r。

A．0.01　　B．0.02　　C．0.05　　D．0.1

15．基孔制的孔为基准孔，其下偏差为零。基准孔的代号为________。

A．“h”　　B．“H”　　C．“K”　　D．“k”

16．下列连接方式属于楔块、楔套连接的是________。

A．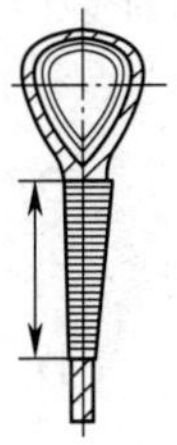

B．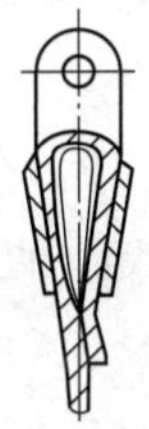

C．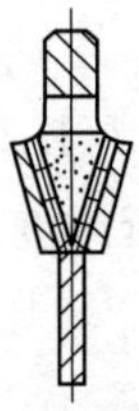

D．以上选项均是

17．下列焊接方法中，属于非熔化焊的是________。

A．螺柱焊　　B．氢原子焊

C．点焊　　D．以上选项均不正确

18．________是加工中心的主要加工内容之一，是对锻出、铸出或钻出孔的进一步加工，可扩大孔径，精确地保证孔系的尺寸精度和几何精度，减小表面粗糙度，还可以较好地纠正原来孔轴线的偏斜。

A．镗孔　　B．扩孔　　C．铰孔　　D．钻孔

19．焊接方法按照物理现象可分为燃烧切割、熔化切割和________。

A．火焰气割　　B．升华切割　　C．火焰穿孔　　D．其他

20．装配图中，当需要表示某些零件的运动范围和极限位置时，可用________画出该运动零件在极限位置的外形图。

A．点画线　　B．细双点画线　　C．虚线　　D．实线

21．装配图的滚动轴承允许采用简化画法或示意画法，在同一轴上相同型号的轴承，在不致引起误解时，可至少画出________个。

A．0　　B．1　　C．2　　D．2 个以上

22．为了表示传动机构的传动路线和零件间的装配关系，可假想按传动顺序沿轴线剖切，然后依次展开，使剖切平面摊平与选定的投影面平行再画出其剖视图，这种画法称为________。

A．简化画法　　B．夸大画法　　C．假想画法　　D．展开画法

23．下列几何公差中，不属于形状公差的是________。

A．平面度　　B．圆度　　C．直线度　　D．倾斜度

24．为了适应各种孔径和孔深的需要并减少镗刀的品种规格，人们将镗杆和刀头设计成系列化的基本件——________。使用时可根据工件的要求选用，拼合成各种镗刀，从而简化了刀具的设计和制造。

A．量块　　B．模块　　C．标准块　　D．其他

25．________是评定零件表面质量的一项重要指标，是影响零件寿命以及零件间的配合的重要因素。

A．表面粗糙度　　B．公差　　C．误差　　D．偏差

26．国家标准对配合规定了两种基准制，分别是________和基轴制。

A．表面制　　B．中心制　　C．过渡制　　D．基孔制

27．焊条按照药皮熔化后的熔渣性质，可分为酸性焊条和碱性焊条，一般金属材料的焊接主要选用________。

A．酸性焊条　　B．碱性焊条　　C．均可以　　D．其他

28．机械加工是指通过一种机械设备对工件的外形尺寸或性能进行改变的过程。按被加工的工件处于的温度状态，分为________和热加工。

A．压力加工　　B．冷加工　　C．低温加工　　D．切削加工

29．热切割是利用热能将材料分离的方法，按照加热能源的不同，以下不是金属热切割的是________。

A．气体火焰的热切割　　B．金属粉末的火焰切割

C．气体放电的热切割　　D．高能束流的热切割

30．孔的镗削加工往往要经过一些工序，其中不包含________工序。

A．预处理　　B．粗镗　　C．半精镗　　D．精镗

31．CO_2 气体保护焊的缺点不包括________。

A．焊接过程中的飞溅大

B．焊接过程中合金元素容易被烧损

C．焊接过程中气体保护区的抗风能力弱

D．拉丝式焊枪比手工电弧焊的焊钳重

32．国家标准中规定了视图、剖视等表示方法，采用一组图形对零件结构进行清晰、完整的表达，是制图的目的。在选择图形的过程中，基本视图是重要的视图。基本视图不包括________。

A．主视图、俯视图　　B．左视图、右视图

C．俯视图、后视图　　D．断面图

33．下列关于零件图标注尺寸的步骤的相关介绍中全面的是________。

A．分析了解零件的形状结构、工作位置、功能以及各部分的加工要求

B．确定零件各方向的尺寸基准

C．先标注重要尺寸，再按加工顺序标注出其他的定形、定位和总体尺寸

D．以上均正确

34．几何误差是指零件表面的实际形状和实际位置与零件理想形状和理想位置的误差。下列不属于位置公差的是________。

A．垂直度　　B．平行度　　C．平面度　　D．倾斜度

35．下列关于装配图的零件明细栏的相关规定中错误的是________。

A．明细栏应排放在标题栏上方，并与标题栏相连。当地方不够时，可将明细栏的一部分移到标题栏左边

B．明细栏中零件序号应自下而上顺次填写，当有漏编零件或需增加零件时，以便向上添加

C．标准件应填写规定标记

D．齿轮的模数和弹簧的型材直径、节距、有效圈数等参数，均应填写在零件明细栏内

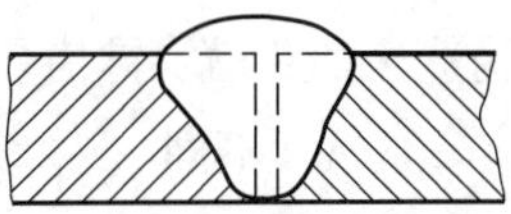

36．在金属结构及其他机械产品的制造中，需将两个或两个以上零件连接在一起，右图所示的连接方法是________。

A．螺栓连接　　B．铆钉连接

C．焊接　　D．以上选项均不正确

37．以下关于焊接过程中对接接头的描述中错误的是________。

A．受力状况好　　B．应力集中程度小

C．焊接材料消耗较多　　D．焊接变形较小

38．在粘接时，使用 MA830 胶黏剂时，手工混合，按________的比例混合，涂布于粘接面并装配好零件。

A．2∶1　　B．5∶1　　C．10∶1　　D．15∶1

39．如图所示，________的代号用拉丁字母表示，大写字母代表孔，小写字母代表轴，共有 28 个代号。

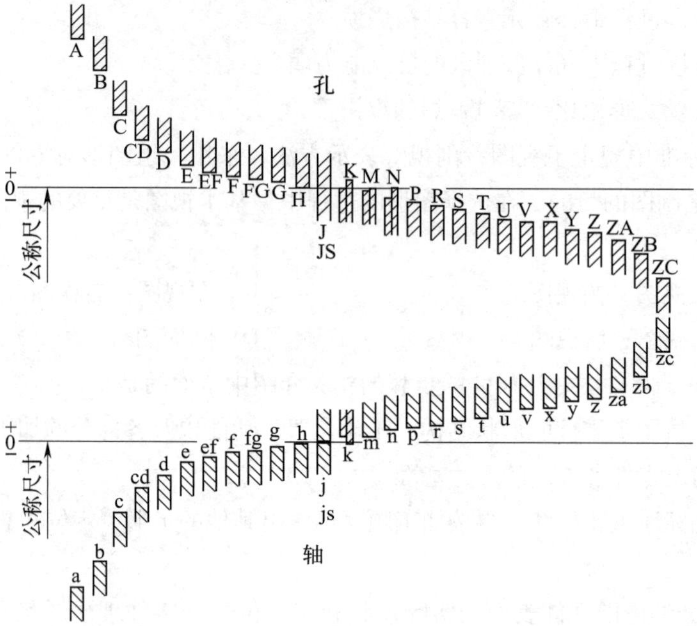

A．基孔制、基轴制　　　　　　　　B．上偏差

C．基本偏差　　　　　　　　　　　D．下偏差

40．粗镗后一般留单边________mm 作为半精镗和精镗的余量。对于精密的箱体类工件，一般粗镗后还应安排回火或时效处理，以消除粗镗时所产生的内应力，最后再进行精镗。

A．0.5 ~ 1　　B．1 ~ 2　　C．2 ~ 3　　D．3 ~ 4

41．对于螺纹紧固件及实心的球、钩子、键、销、轴、手柄、连杆等零件，当剖切平面通过其对称平面或轴线时，零件均按________绘制，如需特别表明这些零件中的某些构造，如凹槽、键槽、销孔等，则可用局部剖视表示。

A．不剖　　B．半剖　　C．全剖　　D．其他

42．叉车常用的液压缸包括起升液压缸、转向液压缸、________。

A．调速液压缸　　B．倾斜液压缸　　C．限位液压缸　　D．其他

43．下列焊接方法中，属于熔化极气体保护焊的是________。

A．氢氧焊　　B．氩弧焊　　C．电渣焊　　D．其他

44．半精镗是精镗的预备工序，主要是解决粗镗时残留下来的余量不均部分。半精镗后一般留精镗余量为________mm（单边），对精度要求不高的孔，粗镗后可直接进行精镗，不必设半精镗工序。

A．0.1 ~ 0.2　　B．0.2 ~ 0.3　　C．0.3 ~ 0.4　　D．0.4 ~ 0.5

45．因为公差和偏差的数值与公称尺寸的数值相比差别很大，不便于使用同一比例尺表示，所以采用________表示。

A．公差带大小　　B．公差带位置　　C．公差带图　　D．公差带

46. 叉车液压传动系统由动力机构、________、操纵机构、辅助装置、传动介质等部分组成。

A. 起升机构　　B. 执行机构　　C. 旋转机构　　D. 其他

47. 平板分为检验平板、划线平板和研磨平板。检验平板的形状有矩形、________和圆形。

A. 菱形　　B. 梯形　　C. 三角形　　D. 正方形

48. 零件图中需要给出的技术要求是________。

A. 尺寸公差　　B. 几何公差

C. 表面粗糙度　　D. 以上选项均正确

49. 焊接接头在焊接结构中的作用不包括________。

A. 对接接头　　B. 联系接头　　C. 密封接头　　D. 工作接头

50. 零件图的标题栏一般不标注零件的________。

A. 名称　　B. 数量　　C. 尺寸　　D. 比例

51. 尺寸基准是加工和测量零件时确定位置的依据。在标注零件尺寸的过程中，一般在三个方向分别确定一个主要尺寸基准，并从尺寸基准出发，确定零件中各结构的相对位置尺寸，这三个方向不包括________。

A. 长　　B. 宽　　C. 高　　D. 中心

52. 下面关于零件尺寸变动量的相关名词中，介绍全面的是________。

A. 公称尺寸　　B. 实际尺寸、极限尺寸

C. 极限偏差、尺寸公差　　D. 以上选项均正确

53. 常见的装配图的表达方法有________。

A. 规定画法　　B. 沿结合面剖切和拆卸画法

C. 简化画法　　D. 以上选项均正确

54. 液压传动的动力部分的作用是将机械能转变成液体的________。

A. 热能　　B. 压力能　　C. 电能　　D. 势能

55. 液力传动是以液体作为工作介质，利用液体的________来传递动力的一种传动方式。

A. 压力　　B. 动力　　C. 温度　　D. 动能

56. 液压泵是液压系统中 ________部分的元件。

A. 动力　　B. 执行　　C. 辅助　　D. 控制

57. 调速阀是一种 ________控制阀。

A. 压力　　B. 流量　　C. 方向　　D. 温度

58. 液压系统中，压力控制阀的作用是控制系统中油液的________。

A. 方向　　B. 流量　　C. 压力　　D. 速度

59. 液压系统中的压力大小取决于 ________。

A. 液压泵输出压力　　B. 安全阀调整压力

C．油液的流量　　　　D．外负荷

60．单作用叶片泵叶片槽根部________通油，叶片厚度对排量________。

A．全部　有影响　　　　B．全部　无影响

C．分别　有影响　　　　D．分别　无影响

61．单作用叶片泵的叶片数取为________，可________流量的脉动。

A．奇数　增大　　　　B．奇数　减小

C．偶数　增大　　　　D．偶数　减小

62．限压式变量叶片泵的工作原理为：若泵的压力随负载增大，定子将向偏心________的方向移动，泵的输出流量________。

A．增大　增大　　　　B．增大　减小

C．减小　增大　　　　D．减小　减小

63．在轴向柱塞泵的变量机构中，由________来决定泵的排量。

A．泵的压力大小　　　　B．泵的角度

C．斜盘的压力大小　　　　D．斜盘的角度

64．下列不属于方向控制阀的是________。

A．单向阀　　B．梭阀　　C．换向阀　　D．顺序阀

65．直动式溢流阀由于阀口大小和稳态液动力的影响，阀的进口压力随流经阀口流量的增大而________。当流量为额定流量时，阀的进口压力________，称为阀的调定压力。

A．增大　最大　　　　B．增大　最小

C．减小　最大　　　　D．减小　最小

66．直动式溢流阀弹簧腔的泄漏油经阀内泄油通道至阀的出口引回油箱，若阀的出口压力________零，则背压将作用在阀芯上端，使阀的进口压力________。

A．为　增大　　　　B．不为　增大

C．为　减小　　　　D．不为　减小

67．单位时间内通过某断面的液压流体的体积，称为________。

A．容量　　B．排量　　C．流量　　D．容积

68．当叉车转向与工作装置全用一个泵来驱动时，必须在油路中安装________。

A．单向阀　　B．节流阀　　C．分流阀　　D．溢流阀

69．双作用叶片泵每转一转，每个工作腔完成吸油和压油各________，且作用于转子上的液压力是________。

A．两次　平衡的　　　　B．一次　不平衡的

C．一次　平衡的　　　　D．两次　不平衡的

70．滑阀式换向阀的工作原理为：阀芯在________位置时，流体的全部通路均被切断，缸活塞不运动。

A．左端　　　　B．右端

C．中间　　　　D．前端

71．在换向阀的符号表示中，有几个方框就表示几“________”。

A．位　　B．通　　C．房　　D．室

72．先导阀的主阀芯上有一阻尼孔，且上腔作用面积略________下腔作用面积，其弹簧只在阀口________时起复位作用。

A．小于　关闭　　B．小于　开启

C．大于　开启　　D．大于　关闭

73．换向阀利用阀芯在阀体间的________来变换油液流动的方向。

A．相对移动　　B．转动　　C．跳动　　D．配合

74．下列装置中，不属于控制调节装置的是________。

A．滤油器　　B．换向阀　　C．溢流阀　　D．开停阀

75．单向阀是一种 ________控制阀。

A．压力　　B．温度　　C．流量　　D．方向

76．按转速分类，转速大于________r/min 为高速液压马达。

A．400　　B．500　　C．600　　D．650

77．与齿轮泵相比，为了减少转矩脉动，齿轮马达的齿数比泵的齿数________。

A．少　　B．一样多　　C．多　　D．无关联

78．________类液压缸的额定压力小于 31.5 MPa，主要应用于油压类机械。

A．低压　　B．中低压　　C．中高压　　D．高压

79．________缓冲装置，起始缓冲效果大，后来缓冲效果差，制动行程长；缓冲腔中的冲击压力大，缓冲性能受油温影响。

A．节流口可调式　　B．节流口变化式

C．溢流口变化式　　D．溢流口可调式

80．________液压缸的额定压力小于 16 MPa，应用于体积要求小、质量轻、出力大的建筑车辆和飞机用液压缸。

A．中高压　　B．中低压　　C．低压　　D．高压

81．齿轮液压马达密封性差、容积效率________、输入油压力不能过高、不能产生较大转矩，因此齿轮液压马达仅适用于________的场合。

A．较低　低速大转矩　　B．较低　高速小转矩

C．较高　高速小转矩　　D．较高　低速大转矩

82．把机械能转换成油液液压能的装置是________。

A．能源装置　　B．执行装置　　C．控制调节装置　　D．辅助装置

83．液压系统中大多数采用________油箱。

A．整体式　　B．分离式　　C．组合式　　D．关联式

84．下列不是油箱作用的是________。

A．散发油液热量　　B．沉淀杂质

C．储存部分空气　　D．安装元件

85. 曲轴的________是曲轴与连杆的连接部分，________是主轴颈和连杆轴颈的连接部分。

A. 连杆轴颈　曲柄　　B. 曲柄　连杆轴颈

C. 主轴颈　曲柄　　D. 连杆轴颈　连杆

86. 下列装置不安装于曲轴前端的是________。

A. 驱动风扇　　B. V 带轮　　C. 启动爪　　D. 飞轮

87. 曲轴轴向定位通常是在________结构上采取限位措施，大致可分为前部定位、中部定位、后部定位三种。

A. 连杆轴承　　B. 主轴承　　C. 辅助机构轴承　　D. 小轴承

88. 下列不属于飞轮的作用的是________。

A. 增大柴油发动机的回转角速度

B. 协助柴油发动机启动

C. 保证柴油发动机空车运转的稳定性

D. 将动力传给离合器

89. 下列不属于导致气缸体与气缸盖破裂的主要原因的是________。

A. 在冬季停放车辆时，完全放净冷却水

B. 在严寒的冬季冷启动时骤加高温热水

C. 在发动机高温情况下骤加冷水

D. 拆装或搬运不慎

90. 下列不属于气缸体与气缸盖平面的检查方法的是________。

A. 平板接触法　　B. 平尺检测　　C. 气压试验　　D. 塞尺检测

91. 发动机在使用中，气缸表面在活塞环运动区域内磨损较大且不均匀，形成________的形状，检测时称为圆柱度误差。

A. 上小下大　　B. 上大下小

C. 上下等宽　　D. 以上三种均有

92. 发动机大修的标准为：如气缸直径为 100 mm，________超过 0.625 mm，________超过 0.20 mm。

A. 圆度误差　圆柱度误差　　B. 圆柱度误差　圆度误差

C. 平面度误差　直线度误差　　D. 直线度误差　平面度误差

93. 在活塞环的选配中，________过低会漏气、窜油，应重新选配；过高可车深环槽，以防受热膨胀后活塞在气缸内卡死。

A. 端隙　　B. 侧隙　　C. 背隙　　D. 漏光度

94. 下列不属于曲轴箱的作用的是________。

A. 上曲轴箱主要用于存储机油

B. 上曲轴箱固定曲轴

C. 对存储的机油进行散热

D．吸附金属屑

95．下列不属于活塞的作用的是________。

A．活塞是组成燃烧室的一部分

B．将气体压力传给曲柄连杆机构实现能量转换

C．十字式活塞控制进、排气口的开闭

D．活塞筒承受侧推力，起单向运动的导向作用

96．下列不属于活塞环的油环作用的是________。

A．给活塞传递热量，加热

B．密封燃烧室

C．对活塞中心布置进行定位支承

D．使润滑油布满气缸

97．下列不属于气门座的磨损的是________。

A．磨料磨损　　B．气门工作锥面磨损

C．硬化层脱落　　D．高温燃气的腐蚀和烧蚀

98．早期发现拉缸时应首先加大气缸润滑油注油量。如过热现象没有改变，可消除过热现象的措施是________。

A．单缸注油　　B．增加转速

C．加快活塞冷却　　D．以上选项均正确

99．当活塞咬死的情况比较严重时，可向气缸内注入________，待活塞冷却后撬动飞轮或盘车。

A．汽油　　B．煤油　　C．机油　　D．水

100．下列不属于气门漏气的故障原因的是________。

A．气门与气门导管间隙过大

B．挺杆与挺杆架间隙过大

C．气门在导管内卡住

D．气门弹簧失去弹性

101．下列不属于气门脚响的故障原因的是________。

A．气门脚调整螺钉损坏　　B．液压挺杆工作不良

C．凸轮轴弯曲　　D．挺杆卡滞，转动不灵活

102．下列不属于气门挺杆响的故障原因的是________。

A．挺杆球面磨损有沟槽或有凹面

B．挺杆与挺杆架间隙过大

C．液压挺杆机油压力过高

D．挺杆卡滞，转动不灵活

103．断油电磁阀的工作原理为：当打开点火开关时，电磁阀电路接通，进油阀在磁力作用下克服弹簧弹力而________，泵体油道开通；当需熄火时，关闭点火开关，切断电

磁阀的电路，进油阀在弹簧弹力的作用下________，关闭油道。

A．上移　上移　　B．上移　下移

C．下移　上移　　D．下移　下移

104．下列不属于柴油供给系统内产生空气的原因的是________。

A．换柴油滤清器时将滤清器内完全充满柴油

B．更换高压油泵

C．更换高压油管连接件或更换高压油管

D．更换输油泵、低压油管

105．排除________中的空气时，应启动发动机（不发动着车），拧松第一根高压油管固定于喷油器端的油管螺母，使空气逸出。

A．低压油管　B．输油泵　C．柴油滤清器　D．高压油管

106．更换新柴油滤清器时，将滤清器用干净的柴油充满，在滤清器密封橡胶上涂少许润滑油，涂油后必须在________min 内安装。

A．5　B．10　C．15　D．20

107．________的功用就是向各运动零件表面输送定量的清洁润滑油。

A．传统供油系统　　B．单体泵系统

C．泵喷嘴系统　　D．润滑系统

108．对燃油进行加压、计量，并按照一定的次序将燃油供入各个气缸所对应的喷油器中的部件是________。

A．喷油器　B．输油泵　C．调速器　D．喷油泵

109．将燃油箱的燃油吸出来，送到喷油泵的低压腔的部件是________。

A．输油泵　B．喷油泵　C．调速器　D．喷油器

110．将燃油中的杂物滤去，保证喷油器正常工作的部件是________。

A．调速器　B．喷油泵　C．燃油滤清器　D．输油泵

111．在一般的润滑系统中，________的作用是滤去机油中粒度较大的杂质，通常串联在机油泵与主油道之间，属全流式滤清器。

A．集滤器　B．粗滤器　C．燃油滤清器　D．细滤器

112．在一般的润滑系统中，________的作用是清除细小的杂质。这种滤清器对机油的流动阻力较大，故多做成分流式，与主油道并联。

A．集滤器　B．粗滤器　C．燃油滤清器　D．细滤器

113．柴油发动机润滑系统内设置两个机油压力开关：一个为________低压开关，位于发动机缸体侧壁；另一个为________高压开关，位于机油滤清器支架上。

A．30 kPa　180 kPa　　B．40 kPa　180 kPa

C．30 kPa　200 kPa　　D．40 kPa　200 kPa

114．曲轴箱的通风方式一般有两种，一种是自然通风，另一种是强制通风。一般情况下，柴油发动机多采用________，汽油发动机多采用________。

A. 强制通风　自然通风　　B. 强制通风　强制通风

C. 自然通风　强制通风　　D. 自然通风　自然通风

115. 由于转子式机油泵的内转子的凸齿数比外转子的凹齿数________一齿，使得内、外转子________不同步地旋转。

A. 少　反向　　B. 少　同向　　C. 多　同向　　D. 多　反向

116. 一般润滑系统中装有几个不同滤清能力的滤清器，下列不属于此范畴的是________。

A. 集滤器　　B. 粗滤器　　C. 燃油滤清器　　D. 细滤器

117. ________是散热器冷却液流量的控制部分，其作用是根据发动机冷却液的温度自动控制流经散热器的冷却液流量。

A. 百叶窗　　B. 节温器　　C. 风扇离合器　　D. 水箱

118. 在冷却系统故障诊断与排除中，下列不属于导致冷却液消耗多的故障原因的是________。

A. 散热器盖及密封垫损坏　　B. 节温器不能正常工作

C. 缸盖螺纹松动　　D. 缸体、缸盖变形或损坏

119. 发动机冷却系统中的风扇工作时，若发动机负荷大，流经散热器的空气流量________；若发动机负荷小，风扇转速________。

A. 多　高　　B. 多　低　　C. 少　低　　D. 少　高

120. 下列不属于造成柴油机冒白烟的原因的是________。

A. 柴油机水温太低　　B. 喷油器雾化不良

C. 供油提前角过早　　D. 柴油机中含有水分

121. 下列不属于造成柴油机冒蓝烟的原因的是________。

A. 油底壳油面太高　　B. 活塞环开口间隙大

C. 增压器密封失效　　D. 柴油机中含有水分

122. 发动机冒黑烟的原因之一是________。

A. 喷油时间过晚　　B. 喷油量过大

C. 喷油量过小　　D. 烧机油

123. 液压制动突然失效的原因为________。

A. 制动鼓失圆　　B. 摩擦片接触不良

C. 总泵皮碗损坏或踏翻　　D. 摩擦片有油污

124. 在发动机常见故障诊断与排除中，可先将喷油泵上的放气螺塞旋松，用手油泵泵油。若放气螺孔处流油正常且无气泡出现，但各缸喷油器无油喷出，则表明________故障。

A. 低压油路　　B. 高压油路

C. 低压油路和高压油路　　D. 无

125. 当柴油机工作时，若因柴油机废气中有水或燃油蒸气而出现烟色异常时，冒

________烟。

A．黑　　B．蓝　　C．白　　D．灰

126．当发现拉缸时，必须迅速降低转速，然后________。继续增加活塞冷却，同时________。

A．盘车　停车　　B．停车　盘车

C．停车　停车　　D．盘车　盘车

127．当变矩器出现漏油的现象时，进行诊断和排查的方法是________。

A．将导轮、单向离合器全部拆下清洗

B．更换单向离合器

C．重新调整发动机与变矩器的同轴度

D．彻底清洗冷却系统、各个压力阀

128．下列不属于变速器的功用的是________。

A．切断、接合动力　　B．实现倒车

C．恒定驱动车轮上的转速和转矩　　D．外动力输出

129．液力变速器（湿式多片）装在液力变矩器的________上，通过控制阀将压力油分配给前进或后退离合器，实现前进、后退换挡。

A．输入轴　　B．输出轴　　C．均可以　　D．均不可以

130．下列不属于T/M控制阀的组成部件的是________。

A．选择滑阀　　B．微动滑阀　　C．调节阀　　D．溢流阀

131．下列不属于变速器离合器打滑的故障原因的是________。

A．油压低　　B．密封圈磨损

C．离合器活塞环磨损　　D．螺栓松动

132．下列不属于变速器不能传递动力的故障原因的是________。

A．离合器不能啮合　　B．油量不足

C．密封圈不良　　D．轴的磨损

133．下列不属于驱动桥的组成部件的是________。

A．主减速器　　B．差速器　　C．调节阀　　D．半轴

134．液力变矩器在工作时油液在循环圆内流动引起的损失为________。

A．液力损失　　B．容积损失

C．机械损失　　D．以上选项均正确

135．液力变矩器在工作时由于间隙和密封处泄漏所引起的损失为________。

A．液力损失　　B．机械损失

C．容积损失　　D．以上选项均正确

136．当变矩器出口油温高于115℃时要进行冷却，将________从变矩器进口处压入循环圆内，将________从变矩器循环圆内排出。

A．热油　冷油　　B．冷油　热油

C. 冷水　热水　　　　　　　　D. 热水　冷水

137. 当变矩器出现在车辆起步时工作正常，也能显出“有力”，起步以后正常挂挡后就显得无力的现象时，可能的故障原因是________。

A. 变矩器的冷却系统故障

B. 发动机与变矩器的同轴度偏差过大

C. 导轮的单向离合器不能自由分离

D. 调压阀失灵、背压阀不能开启

138. 下列不属于液压转向系统转向装置的常见故障的是________。

A. 液压转向器故障　　　　　　B. 行驶跑偏

C. 转向沉重　　　　　　　　　D. 驱动桥异响

139. 下列不属于动力转向系统的是________。

A. 机械转向系统　　　　　　　B. 全液压转向系统

C. 液压助力转向系统　　　　　D. 以上三项均不属于

140. 在制动系统的故障诊断与排除中，下列不属于气压不足的故障原因的是________。

A. 蹄片间隙过大　　　　　　　B. 空气压缩机故障

C. 管路故障　　　　　　　　　D. 制动气室的故障

141. 在制动系统的故障诊断与排除中，下列不属于液压不足的故障原因的是________。

A. 总泵缺油或气孔堵塞

B. 蹄片间隙过大

C. 制动鼓失圆，工作面沟槽严重

D. 制动蹄摩擦片磨损严重使铆钉外露

142. 当出现制动器摩擦力矩不能随制动解除而消失所导致的汽车行驶阻力很大，制动鼓发热现象时，表明制动系统发生了________故障。

A. 制动不灵　　　　　　　　　B. 制动跑偏

C. 制动发咬　　　　　　　　　D. 制动不平稳

143. 在制动系统的故障诊断与排除中，下列不属于制动发咬的故障原因的是________。

A. 制动蹄回位弹簧过软　　　　B. 制动蹄支承销变位或锈住

C. 控制器排气门间隙不当　　　D. 制动蹄片间隙过大

144. 在制动系统的故障诊断与排除中，下列不属于制动不平稳的故障原因的是________。

A. 制动鼓失圆　　　　　　　　B. 制动蹄片端面有倒角

C. 轮毂轴承紧度小、松旷　　　D. 制动蹄片铆钉或螺栓松动

145. 叉车液压传动系统的动力机构是________，用以将机械能传给液体，形成液体

压力。

A．油泵　　B．液压马达　　C．油箱　　D．滤油器

146．叉车液压传动系统的执行机构是________，用以把液体的压力能转换为机械能，输出到取物装置上去。

A．油泵　　B．液压马达　　C．油箱　　D．滤油器

147．下列不属于事故应急救援应遵循的基本原则的是________。

A．人员集中原则　　B．保护现场原则

C．快速反应原则　　D．观察与记录原则

148．________是事故应急处置中的首要原则。

A．保护现场原则　　B．快速反应原则

C．人员集中原则　　D．观察与记录原则

149．下列焊接方法中，属于电阻焊的是________。

A．摩擦焊　　B．缝焊　　C．钎焊　　D．仰焊

150．双作用叶片泵的定子曲线圆弧段圆心角 β ________配流窗口的间距角 γ ________叶片夹角 α。

A．＞　＞　　B．≥　≥　　C．≤　≤　　D．＜　＜

151．液压马达是液压传动系统中的________元件。

A．控制　　B．动力　　C．辅助　　D．执行

152．液压缸是液压传动系统中的________部分。

A．控制　　B．执行　　C．辅助　　D．动力

153．机床类机械一般采用________液压缸，其额定压力为 2.5 ~ 6.3 MPa。

A．低压　　B．中低压　　C．中高压　　D．高压

154．当活塞和活塞杆组件采用________连接形式时，高压时必须加防松装置。

A．螺纹　　B．半环　　C．键　　D．销

155．刀具进行预调时，其尺寸精度、完好状态必须符合要求。预调的尺寸必须精确，要调在公差的________，并考虑温度的因素，以进行修正、补偿。

A．中上限　　B．中下限　　C．下限　　D．上限

156．下列装置中，不属于辅助装置的是________。

A．油箱　　B．油管　　C．滤油器　　D．开停阀

157．下列不属于曲柄连杆机构的缸体曲轴箱组的是________。

A．气缸体　　B．连杆轴承　　C．曲轴箱　　D．气缸垫

158．下列不属于曲柄连杆机构的活塞连杆组的是________。

A．活塞　　B．连杆轴承　　C．连杆　　D．气缸垫

159．下列不属于曲柄连杆机构的曲轴飞轮组的是________。

A．曲轴　　B．飞轮　　C．连杆轴承　　D．曲轴轴承

160．下列不属于安全防护装置调整的原则的是________。

A．防护装置尽可能靠近危险部位，将其封闭

B．防护装置尽可能与机器分离，不作为其组成部分

C．防护装置不应妨碍生产

D．除无法避免的情况（如砂轮机）外，尽可能使用全封闭式防护罩

理论知识考试模拟试卷（四）

一、判断题（下列判断正确的打“√”，错误的打“×”。每题 0.5 分，共 20 分）

1. 工程上习惯按零件的结构特点将其分为轴套类、轮盘类、叉杆类和箱体类四大类。（　）
2. 切削速度是单位时间内工件和刀具沿主运动方向的相对位移，单位是 m/s。（　）
3. 因为 CO_2 气体保护焊电流的密度高、电弧热量集中、CO_2 气体有冷却的作用，受热的面积相对较小，所以焊后工件的变形小，特别是焊接薄板时可以减少矫正变形的工作量。（　）
4. 一张完整的零件图一般会利用视图、剖视图、断面图等表达方法，对零件各部分的结构形状进行完整、清晰的表达。（　）
5. 在装配体中，为减少零件上接触面的加工面积，常将接触面处设计成凹坑或凸台结构。（　）
6. 绘制零件图的过程中，确定表达方案时需要选择好主视图后，利用斜视图、局部视图、剖视图、断面图等视图对零件结构进行充分表达，选择相应视图时不仅要考虑零件各部分结构形状及其相对位置表达，还要突出视图表达的重点内容。（　）
7. 叉、杆类零件包括托架、连杆、拨叉等，该类零件一般结构较复杂，常带有倾斜或弯曲状结构，且加工位置多变，工作位置也不固定。（　）
8. 钻孔的钻头顶部有 120° 的锥角，所以加工盲孔时需在孔的末端近似画成锥度为 120° 的锥角。（　）
9. 机械加工是指通过一种机械设备对工件的外形尺寸或性能进行改变的过程。按被加工的工件所处的温度状态，分为冷加工和热加工。（　）
10. 进给量是工件或刀具转动一周（或每往复一次），两者沿进给运动方向上的相对位移量。（　）
11. 粘接的流程主要包括粘接准备、表面处理、配胶、刮胶涂布、压紧及后处理。（　）
12. 在粘接时，混合均匀胶液需要一定的时间凝固，如果温度较低则固化时间会缩短。（　）
13. 液压泵按流量可分为定量泵和变量泵。（　）
14. 流量控制阀一般串联在需要控制执行元件运动速度的系统中，且与溢流阀联合使用。（　）

15. 排气行程为使排气顺畅，进排气门要全部打开。 ( )

16. 曲柄连杆机构的主要零件可以分为三组，即缸体曲轴箱组、活塞连杆组和曲轴飞轮组。 ( )

17. 发动机在平时保养时，更换活塞环的级别应高于或等于所换活塞环级别。( )

18. 进气门迟闭的目的是利用进气惯性多进入气缸一些新鲜空气。 ( )

19. 空滤器堵塞会造成发动机冒黑烟。 ( )

20. 根据发动机的工作要求，配气机构的气门要关闭严密，开闭及时且开度足够。 ( )

21. 调速器既是一个速度传感器，又是调节喷油量的执行器，是一种典型的速度自动调节装置。 ( )

22. 预调杠杆与回位弹簧和最大供油量调节螺钉共同完成最大供油量的调整。( )

23. A 型喷油泵在拆装分解时应注意装配标记或重做标记，并按拆卸顺序用专用工具进行分解。 ( )

24. 带有散热器型柴油发动机润滑系统的发动机的传动齿轮系统中，除机油泵惰轮轴是飞溅润滑外，所有的齿轮啮合面都是靠压力润滑。 ( )

25. 曲轴箱强制通风装置采用 PCV 阀双路抽气，其作用是根据发动机不同的工况调节通气量。 ( )

26. 发动机冷却系统工作时，当冷却液温度高于 86℃时，发动机冷却液同时进行大循环和小循环。 ( )

27. 硅油离合器式风扇以硅油作为传递转矩的介质，由散热器前面的空气温度直接控制热敏双金属感温器的工作。 ( )

28. 当柴油机工作时，若因废气中含有大量机油蒸气而出现烟色异常时，冒白烟。 ( )

29. 对柴油机烟色异常的诊断中，若冒黑烟，可用烟度仪测量烟度的大小。具体诊断原因和部位时，可用部分停止或比较法，判断是否是燃油系统故障引起的。 ( )

30. 底盘是叉车的重要组成部分，其作用是安装各部件总成，实现发动机的动力传递，确保叉车正常行驶。 ( )

31. 液力变矩器在组装过程中应注意各类轴承在组装前应抹上液力变矩器所用的液力变矩器油，然后用干净的铜棒轻轻敲入箱体、轴承座。 ( )

32. 驱动桥可分为整体式和断开式两大类，一般运输汽车上使用断开式较多。( )

33. 液压助力转向系统与机械转向系统相比在转向垂臂和转向三联板之间增设了一个液压转向助力器及相应的液压系统。 ( )

34. 通常把产生港口装卸机械制动力的一系列装置称为驻车制动系统，用来使已停驶的车辆驻留原地不动的装置则称为制动系统。 ( )

35. 油压张开简单非平衡式制动器，为减小蹄片与鼓之间的摩擦因数，制动蹄的外圆

面上铆有铜丝与石棉制成的摩擦衬片。 ( )

36. 制动不灵主要表现为制动减速度小，使制动距离过长。这主要是由于制动器内摩擦力矩下降或不足所致。 ( )

37. 全盘式制动器冷却好，烧蚀、变形小，制动力矩稳定，维修方便，故大部分轮式机械采用该种制动器。 ( )

38. 单稳分流阀是一种优先型分流阀，该阀常用于带液压转向的内燃叉车中，用以确保转向油路稳定供油。 ( )

39. 钳盘式制动器中，不旋转的端面上铆有摩擦片的圆盘，而全盘式制动器的不旋转零件则是一对或几对面积不大装有摩擦片的制动块。 ( )

40. 全液压转向助力器系统中取消了转向盘与转向轮之间的机械连接，导致发动机熄火时不可实现人力转向。 ( )

二、单项选择题（下列每题的选项中，只有1个是正确的，请将其代号填在横线空白处。每题0.5分，共80分）

1. 切削用量是切削时各种参数的总称，又称切削三要素，其中不包括________。

A. 切削速度　B. 吃刀量　C. 进给量　D. 背吃刀量

2. T形接头形式在焊接结构中被广泛采用，按照焊件厚度和坡口准备的不同，T形接头可分为________。

A. V形　B. K形

C. 双U形　D. 以上选项均正确

3. 在粘接时，使用3M 7240环氧封边胶时，按照质量比A∶B=________的比例取适量胶液搅拌混合均匀（以A、B两种胶液颜色混合均匀为判断依据），然后将搅拌均匀的胶体用刮刀在所需封边的板材上按图样要求涂覆、刮平、抹平。

A. 2∶1　B. 3∶1　C. 1∶1　D. 3∶2

4. 螺纹加工过程中，为保证螺纹末端完整及便于退出刀具，常在待加工面的端部预先加工________。

A. 倒角　B. 倒圆　C. 中心孔　D. 退刀槽

5. 钻孔的钻头顶部有________的锥角，所以加工盲孔时需在孔的末端近似画成锥度为120°的锥角。

A. 110°　B. 115°　C. 118°　D. 120°

6. 国家标准极限与配合制中所规定的任一公差称为________，用符号“IT”和数字组成。

A. 基本偏差　B. 尺寸公差　C. 标准公差　D. 几何公差

7. ________是用来表达机器整体结构的图样，根据该图把零件装配成部件或机器，通过阅读该图，使用者可基本了解部件或机器的使用方法、性能及工作原理。

A. 零件图　B. 装配图　C. 工艺图　D. 视图

8. 国家标准对配合规定了两种基准制，分别是基孔制和________。

A. 表面制　　B. 中心制　　C. 过渡制　　D. 基轴制

9. ________是圆柱孔镗削加工的重要工艺过程，它主要是对工件的毛坯孔（铸、锻孔）或对钻、扩后的孔进行预加工，为下一步加工达到要求奠定基础，并能及时发现毛坯的缺陷（裂纹、夹砂、砂眼等）。

A. 粗镗　　B. 半精镗　　C. 精镗　　D. 其他

10. 焊接接头在焊接结构中的作用主要有工作接头、联系接头和密封接头，其中________是为了保证焊接结构的密封性，防止泄漏是其主要作用，可以同时是工作接头或联系接头。

A. 工作接头　　B. 联系接头　　C. 密封接头　　D. 都不是

11. 叉车的液压泵又称油泵，它将发动机的机械能转变为液压能，是叉车液压系统的动力机构。同发动机机油泵相似，它分为叶片式和________两种。

A. 活塞式　　B. 齿轮式　　C. 高压柱塞式　　D. 其他

12. 焊接接头是由两个或两个以上零件用焊接方法连接的，一个焊接结构通常由若干个焊接接头组成。焊接接头按接头的结构形式可分为五大类，即T形接头、搭接接头、角接接头、端接接头和________。

A. 对接接头　　B. 单边V形　　C. K形　　D. 双U形

13. 平板分为检验平板、划线平板和研磨平板，其中检验平板有________个精度级别。

A. 4　　B. 5　　C. 6　　D. 7

14. 装配图的滚动轴承允许采用简化画法或示意画法，在同一轴上相同型号的轴承，在不致引起误解时，可至少画出________个。

A. 1　　B. 2　　C. 3　　D. 全部

15. 在焊缝符号中，指引线和________为基本要素。

A. 箭头线的位置　　B. 基本符号

C. 基准线的位置　　D. 基本符号的位置

16. 下列不属于停车制动器的是________。

A. 轮胎　　B. 安全阀　　C. 护顶架　　D. 转向器

17. 叉车液压传动系统就是利用密封容积内的液体不但能传递力，还可以传递运动的原理，通过油液把运动传给________来实现装卸货物的目的。

A. 起升液压缸　　B. 倾斜液压缸　　C. 转向液压缸　　D. 液压缸

18. 在金属切削过程中，________是不断把被切削层材料投入到切削过程中，以便形成全部已加工表面的运动。

A. 主运动　　B. 进给运动　　C. 合成切削运动　　D. 其他

19. 下列焊接方法中，属于钎焊的是________。

A. 感应焊　　B. 锻焊　　C. 扩散焊　　D. 其他

20. ________的作用为当油泵停止工作或发生其他故障时，自动锁闭门架倾斜油路。

A．翻斗锁定装置　　B．前倾自锁阀

C．货物稳定器　　D．下降限速阀

21．下列几何公差中，不属于位置公差的是________。

A．位置度　　B．同轴度　　C．平行度　　D．对称度

22．刀具进行预调时，其尺寸精度、完好状态必须符合要求。预调的尺寸必须精确，要调在公差的________，并考虑温度的因素，以进行修正、补偿。

A．中下限　　B．中上限　　C．下限　　D．上限

23．依据装配图的作用，装配图中主要标注出几类必要尺寸，包括性能尺寸、装配尺寸、________、安装尺寸。

A．外形尺寸　　B．极限尺寸　　C．运动尺寸　　D．其他

24．为了避免轴肩处因应力集中而断裂，可在零件轴端和孔口处均加工出________。

A．倒圆　　B．棱角　　C．圆弧　　D．倒角

25．公差带中将靠近零线的极限偏差称为基本偏差，它确定公差带相对零线的位置，当公差带在零线下方时，基本偏差为________。

A．上偏差　　B．下偏差

C．零线上偏差　　D．零线下偏差

26．下列焊接方法中，属于电阻焊的是________。

A．缝焊　　B．摩擦焊　　C．钎焊　　D．其他

27．平板分为检验平板、划线平板和研磨平板，其中检验平板的形状有矩形、________和圆形。

A．菱形　　B．正方形　　C．三角形　　D．梯形

28．基孔制的孔为基准孔，其下偏差为零。基准孔的代号为________。

A．“H”　　B．“h”　　C．“K”　　D．“k”

29．一张完整的零件图一般包括的内容，叙述错误的是________。

A．一张完整的零件图一般会利用视图、剖视图、断面图等表达方法，对零件各部分的结构形状进行完整、清晰的表达

B．正确、完整、清晰、合理地标注零件制造、检验时所需要的全部尺寸

C．标注零件的名称、数量、比例、材料、图号，以及绘图和审校者签名、日期等项内容的表格

D．使用规定的符号、数字标注，或文字说明，如极限与偏差、几何公差、表面粗糙度等，但是不用表明零件在加工、检验过程中应达到的技术指标

30．下列几何公差中，不属于方向公差的是________。

A．平行度　　B．垂直度

C．倾斜度　　D．对称度

31．零件图的标题栏一般不标注零件的________。

A．名称　B．数量　C．比例　D．尺寸

32．尺寸基准是加工和测量零件时确定位置的依据。在标注零件尺寸过程中，一般在三个方向分别确定一个主要尺寸基准，并从尺寸基准出发，确定零件中各结构的相对位置尺寸，这三个方向不包括________。

A．中心　B．长　C．宽　D．高

33. 下面关于零件尺寸变动量的相关名词，介绍全面的是________。

A．基本尺寸、尺寸公差、形状偏差、位置偏差

B．实际尺寸、极限尺寸、极限偏差

C．极限偏差、尺寸公差、形状偏差、位置偏差

D．公称尺寸、实际尺寸、极限尺寸、极限偏差、尺寸公差

34．常见的装配图的表达方法有________。

A．规定画法

B．沿结合面剖切和拆卸画法

C．简化画法

D．以上选项均正确

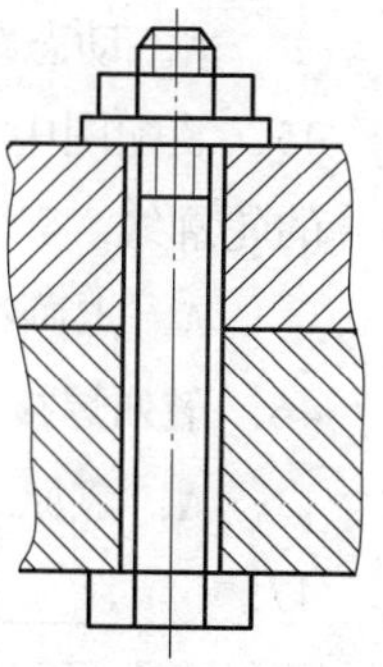

35．在金属结构及其他机械产品的制造中，需将两个或两个以上零件连接在一起，右图所示的连接方法是________。

A．螺栓连接　B．铆钉连接

C．焊接　D．铰接

36．焊接接头是由两个或两个以上零件用焊接方法连接的，一个焊接结构通常由若干个焊接接头所组成，右图所示的焊接接头是________。

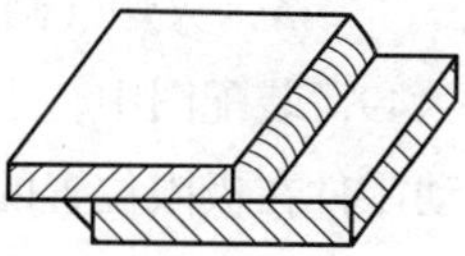

A．对接接头　B．搭接接头

C．端接接头　D．角接接头

37．以下关于焊接过程中对接接头的描述错误的是________。

A．受力状况好　B．应力集中程度较小

C．焊接材料消耗较少　D．焊接变形较大

38．在装配图中，零件的工艺结构如圆角、倒角、退刀槽等的表达方法是________。

A．可以省略不画出　B．必须画出至少一个

C．需要画出全部　D．以上选项均不正确

39．平板分为检验平板、划线平板和研磨平板，其中研磨平板有________个精度级别。

A．3　B．4　C．5　D．6

40．在金属切削过程中，________是切削时各种参数的总称，包括切削速度、进给量和背吃刀量（切削深度），又称切削三要素。

A．切削程度　B．切削质量　C．切削用量　D．切削数量

41．下列几何公差中，不属于形状公差的是________。

A．圆度　　B．直线度　　C．同轴度　　D．平面度

42．机械加工是指通过一种机械设备对工件的外形尺寸或性能进行改变的过程。按加工方式上的差别可分为切削加工和________。

A．冷加工　　B．压力加工　　C．热加工　　D．表面加工

43．________是采用气体火焰的热能将工件切口处预热到燃烧温度后，喷出高速切割氧流，使其燃烧并放出热量实施切割的方法。

A．氧熔剂切割　　B．电弧—氧切割　　C．气割　　D．其他

44．刀具安装后应进行________检查。它是一个综合指标，反映机床主轴精度、刀具精度以及刀具与机床的连接精度。

A．动态跳动　　B．径向跳动　　C．轴向跳动　　D．其他

45．装配图中，当需要表达本部件与相邻部件的装配关系时，可用________画出相邻部分的轮廓线。

A．点画线　　B．虚线　　C．双点画线　　D．实线

46．下列焊接方法中，属于非熔化焊的是________。

A．氢原子焊　　B．螺柱焊　　C．点焊　　D．其他

47．________是加工中心的主要加工内容之一，是对锻出、铸出或钻出孔的进一步加工，可扩大孔径，精确地保证孔系的尺寸精度和几何精度，减小表面粗糙度，还可以较好地纠正原来孔轴线的偏斜。

A．铰孔　　B．扩孔　　C．镗孔　　D．钻孔

48．焊接方法按照物理现象可分为燃烧切割、熔化切割和________。

A．火焰气割　　B．火焰穿孔　　C．升华切割　　D．其他

49．装配图中，当需要表示某些零件的运动范围和极限位置时，可用________画出该运动零件在极限位置的外形图。

A．实线　　B．细双点画线　　C．虚线　　D．点画线

50．为了表示传动机构的传动路线和零件间的装配关系，可假想按传动顺序沿轴线剖切，然后依次展开，使剖切平面摊平与选定的投影面平行再画出其剖视图，这种画法称为________。

A．简化画法　　B．展开画法　　C．假想画法　　D．夸大画法

51．为了适应各种孔径和孔深的需要并减少镗刀的品种规格，人们将镗杆和刀头设计成系列化的基本件——________。使用时可根据工件的要求选用，拼合成各种镗刀，从而简化了刀具的设计和制造。

A．量块　　B．标准块　　C．模块　　D．其他

52．液压传动的工作部分的作用是将液压能转换成________。

A．原子能　　B．机械能　　C．光能　　D．势能

53．推土机的液压系统工作时，如果液压缸的活塞杆伸缩到极限位置，液压泵的压力将会________，安全阀将________，从而保证液压泵及油管等元件的安全。

A．急剧上升　开启　　B．急剧下降　开启

C．急剧下降　关闭　　D．急剧上升　关闭

54．液压泵的输入功率与输出功率________。

A．相同　　B．不同

C．相同或成比例　　D．以上均不对

55．调压回路一般都由________组成。

A．单向阀　　B．溢流阀　　C．节流阀　　D．换向阀

56．当叉车转向与工作装置全用一个泵来驱动时，必须在油路中安装________。

A．单向阀　　B．分流阀　　C．节流阀　　D．溢流阀

57．下列装置中，不属于控制调节装置的是________。

A．溢流阀　　B．换向阀　　C．滤油器　　D．开停阀

58．公称通径代表阀的________的大小。

A．额定流量　　B．实际流量　　C．通流能力　　D．最大流量

59．普通单向阀要求________液流通过时压力损失小，________截止时密封性能好。

A．正向　反向　　B．正向　正向

C．反向　正向　　D．反向　反向

60．滑阀式换向阀的工作原理为：阀芯在________位置时，流体的全部通路均被切断，缸活塞不运动。

A．左端　　B．中间

C．右端　　D．以上选项均不正确

61．换向阀的功能主要由其________及________所决定。

A．控制的通路数　工作位置　　B．控制的通路数　定位方式

C．定位方式　工作位置　　D．操作方式　工作位置

62．在换向阀的符号表示中，有几个方框就表示几“________”。

A．位　　B．通　　C．房　　D．室

63．直动式溢流阀的应用：溢流阀旁接在泵的________，用来保证系统压力恒定，称为定压阀。若溢流阀旁接在泵的________，用来限制系统压力的最大值，称为安全阀。

A．入口　出口　　B．入口　入口

C．出口　出口　　D．出口　入口

64．先导式溢流阀一般用于________系统中。

A．低压　　B．中压　　C．中高压　　D．高压

65．先导阀的主阀芯上有一阻尼孔，且上腔作用面积略________下腔作用面积，其弹簧只在阀口________时起复位作用。

A．小于　关闭　　B．小于　开启

C．大于　关闭　　D．大于　开启

66．换向阀利用阀芯在阀体间的________来变换油液流动的方向。

A．跳动　　B．转动　　C．相对移动　　D．配合

67．换向阀是液压系统中的________元件。

A．动力　　B．执行　　C．辅助　　D．控制

68．液压系统中，压力控制阀的作用是控制系统中油液的________。

A．方向　　B．流量　　C．压力　　D．速度

69．中压液压泵的压力范围为________。

A．0.25 ~ 8 MPa　　B．8 ~ 16 MPa

C．16 ~ 32 MPa　　D．32 MPa 以上

70．________有渐开线齿轮泵和摆线齿轮泵（又名转子泵）两种。

A．外啮合齿轮泵　　B．内啮合齿轮泵

C．垂直啮合齿轮泵　　D．夹角啮合齿轮泵

71．双作用叶片泵配流盘的两个吸油窗口和两个压油窗口________布置，轴承承受的径向力________，寿命长。

A．对称　大　　B．不对称　小

C．对称　小　　D．不对称　大

72．限压式变量叶片泵的工作原理为：若泵的压力随负载增大，定子将向偏心________的方向移动，泵的输出流量________。

A．减小　减小　　B．增大　减小

C．减小　增大　　D．增大　增大

73．在轴向柱塞泵的变量机构中，由________来决定泵的排量。

A．泵的压力大小　　B．泵的角度

C．斜盘的压力大小　　D．斜盘的角度

74．齿轮液压马达密封性差、容积效率________、输入油压力不能过高、不能产生较大转矩，因此仅适合于________的场合。

A．较低　高速小转矩　　B．较低　低速大转矩

C．较高　高速小转矩　　D．较高　低速大转矩

75．下列不属于双作用缸的是________。

A．伸缩液压缸　　B．柱塞式液压缸

C．单活塞杆液压缸　　D．双活塞杆液压缸

76．活塞与活塞杆间的密封属于________，活塞与缸筒间的密封属于________。

A．静密封　静密封　　B．静密封　动密封

C．动密封　静密封　　D．动密封　动密封

77．下列不属于高速液压马达的是________。

A．齿轮马达　　B．叶片马达

C．径向柱塞马达　　D．轴向柱塞马达

78．在尺寸较小、压力较低、相对运动速度较高的情况下，活塞与活塞杆多采用

________的密封形式。

A．摩擦环密封　B．间隙密封

C．密封圈密封　D．以上选项都不正确

79．液压系统中大多数采用________油箱。

A．整体式　B．分离式　C．组合式　D．关联式

80．下列不属于油箱的作用的是________。

A．散发油液热量　B．储存部分空气

C．沉淀杂质　D．安装元件

81．________油箱结构紧凑，各种漏油易于回收，但散热性差，易使邻近构件发生变形，从而影响机械设备精度。

A．整体式　B．分离式　C．组合式　D．关联式

82．活塞环漏光度的检验要求是：同一环上漏光不多于________。

A．一处　B．两处　C．三处　D．四处

83．安装活塞环时，应先装________后装________。

A．油环　气环　B．气环　油环

C．气环　水环　D．水环　气环

84．有切槽的活塞环安装时应注意：内圆切槽的，装配时切槽________；外圆切槽的，装配时切槽________。

A．向上　向下　B．向下　向上

C．向内　向外　D．向外　向内

85．曲轴轴颈的磨损在径向和轴向都是不均匀的，其主要表现是________磨成椭圆形，________磨成锥形。

A．轴向　径向　B．径向　轴向

C．横向　竖向　D．竖向　横向

86．________径向磨损的最大部位是在各轴颈的内侧面上，即靠曲轴中心线一侧。

A．主轴颈　B．连杆轴颈　C．曲轴轴颈　D．副轴颈

87．________磨损后主要是呈椭圆形，它的最大部位是在靠近连杆轴颈的一侧。

A．主轴颈　B．连杆轴颈　C．曲轴轴颈　D．副轴颈

88．检验________磨损情况，主要是用外径千分尺测量轴颈的圆度和圆柱度偏差。

A．主轴颈　B．连杆轴颈　C．曲轴轴颈　D．副轴颈

89．轴承的适当润滑和冷却取决于曲轴________间隙的大小。

A．轴向　B．径向

C．端面　D．以上选项均正确

90．检查轴承自由弹开量要求轴承在自由状态下的曲率半径________座孔的曲率半径，保证轴承压入座孔后，可借轴承自身的弹力作用与轴承座贴合紧密。

A．小于　B．等于　C．大于　D．无关联

91．曲轴的________是曲轴与连杆的连接部分，________是主轴颈和连杆轴颈的连接部分。

A．主轴颈　曲柄　　B．曲柄　连杆轴颈

C．连杆轴颈　曲柄　　D．连杆轴颈　连杆

92．下列装置不安装于曲轴前端的是________。

A．驱动风扇　　B．V 带轮　　C．飞轮　　D．启动爪

93．曲轴轴向定位通常是在________结构上采取限位措施，大致可分为前部定位、中部定位、后部定位三种。

A．连杆轴承　　B．主轴承

C．辅助部分轴承　　D．以上选项均正确

94．下列不属于飞轮的作用的是________。

A．协助柴油发动机启动　　B．增大柴油发动机的回转角速度

C．保证柴油发动机空车运转的稳定性　　D．将动力传给离合器

95．下列不属于气门漏气的排除方法的是________。

A．重新研磨气门　　B．更换气门导管

C．更换液压挺杆　　D．更换气门弹簧

96．下列不属于气门挺杆响的排除方法的是________。

A．重新研磨气门　　B．更换挺杆

C．更换液压挺杆　　D．调整机油压力

97．下列不属于气门脚响的排除方法的是________。

A．重新研磨气门　　B．更换调整螺钉

C．更换液压挺杆　　D．校正或更换凸轮轴

98．当出现发动机动力不足，启动困难，进气支管回火，排气支管“放炮”，燃油消耗增加等现象时，表明出现了________故障。

A．气门脚响　　B．气门挺杆响

C．气门漏气　　D．以上选项均正确

99．配气机构进行工作时，当挺柱与凸轮在型面顶端接触时，气门弹簧压缩量达到________值，气门开度________。

A．最小　最大　　B．最小　最小

C．最大　最大　　D．最大　最小

100．四行程发动机每完成一个工作循环，曲轴转________，而各缸气门只进、排气一次，此时凸轮轴转________。

A．两圈　一圈　　B．两圈　两圈

C．一圈　一圈　　D．一圈　两圈

101．下列不属于 A 型喷油泵拆装分解前准备工作的是________。

A．放尽燃油、润滑油　　B．彻底清洗泵外表和工作台

C．进行性能试验，并记录数据　　D．按曲轴旋转的反方向撬转曲轴

102．用于分解喷油器的专用工具是________。

A．台虎钳　　B．铜锥体拉器　　C．挺柱顶持器　　D．尖嘴钳

103．喷油器在清洗过程中，应用________清除外部积炭。

A．铜丝刷　　B．专用通针

C．柴油洗净　　D．上述三项均可以

104．喷油器在装复前，应清洗所有零件，然后使喷油器进油口端________夹于垫有铜片的台虎钳上。

A．朝上　　B．朝下　　C．朝内　　D．朝外

105．喷油器的调试应在喷油器试验器上进行，下列不属于喷油器调试的试验内容的是________。

A．密封性试验　　B．平衡试验

C．调整喷油压力　　D．喷射质量检验

106．断油电磁阀工作原理为：当打开点火开关时，电磁阀电路接通，进油阀在磁力作用下克服弹簧弹力而________，泵体油道开通；当需熄火时，关闭点火开关，切断电磁阀的电路，进油阀在弹簧弹力的作用下________，关闭油道。

A．上移　上移　　B．下移　上移

C．上移　下移　　D．下移　下移

107．下列不属于柴油供给系统内产生空气的原因的是________。

A．更换高压油泵

B．换柴油滤清器时将滤清器内完全充满柴油

C．更换高压油管连接件或更换高压油管

D．更换输油泵、低压油管

108．排除________中的空气时，应启动发动机（不发动着车），拧松第一根高压油管固定于喷油器端的油管螺母，使空气逸出。

A．低压油管　　B．输油泵

C．高压油管　　D．柴油滤清器

109．在润滑系统故障诊断与排除中，下列不属于造成机油压力过低的故障原因的是________。

A．机油黏度过大　　B．机油不足

C．机油泵磨损或损坏　　D．集滤器滤网堵塞

110．在润滑系统故障诊断与排除中，下列不属于造成机油压力过高的故障原因的是________。

A．限压阀调整不当或卡死　　B．机油黏度低

C．油道堵塞　　D．机油滤清器堵塞且旁通阀打不开

111．在润滑系统故障诊断与排除中，下列不属于造成机油变质的故障原因的

是________。

A．活塞与缸壁间隙过小　　B．机油使用时间过长

C．曲轴箱通风不良，燃油混入机油　　D．滤清器堵塞，机油未经滤清

112．在润滑系统故障诊断与排除中，下列不属于造成机油消耗超标的故障原因的是________。

A．机油从外部泄漏　　B．气门油封损坏

C．气门与导管间隙过小　　D．活塞环损坏或安装有错

113．在润滑系统故障诊断与排除中，下列不属于机油压力过低的排除方法的是________。

A．添加机油　　B．更换机油

C．更换缸垫或检修缸体　　D．维修机油泵

114．在一般的润滑系统中，________的作用是滤去机油中粒度较大的杂质。它通常串联在机油泵与主油道之间，属全流式滤清器。

A．集滤器　　B．细滤器　　C．燃油滤清器　　D．粗滤器

115．下列连接方式属于绳卡连接的是________。

A． 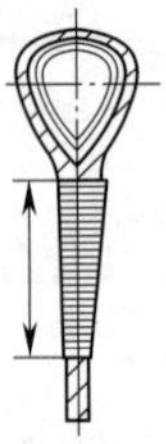

B． 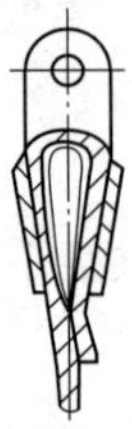

C． 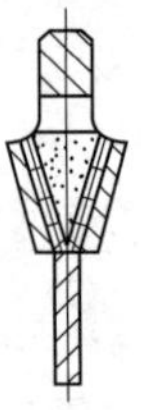

D．以上三种均是

116．柴油发动机润滑系统内设置两个机油压力开关：一个为________低压开关，位于发动机缸体侧壁；另一个为________高压开关，位于机油滤清器支架上。

A．40 kPa　180 kPa　　B．30 kPa　180 kPa

C．30 kPa　200 kPa　　D．40 kPa　200 kPa

117．在冷却系统故障诊断与排除中，下列不属于导致发动机过热的故障原因的是________。

A．冷却液不足　　B．节温器不能正常工作

C．温控风扇工作不正常　　D．燃烧室积炭不足

118．在冷却系统故障诊断与排除中，下列不属于导致发动机升温缓慢的故障原因的是________。

A．冷却液不足 B．节温器不能正常工作

C．温控风扇损坏 D．水温表或温度传感器损坏

119．________是散热器冷却液流量的控制部分，其作用是根据发动机冷却液的温度自动控制流经散热器的冷却液流量。

A．百叶窗 B．节温器 C．风扇离合器 D．水箱

120．真空增压制动装置的技术状况变坏，多数是________损坏引起的。

A．制动气缸 B．制动轮缸 C．空压机 D．密封件

121．真空增压制动系统与普通液压制动系统相比增加了________。

A．制动阀 B．真空增压器 C．空压机 D．分泵

122．液压制动传动机构制动踏板的最大行程应不超过________mm。

A．300 B．120 C．180 D．270

123．用曲轴转角表示的进、排气门开闭时刻和开启持续时间，称为________。

A．气门重叠角 B．气门间隙 C．配气相位 D．提前角

124．下列不属于柴油机冒白烟的原因的是________。

A．柴油机水温太低 B．供油提前角过早

C．喷油器雾化不良 D．柴油机中含有水分

125．下列不属于柴油机冒蓝烟的原因的是________。

A．油底壳油面太高 B．活塞环开口间隙大

C．柴油机中含有水分 D．增压器密封失效

126．发动机冒黑烟的原因之一是________。

A．喷油时间过晚 B．喷油量过大

C．喷油量过小 D．烧机油

127．下列不属于驱动桥的基本功能的是________。

A．具有合适的传动比（减速比） B．具有加速作用

C．具有较大的离地间隙 D．具有防止侧滑自锁装置

128．下列不属于轮边减速器的基本功能的是________。

A．以较小的轮廓尺寸获得较大的传动比

B．在总传动比相同的条件下，减小变速器、传动轴等零部件的载荷

C．布置在车轮毂内而不增加车辆的外形尺寸

D．使驱动桥中部产生较小离地间隙

129．下列不属于导致驱动桥异响的故障原因的是________。

A．主、从动齿轮配合间隙过小

B．齿轮或轴承严重损坏或破坏

C．从动齿轮铆钉或螺栓松动

D．差速齿轮、半轴内端或半轴齿轮键槽磨损松旷

130．当出现驱动桥异响，且用手转动主动齿轮凸缘有旷量感觉时，表明驱动桥出现

的故障是________。

A．主、从动齿轮配合间隙过大

B．齿轮或轴承严重损坏或破坏

C．从动齿轮铆钉或螺栓松动

D．差速齿轮、半轴内端或半轴齿轮键槽磨损松旷

131．若机车在行驶中，出现急剧改变车速或上坡时发响的现象，表明驱动桥出现的故障是________。

A．齿轮啮合间隙过大

B．齿轮或轴承严重损坏或破坏

C．从动齿轮铆钉或螺栓松动

D．差速齿轮、半轴内端或半轴齿轮键槽磨损松旷

132．下列不属于导致驱动桥温度过高的故障原因的是________。

A．轴承装配过紧

B．齿轮啮合间隙过大，调整配合不当

C．螺栓紧固力矩不符合标准

D．缺少润滑油，或油料黏度过小不合格

133．液力变速器（湿式多片）装在液力变矩器的________上，通过控制阀将压力油分配给前进或后退离合器，实现前进、后退换挡。

A．输入轴　　B．输出轴　　C．均可以　　D．均不可以

134．下列不属于T/M控制阀的组成部件的是________。

A．选择滑阀　　B．微动滑阀　　C．溢流阀　　D．调节阀

135．下列不属于导致变速器离合器打滑的故障原因的是________。

A．油压低　　B．密封圈磨损

C．离合器活塞环磨损　　D．螺栓松动

136．下列不属于变速器的功用的是________。

A．切断、接合动力　　B．实现倒车

C．恒定驱动车轮上的转速和转矩　　D．外动力输出

137．下列不属于导致液压转向器故障的故障原因的是________。

A．油泵驱动带过松　　B．泵油箱内液面过高

C．转向螺杆止推轴承螺母松动　　D．集流管拱曲或衬垫损坏

138．下列不属于液压转向系统转向装置的常见故障的是________。

A．液压转向器故障　　B．驱动桥异响

C．转向沉重　　D．行驶跑偏

139．在制动系统的故障诊断与排除中，下列不属于导致制动不平稳的故障原因的是________。

A．制动鼓失圆　　B．制动蹄片端面有倒角

C．轮毂轴承紧度小、松旷　　D．制动蹄片铆钉或螺栓松动

140．在制动系统的故障诊断与排除中，下列不属于导致真空增压装置增压后高压油压力不足的故障原因的是________。

A．辅助缸皮碗发胀变形或磨损过甚　　B．辅助缸活塞磨损过甚，配合松旷

C．制动主缸连接处漏油　　D．高压油被吸入真空腔

141．当汽车制动时，出现车轮发生跳动或抖动的现象时，表明制动系统发生了________故障。

A．制动不灵　　B．制动跑偏

C．制动发咬　　D．制动不平稳

142．在制动系统的故障诊断与排除中，下列不属于导致气压不足的故障原因的是________。

A．空气压缩机故障　　B．蹄片间隙过大

C．管路故障　　D．制动气室故障

143．叉车液压传动系统的动力机构是________，用以将机械能传给液体，形成液体压力。

A．油泵　　B．液压马达　　C．油箱　　D．滤油器

144．叉车液压传动系统的执行机构是________，用以把液体的压力能转换为机械能，输出到取物装置上去。

A．油泵　　B．液压马达　　C．油箱　　D．滤油器

145．下列不属于预防蓄电池爆炸的合理操作的是________。

A．发电机调节器的电压应调节合适

B．蓄电池的通气孔必须经常保持畅通

C．充电中，接线点要牢固，避免因松动产生火花

D．充分延长充电时间

146．发生设备倾覆后，下列不属于电话联系范围的是________。

A．119　　B．120

C．110　　D．以上三项均属于

147．当发生“飞车”时，柴油机失去控制，转速迅速升高，大大超过标定转速，同时还伴随着声音异常、振动异常等现象，下列不属于导致“飞车”的故障原因的是________。

A．喷油泵柱塞卡死在小油量位置　　B．喷油泵弹簧断裂，齿圈卡住

C．调速器运动件卡住　　D．超速自动停车装置失灵

148．下列不属于紧急停车时可采取的措施的是________。

A．拉动齿条，减小油门

B．关闭进气系统中的防爆门，切断气路

C．切断油路

D．减小负荷，迫使柴油机降速停车

149．________缓冲装置，起始缓冲效果大，后来缓冲效果差，制动行程长；缓冲腔

中的冲击压力大，缓冲性能受油温影响。

A．节流口变化式　　B．节流口可调式

C．溢流口变化式　　D．溢流口可调式

150．________液压缸，其额定压力小于 31.5 MPa，主要应用于油压类机械。

A．低压　　B．中低压　　C．中高压　　D．高压

151．液压系统的蓄能器是储存和释放________的装置。

A．液体压力能　　B．液体热能　　C．电能　　D．液体势能

152．液压油箱是液压系统中的________元件。

A．控制　　B．执行　　C．辅助　　D．动力

153．下列装置中，不属于辅助装置的是________。

A．油箱　　B．油管　　C．滤油器　　D．开停阀

154．下列不属于曲柄连杆机构的缸体曲轴箱组的是________。

A．气缸体　　B．连杆轴承　　C．曲轴箱　　D．气缸垫

155．下列不属于曲柄连杆机构的活塞连杆组的是________。

A．活塞　　B．连杆轴承　　C．连杆　　D．气缸垫

156．下列不属于曲柄连杆机构的曲轴飞轮组的是________。

A．曲轴　　B．飞轮　　C．连杆轴承　　D．曲轴轴承

157．下列不属于安全防护装置调整的原则的是________。

A．防护装置尽可能靠近危险部位，将其封闭

B．防护装置尽可能与机器分离，不作为其组成部分

C．防护装置不应妨碍生产

D．除无法避免的情况（如砂轮机）外，尽可能使用全封闭式防护罩

158．下列不属于气缸体的运动部件的是________。

A．活塞　　B．凸轮轴　　C．连杆　　D．曲轴

159．下列属于气缸体的传动部件的是________。

A．活塞　　B．凸轮轴　　C．连杆　　D．曲轴

160．液力变矩器在工作时油液在循环圆内流动引起的损失为________。

A．液力损失　　B．容积损失　　C．机械损失　　D．能量损失

理论知识考试模拟试卷（一）参考答案

一、判断题

1. ×	2. ×	3. √	4. ×	5. √	6. ×	7. ×
8. ×	9. ×	10. √	11. √	12. ×	13. √	14. ×
15. √	16. √	17. ×	18. √	19. √	20. ×	21. √
22. ×	23. ×	24. ×	25. √	26. √	27. ×	28. √
29. ×	30. √	31. √	32. ×	33. ×	34. √	35. ×
36. ×	37. ×	38. ×	39. ×	40. ×		

二、单项选择题

1. A	2. B	3. C	4. C	5. A	6. A	7. D
8. A	9. B	10. C	11. C	12. C	13. A	14. C
15. D	16. C	17. B	18. A	19. A	20. B	21. C
22. B	23. B	24. B	25. D	26. A	27. B	28. C
29. C	30. B	31. D	32. A	33. D	34. B	35. D
36. B	37. C	38. D	39. C	40. C	41. B	42. A
43. C	44. A	45. C	46. C	47. C	48. B	49. D
50. D	51. C	52. B	53. D	54. A	55. C	56. B
57. A	58. C	59. A	60. C	61. C	62. C	63. B
64. B	65. C	66. A	67. C	68. B	69. A	70. A
71. B	72. B	73. B	74. B	75. A	76. D	77. B
78. B	79. A	80. A	81. D	82. A	83. C	84. B
85. D	86. B	87. D	88. C	89. B	90. B	91. B
92. C	93. A	94. B	95. A	96. B	97. C	98. D
99. C	100. A	101. A	102. C	103. C	104. A	105. D
106. C	107. B	108. A	109. D	110. A	111. B	112. C
113. B	114. C	115. B	116. A	117. D	118. C	119. D
120. C	121. C	122. A	123. B	124. D	125. C	126. D
127. B	128. D	129. B	130. A	131. D	132. C	133. D
134. A	135. C	136. C	137. A	138. C	139. A	140. A
141. C	142. B	143. B	144. C	145. B	146. B	147. A
148. D	149. C	150. A	151. A	152. B	153. A	154. D
155. B	156. B	157. A	158. D	159. D	160. B	

理论知识考试模拟试卷（二）参考答案

一、判断题

1. √	2. √	3. √	4. ×	5. √	6. √	7. ×
8. √	9. ×	10. √	11. √	12. ×	13. ×	14. √
15. √	16. √	17. √	18. ×	19. √	20. ×	21. √
22. ×	23. √	24. ×	25. √	26. √	27. √	28. √
29. ×	30. ×	31. ×	32. ×	33. √	34. √	35. ×
36. ×	37. ×	38. √	39. ×	40. √		

二、单项选择题

1. A	2. D	3. D	4. B	5. A	6. D	7. B
8. B	9. A	10. B	11. C	12. A	13. A	14. A
15. B	16. B	17. B	18. A	19. B	20. B	21. B
22. D	23. D	24. B	25. A	26. D	27. A	28. B
29. B	30. C	31. A	32. D	33. D	34. C	35. D
36. C	37. C	38. C	39. C	40. A	41. A	42. D
43. B	44. B	45. C	46. C	47. B	48. A	49. A
50. B	51. B	52. C	53. A	54. A	55. D	56. D
57. A	58. B	59. A	60. A	61. C	62. A	63. A
64. B	65. C	66. A	67. B	68. C	69. C	70. A
71. B	72. C	73. C	74. D	75. C	76. A	77. A
78. B	79. B	80. A	81. B	82. C	83. A	84. B
85. C	86. B	87. B	88. B	89. C	90. A	91. D
92. C	93. B	94. A	95. A	96. B	97. C	98. C
99. B	100. D	101. A	102. A	103. B	104. B	105. C
106. A	107. A	108. C	109. A	110. B	111. C	112. B
113. A	114. C	115. D	116. D	117. A	118. A	119. A
120. B	121. B	122. A	123. D	124. B	125. B	126. B
127. A	128. B	129. C	130. A	131. A	132. B	133. C
134. A	135. B	136. A	137. B	138. D	139. A	140. B
141. D	142. B	143. B	144. A	145. B	146. C	147. B
148. D	149. C	150. A	151. A	152. B	153. B	154. C
155. D	156. D	157. D	158. A	159. D	160. B	

理论知识考试模拟试卷（三）参考答案

一、判断题

1. √	2. ×	3. √	4. ×	5. √	6. ×	7. √
8. √	9. ×	10. ×	11. ×	12. ×	13. ×	14. √
15. √	16. ×	17. √	18. ×	19. √	20. √	21. √
22. √	23. √	24. √	25. ×	26. ×	27. √	28. √
29. ×	30. ×	31. ×	32. √	33. √	34. ×	35. √
36. √	37. ×	38. ×	39. ×	40. √		

二、单项选择题

1. D	2. A	3. B	4. A	5. A	6. D	7. B
8. B	9. A	10. B	11. C	12. A	13. C	14. A
15. B	16. B	17. B	18. A	19. B	20. B	21. B
22. D	23. D	24. B	25. A	26. D	27. A	28. B
29. B	30. C	31. A	32. D	33. D	34. C	35. D
36. C	37. C	38. C	39. C	40. C	41. A	42. B
43. B	44. C	45. C	46. B	47. D	48. D	49. A
50. C	51. D	52. D	53. D	54. B	55. D	56. A
57. B	58. C	59. D	60. D	61. B	62. D	63. D
64. D	65. A	66. A	67. C	68. C	69. A	70. C
71. A	72. D	73. A	74. A	75. D	76. B	77. C
78. D	79. A	80. A	81. B	82. A	83. B	84. C
85. A	86. D	87. B	88. A	89. A	90. C	91. B
92. A	93. C	94. A	95. D	96. A	97. B	98. C
99. B	100. B	101. D	102. C	103. B	104. A	105. D
106. C	107. D	108. D	109. A	110. C	111. B	112. D
113. A	114. C	115. B	116. C	117. B	118. B	119. B
120. C	121. D	122. B	123. C	124. B	125. B	126. B
127. D	128. C	129. A	130. D	131. D	132. A	133. C
134. A	135. C	136. B	137. C	138. D	139. C	140. A
141. B	142. C	143. D	144. B	145. A	146. B	147. A
148. B	149. B	150. B	151. D	152. B	153. B	154. A
155. B	156. D	157. B	158. D	159. C	160. B	

理论知识考试模拟试卷（四）参考答案

一、判断题

1. √	2. √	3. √	4. √	5. √	6. √	7. √
8. ×	9. √	10. √	11. √	12. ×	13. √	14. √
15. ×	16. √	17. ×	18. √	19. √	20. √	21. √
22. √	23. √	24. ×	25. √	26. ×	27. ×	28. ×
29. √	30. √	31. √	32. √	33. √	34. ×	35. ×
36. √	37. ×	38. √	39. ×	40. ×		

二、单项选择题

1. B	2. D	3. A	4. D	5. C	6. C	7. B
8. D	9. A	10. C	11. B	12. A	13. C	14. A
15. B	16. D	17. D	18. B	19. A	20. B	21. C
22. A	23. A	24. D	25. A	26. A	27. B	28. A
29. D	30. D	31. D	32. A	33. D	34. D	35. A
36. B	37. D	38. A	39. B	40. C	41. C	42. B
43. C	44. A	45. C	46. A	47. C	48. C	49. B
50. B	51. C	52. B	53. A	54. B	55. B	56. B
57. C	58. C	59. A	60. B	61. A	62. A	63. C
64. C	65. C	66. C	67. D	68. C	69. A	70. B
71. C	72. A	73. D	74. A	75. B	76. B	77. C
78. A	79. B	80. B	81. A	82. B	83. A	84. A
85. B	86. B	87. A	88. A	89. B	90. C	91. C
92. C	93. B	94. B	95. C	96. A	97. A	98. C
99. C	100. A	101. D	102. B	103. A	104. B	105. B
106. C	107. B	108. C	109. A	110. B	111. A	112. C
113. C	114. D	115. C	116. B	117. D	118. A	119. B
120. D	121. B	122. C	123. C	124. B	125. C	126. B
127. B	128. D	129. A	130. A	131. A	132. B	133. A
134. C	135. D	136. C	137. B	138. B	139. B	140. D
141. D	142. B	143. A	144. B	145. D	146. C	147. A
148. D	149. A	150. D	151. A	152. C	153. D	154. B
155. D	156. C	157. B	158. B	159. B	160. A	